Timm Beichelt
Demokratische Konsolidierung
im postsozialistischen Europa

Junge Demokratien
Systemwechsel und politische Entwicklung
in Afrika, Asien, Lateinamerika und Osteuropa

Herausgegeben von

Klaus von Beyme
Dieter Nohlen

Schriftleitung: Florian Grotz

Band 6

Band 1: Harald Barrios, *Die Außenpolitik junger Demokratien in Südamerika*
SBN 3-8100-1975-5

Band 2: Christof Hartmann, *Externe Faktoren im Demokratisierungsprozeß*
ISBN 3-8100-2206-3

Band 3: Susana Sottoli, *Sozialpolitik und entwicklungspolitischer Wandel in Lateinamerika. Konzepte und Reformen im Vergleich*
ISBN 3-8100-2488-0

Band 4: Martín Lauga, *Demokratietheorie in Lateinamerika*
ISBN 3-8100-2520-8

Band 5: Florian Grotz, *Politische Institutionen und post-sozialistische Parteiensysteme in Ostmitteleuropa*
ISBN 3-8100-2746-4

In der Folge sind weitere Bände geplant
(Bitte richten Sie Rückfragen an den Verlag)

Timm Beichelt

Demokratische Konsolidierung im postsozialistischen Europa
Die Rolle der politischen Institutionen

Leske + Budrich, Opladen 2001

Die Deutsche Bibliothek – CIP-Einheitsaufnahme
Ein Titeldatensatz für die Publikation ist bei
Der Deutschen Bibliothek erhältlich

Gedruckt mit Unterstützung der Deutschen Forschungsgemeinschaft.

Dissertation an der Philosophisch-Historischen Fakultät der Universität Heidelberg.

ISBN 3-8100-2857-6

© 2001 Leske + Budrich, Opladen

Das Werk einschließlich aller seiner Teile ist urheberrechtlich geschützt. Jede Verwertung außerhalb der engen Grenzen des Urheberrechtsgesetzes ist ohne Zustimmung des Verlages unzulässig und strafbar. Das gilt insbesondere für Vervielfältigungen, Übersetzungen, Mikroverfilmungen und die Einspeicherung und Verarbeitung in elektronischen Systemen.

Satz: Leske + Budrich, Opladen
Druck: DruckPartner Rübelmann, Hemsbach
Printed in Germany

Inhalt

Danksagung 9

0. Einleitung 11

1. Demokratische Konsolidierung: Analysekonzept 23

1.1 Der Begriff der demokratischen Konsolidierung 23
1.2 Messung demokratischer Konsolidierung im
    postsozialistischen Kontext 28
1.2.1 Analyserahmen: Typen demokratischer Regimes 28
1.2.2 Indikatoren demokratischer Konsolidierung 35
1.3 Empirie demokratischer Konsolidierung im
    postsozialistischen Europa 38
1.3.1 Inklusivität bei Wahlen: Problemfälle Estland, Lettland 39
1.3.2 Manipulationsfreie Wahlen 43
1.3.3 Institutionalisierung unabhängiger Medien 46
1.3.4 Selbstbescheidung der zentralen Verfassungsinstitutionen 49
1.4 Ländergruppen 54

2. Kontextbedingungen von Demokratisierung und
   Konsolidierung im postsozialistischen Europa 59

2.1 Vorsozialistische Vergangenheit 62
2.2 Art des Regimewechsels 69
2.3 Internationale Einbettung 79
2.4 Strukturelle Entwicklung 89
2.5. Wirtschaftliche Transformation 96
2.6. Ethnische Homogenität 112
2.7. (Kurze) Zusammenfassung 119

3.	**Regierungssysteme und demokratische Konsolidierung**........	123
3.1	Regierungssysteme: bestehende Typologien und Einordnung der postsozialistischen Fälle	123
3.2	Anpassung der Typologie an den postsozialistischen Kontext....	134
3.3	Zusammenhang zwischen Regierungssystemen und demokratischer Konsolidierung	142
3.3.1	*Parlamentarisch dominierte Regierungssysteme*	146
3.3.2	*Balancierte Regierungssysteme*	150
3.3.3	*Präsidentiell dominierte Regierungssysteme*	162
3.4	*Fazit: Regierungssysteme und demokratische Konsolidierung*...	167

4.	**Grundlagen der Parteiensystembildung**...........................	177
4.1	Politische Konflikte und Parteibildung......................................	179
4.1.1	*Ein Modell für die Konfliktstruktur der postsozialistischen Parteiensysteme*..	179
4.1.2	*Überwindung des Regimekonflikts*	190
4.2	Cleavage-Struktur im postsozialistischen Europa: Sozio-ökonomische und sozio-kulturelle Konflikte	202
4.2.1	*Sozio-ökonomische Konflikte*	202
4.2.2	*Sozio-kulturelle Konflikte*	212
4.3	Parteienfamilien und Typen von Parteiensystemen	223

5.	**Parteiensysteme und demokratische Konsolidierung**............	241
5.1	Institutionelle Einbettung durch Wahlsysteme	242
5.2	Fragmentierung der Parteiensysteme..	258
5.3	Stabilität der Parteiensysteme...	267
5.4	Polarisierung der Parteiensysteme..	277
5.5	Fazit: Parteiensysteme und demokratische Konsolidierung........	289

6.	**Kontext, politische Institutionen und demokratische Konsolidierung im postsozialistischen Europa**.......................	295
6.1	Der Einfluss der politischen Institutionen auf die demokratischen Konsolidierung: Modell...............................	295
6.1.1	*Strukturelle Kontextbedingungen*	298
6.1.2	*Politische Kontextbedingungen*..	300

6.1.3	*Institutionelle Strukturen*	301
6.1.4	*Zusammenfassung zum Modell*	306
6.2	Anwendung des Modells	311
6.2.1	*Formal-demokratische Regimes*	311
6.2.2	*Transitionelle Regimes*	314
6.2.3	*Minimal-demokratische Regimes*	320
6.3	Zusammenfassende Interpretation	324

Literaturliste 329

Danksagung

Beim vorliegenden Buch handelt es sich um die leicht veränderte Fassung meiner Dissertation, die im Sommersemester 2000 von der Philosophisch-Historischen Fakultät der Universität Heidelberg angenommen wurde. Das Promotionsverfahren hätte ohne die unermessliche Hilfe zahlreicher Personen kaum zu einem Erfolg geführt, und an dieser Stelle möchte ich mich dafür bedanken.

Zunächst gilt mein Dank Frank R. Pfetsch, dem Erstgutachter meiner Dissertationsschrift. Noch während meines Studiums beschäftigte er mich im Rahmen eines Drittmittelprojekts und sicherte mir so bereits zum Beginn der Promotionsphase die nötige materielle Grundlage zum Verbleib in der Politikwissenschaft. Darüber hinaus erwies er sich in vielen Gesprächen als überaus liberaler Mentor, der immer zur rechten Zeit entscheidende Impulse zu geben vermochte.

Meine zweite große Stütze war Klaus von Beyme. Mit seinem schier unerschöpflichen Vorrat an emprischem, methodischem und theoretischem Wissen bildete er – wohl nicht nur für mich – eine Institution eigener Art. Häufiger als mir lieb war, musste ich feststellen, dass einige meiner mühsam erarbeiteten Erkenntnisse bei einem rechtzeitigen Blick in die vorliegenden Schriften meines Zweitgutachters leichter zu haben gewesen wären. Mit einem originellen Hochzeitsgeschenk, einem einjährigen Vertrag an seinem Lehrstuhl, schuf mir Klaus von Beyme zudem optimale Arbeitsbedingungen. Für all dies danke ich ihm recht herzlich.

Das Heidelberger Institut für Politische Wissenschaft besteht nicht nur aus Erst- und Zweitgutachtern, sondern aus einer Ansammlung fachkompetenter und hilfreicher Menschen, die mir in vielfältiger Hinsicht behilflich waren. Nennen möchte ich Andreas Busch, Florian Grotz, Michael Haus, Dieter Nohlen, Manfred G. Schmidt und Michael Windfuhr; dabei hoffe ich, niemanden vergessen zu haben. Sie alle haben in verschiedenen Phasen mit konstruktiver Kritik dazu beigetragen, die Arbeit einiger ihrer gröbsten Mängel zu entheben.

Nach der Heidelberger Zeit verschlug es mich zunächst an die Humboldt-Universität Berlin. In dem von Helmut Wiesenthal geleiteten Forschungsprojekt "Preemptive Institutionenbildung" fand ich mich erneut in einem professionellen Umfeld wieder. Neben Helmut Wiesenthal geht mein Dank für die kritische Begleitung meiner Thesen an Jürgen Beyer, Petra Stykow und insbesondere an Jan Wielgohs. Mit Ralf Clasen teilte ich ein Zimmer und nötigte ihn, einen langen kalten Berliner Winter am weit geöffneten Fenster zu rauchen, und dies in einem für ihn gefährlich reduzierten Maße. Ich hoffe, er wird mir verzeihen.

An der Europa-Universität Viadrina in Frankfurt (Oder) entstanden die letzten Kapitel des Dissertationstextes und mussten sich der Kritik einiger Kollegen unterziehen. Für wichtige Anregungen in dieser Phase danke ich Frank Bönker und Jörg Bremer. Besondere Hervorhebung verdient Michael Minkenberg, dem ich nicht nur wichtige Kommentare zu meiner Arbeit, sondern vor allem die Einbeziehung in die aufregende Atmosphäre der kulturwissenschaftlichen Fakultät der Viadrina verdanke.

Meine Eltern unterstützten mich während der gesamten Studien- und Promotionszeit und gewährten mir so den Luxus, mich relativ unbeschwert von materiellen Sorgen dem Wirken im Elfenbeinturm der Politikwissenschaft widmen zu können. Dafür gilt ihnen mein tiefster Dank.

Zuletzt gilt es zu erwähnen, dass die Deutsche Forschungsgemeinschaft mit einer Druckbeihilfe zum Erscheinen dieser Arbeit beigetragen hat.

Frankfurt (Oder), im November 2000   Timm Beichelt

0. Einleitung

Die vorliegende Arbeit stellt einen Beitrag zur vergleichenden Institutionenlehre mit dem regionalen Fokus der Demokratisierungs- und Konsolidierungsprozesse im postsozialistischen Europa dar. Mit ihr soll der Forschungsfrage nachgegangen werden, welche Bedeutung die politischen Institutionen für die Etablierung und vor allem die Verfestigung der neuen Demokratien im östlichen Europa hatten und haben. Im besonderen werden die Auswirkungen untersucht, die Regierungs- wie Parteiensysteme sowie deren Teilelemente auf die Ausbildung bestimmter Typen demokratischer Regimes ausüben. Die zentrale These, die dabei im Laufe der Arbeit aus verschiedenen Blickrichtungen gestützt werden soll, lässt sich in wenigen Sätzen umreißen: Die Wirkung politischer Institutionen auf den Prozess der demokratischen Konsolidierung ist eng mit dem Einfluss historischer, struktureller und politischer Kontextbedingungen verbunden. Werden diese bei der Erklärung des Konsolidierungsstandes einzelner Länder angemessen mitberücksichtigt, können institutionelle Faktoren sowohl konsolidierungsbegünstigend als auch konsolidierungsabträglich wirken. Stärker als in Teilen der bisherigen Demokratisierungs- und Konsolidierungsforschung wird dabei in der Arbeit versucht herauszuarbeiten, dass nicht Typen von Regierungs- und Parteiensystemen an sich, sondern einzelnen Elementen von institutionellen Grundkonfigurationen entscheidende Bedeutung zukommt.

In der Fülle der vorliegenden Schriften zum Systemwechsel im postsozialistischen Europa lassen sich ein akteurszentrierter, ein institutioneller und ein strukturell orientierter Ansatz unterscheiden. Explizit oder implizit wird allerdings heute davon ausgegangen, dass alle dieser Ansätze ergänzender Komplemente bedürfen, um die wichtigsten Aspekte von Demokratisierung und Konsolidierung erklären zu können (vgl. u.a. Merkel 1994, Diamond 1997). Auch konzentriert sich nur ein geringer Teil der zu erwähnenden Literatur explizit auf das östliche Europa. Noch immer macht sich bemerkbar, dass sich die „frühe" Demokratisierungsforschung überwiegend an lateinamerikanischen Problemlagen orientierte (vgl. z.B. Linz 1978, O'Donnell/Schmitter/Whitehead 1986) und die Staaten des postsozialistischen Europa zunächst vor allem als zusätzliche Vergleichsfälle willkommen hieß.

(1) Der *akteurszentrierte Ansatz* (u.a. O'Donnell/Schmitter/Whitehead 1986, Przeworski 1991) sieht im Handeln politischer Eliten die wesentlichen Bestimmungsfaktoren für die Demokratisierung, die sich dann auch auf die Chancen zur Konsolidierung auswirken. Als wichtigstes Unterscheidungsmerkmal kategorisieren die Autoren Elitenkonstellationen in der unmittelba-

ren Transformationsphase; diese bedingen dann verschiedene Transitionspfade. Die politischen Akteure der ersten demokratischen Stunde bestimmen demnach mit institutionellen Lösungen „from scratch" (Farkas 1994) die innere Stabilität des demokratischen Systems. Mit dem Begriff des *constitutional engineering* (Elster/Slagsted (Hrsg.) 1988, Lijphart 1992, Sartori 1994, Elster/Offe/Preuss u.a. 1998) werden dabei Spielräume von politischen Akteuren angedeutet, innerhalb näher zu bestimmender Grenzen die Entwicklung der jungen Demokratien entscheidend zu beeinflussen.

Das wohl wichtigste Unterscheidungsmerkmal des akteursorientierten Zweigs der Transformationsforschung besteht im Charakter der ausgehenden autokratischen Regimes[1] (zuerst Stepan 1986). Je abgeschotteter die sozialistischen Regimes, und je stärker die selbstreferenziellen Tendenzen innerhalb der Machtapparate, desto ausgeprägter auch die Fähigkeit der Gesellschaft, durch die Herausbildung von oppositionellen Gruppen bereits frühzeitig Einfluss auf den Transformationsprozess zu nehmen. Von einer bedeutenden Regimeopposition führte nach diesen Vorstellungen eine direkte Linie zu gestaltungsfähigen „demokratischen" Kräften in der Umbauphase und im neuen Regime. Im Anschluß an autoritäre Regimes, so der Kern dieses Arguments (vgl. zuletzt Linz/Stepan 1996a), können sich mit gewissen Nischen vertraute Gesellschaften besser demokratisieren als in dieser Hinsicht benachteiligte (post)totalitäre oder sultanistische Regimes. Sie sind allerdings nur möglich, wenn sich im autokratischen Regime auf Seiten des *ancien régime* wie der Regimeopposition gemäßigte Akteure herausgebildet haben (Przeworski 1992).

Etwas anders argumentieren Michael Burton und John Higley, zwei Vertreter eines elitenzentrierten Ansatzes in der Transformationsforschung. Der Begriff der „politischen Elite" – der „machthabenden Minderheit" (Sartori 1997: 151) – kann dabei mit den „politisch relevanten Akteuren" der Ansätze von Przeworski (1986), Stepan (1986) und anderen weitgehend gleichgesetzt werden (Burton/Gunther/Higley 1992: 8).[2] Allerdings werden politische Akteure bei den zuvor genannten Autoren eher im Paradigma des rationalen Individualismus gesehen, während die Vertreter des elitenzen-

---

1 Zur Abgrenzung dieses Begriffs siehe die Definitionen am Ende dieser Einleitung.
2 „We define elites as persons who are able, by virtue of their strategic positions in powerful organizations, to affect national political outcomes regularly and substantially. Elites are the principal decision makers in the largest or most resource-rich political, governmental, economic, militar, professional, communications, and educational organizations and movements in a society" (Burton/Gunther/Higley 1992: 8). Dieser Elitenbegriff umfasst zwar im Vergleich breitere gesellschaftliche Schichten. Beim Fokus auf den Regimewechsel, wo die grundsätzlichen Entscheidungen in einem engen Zirkel fallen, reduziert sich der Begriff jedoch im Wesentlichen auf die politischen Entscheidungsträger in den zentralen politischen Institutionen.

trierten Ansatzes Gruppen gesellschaftlicher Vertreter mit gemeinsamen – nicht nur individuellen, nicht nur „verhaltensrationalen" – Interessen darstellen. Die zentrale These von Burton und Higley lautet, dass freiwillige Arrangements zwischen den Vertretern des alten Regimes und der ehemaligen Regimeopposition (*elite settlements*) zu einer Zähmung politischer Konflikte und damit zu besseren Chancen auf demokratische Konsolidierung führen. Allerdings lassen sich im gesamten postsozialistischen Raum nur zwei Staaten mit *elite settlements* finden, nämlich Polen und Ungarn (Higley/Burton 1998: 109). Da die Autoren zudem zu dem Schluss kommen, bei dieser raren Konstellation handele es sich letztlich um „historische Zufälle" (Higley/Burton 1998: 115), ist der Nutzen dieses Ansatzes für die vorliegende Arbeit begrenzt. Eine integrierte Elitentheorie, wie sie in Ansätzen für das westliche Europa existiert (vgl. Pfetsch 1999), ist für das östliche Europa noch nicht in Sicht.

(2) *Institutioneller Ansatz*: Lijpharts (1984, 1992) demokratietheoretische Schlussfolgerung, dass bei einer breiteren Inklusion politischer Eliten und struktureller Minderheiten in den politischen Willensbildungs- und Entscheidungsprozess auch bessere Chancen für die Robustheit einer jungen Demokratie bestehen, gehört in den zweiten Strang zur Erklärung erfolgreicher Demokratisierung. Dieser Ansatz bedient sich der politischen Institutionen als unabhängiger Variablen (einzelne Arbeiten und Hypothesen werden in den Kapiteln 3 bis 5 ausführlich diskutiert).

Eine einheitliche Schule der institutionenorientierten Transformationsforschung hat sich schon deshalb nicht herausbilden können, weil sich die Hypothesen der wichtigsten Protagonisten dieser Forschung z.T. diametral widersprechen (vgl. Tabelle 0.1). Die erste Überschau läßt den Eindruck entstehen, in der institutionenorientierten Transformationsforschung seien noch nicht alle Differenzierungsmöglichkeiten ausgereizt. Die fünf Staaten beispielsweise, die im Jahre 1998 über die Aufnahme von Beitrittsverhandlungen zumindest von der Europäischen Union eine gewisse demokratische Reife bescheinigt bekommen hatten, weisen alles andere als einheitliche institutionelle Konfigurationen auf: ein semipräsidentielles Regierungssystem in Polen, parlamentarische Regierungssysteme in Estland, Slowenien, Tschechien und Ungarn; Verhältniswahlsysteme in Estland, Polen, Slowenien und Tschechien und ein kompensatorisches Wahlsystem in Ungarn.[3] Noch schwerer fällt es, schwach bis gar nicht konsolidierten Staaten wie Albanien, Belarus oder etwa der Ukraine gemeinsame institutionelle Muster zuzuschreiben. Wie die Ausführungen im Verlaufe der Arbeit zeigen werden, sind für dieses zunächst wenig einheitliche Bild zum einen eine Reihe von Kon-

---

3 Zur Definition der Fachtermini vgl. die entsprechenden Abschnitte in den Kapiteln 3 bis 5.

textfaktoren verantwortlich. Zum anderen wirken jedoch einzelne Elemente von Regierungs-, Parteien- und Wahlsystemen auf so unterschiedliche Weise miteinander, dass sich manche Konzepte für die Aufstellung sachgerechter Hypothesen als zu grobrastig erweisen.

Tabelle 0.1: Institutionenorientierte Hypothesen in der Transformationsforschung (Auswahl)

	Stabilisierender Effekt	Destabilisierender Effekt
Verfassung	• die *Art* der Verfassungsgebung hat keinen Einfluss auf den Konsolidierungsprozess (Merkel 1996) • frühe Verfassungen reduzieren die Verhaltenskontingenz (Merkel 1996, Hellman 1996)	• nicht hinreichend (per Referendum, verfassungsgebender Versammlung) legitimierte Verfassungen untergraben die Legitimität der Demokratie (Ackerman 1993)
Regierungssystem	• parlamentarische Regierungssysteme sind weniger rigide und inklusiver als andere Regierungssysteme und eignen sich besser zur Inklusion von Minoritäten (Lijphart 1977, Linz 1994) • semipräsidentielle Regierungssysteme verhindern Pattsituationen und sind durch power sharing repräsentativer als präsidentielle Systeme (Sartori 1994)	• semipräsidentiellen Systeme wohnen hohe Anreize zur Übertretung institutioneller Kompetenzen inne (Rüb 1994a, Merkel 1996, Linz/Stepan 1996: 277-279) • in präsidentiellen Regierungssystemen wird durch Rigidität politische Diskontinuität gefördert; doppelte demokratische Legitimierung schwächt Legitimität (Linz 1994)
Wahlsystem	• Verhältniswahlsysteme bewirken die Inklusion von Minderheiten (Lijphart 1977, 1991, 1992) • das absolute Mehrheitswahlrecht eignet sich zur Strukturierung von Parteiensystemen (Sartori 1994)	• Verhältniswahlsysteme können Instabilität parlamentarischer Regierungssysteme mitverursachen (Sartori 1994)
	• Nohlen/Kasapovic 1996: Wahlsysteme müssen im Lichte von Kontextfaktoren gesehen werden und haben im übrigen im postsozialistischen Europa geringe Auswirkungen gehabt	

(3) Die Positionierung *struktureller Faktoren* in den Mittelpunkt der Demokratisierungs- und Konsolidierungsforschung geschieht auf vielfältige Weise. So ist die Rede von bestimmten sozio-ökonomischen bzw. soziostrukturellen Entwicklungsniveaus (Lipset 1959), von historisch-strukturellen bzw. historisch-genetischen Faktoren. Auch die These, die Einbettung eines

Landes in die internationale Großwetterlage bedinge den Erfolg zur dauerhaften Errichtung eines demokratischen Regimes, ist struktureller Natur. Sozio-ökonomische Wirkungsfaktoren schließen Indikatoren des Bildungsstandes, der beruflichen und sozialen Differenzierung und Urbanisierung ein (Vanhanen 1984, Vanhanen/Kimber 1994, Przeworski 1996). Die Formel „the more well-to-do a nation, the bigger the chances that it will sustain democracy" (Lipset 1960: 48-49), wird somit heute in breiterer Ausfächerung untersucht. Auch marxistisch inspirierte Klassenanalysen werden nach wie vor zur Erklärung von Transitionsprozessen angeboten (Rueschemeyer/Huber-Stephens/Stephens 1992). Am mit kürzeren Zeithorizonten arbeitenden Ende des sozio-ökonomischen Ansatzes wird der wirtschaftlichen Entwicklung Relevanz zugesprochen. Im Hinblick auf das postsozialistische Europa und die gleichzeitige Reform der politischen und wirtschaftlichen Institutionen gerät hier der Umbau der ehemaligen Planwirtschaft ins Blickfeld (Brezinski 1997). Aus dem Fundus möglicher Indikatoren eignen sich hier nach einer ersten Studie am ehesten die Maßzahlen für den Anteil der Privatwirtschaft am BIP und die Wertschöpfungsquote für eine Beurteilung des ökonomischen Transformationsprozesses (Quidde 1996).

Zu den sozio-strukturellen treten historisch-genetische Faktoren. Die Änderung vieler Staatsgrenzen bis hin zum Ende des zweiten Weltkrieges ging im postsozialistischen Europa häufig mit Herrschaftswechseln und Migrationsströmen einher. Bekanntlich lassen sich in der Region vier verschiedene – sich teilweise überlappende – Herrschafts-, Rechts- und Verwaltungstraditionen ausmachen: das ottomanische Imperium in Südosteuropa, Österreich-Habsburg in Mitteleuropa, Deutschland in Nordmitteleuropa und Russland in Osteuropa. Machtwechsel im Laufe der Jahrhunderte waren zudem häufig von Migrationsströmen begleitet, so dass heute ethnische Minderheiten in einem Land häufig den Status externer Minderheiten eines anderen Landes innehaben. Obwohl empirisch angelegte Studien über den spezifischen Einfluss von Verwaltungstraditionen und die Bedeutung von Grenzverschiebungen auf Formen von Herrschaftsregimes Mangelware sind, lassen sich bestimmte Hypothesen auf der Basis von Plausibilitätsannahmen aufstellen. So verfügen ethnisch homogene Staaten mit Rückgriff auf die österreich-ungarische Herrschaftstradition Konsolidierungsvorteile; dies gilt um so mehr, wenn in der vorsozialistischen Zeit schon einmal eine Demokratie bestanden hat (Offe 1998). Als letzter möglicher Wirkungsfaktor ist die internationale Einbettung von Demokratisierungsstaaten genannt worden. Spielte zu Zeiten des Kalten Krieges noch die Zuwendung zum westlichen Lager eine entscheidende Rolle (Huntington 1984), übt heute in Europa der mögliche Beitritt zu westlichen Integrationsbündnissen, vor allem zur NATO und der Europäischen Union, Druck auf die Weiterentwicklung der Demokratie aus.

Es gilt als Allgemeinplatz der Transformationsforschung, dass der Rückgriff auf lediglich einen einzigen der hier genannten Ansätze – oder lediglich auf einzelne Arbeiten – mit Erkenntnislücken bezahlt werden muss, zumal sich die gängigen Theorien und Ansätze „wechselseitig" keineswegs ausschließen (Merkel/Puhle 1999: 62). Das Operieren mit den „heuristischen Potenzialen" komplementärer „Theorieangebote" (Merkel 1994: 321) wird besonders notwendig, wenn die Systemwechselphase unter dem Transformationsparadigma auf mittlerweile gut zehn Jahre ausgedehnt wird. Seit dem Ende der achtziger Jahre hat sich in den Sphären Politik, Recht und Wirtschaft so viel geändert, dass der Begriff der „Transformationsforschung" nur noch als grober Oberbegriff für eine Vielzahl von Ansätzen, Methoden und Theorien fungiert, die mit z.t. höchst unterschiedlichen Zielen Gegenwart und Vergangenheit postautokratischer Regimes zu erhellen versuchen.

Tabelle 0.2: Forschungsansätze der postsozialismusbezogenen Transformationsforschung

	Prägende Merkmale	*Dominierende Forschungsansätze*
Liberalisierungsphase	Politische Krise des *ancien régime*	Funktionalismus / Systemtheorie
	Aufkommen der Regimeopposition	Herrschaftsregimetypenlehre Kommunismusforschung Bewegungsforschung
	Wirtschaftskrise	Politische Ökonomie
Demokratisierungsphase	Aushandlung des *nouveau régime*	Akteursansätze
		Elitenansatz Koalitionstheorie
Konsolidierungsphase	Verfestigung des *nouveau régime*	Demokratietheorie
		Empirische Demokratieforschung Herrschaftsregimetypenlehre Funktionalismus / Systemtheorie
	Funktionswandel pol. Institutionen	
	Wirtschaftlicher Umbau	Institutionelle Ansätze Politische Ökonomie

Quelle: In Anlehnung an Almond/Flanagan/Mundt (1973) mit erheblichen Anpassungen.[4]

---

[4] Vgl. auch Taras (1995: 13), Almond/Flanagan/Mundt (1992).

Die Arbeit am Gegenstand der demokratischen Konsolidierung macht es daher gar nicht notwendig, allen der genannten Ansätzen gleichermaßen Tribut zu zollen. Seit der *Transitions-to-democracy*-Studie (O'Donnell/ Schmitter/Whitehead 1986) wird analytisch zwischen einer Liberalisierungs-, Demokratisierungs- und Konsolidierungsphase getrennt. Faktoren, die Liberalisierung und Demokratisierung bewirken, sind seither von solchen zu trennen, die die Konsolidierung der Demokratie beeinflussen. Bei der Auswahl mutmaßlich ertragreicher Forschungsansätze muss deshalb die veränderte Problemlage der postsozialistischen Staaten gegenüber der Umbruchphase berücksichtigt werden (vgl. Tabelle 0.2).

Wenn also in einer komparatistischen Arbeit Phänomene der Konsolidierungsphase zum Gegenstand gewählt werden, rücken Charakteristika der *entstandenen* politischen Gebilde ins Zentrum. Inwiefern unterscheiden sich die neuen Herrschaftsregimes voneinander? Wie stehen sie zum Ziel der Etablierung wohlfahrtsstaatlicher Demokratien, gemessen sowohl an Absichtserklärungen einheimischer Politiker als auch am (idealtypischen) Modell der repräsentativen freiheitlichen Demokratie? Welche Determinanten bestimmen die Funktionsweise des politischen Systems – externe Umweltfaktoren, die innere Verfasstheit, beides?

Wie diese Fragen belegen, hat sich der analytische Fokus auf die politischen Transformationsstaaten des postsozialistischen Europa geändert. Die maßgeblichen Akteure der unmittelbaren Regimewechselphase agieren nicht mehr im Nichts, sondern innerhalb neu geschaffener oder umgestalteter Institutionensysteme. Die Verwendung institutioneller Ansätze aus der Vergleichenden Regierungslehre auf postsozialistische Konsolidierungsstaaten steht nicht mehr in erster Linie in der Tradition der Transformationsforschung (wenn es eine solche als fest umrissenen Zweig jemals gegeben hat). Vielmehr wird eine empirische Entwicklung forschungstechnisch nachvollzogen: Im Großen und Ganzen ist in den postsozialistischen Staaten die Phase der „Transition" von einer Phase der Evolution und Weiterentwicklung kurzfristig stabilisierter Regimes abgelöst worden.

In der vorliegenden Arbeit werden also weniger Ansätze der „Transformationsforschung" kombiniert, selbst wenn ein guter Teil konzeptioneller Vorarbeiten von Forschern geleistet wurde, die sich bei der Analyse und Beschreibung des „Systemwechsels in Osteuropa" (Beyme 1994) nachdrücklich zu Wort gemeldet haben. Vielmehr handelt es sich um den Versuch, den Grundansatz der vergleichenden Staatstätigkeits- und Demokratieforschung (vgl. paradigmatisch Schmidt 1982, Lijphart 1984, Scharpf 1987) auf den Gegenstand der neuen Demokratien im postsozialistischen Europa zu übertragen. Damit verbunden ist die Reduzierung komplexer Zusammenhänge auf wenige und möglichst aussagekräftige Indikatoren. Bei der Bearbeitung der im einzelnen erklärungsbedürftigen Phänomene wird dabei in erster Linie auf Methoden der Vergleichenden Regierungslehre, nämlich die akteursoffene Analyse von Regierungs-, Parteien- und Wahlsystemen, zurückgegriffen.

In Kapitel 1 wird zunächst versucht zu ergründen, hinsichtlich welcher Elemente und in welchem Maße sich im postsozialistischen Europa demokratische Systeme etabliert haben. Hierfür werden Indikatoren entwickelt, mit Hilfe derer unterschiedliche Verwirklichungsgrade bei der Erfüllung demokratischer Normen identifiziert werden können. Unter Verwendung der Indikatoren wird ein auf Pfeilern der liberalen Demokratietheorie ruhendes Modell zur Abfolge von Typen demokratischer Regimes erstellt, welches unterschiedliche Grade demokratischer Konsolidierung aufzuzeigen in der Lage ist.

Kapitel 2 bis 5 widmen sich dann der Frage, welche Faktoren dafür verantwortlich sind, dass einige Länder das (i.d.R. selbsterklärte) Ziel des Aufbaus einer freiheitlichen Demokratie mehr oder weniger erreicht haben, während andere Staaten weiterhin Defizite bei der Durchsetzung demokratischer Herrschafts- und Freiheitsnormen aufweisen. In Kapitel 2 werden hierzu mehrere als einflussreich identifizierte Kontextbedingungen betrachtet. In den meisten Unterkapiteln geht es dabei darum, entweder bestehende Hypothesen für die Gesamtheit der postsozialistischen Demokratisierungsfälle zu überprüfen oder defizitäre Erklärungsansätze zu korrigieren bzw. weiterzuentwickeln.

Kapitel 3 wendet sich anschließend den Regierungssystemen als dem ersten *set* politischer Institutionen zu. Auch hier werden zunächst bisherige Forschungsergebnisse – meist Typologien – diskutiert und auf ihre Tauglichkeit für den postsozialistischen Raum untersucht. Nach einer Anpassung an den regionalen Kontext werden anschließend die Institutionensysteme der Vergleichsländer hinsichtlich ihres Einflusses auf den Stand der demokratischen Konsolidierung analysiert. Kapitel 4 und 5 beschäftigen sich mit der Auswirkung von Gegebenheiten der Parteiensysteme auf die Konsolidierung der Demokratie. In Kapitel 4 werden dafür allerdings zunächst nur Grundlagen erarbeitet, indem versucht wird, die Form der Parteiensysteme des postsozialistischen Europa mit einem konfliktlinienbasierten Modell zu erklären. Die unterschiedliche Präsenz von Parteien und Parteienfamilien in den einzelnen Parteiensystemen wird dann herangezogen, um die (in die politische Sphäre übersetzten) gesellschaftlichen Konflikte mit dem jeweiligen Konsolidierungsstand in Verbindung zu bringen. Kapitel 5 wendet sich – auf dem Umweg über eine Analyse der Wahlsysteme – vermeintlich konsolidierungsrelevanten Elementen von Parteiensystemen wie Fragmentierung, Stabilität und Polarisierung zu.

In Kapitel 6 werden die Ergebnisse der Arbeit zunächst auf zwei Ebenen zusammengefasst. Zum einen wird mit Hilfe eines Modells zum Einfluss der politischen Institutionen auf den Prozess der demokratischen Konsolidierung in Osteuropa versucht, das spezifische Gewicht von Kontextbedingungen sowie einzelnen Elementen der Regierungs- und Parteiensysteme zu bestimmen. Zum anderen wird nochmals überprüfend der Frage nachgegangen, wie in den einzelnen Ländern institutioneller Wandel konkret zur Konsolidierung der demokratischen Regimes beigetragen hat. Abschließend wird dann noch versucht, die Ergebnisse der vorliegenden Arbeit in die Konsolidierungsforschung einzuordnen.

Vor dem Einstieg in die eigentliche Untersuchung sei noch die Verwendung einiger Begriffe erläutert. Der Gegenstand meiner Betrachtungen sind die seit 1989 demokratisierten ehemals sozialistischen Staaten in Mittel-, Südost- und Osteuropa, wobei die manchmal als europäische Staaten geführten postsowjetischen Republiken Georgien, Armenien und Azerbajdschan nicht berücksichtigt werden. Für die Gesamtheit dieser – wie sich im folgenden Kapitel herausstellen wird – 14 Staaten verwende ich den Begriff „postsozialistisches Europa". Dabei nehme ich die mangelnde Präzision, dass einige postsozialistische Staaten nicht den Weg in Richtung Demokratie eingeschlagen haben,[5] in Kauf. Im Ergebnis wird ein Ensemble von Eigenschaften, die die politischen Systeme in der sozialistischen Ära aufwiesen, zum dominanten gemeinsamen Merkmal der Untersuchungsfälle. Diese Eigenschaften umfassen – bei allen Abweichungen einzelner Fälle – den „demokratischen Zentralismus" unter der führenden Rolle der Kommunistischen Partei, eine staatliche zentrale Verwaltung und ein sozialistisches Wirtschaftssystem (vgl. entsprechend Bleek 1989, Brunner 1989, Jahn 1989, Jósza 1989, Kosta 1989). Als Gemeinsamkeit der allermeisten Fälle kann weiterhin gelten, dass das sozialistische Regime bereits in den Jahren vor dem Regimeumbruch in den Bereichen Regimeperformanz und Legitimität Krisensymptome zeigten (vgl. Taras 1995: Kapitel 3, Beyrau 1993: 256-267).

Alternativ wird für das „postsozialistische" manchmal aus stilistischen Gründen der Begriff des „östlichen Europa" verwandt. In der Regel wird jedoch auf die Verwendung räumlicher Attribute wie Ost- oder Südosteuropa nur zurückgegriffen, wenn die entsprechenden Subregionen gemeint sind. Die Staaten des Baltikum werden dabei trotz ihrer russisch-sowjetischen Herrschaftsvergangenheit i.d.R. der Region Mitteleuropa zugeschlagen. Begründet werden kann dies mit kulturellen Gemeinsamkeiten – der Grenze zur christlichen Orthodoxie im Osten der drei Staaten, der Tradition freien Handels in den alten Hansestädten, überhaupt mit der Bindung der gemeinschaftlichen Identität an eine Staatsnation (vgl. Gray 1996).

---

5   Im Jahre 1998 Albanien, Belarus, Kroatien und Serbien; zur Begründung siehe Kapitel 1.

Eine weitere spezifische Begriffsverwendung betrifft den Charakter des Herrschaftsregimes zu Zeiten des Sozialismus. Das in der Transformationsforschung am ehesten gängige „autoritäre Regime" hat den Nachteil, von Juan Linz (u.a. 1989) mit einem festen Bedeutungskern[6] in Abgrenzung zu anderen Formen demokratischer und nichtdemokratischer Herschaft versehen worden zu sein. Deshalb wird in der vorliegenden Arbeit ähnlich wie bei Merkel (1998: 21) der Begriff autokratischer Herrschaft als Oberbegriff für alle Herrschaftsformen im sozialistischen Europa verwandt.[7] „Autokratische" Regime umfassen damit die Herrschaftsregimes totalitären (z.b. UdSSR bis 1953), posttotalitären (z.b. UdSSR seit 1953, SSR), autoritären (z.b. Polen) und sultanistischen (z.b. Rumänien) Typs mitsamt einiger Untertypen.

Der zentrale Begriff der politischen Institution wird pragmatisch, d.h. ohne ausführliche Problematisierung weitreichender theoretischer Diskussionen (vgl. Göhler (Hrsg.) 1987, Peters 1998, Weingast 1998), definiert. Ein eigener Zweig der Institutionentheorie zur Erfassung des Wandels in postautokratischen Gesellschaften ist im Entstehen begriffen (Fehr 1994). Bis hier Fortschritte erzielt worden sind, kann Göhlers Verständnis von Institutionen als „Regelsysteme[n] der Herstellung und Durchführung verbindlicher, gesamtgesellschaftlich relevanter Entscheidungen und Instanzen der symbolischen Darstellung von Orientierungsleistungen einer Gesellschaft" (Göhler 1994: 39) übernommen werden. Die Institutionen des Regierungssystems sind nach diesem Verständnis eher für Normierung und Durchsetzung von Entscheidungen zuständig, während der Bereich der Orientierungsleistungen vorwiegend von den intermediären Organisationen des Parteiensystems abgedeckt wird.

Anschließend sei auf die Synonymsetzung der Begriffe Transformation und Transition verwiesen. Beide Begriffe können allgemein als „Gesamtvorgang der Abfolge von Liberalisierung, Demokratisierung und Konsolidierung" (Schmidt 1995: 963) definiert werden. Diese auf Trennschäfte verzichtende Begriffsverwendung ist in der deutschsprachigen Politikwissenschaft nicht unüblich.[8] Dennoch sei darauf verwiesen, dass unter „Transfor-

---

6   Nach Linz können (a) ein begrenzter Pluralismus, (b) Depolitisierung bzw. begrenzte Partizipation und (c) Entideologisierung als distinktive Kriterien autoritärer Regimes gelten.
7   Merkel verweist an der zitierten Stelle auf Hans Kelsens „Allgemeine Staatslehre" (1925). Auch Giovanni Sartori verwendet in seiner jüngeren Schrift zur Demokratie den Begriff des Autoritarismus: „...auf dem Umweg über Autorität und Freiheit lässt sich der Autoritarismus als Gegenteil der Demokratie festlegen" (Sartori 1992: 191).
8   So verweist Band 7 des Lexikons der Politik (Nohlen/Schultze/Schüttemeyer (Hrsg.) 1998: 649) bei der Eintragung „Transformation/Transition" ohne weitere Erläuterung auf den Begriff „Systemwechsel". Das Wörterbuch der Politik (Schmidt 1995: 963) verzeichnet den Begriff „Transition", nicht jedoch „Transformation".

mation" insbesondere in soziologischen oder wirtschaftswissenschaftlichen Schriften ein eher zielgerichteter Prozess der Errichtung oder Umfunktionierung politischer, wirtschaftlicher oder sozialer Institutionen verstanden wird, während sich mit dem Transitionsbegriff eher ein evolutionärer Prozess der Institutionenbildung verbindet (vgl. Stark 1992, Wagener 1997, siehe auch Kalthoff/Pickel 1999). Da sich jedoch ein guter Teil der vorliegenden Arbeit mit unerwarteten Folgen der Institutionengenese oder mit der von Modellen kaum prognostizierbaren Wechselwirkung einzelner institutioneller Elemente beschäftigen wird, erscheint eine derartige Differenzierung wenig zweckmäßig.

Zuletzt ist bereits vorab anzumerken, dass der Untersuchungszeitraum der vorliegenden Arbeit im wesentlichen mit dem 31.12.1998 endet. In einigen der untersuchten Staaten haben sich seither bis zum Ende des Redaktionsschlusses (November 2000) Entwicklungen ergeben, anhand derer zusätzliche Erkenntnisse besonders hinsichtlich des Charakters einzelner Regimes möglich wären. Wegen der vom Promotionsverfahren vorgegebenen langen Verfahrensfristen schien es mir jedoch nicht ratsam, das Erscheinungsdatum durch eine entsprechende Einarbeitung noch weiter hinauszuschieben.

1. Demokratische Konsolidierung: Analysekonzept

1.1 Der Begriff der demokratischen Konsolidierung

In Demokratien wird die Herrschaft auf die Norm politischer Gleichheit verpflichtet, auf den Willen des Volkes gegründet und mit der Rechenschaftspflichtigkeit der Herrschenden verbunden (Schmidt 1995a: 11). Da die Verwirklichung dieser Gebote an politische Institutionen gebunden ist, bedeutet Konsolidierung der Demokratie zunächst Festigung oder Sicherung einer Herrschaftsordnung, die über bestimmte institutionelle Rahmensetzungen eine Rückbindung der staatlichen Herrschaft an den demos gewährleistet.

Die Reduzierung der Begriffe Demokratie und Konsolidierung auf ihre jeweilige semantische Kernbedeutung – Herrschaft, Volk, Festigung – bildet zwar den gemeinsamen Nenner aller Konsolidierungskonzepte. Sie wirft aber Fragen auf, die die gesamte Transformationsdebatte wie rote Fäden durchziehen: Genügt die Auswahl der Regierenden durch das (Wahl)Volk, oder müssen zusätzliche Institutionen deren Responsivität sichern? Sind die Regierenden ausschließlich dem durch Wahlen ausgedrückten Willen des Volkes verpflichtet, oder sind sie darüber hinaus an bestimmte Grundnormen gebunden?

Offene Fragen dieser Art bewegen nicht die Transformationswissenschaft allein, sondern sind Ausfluss einer erheblichen Bandbreite gängiger Demokratiedefinitionen. Bereits ein kurzer Blick über demokratietheoretische Überblickswerke der letzten Jahre bestätigt den Befund, es gebe zum Demokratiebegriff keine allseits akzeptierte Lehrmeinung, die sich in einer einzigen handfesten Definitionsformel verdichten ließe (Guggenberger 1989: 130). Nicht nur die Demokratiedefinitionen unterscheiden sich in Reichweite und Gewichtung, auch die Zugänge zum Gegenstand differieren maßgeblich. Ähnlich wie Schmidt (1995a) nähert sich David Held (1996) dem Begriff über die vielfältigen Ausdeutungsmöglichkeiten der Formel „rule by the people", um verschiedene Modelle von Demokratie zu begründen. Sartori (1997) verweist auf den Unterschied zwischen deskriptiven und präskriptiven Demokratiekonzepten, bietet eigene Unterkategorien jedoch mit dem Ziel der Annäherung an die für ihn allein relevante klassische liberale Demokratietheorie an. Touraine (1994) deckt den Demokratiebegriff strukturell über die Dimensionen Menschenrechte, Repräsentativität und Staatsbürgerschaft ab. Dass diese unterschiedlichen Sichtweisen bei der nicht abzustreitenden Existenz verschiedener Demokratiemodelle mehrere hundert analytische Subtypen von „Demokratie mit Adjektiven" (Collier/Levitsky 1997) hervorgebracht hat, vermag daher keine Verwunderung hervorrufen. Nicht nur der Demokratie-, auch der Konsolidierungsbegriff sieht sich grundsätzlichen Fragen ausgesetzt. Bedeutet „Festigung" der Volksherrschaft eine immer weitere Vertiefung der Demokratie, oder bezieht sich der Begriff Konsolidierung eher auf die Sicherung eines bestimmten status quo? Welche Elemente der Volksherrschaft müssen verfestigt werden, damit die Rede von *demokratischer* Konsolidierung gerechtfertigt ist? Bezieht sich der Begriff auf Verhaltensweisen der politischen Eliten, Einstellungen der Bevölkerung oder auf die Stabilität politischer Institutionen?

Konkurrierende Definitionen setzen hier unterschiedliche Schwerpunkte, zu denen die Stabilisierung, Routinisierung, Institutionalisierung und Legitimierung der Verhaltensmuster politisch relevanten Handelns zählen (Gunther/Puhle/Dia-mandouros 1995: 7). Nach einem bekannten Diktum (Linz 1990b: 158, Przeworski 1991: 26) können Demokratien als konsolidiert gelten, wenn die demokratischen Institutionen von den relevanten politischen Akteuren als „the only game in town" akzeptiert werden. Diese Definition, die gleichzeitig ein Kriterium für konsolidierte Demokratien benennt, schließt an die akteurszentrierten Analysen der frühen Transformationswissenschaft (O'Donnell/Schmitter/Whitehead (Hrsg.) 1986) an. Allerdings finden sich bei genauer Lektüre bereits bei Przeworski (1991: 26, Fußnote 29) unter den „relevanten politischen Kräften" des „only game in town" nicht nur die zentralen politischen Institutionen, sondern darüber hinaus Gruppen mit organisierten kollektiven Interessen und Individuen in ihrer Rolle als Wähler. Nicht nur die Regierenden müssen sich im Konsolidierungsprozess am – formal – durch den Willen des Volkes gestützten Herrschaftsrahmen orientieren. Auch das Volk selbst ist über die intermediäre Mitwirkung und die Teilnahme an Wahlen an das neue Institutionensystem gebunden.

Damit war es zu der seit Easton (1965) und Almond/Verba (1963) zentralen politikwissenschaftlichen Frage nach der Unterstützungshaltung der Bevölkerung gegenüber dem politischen System nicht mehr weit. Arbeiten mit konzeptioneller Intention schließen diese Ebene deshalb mit ein und definieren demokratische Konsolidierung als „Prozess, während dessen sich die Legitimität der Demokratie bei den Bürgern so breit und tief verankert, dass ein Zusammenbrechen der Demokratie sehr unwahrscheinlich wird" (Diamond 1994: 15). Obwohl also streng genommen die Mitberücksichtigung des Legitimitätsbegriffs – und damit die Einbeziehung der Staatsbürger – lediglich eine Konsequenz des Konsolidierungskonzepts von Przeworski bedeutet, hat sich eine Unterscheidung zwischen engen und weiten bzw. zwischen minimalistischen und maximalistischen Konsolidierungsmodellen eingebürgert (vgl. Merkel 1996: 35).[9] Minimalistisch sind Konsolidierungskonzepte demnach im Großen und Ganzen, wenn lediglich die Ebene der politischen Akteure betrachtet wird. Maximalistische Konsolidierungskonzepte hingegen schließen sowohl die intermediäre Ebene als auch die Bevölkerung und deren Einstellung zur Demokratie ein.

Als Folge einer wenig übersichtlichen Vielfalt an begrifflichen Festlegungen und Konzepten besteht wenig Konsens über die Dimensionen, die für die Erfassung demokratischer Konsolidierung beachtet werden müssen. Diamond (1997) nennt die politischen Institutionen, die Stellung des Militärs, die Zivilgesellschaft, die sozio-ökonomische Entwicklung und internationale Faktoren. Schmitter (1995) macht vor allem die Interaktionsmuster von Eliten des *ancien régime* und Oppositionskräften zur Zeit des Regimewechsels sowie den Institutionalisierungsprozess gesellschaftlich-politischer Interaktionen zum Gegenstand seiner Analysen. Morlino (1995: 579) nennt im Rahmen einer induktiven Herangehensweise die Kompromißfähigkeit der politischen Eliten, deren Respekt für den Rechtsstaat, die Neutralisierung des Militärs und die Freiheit für private Unternehmer.

Der Kerngegenstand demokratischer Konsolidierung wird angesichts dieser – und weiterer – Konzeptangebote derart diffus, dass inzwischen Rufe nach einer freilich kaum durchzusetzenden begrenzten Verwendung des Konsolidierungsbegriffs laut werden (Schedler 1998). Indes existieren zwei Konzepte, die die ineinander fließenden Erkenntnisbereiche zu ordnen und in eine Gesamtperspektive zu rücken versuchen.

Erstens kann eine Differenzierung den evolutionären Charakter von Konsolidierungsprozessen vergegenwärtigen. So unterscheidet Juan Linz (1990b) eine Verhaltens-, Einstellungs- und eine konstitutionelle Ebene („behaviorally, attitudinally, constitutionally"). Darauf aufbauend betrachtet Wolfgang Merkel (1996b, 1998) Konsolidierung in einem Vierebenenmodell als (1) institutionellen und (2) intermediär-repräsentativen Verfestigungsprozess. Hinzu treten bei Merkel zwei Verhaltensebenen: (3) Das politische Handeln der relevanten Eliten und (4) die Einstellungen der Bevölkerung müssen positiv auf das demokratische System ausgerichtet sein. Erst die sich nach und nach einstellende Konsolidierung aller vier Ebenen, so die Quintes-

---

9 Die Zuordnung ist allerdings mitunter nicht unproblematisch. Huntington (1991: 265-270) dehnt seine Betrachtungen zu der Frage, ab wann eine Demokratie als konsolidiert gelten kann, auf die politischen Institutionen, mögliche Veto-Akteure, das intermediäre System und die Bevölkerung aus. Als handfestes Kriterium schlägt er in diesem Rahmen einen zweimaligen friedlichen Machtwechsel in einem Staat vor. Weites oder enges Konsolidierungskonzept?

senz Merkels, macht es möglich, für ein bestimmtes Land von einer vollends stabilen Demokratie zu sprechen.[10]

Zweitens thematisiert der amerikanische Politikwissenschaftler Philippe Schmitter die Konsolidierung von Teilregimes, ohne jedoch deren Einbettung in institutionell gebundene Verhaltensmuster aus dem Auge zu verlieren. Eine wichtige Aufgabe der am Konsolidierungsprozess beteiligten Akteure ist danach die Institutionalisierung von Interessensystemen, die als intermediäre Partialregimes – System der Arbeitsbeziehungen, Verbändesystem, Parteiensystem[11] – die Bürger an die Regierenden binden (Schmitter 1995a: 285). Vom Kern der Argumentation analog zu Putnams Konzept des „Social Capital" (Putnam 1993) angelegt, stabilisieren sich demnach junge Demokratien mittelbar, wenn eine Vielfalt organisierter Interessen die Rechenschaftspflicht staatlicher Stellen aktiv einfordert.[12] Konsolidierte bzw. sich konsolidierende Partialregimes tragen damit direkt zur Konsolidierung des Systems der politischen Kerninstitutionen bei.

Auch wegen dieser integrierenden Ansätze muss also die Vielgestaltigkeit der Forschungslandschaft nicht unbedingt bedauert werden – unübersichtliche Prozesse verlangen nach unterschiedlichen Forschungsperspektiven, solange sich kein dominierendes Paradigma durchgesetzt hat. Ein gewisses Manko besteht allerdings im Missverhältnis zwischen den angebotenen Analysekonzepten und möglichen Kriterien, die die Adäquanz dieser Konzepte länderübergreifend prüfen könnten. Hier trägt die Vielzahl an Definitionsangeboten nicht zur Schärfung des Konsolidierungsbegriffes bei,

---

10 Die von Merkel als idealtypisch verstandene Konsolidierungssequenz – die aufeinander aufbauende Konsolidierung des Institutionen-, Parteien- und Verbändesystems sowie die Ausrichtung zunächst der politisch relevanten Akteure und dann der Bevölkerung an diesem System – kann mit Pridhams (1995) Unterscheidung von negativer und positiver Konsolidierung in Übereinklang gebracht werden. Nach der Diktion von Pridham sind Demokratien negativ konsolidiert, wenn kein relevanter politischer Akteur seine Interessen außerhalb der von der Verfassung vorgegebenen Institutionen durchzusetzen versucht; ein in Grundzügen etabliertes politisches und intermediäres System wird dabei vorausgesetzt. Positive Konsolidierung stellt sich hingegen erst mit der Legitimität der Demokratie bei ihren Bürgern, gemessen an Einstellungs-, Werte- und Verhaltensmustern der Bevölkerung, ein.

11 Schmitter unterscheidet „concertation, constitutional, clientalist, electoral, representation und pressure regimes" in einem Hexagon von staatlichen Strukturen, Regierung, politischen Parteien, Parlament und Interessengruppen. "Seen from this perspective, the overall democratic regime being consolidated in any given case will not only be identified by its internal configuration, but will also be composed of different external regimes" (Schmitter 1995: 558).

12 Während Schmitters Erkenntnisziel die Bedingungen für dauerhafte Überwindung autoritärer Strukturen sind, bilden bei Putnams (1993) Analyse unterschiedliche Qualitätsniveaus in einem demokratischen System (grob: Nord- versus Süditalien) den Erkenntnisgegenstand.

sondern ist maßgeblich für dessen Unschärfe verantwortlich. Habitualisierung der politischen Eliten, Stabilität des Institutionensystems, Legitimität bei den Staatsbürgern: für die Eingrenzung dieser zentralen – und bereits für sich gesehen hochkomplexen – Probleme ist eine klare Konturierung des Konsolidierungsparadigmas nicht nur hilfreich, sondern notwendig.

Die Rede von demokratischer Konsolidierung setzt die Existenz demokratischer Strukturen voraus. Die Konsolidierungsphase ist damit zum einen der Erosion des autokratischen Systems (Liberalisierungsphase) und zum anderen der Gründung des demokratischen Institutionensystems (Demokratisierungsphase) nachgelagert (vgl. u.v.a. Shin 1994). Dabei werden die Phasen vor allem analytisch getrennt. Demokratisierungs- und Konsolidierungsphase überschneiden sich, unter anderem wenn man die oben angesprochene Etablierung von Partialregimes berücksichtigt. Man wird jedoch vom Ende der unmittelbaren Demokratisierungsphase ausgehen können, wenn demokratische Wahlen stattgefunden haben und die aus diesen Wahlen hervorgegangen Regierenden innerhalb stabiler Verhaltensstrukturen – u.U. ausgedrückt durch eine neue Verfassung – verfahren. Für die Anwendung eines jeden Konsolidierungskonzepts muss daher zunächst die Frage positiv beantwortet werden, ob das oder die betrachteten Länder ihren Demokratisierungsprozess nicht nur begonnen, sondern auch abgeschlossen haben (Gunther/Puhle/Diamandouros 1995: 5).

Im Anschluss an die Demokratisierung kann dann die Konsolidierungsphase anvisiert werden. Bezeichnet nun Konsolidierung die Verfestigung des in der Demokratisierungsphase Geschaffenen, oder kann die Sicherung der Demokratie nur durch deren Weiterentwicklung gelingen? In den frühen Jahren der Transitionsforschung wurde demokratische Konsolidierung im Sinne von Vermeidung von Rückschritten in Richtung autokratischer Herrschaftsformen verstanden (Linz 1978, O'Donnell/Schmitter/Whitehead (Hrsg.) 1986, Huntington 1991). Wie durch die Vielfalt der Konsolidierungskonzepte und -definitionen aber bereits angedeutet, zählen mittlerweile auch Prozessanalysen zum Kernbereich der Konsolidierungsforschung.

Das Nebeneinander sowohl einer prozessural als auch statisch orientierten Perspektive schafft Probleme. Es besteht nicht nur die Gefahr begrifflicher Unschärfe, wenn Konsolidierung auf der einen Seite das Bestehen demokratischer Institutionen bereits voraussetzt, auf der anderen Seite aber als Prozess zur Weiterentwicklung der Demokratie verstanden werden soll (vgl. O'Donnell 1996: 160). Darüber hinaus droht auch ein *conceptual overstretching* (vgl. Sartori 1970), wenn immer neue Demokratisierungswellen und Regionen miteinander verglichen werden (vgl. auch Stykow 1999). Eine Sequenzierung des Konsolidierungsprozesses, so soll im Folgenden argumentiert werden, kann nicht nur einen Großteil dieser begrifflichen und konzeptionellen Gefahren auffangen, sondern durch eine Bindung an Herrschaftstypen auch gleichzeitig eine Grundlage für die Messbarkeit von Konsolidierungsprozessen liefern.

1.2 Messung demokratischer Konsolidierung im postsozialistischen Kontext

1.2.1. Analyserahmen: Typen demokratischer Regimes

Etwa zehn Jahre nach dem Beginn der Transformationsprozesse in Ungarn und Polen scheint für die *area* des postsozialistischen Europa der alleinige Verweis auf die Akzeptanz des demokratischen Systems durch die politisch relevanten Akteure nicht mehr adäquat zu sein. Zum einen spielen, anders als in Lateinamerika, interne Veto-Mächte wie das Militär eine schwache Rolle.[13] Auch Antisystemparteien gleich welcher *couleur* können im östlichen Europa nicht als echte Veto-Akteure gelten. Zum anderen variieren die formal demokratischen Institutionensysteme erheblich hinsichtlich der Verwirklichung demokratischer Grundnormen. Begrifflich hat die Forschung hierauf bereits reagiert: illiberale, defekte, delegative oder minimale Demokratien (resp. Zakaria 1997, Merkel 1999, O'Donnell 1994, Diamond 1994) stellen offensichtlich Typen demokratischer Herrschaft unterhalb oder an der Grenze näher zu bestimmender Mindestkriterien dar.

Nicht der umfassende und voraussetzungsvolle Begriff des politischen Systems (nach Easton 1965, Almond/Powell/Mundt 1993), sondern der engere Bezugsrahmen der politisch-institutionellen Konfiguration soll verwendet werdet, um die Verwirklichungsgrade demokratischer Normen zu erfassen. Begrifflich analog lässt sich auch das pragmatischere Konzept des politischen Regimes anführen. Mit beiden Begriffen ist die formelle und informelle Organisation des Zentrums der politischen Macht und dessen Beziehungen zur Gesellschaft gemeint.[14] Fokussiert wird damit ein Regelwerk der Kooperation an den Leitstellen des politischen Systems, bestehend aus den Akteuren Parlament und Parteien, Regierung und Präsident – mithin den Kerninstitutionen des politischen Systems.[15]

---

13 Die Armee der Russischen Föderation besitzt allerdings wenigstens das Potenzial zur Korrektur ungewollter politischer Entscheidungen.
14 „A regime may be thought of as the formal and informal organization of the center of political power, and of ist relations with the broader society" (Fishman 1990: 428).
15 Auch im Zusammenhang mit der Klassifizierung westlicher Demokratien wurde zuletzt

Schedler (1998), dessen Überlegungen hier z.T. übernommen werden können, unterscheidet für den Konsolidierungskontext vier Regimetypen. Auf einer gedachten Entwicklungslinie zwischen (a) autokratischen Regimes und (d) „fortgeschrittenen" Demokratien etwa nach westeuropäischem Muster sind demnach zwei weitere Typen verortet: (b) „elektorale" und (c) „liberale" Demokratien. In liberalen Demokratien sind dabei die Institutionen der Dahlschen Polyarchie – periodische und inklusive Wahlen sowie politische Rechte (Informations-, Versammlungs- und Vereinigungsfreiheit sowie Redefreiheit) – verwirklicht.

Für den postsozialistischen Kontext kann dieser Typenabfolge allerdings nur in eingeschränktem Maße Relevanz zugeschrieben werden. Besonders lassen sich Wahldemokratien und Polyarchien mit Blick auf die Empirie nicht durchgängig trennen. In einigen präsidial geprägten Ländern wie Russland oder der Ukraine ließen sich zwar in der Tat im Zusammenhang mit Präsidentschaftswahlen die teilweise Mißachtung von Institutionen der Polyarchie, v.a. der Medien- und Informationsfreiheit, registrieren (vgl. Beichelt 1997, 1998a). In den meisten Systemen des postsozialistischen Europa scheint jedoch ein ausreichendes Kräftegleichgewicht zur formalen Aufrechterhaltung der liberaldemokratischen Institutionen zu bestehen. Wenn trotzdem zwischen Ländern wie Bulgarien, Lettland, Moldova und Slowenien unterschiedliche Konsolidierungsniveaus bestehen, liegt dies offenbar weniger an den institutionellen Konfigurationen an sich, sondern an der Art und Weise, wie die von den Institutionen ausgehende Politik die demokratischen Normen innewohnenden Prinzipien stützen und reproduzieren. Das Funktionieren der politischen Regimes legt damit nahe, dass das Dahlsche Kriterienraster erweitert werden muss, um wichtige konsolidierungsrelevante Unterschiede im Bereich des Funktionierens politischer Regimes zu erfassen.[16]

Im kommunistischen Regime galt der Herrschaftsanspruch der politischen Elite letztlich unbeschränkt. In demokratischen Systemen sind die Regierenden jedoch formal an Verfassung und Rechtsstaat gebunden und damit in ihrer Macht gezügelt. In den westlichen Demokratien ist dies nicht nur auf die verfassungsstaatliche Tradition zurückzuführen.[17] Vielmehr

---

vorgeschlagen, den Bezugsrahmen des institutionellen Regimes anstelle denjenigen des politischen Systemen zu verwenden (Kaiser 1998).

16 In „Democracy and its Critics" macht Dahl (1989) deutlich, dass sich das Funktionieren der Demokratie keinswegs allein auf die Institutionen der Polyarchie zurückbeziehen lässt. Dahl operiert daher nicht per se mit einem minimalen Demokratiebegriff, sondern nennt (polyarchische) Institutionen als *Mindest*kriterien für liberaldemokratische Regimes.

17 Der Vergleich zwischen „entwickelten" Demokratien und Demokratisierungsstaaten sollte, wie Nohlen (1997: 119) zu Recht anmahnt, nicht zu einer Beschönigung realdemokratischer Verhältnisse führen.

erfordert aus organisationssoziologischer Perspektive die intermediäre Vielfalt moderner politischer Systeme einen festen rechtlichen Rahmen.

Tabelle 1.1: Typen demokratischer Regimes im postsozialistischen Kontext

	Regimetyp		Kriterien* zur Bestimmung des Regimetyp
↓↓↓↓↓↓↓↓↓↓↓↓↓↓↓↓ *Zunehmende Verankerung der demokratisch relevanten Akteure, Ausdifferenzierung tualisierung der politisch relevanten Akteure, Ausdifferenzierung des Willensbildungsprozesses*	*Autokratisches Regime*		• Keine Auswahl der Regierenden durch die Regierten • Nichtgewährung oder Einschränkung politischer Rechte • Begrenzter Pluralismus
	Liberale Demokratie (Polyarchie)	*Minimal-demokratisches Regime (Wahldemokratie)*	• Periodische, kompetitive, inklusive und überwiegend manipulationsfreie („freie") Wahlen • Bestellung der Regierenden durch Wahlen
		Formal-demokratisches Regime	Zusätzlich: • Vollkommen manipulationsfreie („faire") Wahlen • Politische Rechte (Informations-, Versammlungs-, Vereinigungs- und Redefreiheit) • Bindung der Regierenden an gesatztes Recht
		Ausdifferenziertes liberal-demokratisches Regime	Zusätzlich: • Entwickeltes Parteiensystem ohne starke Antisystemparteien • Entwickeltes Verbändesystem • Entwickelte Zivilgesellschaft / Breites Spektrum staatsautonomer Gruppen • Weitgehende Unterstützungshaltung gegenüber den Institutionen der Demokratie • Politischer, sozialer und ökonomischer Konsens

* Zur Operationalisierung und Umsetzung siehe Text und Tabelle 1.2.

Die von der Verfassung, der übergeordneten politischen Institution, vorgegebenen Handlungs- und Verfahrensnormen werden nun in den postsozialistischen Staaten in recht unterschiedlichem Maße respektiert. Vor allem verletzen in einigen Ländern die Inhaber politischer Ämter die in der Verfassung festgeschriebenen Verfahrensregeln im Kampf um politische Kompetenzen und Entscheidungen. In anderen Ländern hingegen bescheiden sich die Regierenden in die ihnen von der Verfassung zugedachte Rolle. Im postsozialistischen Kontext bietet sich für die Diskussion demokratischer Konsolidierung daher an, zusätzlich zu den Institutionen der Polyarchie einen mindestens rudimentär entwickelten Verfassungsstaat im Sinne der Rechtsbindung demokratisch legitimierter Herrschaft als Kriterium für formal-demokratische Regimes miteinzubeziehen (vgl. auch Merkel/Puhle 1999: 18). Modelliert man nun die gesamte Transformation vom autokratischen Regime bis zur vollentwickelten Demokratie, lassen sich die vier Regimetypen als Wegetappen bei der Verankerung der demokratischen Strukturen, bei der Habitualisierung[18] der politisch relevanten Akteure und der Verbreiterung und Ausdifferenzierung des politischen Willensbildungsprozesses begreifen (Tabelle 1.1 – Begründung und Erläuterung siehe unten). Das Gewicht der einzelnen Kriterien kann dabei in einzelnen Ländern aus historischen oder anderen Gründen variieren, und damit ist auch ihre Beziehung untereinander nicht konzeptionell fixiert.

Terminologisch orientiert sich das Analysemodell an der liberalen Repräsentativdemokratie in der westlichen, auf entwickelte Industriestaaten zugeschnittenen Variante. Dies geschieht aus zwei Gründen. Erstens darf bezweifelt werden, dass sich terminologische Sonderwege auszahlen. Die begriffliche Umgehung der liberalen Demokratie ließe sich nur durch ihrerseits voraussetzungsvolle Wortneuschöpfungen verwirklichen. Ob diese die Wirklichkeit besser beschreiben würden als die mit unerwünschten Assoziationen behafteten Begriffe der Repräsentativdemokratie, darf bezweifelt werden. Das Entwerfen eines auf die Demokratie bezogenen „Sprachspiels" (Helmut Willke, zitiert nach Schmidt 1995: 958), welches wie in der Systemtheorie die Definition universaler Probleme erlaubt, stellt ein eigenes, hier nicht zu lösendes Aufgabengebiet dar.

Zweitens stellt die liberale Repräsentativdemokratie das Raster dar, das von einem Großteil der politischen Eliten im postsozialistischen Europa als Referenzmodell für den Umbau der jeweils eigenen Systeme angesehen wird, und zwar wiederum aus zwei Gründen: Zum einen hat die Realexistenz des Sozialismus sowohl den meisten politischen Eliten als auch den meisten Bürgern vor Augen geführt, dass marktwirtschaftliche Ordnungen alles in allem zu besseren wirtschaftlichen Resultaten führen. Ein wirtschaftliches Ziel vieler Regierungen ist deshalb die wirtschaftliche Anbindung an den Westen. Die EU, die die ökonomische Anbindung an Westeuropa sichern könnte, hat jedoch in der Erklärung des Europäischen Rates von Kopenhagen aus dem Jahre 1993 die Verwirklichung demokratischer Grundnormen in den Katalog von Aufnahme-, Assoziierungs- und Dialogkriterien aufgenommen. Die wirtschaftlich in den letzten Jahren vielfach gebeutelten postsozialistischen Staaten sehen sich daher einem nicht unbeträchtlichen Druck ausgesetzt, demokratische Institutionen zur Flankierung ihrer Wirtschaftspolitik zu errichten. Die EU fordert von den beitrittswilligen Staaten beispielsweise eine „demokratische Verfassung", obwohl bekanntlich nicht einmal alle derzeitigen Mitglieder dieses Kriterium formal erfüllen.

---

18 Nach dem Begriff „habituation" bei Rustow (1970).

Zum anderen wirkt in den Staaten Mittel- und Südosteuropas der jahrzehntelange Hegemonialanspruch der Sowjetunion in negativer Weise nach. Nicht nur die drei neuen NATO-Mitglieder Polen, Tschechien und Ungarn, sondern fast alle Staaten der Region verbinden mit dem Wunsch nach sicherheitspolitischer Integration das Ziel der Abnabelung von der Russischen Föderation, des wichtigsten Nachfolgestaates der UdSSR. Selbst die Ukraine und Moldova, aus russischer Sicht noch „näheres Ausland" als etwa die baltischen Staaten, scheinen derzeit über die gezielte Forcierung ihrer PfP-Mitgliedschaft („partnership for peace") und über vorsichtige Schritte zu alternativen Sicherheitspartnerschaften eine gezielte Abgrenzung von Russland anzustreben. Auch der NATO-Vertrag enthält die Verpflichtung der Mitgliedstaaten zur demokratischen Regierungsform. Anders als zu Zeiten des Kalten Krieges, als NATO-Staaten wie Griechenland oder Portugal autoritär regiert wurden, dürfte die tatsächliche Verwirklichung demokratischer Verfahren in den nächsten Jahren bei eventuellen Beitrittsgesuchen tatsächlich eine Vorbedingung darstellen.

Diese Erörterungen ergeben, dass das vorgelegte Analyseraster von vornherein einigen Fällen weniger gerecht wird als anderen. Insbesondere die politischen Eliten Russlands und Belarus' sind zumindest gespalten, was die Westintegration angeht. Der damalige russische Premierminister Primakov stellte im Oktober 1998 jedenfalls fest, das Land strebe auf mittlere Sicht keine Mitgliedschaft in EU oder NATO an (FAZ, 29.10.1998). Ähnlich, wenn auch nicht so einmütig wie in Russland, wird auch in der Ukraine und Moldova argumentiert (Gabanyi 1996, Alexandrova 1996). Damit wird das begriffliche Raster des Analysemodells, das eine gewisse Teleologie hinsichtlich der Institutionen der liberalen Repräsentativdemokratie aufweist, angreifbar.

Dies bedeutet jedoch nicht, dass auf die Betrachtung der entsprechenden Fälle ganz verzichtet werden muss. Selbst in Russland kreisen Reformdebatten um die Institutionen der liberalen Demokratie wie Verfassung und Wahlrecht. Konkrete alternative Modelle einer „Demokratie des Dritten Weges" sind nicht in Sicht. Dennoch müssen die konditionierenden Bedingungen des Regimeabfolgemodells für solche Länder, die von ihren kontextuellen Bedingungen weniger für das begriffliche Raster der liberalen Demokratie geeignet erscheinen, immer wieder mitgedacht werden.

Neben der Beachtung von Kontextproblemen muss weiterhin ein Augenmerk auf die Typenbezeichnungen selbst gelegt werden. Während die Bezeichnung als „elektorale" Demokratie den Gegenstand relativ klar eingrenzt, ist das Beibehalten von Begriffen aus der liberalen Demokratietheorie für die beiden folgenden Regimetypen weniger unverfänglich. Für John Stuart Mill, Alexis de Tocqueville und andere Liberale stellte die repräsentative Demokratie gleichsam die Endstufe einer nach und nach zu perfektionierenden Staatsform dar. Auch Robert Dahl (1971) als einer der wichtigen liberalen Demokratietheoretiker des 20. Jahrhunderts entwickelte sein Polyarchiemodell, um reale Defizite der liberalen Repräsentativdemokratie zu kennzeichnen. Schedlers Unterscheidung zwischen liberalen und ausdifferenzierten Demokratien schafft daher Unklarheit, weil die beiden Attribute nicht auf einer Ebene liegen; die ausdifferenzierte Demokratie ist ein Untertyp der liberalen Demokratie.[19]

Daher wird der Regimetyp, der manipulationsfreie Wahlen, politische Rechte und Rechtsstaat beinhaltet, als formal-demokratisches Regime bezeichnet – Schedler (1998) hatte hier den nicht spezifizierten Begriff der liberalen Demokratie vorgezogen. Alle drei Kriterien des formal-demokratischen Typs stellen für eine liberale Demokratie Mindestvoraussetzungen dar.[20] Die etwas umständliche Benennung der folgenden Stufe als „ausdifferenziertes liberal-demokratisches Regime" trägt dem insofern Rechnung, als mit dieser Stufe kein Quantensprung wie beim Entwicklungsschritt zum (nicht ausdifferenzierten) liberal-demokratischen Regime verbunden ist. Die – meist funktional bedingten – Ausdifferenzierungen des Parteien- und Verbändewesens vertiefen die durch das formal-demokratische Regime vorgegebenen demokratischen Strukturen, ohne die Qualität der demokratischen Prinzipien grundsätzlich zu erhöhen.

Ähnlich wie sich Beginn und Ende der einzelnen Systemwechselphasen besser analytisch als empirisch bestimmen lassen, können auch die Regimetypen nicht hermetisch gegeneinander abgegrenzt werden. Dies gilt selbst für den Übergang von autokratischen zu minimal-demokratischen Regimes. Nachautokratische *legacies* können die Demokratie soweit belasten, dass die Zuordnung zu demokratischen Regimetypen problematisch bleibt.[21] Dasselbe gilt für die Grenzen zwischen den übrigen Regimetypen. Einzelne Kriterien ausdifferenzierter demokratischer Regimes können in einem Land bereits erfüllt sein, ohne dass es sich um eine liberale Demokratie handelt.[22] Zuletzt ist die Regimetypenabfolge von Tabelle 1.1 nicht als Blaupause für den sukzessiven Ausbau junger Demokratien zu verstehen, da die Kriterien allein im

---

19 Für diesen Hinweis danke ich Gerhard Göhler.
20 Konsequenterweise bedeutet dies, dass minimal-demokratische Regimes nicht als Unterformen der liberalen Demokratie anzusehen sind. Minimal-demokratische Regimes sind von Illiberalität geprägt.
21 Ein Beispiel wäre etwa Kirgisien, wo die Wahlen bis 1998 weitgehend manipulationsfrei waren, aber in der Realität durchaus Züge eines autoritären Regimes (begrenzter Pluralismus, fehlende Rechtssicherheit vor Willkürakten staatlicher Stellen etc.) bestehen.
22 Beispiel: Die Türkei verfügt trotz eines relativ ausdifferenzierten intermediären Teilregimes u.a. wegen der Einschränkung wichtiger politischer Rechte im Zusammenhang mit dem Kurdenkonflikt nicht über ein liberal-demokratisches Regime im Sinne der hier genannten Kriterien.

Hinblick auf den Gegenstand der demokratischen Konsolidierung entwickelt wurden.

Soviel zur Begründung und Grundlegung des Modells. In ihm erfolgt der erste Entwicklungsschritt nach dem autokratischen Regime mit der Entwicklung zur „electoral democracy" oder zum *minimal-demokratischen Regime*. Dieses entspricht weitgehend dem Modell der Elitenkonkurrenz nach Schumpeter (1950). Gekennzeichnet ist der Regimetyp vor allem durch das regelmäßige Stattfinden kompetitiver und inklusiver Wahlen, die dann auch für die Regierungszusammensetzung maßgeblich sind. Die Kompetitivität von Wahlen umfasst auch ein gewisses Maß an politischer Freiheit; z.b. die Freiheit für die Formierung der Opposition zur Regierungsübernahme oder das Recht auf regierungsalternative Information. Insgesamt ist der Regimetyp jedoch durch Einschränkungen bei der Verwirklichung politischer Rechte gekennzeichnet – beispielsweise durch die Abhängigkeit der Medien von der Administration oder durch fehlende gesellschaftliche Differenzierung für die breite Ausübung der Vereinigungsfreiheit.

Der im Konsolidierungskontext wichtigste Gegentyp ist das *formal-demokratische Regime*. Hier sind Wahlen nicht allein kompetitiv und inklusiv, sondern genügen darüber hinaus auch Gesichtspunkten der umfassenden Fairness. Politische Rechte sind mit der vollen Gewährung von Informations-, Versammlungs-, Vereinigungs- und Redefreiheit verwirklicht. Die Institutionen der Polyarchie werden im Hinblick auf den postsozialistischen Kontext durch das Kriterium der Bindung der Regierenden an gesatztes Recht ergänzt.

Der Schritt zu *ausdifferenzierten liberal-demokratischen Regimes* ist wiederum groß. Kaum ein postsozialistischer Staat kann bereits acht Jahren nach dem Ende des autokratischen Regimes entwickelte und stabile Parteien- oder Verbändesysteme vorweisen. Die extreme Kontingenz von Transformationsprozessen erschwert nicht nur die Analyse, sondern bereits die Beschreibung der intermerdiären Landschaft. Galt beispielsweise das tschechische Parteiensystem eine Zeitlang als Ausdruck zugrundeliegender *cleavages* (Vodika 1997), darf daran nach dessen Ausdifferenzierung im Frühjahr 1998 wieder gezweifelt werden. Zivilgesellschaftliche Gruppen befinden sich während der Konsolidierung unter Umständen in einer schwierigeren Position als in der unmittelbaren Systemwechselphase (Lauth/Merkel 1997). Die Unterstützungshaltung der Bevölkerung fällt in den einzelnen Ländern zwar unterschiedlich aus, ist aber insgesamt im postsozialistischen Europa geringer ausgeprägt als in Westeuropa (vgl. Plasser/Ulram/Waldrauch 1996, Gert Pickel 1997, Klingemann/Hofferbert 1998). Wie die Erfahrung der Bundesrepublik zeigt, können bis zu einer uneingeschränkten Unterstützungshaltung der Bevölkerungsmehrheit trotz funktionierender Demokratie Jahrzehnte vergehen (Conradt 1980). Auch Parteiensystem, Verbändewesen und autonome gesellschaftliche Gruppen formten sich in der Bundesrepublik erst im Laufe der Zeit aus – für das ungefähre Vergleichsjahr 1955 ließen sich auf jeden Fall entsprechende „Defizite" benennen.

Mit Hilfe des Regimeabfolgemodells lässt sich nun der Begriff der demokratischen Konsolidierung konkretisieren. Die Festigung der auf den demos gründenden Herrschaftsordnung wird *auf dem Wege vom minimaldemokratischen zum formal-demokratischen Regime* virulent. Rein begrifflich kann sich zwar auch ein minimal-demokratisches Regime konsolidieren (= verfestigen). Die Konsolidierungsforschung verweist jedoch gerade auf den Begründungszusammenhang zwischen mindestens den Kriterien des formal-demokratischen Regimes und der qualitativen Durchsetzung demokratischer Herrschaftsformen. Aus dieser Perspektive haben minimaldemokratische Regimes einen Hang zu Instabilität oder zum Rückfall in autokratische Gefilde, wie sich auch empirisch leicht zeigen lässt.[23]

Die Kriterien für formal-demokratische Regimes – manipulationsfreie Wahlen, Gewährung politischer Rechte, Rechtsstaat – stehen damit im begrifflichen Zentrum meines Konsolidierungsmodells. Demokratien konsolidieren sich, wenn in ihnen die drei Kriterien sukzessive erfüllt und in einem Prozess der Verwurzelung „demokratischer" Verhaltensmuster verteidigt werden. Die weitere Ausdifferenzierung des demokratischen Regimes und damit die Entwicklung zum ausdifferenzierten demokratischen System sollte hingegen nicht vorrangig mit dem Konsolidierungsbegriff belegt werden. In zeitlicher Hinsicht mögen sich solche Regimes noch in der Konsolidierungsphase befinden. Aus analytischer Perspektive entscheiden die Prozesse in der intermediären Sphäre jedoch maßgeblich über den *Typus* der sich entwickelnden Demokratie (Diamandouros/Puhle/Gunther 1995: 410); aus der abhängigen wird eine unabhängige Variable. Fruchtbarer erscheint damit für die Phase nach Erreichung der formal-demokratischen Kriterien der Vergleich zwischen sich ausdifferenzierenden Demokratien, nicht das Beziehen von demokratischen Regimetypen auf Formen der Nichtdemokratie.

1.2.2. Indikatoren demokratischer Konsolidierung

Die Herausarbeitung bestimmter konsolidierungsbegünstigender Faktoren ist immer wieder auf Probleme der Operationalisierung gestoßen. Umfangreiche Kriterienkataloge etwa bei Linz/Stepan (1996) oder Beyme (1997a) können die Komplexität von Konsolidierungsprozessen vergegenwärtigen. Die umfassende und systematische Abarbeitung an den postsozialistischen Ländern

---

23 Beispiele: Albanien, Belarus, Kroatien.

der späten neunziger Jahre ist jedoch noch nicht erfolgt. Auf einer relativ allgemeinen Ebene der Typenbildung besteht damit fortlaufend die Gefahr, dass besonders sichtbare Vorgänge im politischen Prozess, eventuell noch in anekdotischer Überhöhung, überschätzt werden. Die empirieorientierte Betrachtung des politischen Prozesses im östlichen Europa legt auf einen Blick zahlreiche Merkmale von Nichtkonsolidierung frei, so zum Beispiel überwiegend oder doch teilweise manipulierte Wahlen oder Referenden (z.b. Albanien, Belarus, Russland, Slowakei), Verfassungsübertritte wichtiger politischer Akteure (z.b. Albanien, Polen, Russland, Slowakei), fehlende Koalitionsbereitschaft wichtiger politischer Akteure trotz relativ nahe beieinander liegender politischer Programme (zeitweise Polen, Rumänien, Slowakei) und starke Eingriffe des Staates in die Medienfreiheit (z.b. Albanien, Belarus, Moldova). Diese Merkmale für Nichtkonsolidierung können in das oben eingeführte Regimetypenabfolgemodell eingearbeitet werden (Tabelle 1.2). Technisch gesprochen stellen sie Negativladungen der „positiven" Konsolidierungsindikatoren dar:

(a) *Manipulationsfreie Wahlen*: In den meisten Demokatisierungsländern werden nationale Wahlen von unabhängigen (nationalen oder internationalen) Wahlbeobachtern auf Manipulationsfreiheit überprüft. Indikatoren für manipulierte Wahlen sind damit entsprechende negative Einschätzungen in den Wahlberichten (oder in Publikationen, die sich auf diese Berichte berufen). Manipulationsfrei sind Wahlen, wenn positive Einschätzungen gegeben werden.

(b) Die *politischen Rechte* und die entsprechenden Kriterien der Polyarchie sind über verfassungsrechtliche und gesetzliche Regelungen zu Vereinigungs-, Versammlungs- und Informationsfreiheit sowie deren Verwirklichung zu erschließen. Versammlungs- und Vereinigungsfreiheit werden allerdings in der behandelten Region weitgehend gewährt (vgl. Karatncky/Motyl/Shor (Hrsg.) 1997); daher kann für den postsozialistischen Kontext auf eine entsprechende Erhebung verzichtet werden. Die Medienfreiheit spielt hingegen eine herausgehobene Rolle. Durch sie wird der zu autokratischen Zeiten stark regulierte öffentliche Raum unabhängigen und nichtkonformen Meinungen geöffnet. Das Spektrum, in dem die Regierenden dies gewähren, variiert in der Region stark. Der Indikator für Medienfreiheit ist der Grad, in dem den Medien politische und (von der öffentlichen Hand) wirtschaftliche Unabhängigkeit durch gesetzliche Rahmenbedingungen und deren Wirken in der Realität gewährt wird.

(c) Die *Bindung der Regierenden an gesatztes Recht* kann über die Selbstbescheidung der Akteure der zentralen Verfassungsinstitutionen in die ihnen von der jeweiligen Verfassung vorgegebene Rolle gemessen werden. Da aus Verfassungen „durch die autoritative Satzung iterativer Handlungsrahmen ein systemstabilisierendes Maß an politischer Erwartungssicherheit" (Merkel 1996: 41) ausgeht, muss der Einhaltung der Verfassungsvorschriften durch die wichtigsten politischen Akteure sowohl aus normativer wie aus faktischer Sicht hohe Priorität eingeräumt werden. Dafür muss in den einzelnen Staaten empirisch geprüft werden, inwiefern und wie tiefgreifend politische Akteure als Exponenten zentraler politischer Institutionen in Verfassungskonflikte verwickelt waren (vgl. zusammenfassend Tabelle 1.2).

Tabelle 1.2: Kriterien und Indikatoren im Konsolidierungskontext

Regimetyp	Kriterien	Indikatoren	Merkmal für Nichtkonsolidierung
Minimaldemokratisches Regime	Freie, Periodische, kompetitive und inklusive Wahlen	Entsprechende Regelungen des Wahlgesetzes (sowie deren Umsetzung in der Realität); Bestätigung freier Wahlen in Berichten unabhängiger Wahlbeobachter	Regelungen, die Freiheit, Periodität, Kompetitivität oder Inklusivität der Wahlen einschränken
	Bestellung der Regierenden durch Wahlen	Zusammensetzung von Organen der Staatsführung in Abhängigkeit von entsprechenden Wahlergebnissen	Regierungszusammensetzung unabhängig von Wahlen und Verfassung
Formaldemokratisches Regime	Manipulationsfreie Wahlen	Bestätigung freier *und* fairer Wahlen in Berichten unabhängiger Wahlbeobachter	Hochgradig unfaire Wahlen bzw. Wahlkämpfe
	Politische Rechte (Informations-, Versammlungs-, Vereinigungs- und Redefreiheit)	Institutionalisierung politisch und wirtschaftlich unabhängiger Medien	Eingriffe staatlicher Autoritäten in die (politische und wirtschaftliche) Medienfreiheit
	Bindung der Regierenden an gesatztes Recht / Selbstbeschneidung der zentralen Verfassungsinstitutionen	Keine Verfassungskonflikte, in die wichtige politische Akteure verwickelt sind	Verfassungsübertritte bzw. Verfassungskonflikte wichtiger politischer Akteure

1.3 Empirie demokratischer Konsolidierung im postsozialistischen Europa

Wenn nun mittels der oben operationalisierten Kriterien konkrete Konsolidierungsstände in den postsozialistischen Staaten ermittelt werden sollen, muss zunächst geklärt werden, welche Kandidaten den Sprung zum minimaldemokratischen Regime geschafft haben. Das Mindestkriterium periodischer Wahlen bedeutet, dass das Regime mindestens über eine Legislaturperiode hinweg und mithin je nach Fall etwa drei bis fünf Jahre bestehen muss, um als Wahldemokratie durchgehen zu können. Danach können Ende des Jahres 1998 die vier postsozialistischen Staaten Albanien, Belarus, Kroatien und Serbien auf keinen Fall als Demokratien gelten.

In Albanien herrschen derart chaotische Zustände, dass bisweilen die Existenz eines Herrschaftsregimes überhaupt in Frage gestellt werden kann. Die Wahlen von 1996 können nicht als frei gelten (siehe unten). Im darauffolgenden Winter befand sich das Land am Rande der Anarchie; die vorgezogenen Neuwahlen von 1997 können also in gewissem Sinne als Gründungswahlen gelten. Den Status einer minimalen Demokratie kann Albanien damit frühestens nach den kommenden Parlamentswahlen – voraussichtlich im Jahre 2001 – erhalten.

In Belarus existiert kein gewähltes, sondern seit 1996 ein lediglich kooptiertes Parlament – die Institution der Wahl ist außer Kraft gesetzt.

In Kroatien fielen die vorgezogenen Neuwahlen des Jahres 1995 noch in das Kriegsregime. Die Wahlen gelten als weitgehend manipuliert, selbst wenn die regierende *Kroatische Demokratische Union* (HDZ) von Franco Tuđman keine absolute Mehrheit erreichen konnte (Weckbecker/Hoffmeister 1997: 175). Bei einem halbwegs manierlichen Verlauf der Parlamentswahlen im Januar 2000 könnte Kroatien Aussichten auf eine Einstufung als minimaldemokratisches Regime genießen; insbesondere, falls es zu einem Regierungswechsel kommen sollte.

Die autokratisch-despotischen Zustände in Serbien erstrecken sich nicht nur auf Wahlen, sondern betreffen fast alle Bereiche der Gesellschaft. De facto befindet sich das Land zudem seit etwa zehn Jahren im Kriegszustand; Militarisierung und (Kriegs)kriminalisierung des Staatsapparates dürften noch auf längere Zeit ernsthafte Hindernisse für einen Demokratisierungsprozess sein, da im Vergleich zu den meisten Nachbarstaaten in viel mehr gesellschaftlichen Segmenten lustrative und möglicherweise gar reedukative Maßnahmen eine Voraussetzung für die Demokratisierung sind.

1.3.1 Inklusivität bei Wahlen: Problemfälle Estland, Lettland

Ein schwer wiegendes Problem bei der Anwendung des gesamten Konzepts stellt sich bei der Prüfung, ob das für die Zuordnung zum minimaldemokratischen Regime notwendige Kriterium der Inklusivität von Wahlen in allen Staaten des postsozialistischen Europa erfüllt wird. Zweifel müssen hier auf jeden Fall bei den Fällen Estland und Lettland, in geringerer Intensität auch in einigen anderen Ländern angemeldet werden.

In den beiden baltischen Staaten stellen ethnische Russen jeweils etwa ein Drittel der Wohnbevölkerung. In den ersten Jahren nach der Unabhängigkeit wurden der Einbürgerung der Minderheit starke faktische Hindernisse in den Weg gelegt. Voraussetzungen zur Einbürgerung umfassen in Estland nach dem Staatsangehörigkeitsgesetz vom 31.1.1995 a) ein Mindestalter von 15 Jahren, b) faktisch einen Wohnsitz seit 9 Jahren auf estnischem Territorium, c) fortgeschrittene Kenntnis des Estnischen, d) Kenntnis der Verfassung und des Staatsangehörigkeitsgesetzes, e) diverse wirtschaftliche Voraussetzungen, f) Treue- und Loyalitätsbekenntnisse sowie die g) Aufgabe bisheriger Staatsbürgerschaften (vgl. Thiele 1999: 65-70). Grundsätzlich ähnliche Bestimmungen gelten in Lettland. Allerdings hat hier bis zum Herbst 1998 zusätzlich die Einrichtung von „Naturalisierungsfenstern", d.h. der grundsätzlichen Öffnung des Staatsbürgerschaftszugangs immer nur für bestimmte – i.d.R. jüngere – Geburtsjahrgänge, die Einbürgerung erschwert (vgl. Karklins 1995, Cleave 1998a).

In Estland wurden im Dezember 1998 Erleichterungen bei der Einbürgerung in Gesetzesform gegossen. In Lettland beendete ein gleichzeitig mit den Wahlen abgehaltenes Referendum im Oktober 1998 diskriminierende Praktiken der Naturalisierung. Seit Ende 1998 entspricht damit das Staatsbürgerschaftsrecht beider Staaten den langjährigen Forderungen von OSZE und Europarat, die Einbürgerung der russischen Minderheit zu erleichtern. Zumindest dem estnischen Staatsangehörigkeitsrecht konnte jedoch bereits vorher eine „weitgehende Völkerrechtskonformität bescheinigt werden" (Thiele 1999: 179). Dies ist nicht zuletzt darauf zurückzuführen, dass im Völkerrecht die Bedeutung der Menschenrechte gegenüber den Bestimmungen staatlicher Souveränität generell zurücktritt (ebd.: 182).

Das Problem der Nichtinklusion von größeren Bevölkerungsteilen bei Wahlen stellt sich daher – abgesehen allerdings von der „Fensterregelung" in Lettland – weniger auf der rechtlichen Ebene. In vielen Demokratien sind Teile der dauerhaft ansässigen Wohnbevölkerung von nationalen und sogar lokalen Wahlen ausgeschlossen; auch das deutsche Staatsbürgerschaftsrecht hat lange Jahre die Einbürgerung verschiedener zugezogener Minderheiten mit ähnlichem Instrumentarium (bei längeren Fristen) zu bremsen versucht. Entscheidend ist die Einschätzung, ob das Maß der Exklusion in den beiden

Staaten zu hoch ist, um den Status einer Demokratie zuzugestehen. Ein solches Urteil ist nur auf der Grundlage breiterer demokratietheoretischer Überlegungen möglich. Die Verwendung des Regimeabfolgemodells aus Kapitel 1.2 reicht hier nicht aus. Wie weiter unten noch zu sehen sein wird, erfüllen Estland und Lettland viele ranghöhere Kriterien des Modells und stellen „lediglich" hinsichtlich der Inklusion der Minderheiten abweichende Fälle der Gruppe formal-demokratischer Regimes dar.

Estland und Lettland gewinnen ihren Sonderstatus innerhalb aller postsozialistischen Staaten in allererster Linie wegen der Versuche seitens der Sowjetunion, während der Besatzungsphase den einheimischen Bevölkerungen ein massives Gegengewicht entgegenzusetzen. Während die russische Bevölkerung im Lettland des Jahres 1935 etwa 168.000 Personen ausmachte, zählte das Land im Jahre 1959 ca. 556.000, im Jahre 1989 bereits über 900.000 russische Einwohner (Dreifelds 1997: 146). Der Anteil der Letten sank kontinuierlich ab und belief sich etwa seit den siebziger Jahren nur noch bei knapp über 50%. Die meisten russischen Zuwanderer leben seit längerer Zeit im Land (vgl. Tabelle 1.3).

Tabelle 1.3: Nichtbalten im Baltikum (1993), in Prozent

	Estland	*Lettland*	*Litauen*
Nichtbaltischer Bevölkerungsanteil	36.8	46.5%	(1989) 20.4
Im jeweiligen Land geboren (% der Nichtbalten)	35.0	52.0	n.a.
Seit über 21 Jahren ansässig (% der Nichtbalten)	78.0	86.0	81.0
% zwischen 11-20 Jahren ansässig (% der Nichtbalten)	15.0	9.0	10.0
Zwischen 1982 und 1993 zugezogen (% der Nichtbalten)	7.0	5.0	9.0

Quelle: Fischer-Weltalmanach 1995; Linz/Stepan 1996: 404.

Eine analoge Entwicklung ergab sich in Estland. Während hingegen mit Tartu *das* kulturelle Zentrum Estlands – ähnlich vielleicht wie Kaunas in Litauen – weitgehend von der Kultur der Titularnation geprägt blieb, wurden in Lettland alle größeren Städte des Landes majorisiert. In Riga stellten Letten gegen Ende der sowjetischen Herrschaft nur noch gut ein Drittel der Einwohner, von den etwa 125.000 Einwohnern der zweitgrößten Stadt Daugavpils waren 1989 nur noch 13.8% Letten (Dreifelds 1997: 148). Aus herrschaftssoziologischer Sicht stellt daher die Frage nach dem konstituierenden Staatsvolk durchaus ein Problem dar: Eine sofortige staatsbürgerliche

Anerkennung hätte die Vertreter der ehemaligen Besatzungsmacht zu Vertretern der Mehrheit im machtpolitischen Zentrum des Landes gemacht. Diese Ausgangssituation ist mit zu berücksichtigen, wenn der Status der Demokratie in den beiden Staaten in allererster Linie nach dem Kriterium der Inklusion bei Wahlen bestimmt wird (so bei Linz/Stepan 1996, Merkel 1999).

Aus demokratietheoretischer Perspektive sind die politischen Eliten beider Staaten damit allerdings nicht ihrer Pflicht enthoben, für den überwiegenden Teil der russischen Bevölkerung faire Bedingungen zum Erlangen der Staatsbürgerschaft zu schaffen. Normativ könnte man vielleicht formulieren, dass für loyalitäts- und integrationsbereite langjährige Bewohner der Weg zur Staatsbürgerschaft ohne größere Hindernisse offenstehen sollte. Und in dieser Hinsicht haben Lettland und – in einem etwas geringeren Maße – Estland in den ersten Jahren der Unabhängigkeit keineswegs eine kooperative Linie gefahren. Für Lettland lässt sich die Regelung der „Einbürgerungsfenster" für bestimmte Jahrgänge, für beide Staaten gleichermaßen die Erhebung hoher Gebühren für Sprach- und Staatsbürgerkundetests, die Errichtung eines vergleichsweise harten Visaregimes und eine ganze Reihe weiterer „weicher" diskriminierender Faktoren anführen.

Bis einschließlich 1998 wurden in Lettland daher lediglich etwa 11.000 Nichtletten eingebürgert (RFE/RL Newsline, 29.12.1998). In Estland belief sich die Zahl immerhin auf etwa 105.000, wovon ca. 86.000 die weniger restriktiven Bestimmungen der staatsbürgerschaftlichen Regelungen vor dem 1.4.1995 hatten ausnutzen können. Zu diesen 105.000 Eingebürgerten können etwa 80.000 Nichtesten gerechnet werden, die aufgrund ihres estnischen Wohnsitzes vor 1940 automatisch die estnische Staatsbürgerschaft zugesprochen bekommen hatten. Von den mehr als 1.5 Mio. Einwohnern Estlands besitzen also etwa 12% einen estnischen Pass, ohne ethnische Esten zu sein. Dem stehen schätzungsweise noch einmal mehr als 200.000 Nichtesten gegenüber, die den Wunsch nach estnischer Staatszugehörigkeit geäußert, aber bisher noch keinen Zugang erhalten haben (Daten bei Thiele 1999: 63, 72).

Die Exklusion der russischen Minderheit in Estland von ihrem Grundrecht auf politische Partizipation beläuft sich also auf etwa deren Hälfte. Ähnlich liegen die Dinge im Falle Lettlands. Am 1.1.1999 waren hier 379.732 Personen nichtlettischer Herkunft eingebürgert; immerhin etwa 14% der gesamten Bevölkerung. Von den übrigen 610.000 Nichtletten hatten bis zum Jahre 1999 etwa 200.000 Interesse an der lettischen Staatsbürgerschaft bekundet. Bei dieser Gruppe sind in Lettland geringere Fortschritte als in Estland zu verzeichnen: von 1995 bis zum 1.7.1999 wurden lediglich 16.374 Personen die Staatsbürgerschaft zuerkannt (alle Daten auf Anfrage bei der Ständigen OSZE-Mission in Riga, 12.7.1999).

Insgesamt wird damit trotz des Hinterherhinkens Lettlands deutlich, dass die Inklusion der Minderheiten in beiden Ländern ein graduelles, nicht ein kategorisches Problem darstellt. Jeweils die Hälfte der integrationswilligen Minderheit ist in beiden Staaten – bei steigender Tendenz – eingebürgert. Vorsichtiger Optimismus scheint hinsichtlich der Neuregelungen des Staatsbürgerschaftsrechts beider Länder gegen Ende des Jahres 1998 angebracht. In den beiden Ländern wird dort geborenen Kindern nunmehr die Staatsbürgerschaft zugesprochen, selbst wenn es sich bei den Eltern um Staatenlose im Sinne des Völkerrechts handelt. Die Barrieren für die Einbürgerung wurden vor allem an die Kenntnis der Landessprachen gebunden; damit gehen eindeutigere Signale an die Anwärter auf Staatsbürgerschaft aus.[24]

Der lettische wie der estnische Fall entsprechen dem Kriterium der Inklusion bei Wahlen also nur teilweise. Wegen des faktischen Beginns der Einbürgerung – in Estland in viel stärkerem Maße als in Lettland – sowie der Verbesserung der Rechtslage für Einbürgerungswillige aufgrund der gesetzlichen Änderungen im Jahre 1998 ist Kriterium nicht vollständig verletzt. Die zweifellos vorhandene Diskriminierung der russischen Minderheiten im Bereich der Kultur- und Sprachautonomie kann damit spätestens seit diesem Zeitpunkt nicht mehr ohne weiteres mit dem Kriterium der Inklusion bei Wahlen eingefangen werden.

Zusätzlich ist noch zu bedenken, dass Exklusion bei Wahlen auf der faktischen Ebene durchaus nicht nur in Estland und Lettland stattfindet. In mehreren Staaten der Region sind große Bevölkerungsgruppen von Sinti, Roma und anderen Wandervölkern ohne festen Wohnsitz vom Wahlrecht ausgeschlossen.[25] In Bulgarien, Rumänien und Ungarn etwa lässt sich ebenfalls kein besonderes Bemühen der Behörden erkennen, durch Sonderregelung die Partizipationsmöglichkeiten dieser spezifischen Minderheit zu erhöhen. Trotzdem scheint nicht geboten, im behandelten Falle das Kriterium der Inklusivität von Wahlen als verletzt anzusehen.

Damit ist der aus meiner Sicht letztlich entscheidende Punkt für das Ansinnen genannt, Estland und Lettland wegen der teilweisen Verletzung des Inklusivitätskriteriums nicht als Nichtdemokratien einzustufen. Die Intention

---

24 Dennoch soll damit nicht unterstellt werden, die Einstellung von Teilen der politischen Eliten und auch der Gesellschaft gegenüber der russischen Minderheit sei mit den Erleichterungen im Staatsbürgerschaftsrecht toleranter geworden. Die Verabschiedung restriktiver Sprachengesetze in beiden Ländern – nach denen u.a. auch im Privatsektor unabhängig von Branche und Arbeitsplatz Angestellte der Landessprache mächtig sein müssen – wäre als nur eines von vielen Beispielen diskriminierender Alltagspraxis zu nennen.

25 Nach Daten des Europarates und der Internationalen Roma Union stellen in Rumänien 1.8 Millionen Roma etwa 8%, in Bulgarien 600.000 etwa 7%, in Ungarn mehr als 500.000 etwa 5% und in der Slowakei etwa 500.000 Roma etwa 9% der jeweiligen Bevölkerungen (Economist, 11.9.1999: 35). Genaue Daten über den Anteil der jeweiligen Wahlberechtigten – die Wahlberechtigung ist i.d.R. an einen festen Wohnsitz gebunden – liegen mir nicht vor.

des oben erläuterten Regimeabfolgemodells besteht nicht in einer demokratietheoretisch fundierten Neuformulierung von Regimetypen im Konsolidierungskontext. Es handelt sich um ein Modell, nicht um eine Theorie. Das Ziel des Modells ist die Unterscheidung von konsolidierungswirksamen Faktoren. Die Indikatoren dieses Modells – manipulationsfreie Wahlen, Gewährung von Medienfreiheit, Selbstbescheidung der zentralen Verfassungsinstitutionen – beziehen sich auf die Bereitschaft der politischen Eliten, Machtteilung zuzulasssen und politischen Konkurrenten gleiche Mitwirkungs- und Verwirklichungsmöglichkeiten einzuräumen. Sie liegen auf einer anderen Ebene als das Kriterium der Inklusion von Wahlen[26] und würden daher dem schlanken Charakter des Konsolidierungskonzepts entgegengewirken.

Soviel zum Kriterium inklusiver Wahlen. Bei der Einordnung Lettlands ergeben sich starke Bauchschmerzen. Bei Estland lassen die Beschwerden etwas nach, bei Bulgarien und Ungarn verschwinden sie aber auch noch nicht ganz. Handelt es sich hier schon um Gewöhnungsschmerz?

Immerhin erfüllen alle übrigen postsozialistischen Staaten die Minimalbedingungen demokratischer Regimes. In Litauen, Makedonien, Moldova, Polen, Rumänien, der Russischen Föderation, der Slowakei, Slowenien, Tschechien und der Ukraine finden periodische, kompetitive und inklusive Wahlen statt. Diese Länder können demnach ebenso wie – mit den erörterten qualitativen Einschränkungen – Bulgarien, Estland, Lettland und Ungarn unter dem Oberbegriff Demokratie geführt werden.

Erfüllt dabei ein Land alle drei Kriterien eines formal-demokratischen Regimes, verfügt es im Sinne des in Kapitel 1.2 erläuterten Sprachgebrauchs über eine „konsolidiertere" Demokratie als ein Land, das mehrere Jahre nach der wahldemokratischen Grundlegung keines dieser Kriterien erfüllt.

1.3.2. Manipulationsfreie Wahlen

Bei der Überwachung von Wahlen wird im internationalen Vergleich gefragt, ob Wahlkampf und Wahlgang als „free and fair" gelten können. Dafür werden nationale Wahlen von verschiedenen internationalen Organisationen, vor allem der OSZE und der Parlamentarischen Versammlung des Europarates, durchgeführt. Zusätzlich werden in der Regel bei nationalen Wahlen Beobachter von nationalen und internationalen Nichtregierungsorganisationen

---

26 Das Kriterium hätte noch in einen Indikator umgewandelt werden müssen. Dies wäre nicht ganz problemlos gewesen. Ist die faktische Exklusion von etwa 30% (Lettland), 15% (Estland), 8% (Gastarbeiterminderheiten in der Bundesrepublik) oder von 3-5% (Sinti und Roma in Bulgarien, Ungarn) der potenziellen Wahlbevölkerung hinnehmbar?

akkreditiert, die gesondert Bericht erstatten und Einschätzungen zu Ablauf, Fairness und Freiheit von Wahlen geben. Glücklicherweise kann auf mehrere Arbeiten zurückgegriffen werden, die die Ergebnisse von Wahlbeobachtungen zusammenfassend präsentieren (v.a. East/Pontin 1997, Karatnycky/Motyl/Shor (Hrsg.) 1997).

Demnach können von den behandelten postsozialistischen Staaten – wie bereits in der Begründung der Fallauswahl dargelegt – allein Albanien, Belarus, Kroatien und Serbien[27] auf gänzlich unfreie Wahlen (oder Plebiszite mit Wahlwirkung) zurückblicken. Vorbehalte, wenn auch in unterschiedlichem Grade, sind bei der Fairness verschiedener Wahlen in Makedonien, der Russischen Föderation, der Slowakei und der Ukraine angebracht.

- In Makedonien bestand die Unregelmäßigkeit bei den Parlamentswahlen 1994 im Rückzug der *Inneren Revolutionäre Makedonische Organisation – Demokratische Partei der Makedonischen Nationalen Einheit* (VRMO-DPMNE). Die Partei warf damals den Wahlbehörden Manipulation vor; die Beobachter der OSZE widersprachen dem. Da es sich bei der VRMO-DPMNE um die vormals stärkste Fraktion im Parlament gehandelt hatte, scheint eine Einordnung unter der Rubrik „Unregelmäßigkeiten" gerechtfertigt. Bei den Parlamentswahlen von 1998 fiel erneut ein zweifelhaftes Licht auf die Zentrale Wahlkommission Makedoniens, da die Ergebnisse des Listenwahlteils des Wahlsystems zu keiner Zeit vollständig veröffentlicht wurden.

- In der Russischen Föderation entsprachen, wie auch die OSZE vermerkte, die Präsidentenwahlen des Jahres 1996 nicht den Kriterien fairer Wahlen. Im Wahlkampf und ganz besonders in der Fernsehberichterstattung wurde der zur Wiederwahl anstehende Präsident Boris Jelzin klar bevorteilt. In mehreren Landesteilen gab es starke Indizien für die Manipulation der Wahlergebnisse, denen jedoch von der Zentralen Wahlkommission nicht nachgegangen wurde (vgl. Beichelt 1997). Auch für die Parlamentswahlen des Jahres 1999 und für die Präsidentenwahlen 2000 kann kaum von einer verbesserten Situation ausgegangen werden.

- Die Parlamentswahlen 1998 in der Slowakei fanden unter einer Atmosphäre des allgemeinen Misstrauens statt. Die oppositionelle SDK sah sich gezwungen, wegen befürchteter Manipulationen eine eigene Parallelzählung durchzuführen. Die Parteiergreifung für die HZDS durch die staatlichen Medien wurde von vielen Seiten bemängelt (RFE/RL-Newsline, 10.9., 11.9., 12.9.1998). Während der Wahlkampf also bela-

---

27 Von Freedomhouse wegen seiner autoritären Strukturen nicht in die Untersuchung aufgenommen.

stet war, wurde dann allerdings die Auszählung von keiner am Wahlprozess beteiligten Seite beanstandet (FAZ, 29.9.1998). Als weiterer beeinträchtigender Faktor muss in der Slowakei die Absetzung eines ordnungsgemäß auf den Weg gebrachten Referendums durch das Innenministerium im Frühjahr 1997 gewertet werden.

Tabelle 1.4: Manipulierte Parlaments- und Präsidentenwahlen im postsozialistischen Europa und der GUS[28]

Nicht manipuliert		*Unregelmäßigkeiten*	*Manipuliert*
Bulgarien	Rumänien	Albanien (1997)	Albanien (1996)
Estland	Russland (1993, 1995)	Makedonien (1994)*	Armenien
Georgien	Slowenien	Russland (1996)	Azerbaidjan
Kirgisien	Tschechien	Slowakei (1997, 1998)	Belarus (1996)**
Lettland	Ukraine (1996)	Ukraine (1998)	Kroatien
Litauen	Ungarn		Kasachstan
Moldova			Tadjikistan
Polen			Turkmenistan
			Uzbekistan

* Parlamentswahlen. Die Präsidentenwahlen des gleichen Jahres liefen ohne weitere Probleme ab.
** Verfassungsreferendum. Bei den Präsidentenwahlen 1994 wurden keine Manipulationen berichtet. Die Parlamentswahlen von 1995 scheiterten wegen geringer Wahlbeteiligung.
Quellen: Karatnycky/Motyl/Shor (Hrsg.) 1997: 14 mit einigen Abänderungen; Wahlberichte der OSZE und des Europarates; eigene Beobachtungen in Moldova (1996), Russland (1993, 1995, 1996), der Ukraine (1998) und Estland (1999).

- In der Ukraine fanden die Parlamentswahlen im März 1998 in einer angespannten Atmosphäre statt. Im Wahlkampf wurden von den Kiewer Behörden zwei linksnationale Zeitungen geschlossen. Die an sich nicht zu beanstandende gleichzeitige Durchführung von Kommunalwahlen führte nicht nur zu erheblichen organisatorischen Problemen, auch wurden die häufig gewalttätigen Auseinandersetzungen um lokale Ressourcen in den nationalen Wahlkampf hineingetragen. Allein in Odessa wurden im Winter 1998 rund ein Dutzend wahlkampfbezogener Mordanschläge verübt. In wichtigen wahlorganisatorischen Fragen kam es zu

---

28 Wird keine Jahreszahl präzisiert, gilt die Einordnung für alle Wahlen seit der Ablösung vom sozialistischen Regime.

Konflikten zwischen den Wahlbehörden und Gerichten bis hin zum Verfassungsgericht; die OSZE beklagt daher in ihrem Abschlussbericht eine Atmosphäre der Rechtsunsicherheit, die sich in starkem Maße auf Wahlkampf und die Wahlen selbst ausgewirkt habe (vgl. Beichelt 1998a).

Insgesamt hat es damit bis zum Jahre 1998 in Russland, der Slowakei und der Ukraine Versuche von staatlicher oder exekutiver Seite gegeben, die Wahlchancen bestimmter zur Wahl stehender Kräfte einzuschränken. In Russland und der Ukraine richteten sich gute Teile dieser Bemühungen gegen kommunistische Kräfte, also in gewissem Sinne gegen die Manipulatoren im autokratischen Regime und wurden auch von Teilen der liberalen Presse in den jeweiligen Ländern entsprechend kommentiert. Bei nüchterner Betrachtung handelte es sich jedoch häufig um Versuche, mit unlauteren Mitteln einen dauerhaften Zugriff auf politische oder wirtschaftliche Ressourcen zu sichern, wobei die Interessen lokaler und zentraler Kräfte häufig konvergierten. In der Slowakei dagegen scheinen die Bemühungen der Regierung in geringerem Maße mit Ressourcen verbunden gewesen zu sein. Hier handelte es sich vielmehr um einen verbissen geführten politischen Richtungskampf, bei dem die Institution der Wahl in Mitleidenschaft gezogen wurde. In Makedonien schließlich scheinen besonders die Unzulänglichkeiten der Parlamentswahlen von 1998 eher mit organisatorischem Unvermögen zusammenzuhängen.[29]

1.3.3. Institutionalisierung unabhängiger Medien

Unabhängige Medien stellen im Kontext des Postkommunismus einen wichtigen Indikator für das Vermögen der Regierenden dar, das zu Zeiten des Sozialismus geltende Meinungs- und Informationsmonopol von Partei und Staat vollständig aufzugeben. Dies ist, wie ein jährlich erscheinendes Survey von Freedomhouse nahelegt, im postsozialistischen Europa in ganz unterschiedlichem Maße der Fall (vgl. Tabelle 1.5). Auf der einen Seite haben sich eine Reihe von Ländern inzwischen einen höheren Grad an Medienfreiheit als etwa Frankreich erarbeiten können.[30] Auf der anderen Seite können in Bulgarien, Makedonien, Moldova, Rumänien, Russland, der Slowakei und der Ukraine z.T. erhebliche Einschränkungen festgestellt werden.

---

29 So auch ein OSZE-Wahlbeobachter der Makedonienwahl, Frank Hoffmeister, in einem persönlichen Gespräch im Januar 1999.
30 Frankreich schneidet v.a. wegen des relativ starken politischen Einflusses auf Rundfunk und Fernsehen schlecht ab.

Die Medienfreiheit wird von Freedomhouse auf mehreren Ebenen bewertet. Ins Auge genommen werden die Mediengesetzgebung und deren Implementation, der politische sowie wirtschaftliche Druck auf die Inhalte von Print- und Funkmedien sowie die physische Gefährdung von Journalisten. Im Bereich der Mediengesetzgebung legen einzelne Staaten unterschiedliche Tempi bei der Etablierung der in allen postsozialistischen Verfassungen garantierten Meinungs-, Informations- und Redefreiheit vor (Hošková 1995). Im unteren Bereich liegen hier Makedonien (hinsichtlich der audiovisuellen Medien), Moldova, die Slowakei und die Ukraine. Gute Noten erhalten die baltischen Staaten, Slowenien, Tschechien und Ungarn.

Politischer und wirtschaftlicher Druck auf Medieninhalte sind in der Praxis häufig miteinander verwoben. Viele Medienbetriebe besonders abseits der Hauptstädte sind über Lizenzen, Papierzuteilungen, Werbungsaufträge staatlicher Firmen und persönliche Bindungen an die staatliche Verwaltung gebunden. In grober Verallgemeinerung verstärkt sich dieser Befund, je weiter östlich ein Land liegt (vgl. Karatnycky/Motyl/Shor (Hrsg.) 1997). Je geringer die Ausprägung einer autonomen Öffentlichkeit, desto weniger kann sich aus Sicht der Regierenden direkter Einfluss auf Medieninhalte als nötig erweisen.

Tabelle 1.5: Medienfreiheit[31] im postsozialistischen Europa, 1998

Frei (0-30)	Teilweise frei (31-60)	Nicht frei (61-100)
Estland (20)	Albanien (56)	Belarus (80)
Lettland (21)	Bulgarien (39)	Kroatien (63)
Litauen (18)	Makedonien (42)	Serbien (75)
Polen (25)	Moldova (56)	
Slowakei (39)	Rumänien (44)	
Slowenien (27)	Russland (59)	
Tschechien (20)	Ukraine (50)	
Ungarn (28)		
Deutschland (13)	Argentinien (41)	Türkei (69)
Frankreich (27)	Georgien (57)	Afghanistan (100)

Quelle: Freedomhouse 1999, http://www.freedomhouse.org/.

---

31 Nach Freedomhouse, 1.1.1999. Freedomhouse vergibt in seinem Survey jeweils bis zu 15 Minuspunkte für Einschränkungen der Medienfreiheit jeweils für Rundfunk und Fernsehen auf folgenden Ebenen: Mediengesetze und Gesetzeswirklichkeit, politischer Einfluss auf Inhalte, wirtschaftlicher Einfluss auf Inhalte und Sicherheit für Journalisten. Die Einordnung wird hier von Freedomhouse übernommen: 0-30 – freie Medien; 31-60 – teilweise freie Medien; 61-100 – keine freien Medien.

Damit hätten Länder wie Polen oder Ungarn, die sich auch zu autoritären Zeiten größere gesellschaftliche Nischen erhalten konnten, bei der Entwicklung der Medienfreiheit über bessere Ausgangsbedingungen verfügen müssen. In beiden Ländern stellt Freedomhouse jedoch einen relativ starken Einfluss staatlicher Stellen besonders auf audiovisuelle Inhalte fest. Durch die im Vergleich frühe Emanzipation der Öffentlichkeit wurde während der ausgehandelten Transition auf eine vollkommene Separierung von Staat und Massenmedien verzichtet. Später, im Jahre 1995, entfachte sich in Polen um die Besetzung des Vorsitzes des Nationalen Radio- und Fernsehrates[32] im Jahre 1995 ein veritabler Gewaltenkonflikt, als Wałęsa gegen das Gesetz einen ihm genehmen Kandidaten durchsetzen wollte. In Ungarn verblieben viele Radio- und Fernsehsender mittelbar in staatlichem Besitz; im Rahmen des Austeritätsprogramms im Jahre 1995 wurden tausende Journalisten entlassen. Im selben Jahr wurde auch ein erhöhter Druck auf die Medien verzeichnet, Regierungsansichten zu „reflektieren" (Karatnycky/Motyl/Shor (Hrsg.) 1997: 184).

Allgemein geringen politischen Druck auf Medieninhalte verzeichnet Freedomhouse nur in Estland und Tschechien. Lettland, Litauen, Polen und Slowenien können wenigstens in einer der beiden Sparten Print- oder audiovisuelle Medien positive Werte verbuchen. Eine sowohl im Print- als auch im Rundfunkbereich schlechte Einordnung erhält Russland. Die national meinungsmachenden Zeitungen Moskaus unterliegen ökonomisch motiviertem Einfluss, müssen jedoch in ihrer politischen Berichterstattung weniger auf politischen Druck achten. Ob allerdings die audiovisuellen Medien (besonders in der Provinz) unter *geringem* wirtschaftlichem Druck leiden, muss im Lichte anderer Untersuchungen (vgl. Beichelt/Kraatz 1999) bezweifelt werden. Auch die positive Bewertung der ökonomischen Situation der Medien in Makedonien – das hier neben Polen die besten Erfolge erzielt hat – wird andernorts nicht bestätigt (Karatnycky/Motyl/Shor (Hrsg.) 1997: 262-264).

Insgesamt unterliegen auch die Medien den Ungewissheiten der wirtschaftlichen Transformation. Weder staatliche Haushalte noch private Unternehmen verfügen in den meisten Ländern über die Mittel, kostenintensiv arbeitenden Presse- und Medienanstalten eine wirklich unabhängige Arbeitsweise zu ermöglichen. Durch mutige und unkonventionelle Berichterstattung können Medien allerdings in die Rolle eines „Motors der Demokratisierung" (Lingner 1997) schlüpfen. Damit strahlt der Mediensektor auch auf die Gesamtgesellschaft aus.

---

32 Diese zum französischen System analoge Konstruktion schlägt sich auch in der gleichen Bewertung durch Freedomhouse (7 von maximal 15 Minuspunkten) nieder.

In diesem Zusammenhang ist von Bedeutung, dass sich die Lage der Medien seit Beginn der neunziger Jahre in fast allen postsozialistischen Staaten stark verbessert hat (vgl. Karatnycky/Motyl/Shor (Hrsg.) 1997). Von 1996 auf 1997 verzeichneten besonders Litauen, Makedonien, Moldova, Russland und Ungarn starke Fortschritte bei der Entwicklung der Medienfreiheit. Neben Albanien und Belarus verschlechterte sich die Situation hingegen vor allem in Polen, der Slowakei und der Ukraine – für die beiden letztgenannten Länder ein Ergebnis, das sich mit allgemeinen Beobachtungen über die Entwicklung der dortigen Demokratien deckt.

1.3.4. Selbstbescheidung der zentralen Verfassungsinstitutionen

Die im Folgenden dargestellten Verfassungsübertritte wichtiger politischer Repräsentanten betreffen die geschriebenen Verfassungen, die seit 1989 eingeführt, erweitert oder wiedereingeführt wurden (vgl. Tabelle 1.6). Der Zeitpunkt der Verabschiedung der jeweiligen Verfassungen variiert beträchtlich. Auch wurden vor der Neuverabschiedung die alten sozialistischen Verfassungen in unterschiedlichem Maße revidiert (Schweisfurth/Alleweldt 1997: 47-48).

Tabelle 1.6: Verfassungen im postsozialistischen Europa

Neue Verfassung		Amendierte sozialistische Verfassung	Vorsozialistische Verfassung
Bulgarien (1991)	Rumänien (1991)	Ungarn	Lettland (1993/1922)
Estland (1992)*	Russland (1993)	Polen (1992-1997)	
Litauen (1992)	Slowakei (1992)	Ukraine (1991-1996)	
Makedonien (1991)	Slowenien (1991)		
Moldova (1994)	Tschechien (1992)		
Polen (1997)	Ukraine (1996)		

* Die estnische Verfassung ist eine Erweiterung der Verfassung von 1920 (Metcalf 1997: 308).
Quellen: Schweisfurth/Alleweldt 1997; Karatnycky/Motyl/Shor (Hrsg.) 1997: 14.

Da von Verfassungen politische Erwartungssicherheit ausgeht, muss der Einhaltung der Verfassungsvorschriften durch die wichtigsten politischen Akteure sowohl aus normativer wie aus faktischer Sicht hohe Priorität eingeräumt werden. Wenn sich die politische Elite an die Bestimmungen der Verfassung hält, ist dies ein Indikator für ein funktionierendes Herrschaftsregime. Die *Selbstbescheidung der zentralen Verfassungsinstitutionen* kann daher als herausragender Konsolidierungsindikator gelten. Dafür muss in den einzelnen Staaten empirisch geprüft werden, inwiefern und wie tiefgreifend politische Akteure als Exponenten zentraler politischer Institutionen wichtige Verfassungsvorschriften verletzt haben.[33] Von besonderem Interesse sind solche Verfassungsartikel, die die Balance zwischen den Gewalten regeln. Kurz formuliert gilt als Kriterium, ob die Vertreter zentraler politischer Institutionen (Parlament, Regierung, Präsident etc.) sich mit der Rolle begnügt haben, die die Verfassung ihnen zuweist. In den einzelnen Ländern können teilweise vereinzelte, teilweise aber auch schwere Verfassungskonflikte beobachtet werden (zusammenfassende Einordnung in Tabelle 1.7).

Empirisch erscheinen folgende Kommentare angebracht. Die Verfassungskonflikte in *Bulgarien* beschränken sich im Wesentlichen auf die Zeit vor 1997, bevor das Reformbündnis *Union der Demokratischen Kräfte* (SDS) an die Macht kam. Einige Konflikte vor dem Wahlsieg gehen jedoch auf das Konto der SDS. So entschied der Nationale Koordinationsrat der SDS im Mai 1994, trotz des Verbotes in Art. 67 VerfBul die eigenen Fraktionsangehörigen im Parlament an seine Weisungen zu binden. Die Weigerung (ebenfalls 1994) der geschäftsführenden Regierung Indžova, vor dem Parlament Rechenschaft abzulegen, verstieß mindestens gegen den Geist der parlamentarischen Verfassung (Schrameyer 1995a: 24). Auch hier war mit Präsident Želev ein – zu diesem Zeitpunkt allerdings der SDS bereits entfremdeter – an sich reformorientierter Politiker Auslöser der Verfassungsdehnung. Nach den Wahlen von 1994 setzte ein Dauerkonflikt der nunmehr regierenden Sozialisten mit dem Verfassungsgericht ein, der in der Kürzung der Bezüge der Verfassungsrichter gipfelte – die Parlamentsmehrheit war „mit den Urteilen des Verfassungsgerichts nicht zufrieden" (Schrameyer 1997a: 252).

Estland: Von 1990 bis 1992 manifestierten sich die tiefen Meinungsverschiedenheiten der politischen Eliten in politischen Parallelinstitutionen, dem Obersten Sowjet (bzw. Obersten Rat) und dem Kongress von Estland. Seit Verabschiedung der neuen Verfassung wurden u.a. vom *East European Constitutional Review* keine gravierenden Verfassungskonflikte verzeichnet.

In *Lettland* reißt die tiefe Zerrissenheit der Gesellschaft im Hinblick auf russische Minderheit und Vergangenheitsbewältigung immer wieder rechtsstaatliche Gräben auf, die allerdings unterhalb der Verfassungsebene verlaufen. Als ein Beispiel sei der überhastete Ausschluss des ehemaligen sowjetischen Funktionärs Alfred Rubiks von der Präsidentenwahl 1996 durch eine eigens auf diesen Fall geeichte Änderung des Wahlgesetzes genannt.

---

33 Neben der Berichterstattung der internationalen Presse und elektronischer Informationsdienste sowie den angegebenen Quellen stellt insbesondere die Rubrik *Constitution Watch* des East European Constitutional Review wertvolle Information über Verfassungskonflikte zur Verfügung.

Trotz des kontroversen Politikstils werden auch aus *Litauen* keine Verfassungskonflikte berichtet.

Zunächst etwas überraschend gilt der gleiche Befund für *Makedonien*. Die konfliktträchtige ethnische Spaltung – etwa ein Viertel der Bevölkerung sind Albaner – wurde jedoch in den letzten Jahren auf der Ebene der zentralen Verfassungsinstitutionen durch einen integrativen Politikstil neutralisiert. Häufig unter maßgeblicher Beteiligung des von der Verfassung kaum befugten Staatspräsidenten Kiro Gligorov wurde bislang die Minderheit eingebunden: „Dass in der [ersten] Regierung Crvenovski fünf Albaner Ministerposten bekleiden, wird von makedonischen wie albanischen Extremisten als ‚Verrat' bezeichnet" (Oschlies 1993/1994: I/17). Konflikte unterhalb der Verfassungsebene entstehen allerdings immer wieder um die Verwendung nationaler Symbole. Im März 1998 wurde gegen die Führer dreier albanischer Parteien Anklage erhoben, weil sie im Zusammenhang mit den Unruhen im Kosovo „die öffentliche Ordnung gestört und die albanische Flagge gezeigt" hätten (RFE/RL-Newsline, 10.3.1998).

In der Republik *Moldova* wurde und wird das parlamentarische Regierungssystem (mit direkt gewähltem Präsidenten) von verschiedenen Repräsentanten der staatlichen Macht in Frage gestellt, meist in Anbetracht des zumindest bis zu den Wahlen 1998 nicht übermäßig reformfreudigen Parlaments. Erscheint so die institutionelle Konfiguration insgesamt wackelig, so wird der Verteilung der Machtkompetenzen durch die Verfassung Folge geleistet. Zwar lassen sich vereinzelte Gewaltenkonflikte wie etwa um die Zuständigkeit für die Absetzung des Verteidigungsministers (im Frühjahr 1996) verzeichnen. Nachfolgende Sprüche des Verfassungsgerichts wurden aber auch von den unterlegenen politischen Akteuren akzeptiert. Moldova kann also – im Grunde ähnlich wie Makedonien – trotz einer gewissen Unsicherheit über die Stabilität der staatlichen Verfasstheit als Land ohne gravierende Verfassungskonflikte eingestuft werden.

In *Polen* sind die zeitweise schweren Verfassungskonflikte mit dem herausragenden Protagonisten der ehemaligen Demokratiebewegung, dem späteren Staatspräsidenten Lech Wałęsa, verbunden. Verschiedene Beispiele stützen das öffentliche Bekenntnis eines Präsidentensprechers aus dem Jahre 1994, Wałęsa agiere wissentlich jenseits der (Kleinen) Verfassung von 1992, um seine Kompetenzen auszudehnen. Mit der Abwahl Wałęsas im November 1995 geriet jedoch das gesamte politische System in erheblich ruhigeres Fahrwasser. Gab es in der *cohabitation* seit 1997 überhaupt noch Gewaltenkonflikte, ließen diese sich über in der Verfassung festgeschriebene Regelungsverfahren – zumeist Vetorecht nach Art. 122 VerfPol – beilegen. Die latenten Konflikte zwischen Präsident und Regierung hinsichtlich der Kontrolle über die Armee scheinen zwar noch immer nicht vollständig ausgestanden (vgl. RFE/RL-Newsline, 2.6.1998), werden aber vorerst ohne Infragestellung der Verfassung von 1997 gelöst.

Eine ähnliche Situation ergibt sich in *Rumänien*. Die Verfassungskonflikte vor dem Beginn der Amtszeit Constantiniescus waren allerdings erheblich zahlreicher und schwerwiegender als in Polen. Von 1990 bis 1996 erlebte Rumänien unter Präsident Iliescu unzählige Verfassungsdehnungen, von der ungeschminkten Beeinflussung der Justiz über die Mißachtung elementarer Verfahrensregeln im Parlament bis hin zur Instrumentalisierung der Sicherheitsdienste im politischen Alltag (vgl. Gabanyi 1995, Verheijen 1995). Seit 1997 traten keine ernsten Verfassungskonflikte mehr auf. Für eine vorbehaltlos positive Einstufung liegt die Phase der schweren Verfassungskonflikte jedoch noch nicht weit genug zurück; außerdem erscheinen auch die ideologischen Gräben in vielen Politikfeldern im postsozialistischen Vergleich besonders tief (Gabanyi 1997).

Die Verfasstheit der *Russischen Föderation* wird im Grunde seit dem Ende der Sowjetunion durch den Dauerkonflikt zwischen Präsident und Parlament geprägt. Mehreren verfassungswidrigen Dekreten des Präsidenten stehen zahlreiche Entscheidungen der Staatsduma gegenüber, deren Zustandekommen verfahrensrechtlich zweifelhaft ist. Wichtige Fragen, z.B. hinsichtlich der Übertragung des Stimmrechts durch Parlamentarier, werden vom Verfassungsgericht nachrangig behandelt oder nicht endgültig entschieden. Die fehlende Akzeptanz der Verfassung mag sich auch daran zeigen, dass noch bei jedem anstehenden Regierungswechsel von namhaften Vertretern der politischen Elite Überlegungen angestellt wurden, wie die bestehende „superpräsidentielle" (Holmes 1993/1994) Verfassung – mal in die eine, mal in die andere Richtung – abgeändert werden kann.

Die Liste expliziter Verstöße gegen die bestehende Verfassung durch zentrale politische Akteure ist für den Fall *Slowakei* am längsten von allen hier betrachteten Ländern. Als wichtigster struktureller Grund ist das außergewöhnlich starke majoritäre Selbstverständnis der bis 1998 regierenden Koalitionspartei HZDS anzusehen. Wo in Albanien und Belarus Selbstverständnis und Machtstellung einander vorübergehend entsprachen, konnten in der Slowakei ein ausgeglicheneres Parteiensystem und eine im Vergleich stärkere Zivilgesellschaft den vollständigen Rückfall in autoritäre Strukturen verhindern. Als wichtigste Beispiele für Verfassungsverstöße seien der Parlamentsausschluss des bei der HZDS in Ungnade gefallenen Abgeordneten Gaulieder im Dezember 1996 und die Absetzung des rechtmäßig angesetzten Referendums um die Direktwahl des Präsidenten im Frühjahr 1997 genannt. Ein zweifelhaftes Verhältnis zu demokratischen Spielregeln muss auch der Opposition attestiert werden: Im Vorfeld der Parlamentswahlen 1998 musste das Wahlkampfbüro des Parteienbündnisses *Slowakische Demokratische*

Koalition (SDK) zugeben, systematisch Journalisten bestochen zu haben (Business Central Europe, no. 7/8 1998: 13).

In *Slowenien* lassen sich Verfassungskonflikte größeren Umfangs nicht beobachten. Obwohl die Atmosphäre der politischen Auseinandersetzung oftmals als konfliktreich und skandalträchtig beschrieben wird (Bernik 1994, Weckbecker/Hoffmeister 1997), wird die Verfassungsebene dadurch nicht tangiert.

So wie sich im wirtschaftlichen Bereich die *Tschechische Republik* mit den Jahren vom Musterschüler zum Durchschnittspennäler entwickelte, erscheint seit etwa 1996 auch die politische Sphäre in ungünstigerem Licht als zu Beginn der Transformationsphase (vgl. etwa Pehe 1995). Allerdings sind die seitdem auftretenden Konflikte wie etwa die Auseinandersetzungen um die Rolle des Übervater-Präsidenten Havel eher atmosphärischer Art und betreffen im Ergebnis nicht die Verfassungsebene.

In der *Ukraine* gab es bis zur schwer umkämpften neuen Verfassung im Jahre 1996 einen Dauerkonflikt über zentrale Zuständigkeiten, der formal mit den russischen Verhältnissen etwa im Jahre 1992 verglichen werden kann. Auch seither beurteilen Experten die Akzeptanz der in der Verfassung festgeschriebenen Verfahrensregeln eher skeptisch: „Ukrainian leaders have retained a habit of using law enforcement and the justice system against political opponents and have stepped up intimidation of critics in the media" (Lapychak/Markus 1997: 29). Zur Entlastung der zentralen politischen Akteure kann allerdings vermerkt werden, dass ein Teil der Verfassungskonflikte auf Unstimmigkeiten in der Verfassung selbst zurückzuführen sind (vgl. Unterkapitel 3.3.3 dieser Arbeit).

In *Ungarn* lassen sich keine Hinweise auf eine fehlende Selbstbescheidung der zentralen politischen Akteure finden. Hierfür ist nicht zuletzt das umsichtige und aktive Verfassungsgericht verantwortlich gemacht worden (Brunner 1993).

Tabelle 1.7: Verfassungskonflikte zentraler politischer Akteure seit der Ablösung vom autokratischen Regime

Keine Verfassungskonflikte		Vereinzelte Verfassungskonflikte	Schwere Verfassungskonflikte
Estland	Polen (seit 1996)	Bulgarien	Russland
Lettland	Slowenien	Polen (bis 1995)	Slowakei
Litauen	Tschechien	Rumänien	Ukraine
Makedonien	Ungarn		
Moldova			

Wie für die Fälle Bulgarien, Polen und Rumänien bereits angedeutet, kann die Einordnung einzelner Länder nur für eine bestimmte Zeitspanne Gültigkeit beanspruchen. Um auf einer einheitlichen Vergleichsebene zu bleiben, wurde hier versucht, alle schweren Verfassungskonflikte seit den Verabschiedungen der ersten nachautokratischen Verfassungen zu verarbeiten. Auf eine dynamische Komponente, die die Entwicklung der Verfassungstreue der politischen Akteure erfassen würde, wird damit im Dienste eines sauberen Vergleiches verzichtet. Neben der konkreten Auflistung von Verfassungskonflikten gibt die (z.t. subjektive und damit selektive) Beurteilung von Konflikten unterhalb der Verfassungsebene sowie die Zuordnung zu Rechtskulturen Aufschluss über die Bedeutung von Verfassungskonflikten für die Konsolidierungschancen der jeweiligen Regimes. Bei der Interpretation muss weiterhin beachtet werden, dass die Selbstbescheidung politischer Akteure in demokratischen Systemen sich nicht mit der Respektierung des Verfassungswortlautes erschöpft. Übereilt zurechtgebastelte (Russland 1993) oder unter großem Druck (Ukraine 1996) verabschiedete Verfassungen können dem komplizierten Ausgleich unterschiedlicher gesellschaftlicher Interessen nur in eingeschränktem Maße dienen. Zudem wird die Selbstbescheidung politischer Akteure stark von Kontextfaktoren wie etwa einer loyalen Verwaltung oder Justiz beeinflusst. Deren Ausgestaltung ist wiederum in hohem Maße historisch-kulturell geprägt, so dass über die Erfolgsaussichten für Verfassungskonsolidierung bisweilen vorrangig auf dieser Ebene entschieden wird (Brunner 1997).

1.4 Ländergruppen

Die zusammenfassende Betrachtung der vier Konsolidierungsindikatoren in Tabelle 1.8 ergibt, dass diese über unterschiedliches Gewicht verfügen. Keines der Länder (mit Ausnahme Makedoniens), in denen bei nationalen Wahlen manipuliert wurde, erreicht bei den übrigen Indikatoren günstige Werte. Ebenso kann allein mit dem Indikator „Verfassungskonflikte" relativ gut bestimmt werden, ob ein Staat auf anderen Feldern Fortschritte in Richtung Demokratie erzielen konnte: In jedem Land mit vereinzelten oder schweren Verfassungskonflikten wird mindestens gegen zwei weitere Kriterien demokratischer Konsolidierung verstoßen. Ist hingegen in einem Land die Medienfreiheit erfüllt, finden dort (a) manipulationsfreie Wahlen statt und (b) die zentralen politischen Akteure bescheiden sich in die ihnen von der Verfassung vorgegebene Rolle. Die drei Variablen manipulationsfreie Wahlen, Medienfreiheit und Selbstbescheidung der Verfassungsakteure lassen sich damit zu einem gemeinsamen und in sich recht kohärenten Indikator „Regierungskultur" zusammenfassen.

Tabelle 1.8: Indikatoren für demokratische Konsolidierung im postsozialistischen Europa, Stand: 1998

	I *Manipulationsfreie* *Wahlen*	*II* *Medienfreiheit*	*III* *Selbstbescheidung* *zentraler Verfas-* *sungsakteure*
Bulgarien	1	½	½
Estland	1	1	1
Lettland	1	1	1
Litauen	1	1	1
Makedonien	½	½	1
Moldova	1	½	1
Polen	1	1	1
Rumänien	1	½	½
Russland	½	½	0
Slowakei	½	1	0
Slowenien	1	1	1
Tschechien	1	1	1
Ukraine	½	½	0
Ungarn	1	1	1

Legende: 1 = Kriterium voll erfüllt, ½ = Kriterium teilweise erfüllt, 0 = Kriterium überwiegend nicht erfüllt

Estland, Lettland, Litauen, Polen, Slowenien, Tschechien und Ungarn erfüllen alle drei Kriterien in vollem Umfang (vgl. nochmals Tabelle 1.8). Diese Staaten zeigen damit eine Tendenz, über offene Meinungs- und Entscheidungsbildungsprozesse tatsächlich zu einem offenen und kompetitiven Regime der Regierungsbesetzung und Herrschaftsausübung zu gelangen. Auf der anderen Seite weist das Nichterfüllen mindestens eines der drei Indikatoren auf das Fortbestehen einer paternalistischen Regierungskultur in Russland, der Slowakei und der Ukraine hin. Die südosteuropäischen Staaten Bulgarien, Makedonien, Moldova und Rumänien als letzte Gruppe erfüllen jeweils zwei der Kriterien nur teilweise. Sie befinden sich in einer Zone zwischen Paternalismus und Verfassungsstaat.

Tabelle 1.9: Regimetypen im postsozialistischen Europa, 1998

Formal-demokratisches Regime	Transitionsregime	Minimal-demokratisches Regime
Verfassungsstaatliche Regierungskultur:	Regierungskultur zwischen Verfassungsstaat und Paternalismus:	Paternalistische Regierungskultur:
Estland, Lettland, Litauen, Polen, Slowenien, Tschechien, Ungarn	Bulgarien, Makedonien, Moldova, Rumänien	Russland, Slowakei, Ukraine

Im Großen und Ganzen erscheint die Zusammensetzung der drei Gruppen plausibel und mit der *conventional wisdom* der Konsolidierungsforschung kompatibel. Dennoch ergeben sich bei einigen Ländern Fragezeichen. Am meisten überrascht die anscheinend relativ fortgeschrittene Konsolidierung der Republik Moldau. Bei näherer Betrachtung erweisen sich dort zwei der drei Indikatoren als weniger robust, als die grobe Dreiteilung der Wertzuweisungen zunächst nahelegen könnte. Zum einen fanden die Parlamentswahlen 1998 zwar in einer generell manipulationsfreien Atmosphäre statt. Der entsprechende OSZE-Bericht[34] weist jedoch auf einige gesetzgeberische Mängel und unfaire Wahlkampfpraktiken im Bereich der elektronischen Medien hin. Zum anderen fällt bei nochmaliger Hinzunahme von Tabelle 1.4 auf, dass die Attestierung einer „teilweisen" Medienfreiheit nach Einschätzung von Freedomhouse gerade noch eben erfolgte. Besonders in den Bereichen der Mediengesetzgebung und des politischen Einflusses auf elektronische Medien kommt das Land auf ähnliche Werte wie Kroatien oder etwa Singapur – nicht gerade Horte der unbegrenzten Pressefreiheit.

Trotz dieser qualifizierenden Angaben ergeben sich drei relativ klar voneinander zu trennende Gruppen von Regimes (Tabelle 1.9). Estland, Lettland, Litauen, Polen, Slowenien, Tschechien und Ungarn sind dabei, sich wichtige Merkmale entwickelter westlicher Demokratien anzueignen. Mit der Konzentrierung formal-demokratischer Regimes im Baltikum und – mit Ausnahme der Slowakei – in (Ost)Mitteleuropa lässt sich damit ein geographisch-kulturelles Muster nicht verkennen (vgl. Kapitel 2.1).

---

34 Unter http://www.osceprag.cz/inst/odihr.

Bulgarien, Makedonien, Moldova und Rumänien können als transitionelle Regimes bezeichnet werden. Sie befinden sich *auf dem Weg* zum formal-demokratischen Regime, ohne jedoch den entsprechenden Kriterien bereits in vollem Umfang genügen zu können. Diese Gruppe ist trotz der geographischen Nachbarschaft recht heterogen zusammengesetzt. Die relativ günstige Einstufung des UdSSR-Nachfolgestaates Moldova aufgrund der Konsolidierungskriterien könnte gefährdet sein, da ihr problematische Rahmenbedingungen entgegenstehen: eine äußerst mäßige wirtschaftliche Entwicklung, die Außenabhängigkeit von Russland und das ungeklärte Transnistrienproblem. Makedonien kann wegen seiner scharfen ethnischen Teilung in staatlicher Hinsicht nicht als vollkommen konsolidiert gelten. In Bulgarien und Rumänien variierte die Gelassenheit des politischen Prozesses stark mit dem Charakter der Regierungsparteien – die massivsten Verfassungskonflikte in beiden Staaten wurden während der Amtszeit postsowjetischer Regierungen verzeichnet. Berichte aus den laufenden Legislaturperioden (z.B. im East European Constitutional Review, für Rumänien vgl. Gabanyi 1997b) zeigen allerdings, dass sich die in den letzten Jahren aufgebauten Gräben zwischen den politischen Lagern nicht über Nacht überwinden lassen.

Russland, die Slowakei und die Ukraine verfügen im Jahre 1998 über minimal-demokratische Regimes: Es finden regelmäßig kompetitive Wahlen statt, deren Ergebnis bislang auch die personelle Besetzung von Präsidenten- und Regierungsämtern bestimmten. Wie die Indikatoren des Konsolidierungsmodells zeigen, konnten sich diese Regierenden im Amt dann nicht dazu entschließen, den politischen Prozess vollkommen zu öffnen. Beispielsweise sind aus allen Ländern Klagen von Oppositionsparteien bekannt, im politischen Prozess benachteiligt zu werden. In Russland und der Ukraine gilt dies für alle Wahlen auf nationaler Ebene seit 1991, in der Slowakei für die Parlamentswahlen 1998. In allen drei Staaten hat auch der Privatisierungsprozess Gewinner hervorgebracht, die sich der schützenden Hand der jeweils Regierenden sicher sein konnten. Letztlich ist damit in allen drei Staaten – in der Slowakei haben die Parlamentswahlen vom September 1998 eventuell eine Richtungsänderung eingeleitet – die Offenheit des politischen Prozesses nur bei der obersten Führungsschicht voll erfüllt. Bereits in den Spitzen der (politischen) Verwaltung dominieren hingegen auch zwölf Jahre nach Beginn der Perestrojka häufig Vertreter der alten Nomenklatura und vor allem deren Herrschaftsmethoden: Dem obersten Ziel der Machterhaltung – im Zweifelsfalle verbunden mit privilegiertem Zugriff auf wirtschaftliche Ressourcen – wird notfalls das Wohlergehen der Regierten nachgeordnet.

Die in der Einleitung entwickelte Forschungsfrage zielt auf den Einfluss der zentralen politischen Institutionen auf das unterschiedliche Maß der Konsolidierung im östlichen Europa. Mit Blick auf das Regimeabfolgemodell und die daraus entwickelten Ländergruppen lässt sich diese Frage nun präzisieren: Inwiefern haben im postsozialistischen Europa institutionelle Arrangements die Entwicklung von bestimmten Typen demokratischer Regimes begünstigt? Bevor wir uns allerdings den Institutionen zuwenden, muss gewissermaßen im Vorfeld eruiert werden, welche nichtinstitutionellen Faktoren die Entwicklung formal-demokratischer Regimes begünstigen. Mit dieser Frage nach den allgemeinen Kontextbedingungen für die Konsolidierung der Demokratie im postsozialistischen Europa setzt sich das folgende Kapitel auseinander.

2. Kontextbedingungen von Demokratisierung und Konsolidierung im postsozialistischen Europa

Die Demokratisierung sowie die anschließende Phase der Konsolidierung sind als Prozesse innerhalb einer gesamtgesellschaftlichen Entwicklung zu sehen. Selbst wenn der Begriff des politischen Systems in der Transformationsforschung zugunsten des Regimebegriffs an Bedeutung verloren hat (siehe Einleitung), bleibt das Denken im systemischen Paradigma letztlich bestimmend. Deshalb werden in dieser Arbeit die „beiden wesentlichen Merkmale" (vgl. Beyme 1992: 146) eines Systems – nämlich die Interdependenz der Systemteile und die Systemgrenze, die es von der kontingenten und komplexen Umwelt abtrennt – jeweils isoliert betrachtet. Die „Systemteile" des Herrschaftsregimes bestehen in den zentralen Institutionen sowie den intermediären Organisationen, die die Interessen der Bevölkerung ins Entscheidungsgefüge einschleusen; sie sind der Gegenstand der Kapitel drei bis fünf.

Die konsolidierungsrelevanten Faktoren außerhalb des Herrschaftsregimes werden dagegen in diesem Kapitel betrachtet. Die Bestimmung der Systemgrenze bildet dabei ein gewisses Problem. Dieses besteht im ungewissen Stellenwert informeller Institutionen. Formell fällt die Eingrenzung der politischen Institutionen und des intermediären Raums der politischen Parteien leicht. Informelle Institutionen wie das Wirken alter Seilschaften, das bürokratische Erbe des Sozialismus und in bestimmten Regionen auch eine traditionell klientelistische Herrschaftskultur erschweren jedoch das Urteil darüber, wo die Grenzen des politischen Subsystems liegen.

An einer solchen Grenze liegt die Bürokratie. Die Verwaltungpraxis eines Staates spielt anerkanntermaßen eine große Rolle für die Verfestigung der Demokratie (Beyme 1994, Linz/Stepan 1996). Sieht sich die Bürokratie als verlängerter Arm von Parlament, Regierung und gegebenenfalls Präsident? Oder agiert sie vielmehr nach einer eigenen Logik, vorbei an Gesetz- und Normengebung der Kerninstitutionen? Die enge Verbindung, die in jüngerer Zeit zwischen Konsolidierungschancen und Rechtstaat gezogen wird (Merkel 1998), steht und fällt mit der Kooperation der Verwaltung im staatlichen Entscheidungsprozess. Hier lassen sich konsolidierungsrelevante Einflüsse aus der staatlichen Bürokratie nur in seltenen Fällen schlüssig vom Handeln der Kerninstitutionen isolieren. Auch existieren zwar Konzepte zur Neuorganisation der Verwaltung im Transformationsprozess (Wollmann 1997). Empirisch gehaltvolle Analysen zum Wechselspiel zwischen Verwaltung, Regierung und Parlamenten liegen hingegen nur in Einzelfällen vor (Wollmann 1994); der empirische Wissensstand gibt also für eine komparatistische Analyse nicht genügend her. Vor allem deshalb muss auf die Betrachtung der möglichen Kontextvariablen Bürokratie verzichtet werden. Ebenfalls nicht berücksichtigt wird die Ebene der politischen Kultur. Hier besteht eine starke Wechselwirkung zwischen den Einstellungen der Bevölkerung und der Interaktion der politischen Institutionen einschließlich der Parteien. In jungen Demokratien, in denen eine diffuse Unterstützung gegenüber dem Regime (vgl. Easton 1965) erst nach dem Einlösen unzähliger Blankoschecks einstellen kann, variieren Einstellungen mit dem Freiheitsabstand des neuen zum alten Regime und der Hoffnung auf eine prosperierende Wirtschaft (Hofferbert/Klingemann 1998). Der demokratiestabilisierende Einfluss einer mit dem Regime versöhnten Bevölkerung, der bei etablierten Demokratien festzustellen ist, kann daher nicht ohne weiteres auf entstehende Demokratien übertragen werden. Eine diffuse Unterstützungshaltung gegenüber der Demokratie ergibt sich als Folge einer gelungenen Konsolidierung, nicht umgekehrt.

Welche Kontextfaktoren werden nun in Überblickswerken der Konsolidierungsliteratur (Beyme 1994, Linz/Stepan 1996, Diamond 1997, Merkel 1998, Morlino 1998) genannt? Zunächst kann das Funktionieren der Institutionen in den einzelnen Vergleichsstaaten ohne Beachtung des historischen Kontextes nicht verstanden werden. Einige der heute postsozialistischen Staaten zählen weder rechtstaatliche Herrschaftsformen noch andere Mechanismen der Beschränkung politischer Herrschaft zu ihren Traditionen. Andernorts hat hingegen schon zwischen den Weltkriegen eine Demokratie mit entsprechenden Institutionen der Herrschaftskontrolle bestanden.

Doch nicht nur die vorautokratischen Demokratieerfahrungen (Kapitel 2.1) werden als historisch bedingter Einflussfaktor auf die Konsolidierung der neuen Demokratien gesehen. Bereits schon einmal in diesem Jahrhundert, nach dem Ersten Weltkrieg, hatte es im östlichen Europa eine Welle von Staatsgründungen gegeben. In deren Folge fand sich eine Reihe von Völkern – am stärksten betroffen waren die Ungarn – auf zwei oder mehrere Staaten verteilt, bildeten mithin ethnische Minderheiten. Während die Grenzänderungen nach 1945 in geringerem Maße minderheitenbildend wirkten, führte insbesondere die Russifizierungspolitik innerhalb der Sowjetunion zu beträchtlichen Bevölkerungsverschiebungen. Da aus demokratietheoretischer Sicht für unterschiedlich homogene Gesellschaften unterschiedliche institutionelle Lösungen adäquat erscheinen (vgl. Lijphart 1984), sind von der Verteilung ethnischer Minderheiten Rückwirkungen auf die demokratischen Institutionen und deren Konsolidierung zu erwarten (Kapitel 2.6).

In zeitgeschichtlicher Perspektive betrachtet wird weiterhin die Phase des Regimewechsels. In einigen Ländern wurde das Ende des Sozialismus von den Machthabern selbst eingeleitet, in anderen war es eher die Bevölkerung, die die Einheitsparteien durch massenhafte Illegitimitätsbekundungen zum

Abdanken zwangen. Um den Einfluss des Regimewechseltyps einschätzen zu können, kommt es dabei auf eine widerspruchsfreie Identifizierung der Regimewechselphase an (vgl. Kapitel 2.2).

Eine andere Sphäre, von der das Interagieren der politischen Institutionen nicht unbeeinflusst bleibt, besteht im internationalen Umfeld der einzelnen Staaten. Zwar herrschten von Anfang an in den einzelnen Ländern vollkommen unterschiedliche Haltungen über die jeweilige außenpolitische Grundorientierung. Die Russische Föderation und auch einige Nachbarstaaten sahen – und sehen – sich durch das Ausgreifen westlicher internationaler Organisationen in der Verwirklichung ihrer Interessen behindert. Andere Staaten hingegen befürworteten bereits wenige Monate nach dem Ende des Kalten Krieges den Weg in NATO, EU und andere westdominierte Bündnisse. Weitgehend unabhängig von innerstaatlichen Entscheidungsprozessen üben diese Organisationen jedoch auch gezielt externen Einfluss. Insbesondere die Verbindung materieller Hilfen mit bestimmten von Verhaltenskriterien wirkt sanktionierend auf politische Akteure in den postsozialistischen Staaten (Kapitel 2.3)

Zuletzt treten die Einflüsse aus dem wirtschaftlichen Subsystem ins Bild. Hier sind zwei Faktoren von Belang, die von unterschiedlichen ökonomischen Denktraditionen thematisiert werden. Zum einen geht die Modernisierungstheorie von einem starken Zusammenhang zwischen sozioökonomischen Entwicklungsniveau und Offenheit politischer Regimes aus. Das Bildungsniveau, die Lebenserwartung, allgemein das Wohlfahrtsniveau und die Verteilung von Machtressourcen beeinflussen die Chancen zur Etablierung und Verfestigung der Demokratie in nicht unbeträchtlichem Maße (Kapitel 2.4).

Mit diesem Bereich verbunden ist die wirtschaftliche Transformation (Kapitel 2.5). Die „Gleichzeitigkeit des Übergangs zur Marktwirtschaft und zur Demokratie" (Beyme 1994: 192) führte in der Transformationsforschung auf breiter Front zu Arbeiten, die die Interdependenz beider Sphären im Hinblick auf die Entwicklung der Demokratie untersuchten (vgl. u.a. Haggard/Kaufman 1995, Pickel/Wiesenthal (Hrsg.) 1997, Elster/Offe/Preuss u.a. 1998). Zentral erscheint in unserem Zusammenhang zum einen die Frage, ob die sozialen Kosten der wirtschaftlichen Transformation die Entwicklung der Demokratie mit einer schweren Hypothek belasteten oder nicht. Zum anderen ist zumindest tentativ zu prüfen, ob der Fortgang der wirtschaftlichen Transformation auf Impulse aus der politischen Sphäre zurückzuführen ist, oder ob im Gegenteil die wirtschaftlichen Rahmenbedingungen die Konsolidierung der Demokratie determinieren.

2.1 Vorsozialistische Vergangenheit

Der Begriff der Redemokratisierung, der die Transformationsdebatte der achtziger Jahre prägte (Stepan 1986), verweist auf die empirische Beobachtung, dass sich eine Reihe von Transitionsprozessen in Ländern abspielen, die bereits zu einem früheren Zeitpunkt über ein demokratisches Regime verfügt haben. Dabei lassen sich verschiedene Formen von Redemokratisierung ausmachen; Huntington (1991: 41-44) unterscheidet beispielsweise zwischen unterbrochenen Demokratien, Dekolonialisierung, zyklischer (Re)demokratisierung und (Re)autoritarisierung sowie „Demokratie im zweiten Anlauf".

Die Entwicklung von Demokratien oder Protodemokratien lässt sich freilich in Mittel-, Südost- und Osteuropa kaum von der Herausbildung nationalstaatlicher Entitäten trennen. Gehen wir die Landkarte des postsozialistischen Europa im Jahre 1999 durch, divergieren die existierenden Staaten stark hinsichtlich ihrer staatlichen Kontinuität. Belarus, Kroatien, Makedonien, Moldova, die Slowakei, Slowenien, Tschechien sowie die Ukraine genießen erst in den neunziger Jahren dieses Jahrhunderts erstmals eine eigene staatliche Souveränität.

Die Tschechische Republik und die Russische Föderation verfügen dabei über Hauptstädte, die als Zentren untergegangender (pseudo)föderaler Staaten entsprechende administrative Ressourcen aufwiesen. Estland, Lettland und Litauen blicken in der Neuzeit lediglich auf eine staatliche Eigenständigkeit zwischen den Kriegen zurück. Das ausgeprägte Nationalbewusstsein, welches Bevölkerungen wie Eliten aller drei baltischen Staaten empfinden, ist somit eher mit der traumatischen Erfahrung von Besetzung und Fremdherrschaft als mit einer starken eigenstaatlichen Tradition in Verbindung zu bringen. Über eine langjährige staatliche Kontinuität verfügen – trotz der wechselvollen Geschichte und der Westverschiebung im Jahre 1945 – Polen ebenso wie für Bulgarien, Rumänien und Ungarn. Auch diese Staaten erhielten jedoch erst um 1918 in etwa ihre heutige Gestalt.

Die Aufteilung von Mittel- und Südosteuropa nach dem Ersten Weltkrieg und den Pariser Vorortkonferenzen hatte allerdings auch Staaten hervorgebracht, die sehr wohl über ausgebildete kulturelle Identitäten verfügten (vgl. u.a. Hobsbawm 1998: 49-65). Die baltischen Staaten, Ungarn, Slowenien und selbst das geteilte Polen hatten trotz z.T. jahrhundertelanger Fremddominanz Nationalkulturen herausgebildet und erhalten. Die Entstehung nationalstaatlicher Demokratien scheiterte in weiten Teilen des Kontinents bereits an dem Auseinanderfallen von kulturellen und staatlich-administrativen Einheiten – der Nationalstaat als rationale Antwort auf die industrielle Revolution (Gellner 1983) wurde bis ins 20. Jahrhundert durch die Existenz hegemonialer Imperien behindert. Die neuen Demokratien im postsozialistischen Europa konnten also nicht nur in unterschiedlichem Grad an demokratische Traditionen anknüpfen. Zunächst hatte es in vielen Gebieten des mittleren und östlichen Europa vor 1918 gar nicht die Grundlagen für die Herausbildung staatlicher Herrschaft gegeben.

Insgesamt wird von einem günstigen Einfluss demokratischer Vorerfahrungen auf Demokratisierungs- und Konsolidierungsprozesse ausgegangen. „Falls ein Land vor der autokratischen Herrschaft schon einmal demokratisch regiert wurde, kann die neue Demokratie auf die alten demokratischen Eliten, auf institutionelle Erfahrungen oder gar alte zivilgesellschaftliche Kulturen zurückgreifen" (Merkel 1998: 56). Anders als etwa Adenauer in Deutschland oder de Gasperi in Italien überlebten im postsozialistischen Europa allerdings keine handlungsfähigen Politiker in persona die autokratischen Zwischenregimes. Auch knüpfte die postsozialistische „Zivilgesellschaft" weniger an vorsozialistische Entwicklungen und Strukturen an. Es war vielmehr die offensichtliche Differenz zwischen sozialistischen Heilsversprechungen und realsozialistischer Repression, die in einigen Staaten die Herausbildung dissidentischer Gruppen mit zivilgesellschaftlichem Anspruch begünstigten (Lewis 1992, Beyme 1994: 100-123). Für unsere Transformationsregion sind hinsichtlich früherer Demokratieerfahrungen vor allem institutionelle Rudimente bereits gewesener demokratischer (oder halbdemokratischer) Regimes interessant.

Welche historisch-institutionellen Leitbilder lassen sich im postsozialistischen Europa ausmachen – und wie lassen sich die „demokratischen" Erfahrungen spezifizieren? Wie bereits angedeutet: Den um das Jahr 1918 (z.T. wieder) entstandenen und unvermittelt selbständigen Staaten Estland, Lettland, Litauen, Polen, Rumänien und die Tschechoslowakei war gemeinsam, über keine eigene Tradition der eigenstaatlichen Regierungsführung zu verfügen. Anders war es jedoch in Bulgarien und Ungarn. Bulgarien hatte seit der Zurückdrängung der Türken im dritten russisch-türkischen Krieg eine Erbmonarchie etablieren können,[35] die sich nach dem Berliner Kongress von 1878 allerdings nur unter der Protektion der Großmächte – insbesondere Russland – halten konnte (vgl. Härtel/Schönfeld 1998: 119-128). Auch Ungarn hatte seit 1867 innerhalb des österreich-ungarischen Imperiums über beträchtliche Autonomie verfügt.[36]

In Südosteuropa mit den heutigen staatlichen Einheiten Bulgarien, Makedonien, Moldova, Rumänien und Serbien herrschte das Osmanische Impe-

---

35 Die eigentliche Erklärung zu einem unabhängigen Königreich erfolgte erst im Jahre 1908.
36 Als einziges Land der Region, das sich von den Großmächten frei machen konnte, verbleibt damit Griechenland, wo seit der Revolution in den dreißiger Jahren des 19. Jahrhundert eine von den Wittelsbachern gestützte Monarchie herrschte.

rium bis zum russisch-türkischen Krieg von 1877/78. Die Region hatte in dessen Tradition unter hohen Steuer- und Abgaberaten, vergleichsweise geringen Investitionen in die Infrastruktur und einem relativ niedrigen Bildungsgrad zu leiden. Verwaltung und Justizsystem waren korrupt; ihre Protagonisten entschieden in der Regel willkürlich (vgl. East/Pontin 1997: 234). Im Baltikum und den russisch verwalteten Teilen Polens sowie auf dem Gebiet der ehemaligen Sowjetunion – mit Ausnahme des heutigen Königsberg und Moldovas westlich des Dnjestr – breitete sich das Russische Zarenreich aus. Obwohl sich die Herrschaftsmethoden natürlich in vielerlei Hinsicht vom ottomanischen Imperium unterschieden, lassen sich doch gewisse funktionale Parallelen verzeichnen. Die mit Leibeigenschaft und Dorfgemeinschaft verbundenen Abgabelasten verhinderten die Herausbildung einer wohlhabenden Bauernschaft, breitgefächerte Investitionen in Infrastruktur und Bildung wurden erst spät im 19. Jahrhundert und auch dann nur vereinzelt und zögerlich getätigt (vgl. Stökl 1990).

Mitteleuropa – das heutige Tschechien, die Slowakei, Teile Polens sowie Ungarn, Kroatien und Slowenien – kann hingegen wegen der Zugehörigkeit zum Habsburgischen Imperium letztlich der Staats- und Verwaltungstradition des westlichen Europa zugerechnet werden. Zum Ende des 19. Jahrhunderts waren in den Städten und z.T. auch auf dem Land wirtschaftlich selbständige Schichten entstanden. Die Verwaltung handelte im Vergleich zu den östlich gelegenen Gebieten vergleichsweise rational. Die soziale Mobilität war eher gewährleistet als im östlichen Europa. Konsequenterweise wird daher zwischen den „historischen Regionen" West-, Ostmittel- und Osteuropa unterschieden (Szücs 1990). Die für viele Bereiche der gesellschaftlichen Entwicklung relevante Trennlinie verlief nicht zwischen osmanischem und russischen Reich, sondern entlang der Westgrenze beider Imperien. Analog verhält es sich mit der religiösen Trennlinie, die die europäischen Gebiete östlich des ehemals österreich-ungarischen Herrschaftseinflusses im Wesentlichen dem „prawoslawischen Kulturkreis" (Konrád/Szelélnyi 1978: 142) zufallen lässt.

Die unterschiedliche Ausprägung von Kontextbedingungen wie Verwaltungs- und Rechtstradition, allgemeinem Bildungsstand und der ökonomischen Selbständigkeit von Teilen der Bevölkerung beeinflusste die Wirkung formal demokratischer Institutionen maßgeblich. Dies lässt sich vielleicht am besten am bulgarischen Fall darlegen. Die nach belgischem Vorbild entworfene Verfassung von Tărnovo (1879) verfügte über einen relativ fortschrittlichen Grundrechtekatalog. Gleichzeitig existierte ein allgemeines Wahlrecht für Männer, mittels dessen die mit weitgehenden Gesetzgebungsvollmachten ausgestattete Nationalversammlung zusammengesetzt wurde. Durch die Verfassungskonstruktion genoss der Monarch allerdings weitgehende Vollmachten: Der Fürst konnte „die Nationalversammlung auflösen,

Minister entlassen [und] Gesetze mit einer ‚gehorsamen' Regierung durchbringen" (Härtel/Schönfeld 1998: 128). Diese Konstruktion erwies sich im postosmanischen Umfeld als wenig förderlich für die Entwicklung der Demokratie: Die Willkürherrschaft der auf der Gunst des Fürsten basierenden Administration hielt an; ein teilweise aggressiver Nationalismus schlug sich in Eroberungsfeldzügen von Makedonien bis zur Ägais nieder. Auf der Seite der Verliererstaaten des Ersten Weltkrieges, endete in Bulgarien bereits die erste Legislaturperiode der Nachkriegsphase im April 1923 mit nicht mehr als frei zu bezeichnenden Wahlen (East/Pontin 1997: 189). Der nachfolgende Putsch der *Demokratischen Eintracht* unter Aleksandur Tsankov leitete eine Phase instabiler Allianzen und Regierungen ein, die 1934 durch die Machtübernahme eines nationalistisch-rechtsextremen Regimes endgültig in autoritäre Gefilde überging (vgl. Crampton 1996).[37] Trotz der Verfassung von Tărnovo und ihren vermeintlich demokratischen Institutionen hatte sich also in Bulgarien zu keinem Zeitpunkt eine stabile und substanzielle Demokratie etablieren können.

Ähnlich erging es einer Reihe von anderen Staaten. In den baltischen Staaten läuteten die Unabhängigkeitserklärungen mit dem Ziel der Abschüttelung des russischen Herrschaftsanspruchs lediglich eine Phase des Interregnum ein. Die parlamentarischen Regimes der frühen zwanziger Jahre wurden durch die Machtübernahmen von Antanas Smetona in Litauen (1926), Konstantin Päts in Estland (1933/1934) und Karlis Ulmanis in Lettland (1934) nach nur kurzem Bestehen in autokratische Regimes überführt. Die Demokratie Litauens währte damit nur acht Jahre und war während dieser Zeit von scharfen Interessengegensätzen im Parlament sowie chronisch instabilen Regierungen geprägt; ein Merkmal, das für alle drei baltischen Staaten charakteristisch war. In Estland fungierten zwischen 1919 und 1934 einundzwanzig, in Lettland zwischen 1918 und 1934 achtzehn Regierungen. In grober Verallgemeinerung konnten in den ersten Jahren der Demokratie moderat linke Gruppierungen in wechselnden Mehrheiten mit Bauernparteien erste Schritte in Richtung Land- und Agrarreform durchführen. Mit dem Einsetzen der Weltwirtschaftskrise kam es jedoch in allen drei Ländern zu einer wachsenden Relevanz rechtsgerichteter Gruppen, von denen sich die radikalen wegen der Fragmentierung moderater, zentristischer und populistischer Parteien durchsetzen und die instabile demokratische Phase beenden konnten (alle Angaben bei East/Pontin 1997: 294). Die erneute Inkraftsetzung der lettischen Vorkriegsverfassung im Jahre 1993 – zunächst ein Beispiel für die Leuchtkraft vorautokratischer Institutionen – war damit erst in

---

37 Vgl. die Phasencharakterisierung bei Crampton (1996): 1918-1934 – Politics without Stability, 1934-1944 – Stability without Politics.

zweiter Linie ein Bekenntnis zu den demokratischen Traditionen der Zwischenkriegszeit. Viel wichtiger war die Funktion der Verfassung als Symbol der kurzen Periode staatlicher Unabhängigkeit. Im bis zum Versailler Vertrag geteilten Polen währte die Periode, in der sich souveräne Regierungen aufgrund von periodischen und freien Wahlen bildeten, noch kürzer. Der militärgestützte *Coup* des Kriegshelden Jozef Piłsudski im Mai 1926 diente später den litauischen Putschisten sogar als Vorbild. Wie im Baltikum war die demokratische Phase durch ständig wechselnde und schwache Koalitionsregierungen geprägt. Da sich das Land bis zum Rigaer Vertrag im März 1921 de facto im Kriegszustand befand, konnte Polen damit bis 1989 lediglich auf fünf Jahre (instabiler) wahldemokratischer Verhältnisse zurückblicken; damit ist das Land nur unter starken Vorbehalten als Fall von *Re*demokratisierung anzusehen (vgl. anders Offe 1998: 101). Nach der Machtübernahme Piłsudskis regierte dessen *Nichtparteilicher Block für Zusammenarbeit mit der Regierung* (BBWR) als Dachorganisation für eine Reihe unterschiedlicher Kräfte. Trotz der autoritären Attitüden des Regimes fanden – freilich unfreie – Wahlen statt, an denen immerhin die Kommunistische Partei teilnehmen konnte (vgl. Roos 1979). In Teilen der Bevölkerung wird das Piłsudski-Regime daher bis heute eher mit technokratischen als mit autoritären Zügen in Verbindung gebracht; davon zeugt nicht zuletzt die Parteigründung des *Nichtparteilichen Blocks zur Unterstützung der Reformen* (BBWR) durch den amtierenden Präsidenten Lech Wałęsa im Jahre 1993 – eine klare Referenz an die „aufgeklärte Diktatur" (East/Pontin 1997: 10) der Zwischenkriegszeit.

Die Zwischenkriegserfahrungen Rumäniens[38] sind, obwohl dort die wahldemokratischen Institutionen bis 1938 – der endgültigen Machtergreifung König Carols – bestanden, noch zurückhaltender zu beurteilen als die polnischen. Bereits die erste Legislaturperiode nach der Etablierung des Parlaments im Jahre 1919 dauerte kaum ein Jahr; auch spätere Wahlen fanden häufig in einer Atmosphäre der Einschüchterung unter Bedingungen der Manipulation statt. Trotz der Verabschiedung der neuen konstitutionellmonarchistischen Verfassung im Jahre 1923 wurden bürgerliche und politische Freiheiten beschnitten. Die zentrale Verwaltung des ethnisch heterogenen Staates barg faktisch viele Elemente zur Diskriminierung ethnischer Minderheiten, vor allem der Ungarn und Juden. Ebenso wie in den Nachbarstaaten war die rumänische Politik durch unstete Regierungen gekennzeichnet; von 1930 bis 1938 amtierten achtzehn von Carol eingesetzte Premierminister (alle Angaben: East/Pontin 1997: 154-155).

---

38 Als Bessarabien war auch das heutige Moldova unter Ausschluss Transnistriens von 1919 bis 1940/44 ein Teil Rumäniens.

In Ungarn können die ersten zwölf Jahre der Herrschaft (1920-1932) des Admirals Miklos Horthy als eingeschränkt demokratisch gelten. Die Entstehungsbedingungen der ungarischen Demokratie waren außerordentlich ungünstig; ihre Nachwirkungen spielten bis zum Zusammenbruch der Zwischenkriegsdemokratie ein wichtige Rolle. Nach dem Ende der östereichungarischen Doppelmonarchie etablierte sich im Jahre 1919 für wenige Monate das bolschewistische Regime unter Bela Kun. Dessen „roter Terror" paarte sich mit erfolglosen Rückgewinnungsversuchen von im Krieg verlorenen Territorien in der heutigen Slowakei und Rumänien. Die von „weißem Terror" geprägte Machtübernahme Horthys im Jahre 1920 trug bereits zwei Jahre nach der endgültigen Unabhängigkeit den Charakter eines gewalttätigen Großreinemachens und spaltete die politischen Kräfte nachhaltig.[39] Während die ersten Wahlen atmosphärisch unter den Nachwirkungen des weißen Terrors litten, wurde bei späteren Wahlen in ländlichen Gebieten die geheime Wahl verboten. Auch die strikte Fraktionsdisziplin in der von Horthy beeinflussten *Regierungspartei* schränkte – beim gleichzeitigen Verbot linker Parteien – den demokratischen Wettbewerb in nicht unbeträchtlichem Maße ein. Spätestens mit dem Amtsantritt des faschistischen Premierministers Guyla Gombos im Jahre 1932 endete in Ungarn das halb demokratische Interregnum (Angaben bei East/Pontin 1997: 49-50).

Die Tschechoslowakei stellt als Land mit einer tatsächlich substanziellen demokratischen Erfahrung in der Zwischenkriegszeit damit den Sonderfall unter den heute postsozialistischen Staaten. Trotz der ethnischen Heterogenität – 50% Tschechen, 25% Deutsche, 15% Slowaken, 10% andere Nationalitäten – und der Tatsache, dass es sich bei dem Land um eine historische Neugründung handelte, stach die Tschechoslowakei durch eine relativ stetige Politik, maßgeblich beeinflusst durch Staatspräsident Tomaš Masaryk, hervor. Die Wahlen fanden unter mehr oder minder freien und kompetitiven Umständen statt, die Freiheits- und Bürgerrechte wurden geachtet, die politischen Protagonisten führten ihre Geschäfte unter Beachtung der Verfassung. Anders als in allen östlichen Nachbarstaaten galt das Primat der Politik und damit der Parteien über die Prärogativen der Exekutive inklusive des Präsidentenamtes. Extremistisches Gedankengut von links oder rechts gewann zu keinem Zeitpunkt die Oberhand. Damit war das Land das einzige der Region, dessen Demokratie nicht durch innere, sondern mit dem Anschluss von 1938 durch äußere Umstände beendet wurde (Angaben bei Belina/Čornej/Pokorný 1995: 365-394). Die Orientierung aller Kräfte des tschechoslowakischen

---

39 Mit dem Vertrag von Trianon musste sich auch die neue Führung mit der Schrumpfung des Territoriums um zwei Drittel abfinden; dadurch gewannen innenpolitisch restaurativ-konservative Kräfte eine strategische Position, die dann in den späten dreißiger Jahren die Allianz mit den Nazis zum Zwecke der Wiedergewinnung ehemaliger Größe begünstigte.

Runden Tisches an der Zwischenkriegsverfassung der Tschechoslowakei (vgl. Rüb 1994a: 284) kann daher tatsächlich als *Re*demokratisierungsimpuls gewertet werden.

Tabelle 2.1: (Wahl)demokratische Erfahrungen im postsozialistischen Europa, 1879-1989

Land	Vorsozialistische Demokratieerfahrungen	Land	Vorsozialistische Demokratieerfahrungen
Bulgarien	1879-1934	Rumänien	1919-1938
Estland	1920-1934	Russland	nein
Kroatien	Nein	Slowakei	1918-1938 Tschechoslowakei*
Lettland	1920-1934	Slowenien	Nein
Litauen	1920-1926	Tschechien	1918-1938 Tschechoslowakei*
Makedonien	nein	Ukraine	nein
Moldova	1923-1938 als Teil Rumäniens	Ungarn	1920-1932
Polen	1918-1926		

* Die Tschechoslowakei verfügte als einziger der hier aufgeführten Fälle in der Zwischenkriegszeit über ein demokratisches Regime mit der Verwirklichung freier Wahlen und politischer Rechte (siehe Text).

Die Untersuchung der Empirie der vorautokratischen demokratischen Erfahrungen im postsozialistischen Europa (Tabelle 2.1) ergibt also, dass dem Argument der Wiederaufnahme demokratischer Verfahrensmuster durch ältere Generationen enge Grenzen gesetzt sind. Mit Ausnahme des tschechoslowakischen Falls scheiden demokratische Institutionen als Leitmodelle aus. Formal wurde zwar in den entsprechenden vorsozialistischen Regimes das politische Führungspersonal teilweise durch Wahlen bestimmt – deren Ergebnisse wurden jedoch nicht selten im Vor- oder Nachhinein manipulativ beeinflusst; viele Zwischenkriegsverfassungen sprachen zwar den aus Parlamenten hervorgegangenen Regierungen umfangreiche Kompetenzen zu – gegen den Willen von Monarchen oder Militärs regieren konnten diese jedoch nur in Ausnahmefällen. Insgesamt sind mit Ausnahme der Tschechoslowakei die vorautokratischen „demokratischen" Erfahrungen aller ost-, südost- und mitteleuropäischen Staaten als vorübergehende Einführung des allgemeinen Wahlrechts unter unvollständiger Verwirklichung der Institutionen der Demokratie wie Rede-, Informations-, Versammlungs- und Vereinigungsfreiheit zu werten. Anders als in den Demokratisierungsprozessen Lateinamerikas verliert das Kriterium der vordemokratischen Erfahrungen so im postsozialistischen Kontext stark an Erklärungskraft. Insgesamt scheint das Urteil gerechtfertigt, die „postkommunistischen Gesellschaften [verfügten] in ihrer eigenen Vergangenheit kaum über ein hegemoniefähiges Repertoire an politisch-institutionellem Orientierungswissen" (Offe 1998: 101).

2.2 Art des Regimewechsels

Wichtige Autoren der Systemwechselforschung schreiben dem Modus des Übergangs vom autokratischen zum demokratischen Regime eine entscheidende Bedeutung für spätere Demokratie- und Konsolidierungspotenziale zu (Karl/Schmitter 1991: 282, Linz/Stepan 1996: Kapitel 4, vgl. Fetjö 1997). Das postsozialistische Europa stellt hierbei ein Zusatzreservoir an Fällen dar, an dem eigentlich für den südamerikanischen Kontext entwickelte Pfadverläufe verifiziert und gegebenenfalls modifiziert werden können. Unterschieden werden können dabei Typologien der Ablösung vom autokratischen Regime (Stepan 1986[40], Linz/Stepan/Gunther 1995) und Typologien des Übergangs zur Demokratie (Share 1987, Karl/Schmitter 1991, Huntington 1991, Valenzuela 1992, Beyme 1994). In der Praxis herrschen Dreier- oder Vierereinteilungen vor, die allesamt die Initiierung des Reformprozesses zur Unterscheidungsgrundlage machen (vgl. Bos 1994).

Eingebettet sind die Regimewechseltypologien in Annahmen über bestimmte typische Akteurskonstellationen vor, während und nach der unmittelbaren Systemwechselphase. Für die Aushandlungsprozesse während der Demokratisierungsphase werden machtbezogene Interessen bei Hard- und Softlinern des alten Regimes und Reformer und Radikale in der Systemopposition unterstellt (Przeworski 1986, 1991, 1992). Reicht die Perspektive allerdings mehr in die ersten Jahre der neu etablierten Demokratien und damit in die Konsolidierungsphase hinein, verbieten sich solch grobe Unterscheidungen. O'Donnell und Schmitter haben selbst darauf hingewiesen, dass ihr Betrachtungsrahmen sich vor allem an der Liberalisierungs- sowie der Demokratisierungsperiode orientiert (O'Donnell/ Schmitter 1986: 6). Am fruchtbarsten erscheint hier, kontextgebunden die Interessenlage der wichtigsten beteiligten Akteursgruppen zu analysieren und lediglich Teilfragen der Konsolidierung zu fokussieren (Easter 1997).

---

40 Obwohl sich Stepan des Themas „Redemokratisierung" annimmt, schließt seine Typologie auch Länder ohne historische Demokratieerfahrung ein.

Tabelle 2.2: Zuordnung zu Regimewechseltypen nach Ländern

		Huntington 1991	Karl / Schmitter 1991	Valenzuela 1992
Mittel- und Südosteuropa	Bulgarien	Transformation	Imposition	
	Polen	Transplacement	Reform	Reform
	Rumänien	Replacement	Revolution (Richtung: Imposition)	Kollaps
	Slowakei	Transplacement	Reform	Kollaps
	Tschechien			
	Ungarn	Transformation	Imposition (Richtung: Pakt)	Reform
	Kroatien		Reform (Jugoslawien)	
	Makedonien			
	Slowenien			
Ehemalige UdSSR	Estland			
	Lettland			
	Litauen			
	Ukraine	Transformation (UdSSR)	Imposition (UdSSR)	
	Moldova			
	Russland			

Quellen: Huntington 1991, Karl/Schmitter 1991, Valenzuela 1992: 77, Beyme 1994: 94-95, Linz/Stepan/Gunther 1995: 116, Kitschelt u.a. 1999: 39, Merkel/Sandschneider/Segert 1996: 17, Nohlen/Kasapovic 1996, Wielgohs 1998.

Beyme 1994	Linz / Stepan / Gunther 1995	Kitschelt u.a. 1999	Merkel / Sandschneider / Segert 1996	Nohlen / Kasapovic 1996
Umfunktionalisierung / Führung der alten Kader	Kontrollierte Transition	Präventive Reform	Von Regimeeliten gelenkt	Transplacement
Erosion / Verhandlungsweg	Paktierte Transition	Verhandlungen	Ausgehandelte Transition	Transplacement
Umfunktionalisierung / Führung der alten Kader	Kollaps	Präventive Reform	Von Regimeeliten gelenkt	Replacement
Implosion / Kollaps	Kollaps	Präventive Reform	Neugründung	Replacement
		Implosion	Neugründung	Replacement
Erosion / Verhandlungsweg	Paktierte Transition	Verhandlungen	Ausgehandelte Transition	Transplacement
		Verhandlungen	Neugründung	Transformation
			Neugründung	Transformation
		Verhandlungen	Neugründung	Transformation
Innovation / Führung der alten Kader	Kontrollierte Transition	Präventive Reform / Verhandlungen	Neugründung	Transformation
			Neugründung	Transformation
			Neugründung	Transformation
		Präventive Reform	Neugründung	Transformation
			Neugründung	Transformation
		Präventive Reform	Neugründung	Transformation

Die recht allgemeine Unterscheidung zwischen Gemäßigten und Radikalen wurde also im Lichte fortgeschrittener Transformationsszenarien zugunsten empirienäherer und weniger pauschaler Unterscheidungen aufgegeben (vgl. Linz/Stepan 1996, Merkel 1998). Dagegen wurde die Frage, inwieweit Regimewechseltypen von der exakten zeitlichen Verortung der Regimewechselphase abhängen, kaum problematisiert. Dabei hatten bereits Karl/Schmitter (1991) am Beispiel Polens und seiner langen Transformationsphase von 1981 bis 1989 darauf hingewiesen, dass ein Land auf seinem Transformationsweg zu verschiedenen Zeitpunkten unterschiedlichen Typen zugeordnet werden muss. Insgesamt, ergibt ein Überblick über die bestehenden Typeneinordnungen ein bunt gemischtes Bild von Begriffen und jeweiligen Bezugsperioden (vgl. Tabelle 2.2).

Bei einigen Ländern ergeben sich recht widersprüchliche Querschnittsbilder, am auffälligsten bei Rumänien. Das Land nimmt als einziger Fall eines gewaltsamen Umsturzes seit jeher eine Sonderrolle ein. Dort ist das alte Regime entweder kollabiert (Huntington, Valenzuela, Linz/Gunther/ Stepan, Nohlen/Kasapovic), einer Revolution unterworfen (Karl/Schmitter), unter Kontrolle der alten Regimeeliten umgebaut worden (Beyme, Merkel/Sandschneider/Segert) oder auf dem Verhandlungswege (Kitschelt) erneuert worden. Während Polen, Bulgarien und Ungarn überwiegend konsistent eingeordnet werden, scheitern fast alle Typologien an dem Anspruch, für die Tschechoslowakei, Jugoslawien und die Sowjetunion den Zusammenbruch des sozialistischen Regimes und das staatliche Auseinanderbrechen unter einen Hut zu bekommen. Für die Tschechoslowakei lauten die Einordnungen entweder auf „Beteiligung" von Vertretern des alten Regimes und der Regimeopposition (Huntington, Karl/Schmitter) oder auf Kollaps (Valenzuela, Beyme, Linz/Stepan/Gunther, Nohlen/Kasapovic). Lediglich die Publikationen von Kitschelt (1995a, 1999) und Merkel/Sandschneider/Segert verarbeiten die staatlichen Diskontinuität der beiden Länder, indem sie getrennte Fälle schaffen.

Werden die Nachfolgestaaten Jugoslawiens und der Sojwetunion getrennt aufgeführt, können viele Einordnungen nicht befriedigen. Nohlen/Kasapovic beispielsweise ordnen für beide Fälle pauschal den Regimewechseltyp „transformation" (nach Huntington 1991) zu. Tatsächlich variierten die Bedingungen des Regimewechsels in den einzelnen Teilstaaten erheblich. In Kroatien bewirkte ein Bürgerkrieg die Abtrennung und den „demokratischen" Neuanfang, im Baltikum rebellierten regionale Eliten gegen den Herrschaftsanspruch aus Moskau, und nicht einmal im russischen Kernland der Sowjetunion konnte die herrschende Elite das Heft über den August 1991 hinaus in der Hand behalten.

Merkel/Sandschneider/Segert hingegen bezeichnen alle Nachfolgestaaten als „Neugründungen" und schaffen damit eine künstliche Gruppe mit unterschiedlichen Kontinuitätsgraden. Formal handelt es sich zwar sowohl bei der Russischen Föderation als auch bei Moldova, den baltischen Staaten und Slowenien um politische Neugründungen.[41] Das Maß an staatlicher und auch personeller Kontinuität (etwa hinsichtlich der Aufgabenverteilung in der staatlichen Verwaltung) hebt Tschechien und die Russische Föderation jedoch auf eine andere Stufe. Moldova, die Ukraine und die baltischen Staaten mussten hingegen bei ihren „Neugründungen" mit dem Problem kämpfen,

---

41 Völkerrechtlich verfügen die baltischen Staaten über eine durch die Sowjetphase lediglich unterbrochene staatliche Kontinuität (weshalb es manche Baltikumsexperten gar nicht gerne sehen, wenn von Estland, Lettland oder Litauen als „Nachfolgestaaten" der Sowjetunion gesprochen wird, vgl. Butenschön 1992).

für weite Bereiche des staatlichen Aufgabenbereiches über kaum hinreichend ausgebildetes Verwaltungspersonal zu verfügen.[42]

Die Fälle Tschechoslowakei, UdSSR und Jugoslawien fordern die Typologien der frühen Transformationsforschung vor allem deshalb heraus, weil bei den Konzipierungen, die etwa Stepan (1986), Huntington (1991) oder Karl/Schmitter (1991) vornahmen, staatliche Diskontinuitäten nicht zu berücksichtigen waren. Die wichtigsten politischen Akteure blieben auch nach den Systemwechseln unter einem politischen Dach; Exit-Optionen (nach Hirschman 1970) staatlicher Teilkörperschaften waren in der wichtigsten Bezugsregion Lateinamerika nicht wahrgenommen worden. Mit dem geglückten Versuch der regionalen politischen Akteure der Sowjetrepubliken, der Slowakei und eines Teils der jugoslawischen Teilrepubliken, ihren jeweiligen staatlichen Überbau zu verlassen, entfiel für diese Staaten auch die Grundlage für die wichtige Hypothese, die Elitenkonstellation und der Charakter der politischen Auseinandersitzung während der unmittelbaren Systemwechselphase würden die Stabilisierungschancen der jungen Demokratien beeinflussen. Die zentrale These von Karl/Schmitter (1991) war ja gewesen, dass die Inklusion alter politischer Eliten diese dazu bringen würde, ihre politischen und wirtschaftlichen Ressourcen zugunsten der neuen demokratischen Strukturen einzusetzen. Weder im Baltikum noch in der Slowakei mussten sich die neuen Machthaber jedoch noch mit zentralen politischen Akteuren des *ancien régime* auseinandersetzen.

Daher spricht einiges dafür, den Modus des Elitenhandelns nicht als einziges Unterscheidungsmerkmal für die Typologisierung von Regimewechseln anzusehen, wenn das ganze östliche Europa einbezogen werden soll. Die vorliegenden Typologien (vgl. nochmals Tabelle 2.2) beziehen sich – nicht zuletzt wegen der Unübersichtlichkeit der realen Regimewechsel – deutlich auf unterschiedliche Ebenen und Phasen der Regimebildung. Einordnungen kommen vor allem zustande, weil offensichtlich jeweils unterschiedliche Konstellationen im Regimewechselprozess hervorgehoben werden. Für die Einordnung Rumäniens macht es beispielsweise einen Unterschied, ob die Phase von den Massendemonstrationen gegen die Versetzung des Priesters Laszlo Tökes bis zum Beginn des Provisorischen Rates der Nationalen Einheit (der rumänischen Variante des Runden Tisches) anvisiert oder darüber hinaus die verfassunggebende Versammlung – bei der Vertreter der Opposition durchaus mitwirkten – noch mit einbezogen wird.

---

42 Ein Interview mit Claus Neukirch, im Jahre 1996 Mitglied der OSZE-Mission in Moldova, ergab beispielsweise, dass im ganzen Staat Moldova nur drei Personen über einen Universitätsabschluss in Internationalem Recht verfügten.

Die genauere Betrachtung der Akteurskonstellation vermag das Komplexitätsproblem nicht grundsätzlich zu lösen. Bereits die Regimeeliten und die aufkommende Opposition lassen sich häufig nicht trennscharf unterscheiden. Auch können sich die vertretenen Positionen von „gemäßigten" und „radikalen" Gruppierungen ändern.[43] In Polen beispielsweise brachen innerhalb der Solidarność bald nach 1989 Risse auf, als ein Teil der in der neuen Regierung Mazowiecki vertretenen Mitglieder offensichtlich nicht mehr der Opposition, sondern mit dem Finanzminister Balcerowicz einer nicht für alle erfreulichen Regierung zugeordnet werden mussten. Auch trug der autoritäre Führungsstil Lech Wałęsas noch vor den ersten wirklich freien Wahlen im Jahre 1990[44] nicht unbedingt dazu bei, die strikte Unterscheidung in Regimeopposition und *ancien régime* dauerhaft zu stützen.

Eine schlüssige und kontextadäquate Unterteilung der Regimewechseltypen im postsozialistischen Europa sollte die Öffnung des Regimes zur Demokratisierungsphase mit einbeziehen. Auch wenn manche Staaten den Regimewechsel innerhalb von wenigen Monaten abgeschlossen hatten, müssen für einen systematischen Vergleich auch die Fälle in eine Typologie eingebunden werden, bei denen sich durch die staatliche Neugründung die Ausformierung des Regimetyps in die Länge zog. Nicht zuletzt der Gesichtspunkt der Vergleichbarkeit spricht für die Definition einer Regimewechselphase, die von den ersten Rissen im Regime bis zur Zusammensetzung der staatlichen Führung nach den ersten freien Wahlen reicht. Nicht die Feinheiten der Akteurskonstallation während des Regimewechsels, sondern der Ausgang der ersten freien Wahlen hat die größten Auswirkungen auf spätere Konsolidierungserfolge gehabt (Bunce 1997, Wielgohs 1998).

Tabelle 2.3 bezieht sich nicht nur auf den Handlungsmodus der relevanten politischen Akteure während der Regimewechselphase, sondern zieht darüber hinaus den Verlaufspfad bis zu den ersten freien Wahlen in den endgültig konstituierten staatlichen Einheiten mit ein. Die Terminierung der ersten ernsthaften Risse im *ancien régime* stellt dabei kein einfaches Unterfangen dar. Weil sich in der UdSSR die Opposition gegen die Sowjetmacht um die Unabhängigkeitsbewegungen konzentrierte, fehlt ein einheitliches Kriterium. In Polen und Ungarn war die Einbeziehung oppositioneller Forderungen durch reformorientierte Eliten der kommunistischen (Block-) Parteien gewährleistet, in der Sowjetunion ließ das Moskauer Zentrum die machtpolitisch in der Peripherie angesiedelten Republikführungen erst einmal gewähren. Von der reinen Sichtbarkeit offener oppositioneller Proteste kann also

---

43 Die auf Individualrationalismus basierenden Arbeiten von Przeworski hätten es mithin bei einer Ausweitung der Betrachtungsphase mit inkonsistenten Präferenzordnungen zu tun.
44 Die Präsidentenwahlen im November/Dezember. Die ersten vollkommen freien Parlamentswahlen fanden erst im Oktober 1991 statt.

der Beginn des Regimewechsels im Baltikum auf die „singende Revolution" des Jahres 1988 verlegt werden, während beispielsweise das tschechische Bürgerforum erst gegen Ende 1989 in Erscheinung trat, wenige Monate später aber bereits de facto die tschechoslowakische Regierung stellte.

Tabelle 2.3: Regimewechseltypen im postsozialistischen Europa, 1989-1994

		Parlamentarische Konstellation nach den ersten freien Wahlen	
		Klare Mehrheit für Verfechter eines schnellen Übergangs	*Keine klare Mehrheit für Verfechter eines schnellen Übergangs*
Konstellation in der unmittelbaren Regimewechselphase	*Maßgeblicher Einfluss der Regimeopposition auf Ausgestaltung des Demokratisierungsprozesses*	Durchmarsch der Demokratisierer: Estland (1989-1992) Lettland (1989-1993) Litauen (1989-1992) Polen (1989-1991)* Tschechien (1989-1993)** Ungarn (1989-1990)	Machtkampf zwischen alten Eliten und westorientierter Opposition: Slowakei (1989-1993)**
	Versuchte Steuerung des Demokratisierungsprozesses von der alten Regimeelite	Gesinnungswandel der alten Eliten: Slowenien (1989-1992)	Fortdauernder Einfluss der alten Eliten: Bulgarien (1989-1990) Makedonien (1991-1994) Moldova (1990-1994) Rumänien (1989-1990) Russland (1990-1993) Ukraine (1990-1994)

* Die Parlamentswahlen 1989 waren in Polen halbfrei.
** Die tschechoslowakischen Wahlen zu den Länderkammern werden als Gründungswahlen für die ab 1993 unabhängigen Staaten Tschechische und Slowakische Republik interpretiert.

Da der Beginn der Regimewechselphase also nur ungefähr terminiert werden kann, werden in Tabelle 2.3 Jahreszahlen entweder für erste halbfreie Wahlen, Unabhängigkeitserklärungen oder die faktische Ablösung der kommunistischen Machthaber genannt. In den Teilstaaten der Sowjetunion stellten die Wahlen zum Sowjetischen Volksdeputiertenkongress die erste Manifestation regimeoppositionellen Denkens dar (vgl. hierzu Urban u.a. 1997). Im Baltikum und Moldova errangen Vertreter der jeweiligen Volksfronten Mehrheiten, aus der RSFSR und der Ukraine zogen eine Reihe von politischen Oppositionellen in den Kongress und anschließend den Obersten Sowjet ein. In Slowenien stellte das Referendum zur staatlichen Unabhängigkeit am 23.12.1990, in Makedonien die Souveränitätserklärung im Januar 1991 den jeweils wichtigsten Wendepunkt im Demokratisierungs- und Ablösungsprozess dar. In Bulgarien, Polen, Rumänien und der Tschechoslowakei fehlte während der unmittelbaren Regimewechselphase eine nationale Komponente.[45] Daher setzte der Regimewechsel in diesen Ländern erst 1989 ein, obwohl besonders in Polen und Ungarn der gesellschaftliche Rückhalt der kommunistischen Machthaber bereits seit längerem stark zurückgegangen war.

Steht den Anfängen der Regimewechsel deren faktisches Ende mit den ersten freien Wahlen in den nach Demokratisierung und Unabhängigkeit entstandenen Entitäten gegenüber, entstehen letztlich zwei Ländergruppen mit zusätzlich zwei abweichenden Fällen (vgl. nochmals Tabelle 2.3):

In den baltischen Staaten, Polen, Tschechien und Ungarn setzte sich die Regimeopposition gegen das *ancien régime* durch. In den ersten freien Parlamenten spielten dessen Vertreter eine – wenn überhaupt – marginale Rolle. Obwohl etwa in Estland, Lettland und Polen alles andere als klare Mehrheitsverhältnisse herrschten, waren die Westintegration und der vergleichsweise rasche Übergang zur Marktwirtschaft[46] als zentrale *Policy*-Ziele der wichtigsten Parteien klar erkennbar. Dabei spielte die Dominanz der neuen Regierungen durch Regimeoppositionelle keine entscheidende Rolle – in Litauen wurden die ersten freien Wahlen sogar von einer Nachfolgepartei der Litauischen KP gewonnen. Maßgeblich war vielmehr die Einigkeit der politischen Klasse in zwei programmatischen Fragen: (a) der Charakter der alten Regimes sollte gründlich überwunden werden und (b) die neuen Regimes sollten in ihren wichtigsten Eigenschaften an das Modell der westeuropäischen Demokratien angenähert werden.

In Bulgarien, Makedonien, Moldova, Rumänien, der Russischen Föderation und der Ukraine lässt sich hingegen in den ersten frei gewählten Parlamenten eine gewichtige Rolle solcher Kräfte feststellen, die ihre Wurzeln in den politischen Kanälen des alten Regimes haben. Freilich konnte die alte politische Elite in keinem dieser Länder eine absolute Mehrheit der Parlamentssitze erhalten. In Bulgarien, Russland und der Ukraine herrschten zum Zeitpunkt der ersten freien Wahlen zudem Präsidenten, die sich als Gegner der alten Nomenklatura profiliert hatten.[47] Im Kontrast zu den oben genann-

---

45 Auch in der Slowakei tauchte das Thema erst im Jahre 1992 auf.
46 Hier nicht gleichzusetzen mit der in einigen Ländern gefahrenen Strategie des „big bang".
47 In Bulgarien elju elev, in Russland Boris Jelzin, in der Ukraine Leonid Kravčuk.

ten Ländern konnten jedoch im Parlament solche Kräfte, die einen schnellen Umbau der Wirtschaftsordnung forcierten, keinen dauerhaften Einfluss auf die Regierungsarbeit gewinnen. Vielmehr wurde in allen Ländern auf eine Politik des behutsamen Übergangs – bei Beibehaltung der strategischen Machtpositionen der i.d.R. nicht reformierten Administration – gesetzt. In Bulgarien, Moldova, Russland und der Ukraine führte dies in den Umbruchsjahren zu einer wenig eindeutigen Politik des *stop and go*. In Makedonien und Rumänien verbündeten sich programmatisch weit voneinander entfernte Gruppierungen, um Vertreter der früheren Regimeopposition von der Macht fernzuhalten.[48]

In 13 der 15 demokratischen postsozialistischen Staaten weist damit der Regimewechsel innere Kohärenz auf. Entweder haben Vertreter der Regimeopposition bereits bei der Ablösung des alten Regimes und der Installierung des neuen politischen Systems eine gewichtige Rolle gespielt und dann anschließend auch die Mehrheit im ersten frei gewählten Parlament gestellt. Oder aber der Liberalisierungsprozess wurde von der alten Elite – mit mehr oder minder großem Erfolg – gesteuert, und diese hatte auch nach den ersten Wahlen die Macht nicht vollständig abgegeben.

Von diesem Muster weichen die Slowakei und Slowenien ab. In der Slowakei wurden die Grundstrukturen des nachautoritären Regimes am Runden Tisch, also unter starkem Einfluss der Regimeopposition, ausgehandelt. Der Wahlsieger von 1992, die *Bewegung für eine Demokratische Slowakei* (HZDS), war zwar formal die Nachfolgeorganisation der *Öffentlichkeit gegen Gewalt*, dem slowakischen Pendant zum tschechischen *Bürgerforum* (OF). Bei der Spaltung der *Öffentlichkeit gegen Gewalt* im Jahre 1991 hatten sich die früheren Bürgerrechtler um Jan Čarnogursky jedoch von der HZDS ferngehalten, die sich ihrerseits personell zu einem guten Teil aus ehemaligen Kommunisten rekrutierte.[49] Nach den Wahlen von 1992 trat die HZDS in eine „stille Koalition" mit der *Slowakischen Nationalpartei* (SNS) ein – eine Verbindung, die für den Erhalt der Tschechoslowakei sicherlich nicht förderlich war.

Insgesamt konnte sich in der Slowakei in der Regimewechselphase von 1989-1993 keine politische Kraft entscheidend durchsetzen. Von 1990 bis Mitte 1992 konnten Vertreter der slowakischen Regimeopposition immer

---

48 In Rumänien zulasten der *Demokratischen Konvention* (CDR), in Makedonien zulasten der *Inneren Revolutionäre Makedonische Organisation – Demokratische Partei der Makedonischen Nationalen Einheit* (VRMO-DPMNE).

49 Vodička (1994a: 671) weist darauf hin, dass bei den Wahlen zum Slowakischen Nationalrat – damals noch eine der föderalen Kammern – von 1992 von den 150 Mandaten 99 durch ehemalige Kommunisten besetzt wurden. Dasselbe gilt auch für die wichtigsten Staatsämter (Präsident: M. Kováč, Ministerpräsident: V. Mečiar, Vorsitzender des Verfassungsgerichts: M. Čič).

Anschluss an den westintegrativen Kurs der nachautokratischen Tschechoslowakei halten. Innerhalb der politischen Führung der Slowakei konnten sich hingegen nach einigem Ringen Vertreter der Nomenklatura an der Macht halten. Der abweichende Fall Slowakei kann also zu einem guten Teil mit der föderalen Struktur der Tschechoslowakei erklärt werden: Wäre diese erhalten geblieben, hätte sich dort wegen des geringeren Gewichts des slowakischen Teilstaats u.U. eine Politik des schnellen Übergangs durchgesetzt und der slowakische Sonderweg hätte vermutlich keine Chance auf Verwirklichung gehabt.

Die Erklärung für das Abweichen des slowenischen Falls setzt an einem anderen Punkt an. Die besondere wirtschaftliche Leistungskraft Sloweniens innerhalb der jugoslawischen Föderation[50] sowie historische Verbindungen hatten der Teilrepublik immer schon eine überdurchschnittliche Öffnung zum Westen, besonders nach Italien und Österreich, beschert. Impulse zur Überwindung des alten Regimes machten sich daher weniger an politischen oder gesellschaftlichen Gesichtspunkten, sondern an der nationalen Frage fest. Im Januar 1990 zog die slowenische Delegation (zusammen mit der kroatischen) aus dem 10. Außerordentlichen Kongress der Liga der Kommunisten Jugoslawiens aus. Die Manifestation nationaler Eigenständigkeit hatte im September 1989 begonnen, als eine Amendierung der slowenischen Verfassung den Horizont zu politischem und wirtschaftlichem Pluralismus öffnete. Diese und weitere Schritte wurden eindeutig von Politikern des alten Regimes initiiert; bis heute sind die meisten Spitzenpolitiker des Landes, u.a. Staatspräsident Kučan und Ministerpräsident Drnovšek, ehemalige Mitglieder des Bundes der Kommunisten Jugoslawiens. Seit den Wahlen vom April 1990 verfolgten die Vielparteienregierungen Peterle (von 1990-1992) und Drnovšek (seit 1992) jedoch jeweils eine Politik marktwirtschaftlicher Reformen und unternahmen konsequente Anstrengungen in Richtung Westintegration. Diese politischen Ziele wurden auch nach der Unabhängigkeit im Juni 1991[51] konsequent weiterverfolgt. Vergleicht man also diese Zielgebung mit der jahrzehntelang durch den Bund der Kommunisten Jugoslawien verfolgten Politik, wird der Regimewechsel in Slowenien durch einen Gesinnungswandel eines *großen Teils* der alten Eliten – und nicht nur einer Minderheit wie etwa in den GUS-Staaten – charakterisiert. Als Reformkommunisten leiteten die Eliten die Liberalisierung des politischen Systems ein, als strikte Verfechter der Westintegration des Landes konnten z.T. dieselben Politiker nach den Wahlen vom Dezember 1992 eine Regierungskoalition bilden.

---

50 Ende der achtziger Jahre erwirtschafteten in Slowenien acht Prozent der jugoslawischen Bevölkerung 16% des BIP und sogar 26% der Exporte (Žužmond/Kračun 1995: 460).
51 Internationale Anerkennung durch die Bundesrepublik Deutschland und den Vatikan am 23.12.1991, durch die übrigen EU-Staaten im Januar 1992.

Insgesamt wird damit in Tabelle 2.3 dem Faktor der programmatischen Zielrichtung der jeweils beteiligten Eliten hervorgehobene Bedeutung zugemessen. Der in der gesamten Regimewechselliteratur (Stepan 1986, Share 1987, Karl/Schmitter 1991, Huntington 1991, Valenzuela 1992, Linz/Stepan 1996) unterstellte Antagonismus zwischen Befürwortern und Gegnern des *ancien régime* wird aufrechterhalten, im Gegensatz zu den meisten Ansätzen jedoch auf die politische Konstellation nach der tatsächlichen Installierung des neuen Regimes ausgedehnt. Bis auf die begründbaren Ausnahmen Slowakei und Slowenien kristallisiert sich dabei ein Regimewechselmuster heraus, nach dem die Beharrungsfähigkeit der Eliten des alten Regimes das wichtigste Unterscheidungsmerkmal für die „gründlich" transformierten Staaten Estland, Lettland, Litauen, Polen, Tschechien und Ungarn auf der einen Seite und die von personell-programmatischen Altlasten geprägten Staaten Bulgarien, Kroatien, Makedonien, Moldova, Rumänien, Russland und der Ukraine auf der anderen Seite ist. Wie bei einem Überblick über 14 Staaten nicht anders zu erwarten, ist diese Unterscheidung relativ grob und geht recht großzügig über das große Ausmaß an bürokratischer Kontinuität hinweg, das beispielsweise auch den „ausgehandelten" Transformationsfall Polen prägt (Bernhard 1996). Als heuristische Indikatoren lassen sich die Ergebnisse der jeweils ersten freien Wahlen jedoch durchaus heranziehen.

2.3 Internationale Einbettung

In einem Artikel von Samuel Huntington aus dem Jahre 1984 (Huntington 1984) wurde die Relevanz von Elementen der internationalen Politik für die Binnendemokratisierung hervorgehoben. Mit seinen Hypothesen stellte Huntington damit ein – in Umfang und Anspruch freilich weit weniger anspruchsvolles – Gegenprogramm zu den „tentativen" Ergebnissen der *Transitions-from-Authoritarian-Rule*-Studie (O'Donnell/Schmitter (Hrsg.) 1986), die der Handlungsebene und der Konstellation der Akteure während des unmittelbaren Regimewechsels eine zentrale Stellung zugesprochen hatte, während internationalen Faktoren eine „indirekte und marginale" Rolle zugeschrieben wurde (Schmitter 1986: 5).

Anders als bei den Demokratisierungsprozessen in Lateinamerika spielten bei der zweiten Demokratisierungswelle nach 1945 Faktoren der internationalen Einbettung eine herausragende Rolle. Die (Re-)demokratisierung der Bundesrepublik, Italiens und Japans fand unter starkem Druck der Alliierten statt, so dass für die frühe Bundesrepublik das Theorem des „penetrierten Systems" (Rosenau 1973, vgl. Pfetsch 1993: 12) Gültigkeit beanspruchte.[52] Entscheidend für das in den letzten Jahren erhöhte Ansehen internationaler bzw. externer Rahmenbedingungen sind indes zwei andere Sachverhalte.

Zum einen wird immer wieder auf die hohe Relevanz ehemals britischer Kolonialherrschaft für die Etablierung und Konsolidierung von Demokratien hervorgehoben (vgl. u.a. Lipset/Seong/Torres 1993). Zum anderen wird der Einfluss der Europäischen Gemeinschaft auf die Demokratisierungsfälle Südeuropas – Griechenland, Portugal, Spanien – als außerordentlich stark eingeschätzt (vgl. Pridham 1994, Morlino 1998). Die schnelle EG-Mitgliedschaft der drei südeuropäischen Länder[53] hat die Orientierung auf Systemalternativen vermindert und in den Bevölkerungen die diffuse Unterstützungshaltung gegenüber dem demokratischen System verstärkt. Die mit der EG-Angehörigkeit verbundene Fixierung auf das westliche Sicherheitsbündnis wirkte auf die Linke in Griechenland, Portugal und Spanien ebenso mäßigend wie die berufliche Integration der Militärs in den postautokratischen Staat die nationalen politischen Kräfte besänftigen konnte (vgl. Pridham 1995: 201-202).

Die südeuropäischen Erfahrungen verweisen also vor allem auf die Vorteile der EG/EU-Mitgliedschaft für die Konsolidierung der Demokratie. Wie bereits erwähnt, legt der Wunsch zur wirtschaftlichen Integration eventuelle EU-Beitrittskandidaten auf eine „demokratische und rechtsstaatliche Ordnung" fest. Die Beitrittsrichtlinien des Europäischen Rates von Kopenhagen (Juni 1993) besagen: Als Voraussetzung für die Mitgliedschaft muss der Beitrittskandidat eine institutionelle Stabilität als Garantie für demokratische und rechtsstaatliche Ordnung, für die Wahrung der Menschenrechte sowie die Achtung und den Schutz von Minderheiten verwirklicht haben; sie erfordert ferner eine funktionsfähige Marktwirtschaft sowie die Fähigkeit, dem Wettbewerbsdruck und den Marktkräften innerhalb der Union standzuhalten (vgl. Pfetsch 1997: 235-236).

Über das PHARE-Programm[54] gewährt die Europäische Union in Zusammenarbeit mit anderen Industriestaaten auch finanzielle Unterstützung mit dem expliziten Ziel, „den Ländern Mittel- und Osteuropas dabei zu helfen, über ihre zukünftige Eingliederung in die Europäische Union wieder Anschluss an die europäische Gesamtentwicklung zu erlangen" (Europäische

---

52 Inzwischen ist aber der beträchtliche Einfluss deutscher politischer Kräfte auf die Ausarbeitung der Länderverfassungen und des Grundgesetzes dokumentiert (Pfetsch 1985).
53 EG-Beitritte: Griechenland 1981, Portugal und Spanien jeweils 1986.
54 PHARE = „Poland / Hungary: Aid for Restructuring of Economies". Trotz der Ausdehnung auf zusätzliche Länder wurde die Abkürzung – auf französisch „Leuchtturm" – beibehalten.

Kommission, zitiert bei Lippert 1996: 243). Durch die Verbindung von Beitrittsbedingungen und materiellen Anreizen entsteht ein System von Zuckerbrot und Peitsche, welches die mittelverwaltende Europäische Kommission im Zweifelsfall auch nutzt, um einzelne Staaten auf EU-Linie zu bringen.[55] Die Aussicht auf spätere EU-Mitgliedschaft verbindet daher den Modernisierungsbegriff ähnlich wie bei der Süderweiterung stark mit dem Europäisierungsbegriff (Müller 1998: 219).

Auch die Staaten, die nicht unmittelbar an einer Aufnahme in die Europäische Union interessiert sind, werden von der Europäischen Union finanziell unterstützt. Über das TACIS-Programm („Technical Assistance for Central Independant States") wurden von 1991 bis 1997 in über 2500 Projekten 3,39 Mrd. ECU (1997: 475 Mio. ECU) bewilligt (Fischer-Weltalmanach 1999: 967). Zusammen mit den finanziellen Aufwendungen für PHARE[56] wandte die EU damit über 1,5 Mrd. ECU allein im Jahre 1997 zur Unterstützung von postsozialistischen Staaten auf – unabhängig von bilateralen Hilfen und dem Verzicht auf Schuldenzahlungen Russlands im Zusammenhang mit dessen Beitritt zum Pariser Klub im September 1997 und erneut im Sommer 1999.

In ihrer Gesamtheit fährt die Europäische Union damit einen Kurs abgestufter Integrationsangebote an die Staaten des postsozialistischen Europa. Den Partnerschaftsabkommen, die außer mit Tadžikistan mit allen östlichen postsowjetischen Staaten etwa von 1988 bis 1992 abgeschlossen wurden,[57] folgten im Falle der meisten mittelost- und südosteuropäischen Länder Europaabkommen, die nach Art. 238 des EG-Vertrags (alte Nummerierung) „gegenseitige Rechte und Pflichte" beinhalten. Zumindest symbolisch gelten diese Europaabkommen der „zweiten Generation" als erster Schritt zu einem mittelfristig anzustrebenden Beitritt; die Pflichten auf Seiten der Partnerländer sind damit nicht zuletzt auf den *acquis communautaire* bezogen. Unterstrichen wird diese Sicht dadurch, dass mit Ausnahme Makedoniens alle Europaabkommen von einem Beitrittsgesuch – jeweils gestellt einige Monate nach dem Inkrafttreten der Abkommen – der jeweiligen Staaten ergänzt wurden. Nach einem langwierigen Prozess der Meinungsbildung entschlossen sich die zuständigen Gremien der EU[58] zur Aufnahme konkreter Beitrittsver-

---

55 Beispiel: Im Mai 1998 strich die Kommission Polen bereits zugesagte Hilfsgelder im Umfang von 34 Mio. ECU. Ganz offen wurde dies von Brüssel auch als Signal an Warschau verstanden, mit dem EU-Beitritt verbundene Schritte zum Umbau des administrativen Systems in Angriff zu nehmen (FAZ, 27.5.1998).
56 Im Rahmen von PHARE wurden im Jahre 1997 Mittel im Umfang von 1,143 Mrd. ECU bewilligt (Fischer-Weltalmanach 1999: 965).
57 Bzw. Nachfolgeabkommen für das am 18.12.1989 mit der Sowjetunion abgeschlossenen Handels- und Kooperationsabkommen.
58 Vorschlag der Kommission, endgültige Entscheidung durch den Europäischen Rat.

handlungen mit Estland, Polen, Slowenien, Tschechien und Ungarn, die dann im Laufe des Jahres 1998 auf verschiedenen Ebenen begannen.

Tabelle 2.4: Beziehungen der Staaten des postsozialistischen Europa zur Europäischen Union, Stand: 1998

Partnerschaftsabkommen	*Europaabkommen (Inkrafttreten)*	*Beitrittsgesuch (Datum)*	*Aufnahme konkreter Beitrittsverhandlungen („fast track")*
Albanien*	Bulgarien (1.2.1995)	Bulgarien (16.12.1995)	Estland
Belarus**	Estland (1.2.1998)	Estland (28.11.1995)	Polen
Moldova	Lettland (1.2.1998)	Lettland (27.10.1995)	Slowenien
Russische Föderation	Litauen (1.2.1998)	Litauen (12.12.1995)	Tschechien
Ukraine	Makedonien (20.6.1997)***	Polen (8.4.1994)	Ungarn
		Rumänien (22.6.1995)	
Alle GUS-Staaten außer Tadžikistan	Polen (1.2.1994)	Slowakei (27.6.1995)	Zypern
	Rumänien (1.2.1995)	Slowenien (10.6.1996)	
	Slowakei (1.2.1995)	Tschechien (17.1.1996)	
	Slowenien (1.1.1997)****	Ungarn (1.4.1994)	
	Tschechien (1.2.1995)		
	Ungarn (1.2.1994)		

* Handels- und Kooperationsabkommen, in Kraft seit 1.12.1992
** Ratifizierung durch die EU seit 15.9.1997 suspendiert.
*** Datum der Unterzeichnung, Inkrafttreten bis Ende 1998 noch nicht erfolgt.
**** Interimsabkommen, Europaabkommen vom 10.6.1996 nicht in Kraft getreten.
Quelle: Fischer-Weltalmanach 1999: 965-967.

Der Mitte der achtziger Jahre von mitteleuropäischen Intellektuellen angestrebte „Dritte Weg" auf sicherheitspolitischem Gebiet, nämlich eine „Konföderation der mitteleuropäischen Staaten zur Vermittlung zwischen Ost und West" (Dalos 1991: 126-127), wurde nicht verwirklicht. Vielmehr drängten nach 1989 eine Reihe von Staaten ins westliche Sicherheitslager. Auf dem Brüsseler NATO-Gipfel vom 10.1.1994 beschlossen dann die Regierungen der NATO-Staaten, den Transformationsstaaten und den übrigen nicht blockgebundenen Staaten Europas eine militärische und sicherheitspolitische Zusammenarbeit mit dem Namen *Partnerschaft für den Frieden* (auch „PfP": partnership for peace) anzubieten. Vor allem war diese Regelung als Ventil gegen Aufnahmewünsche verschiedener postsozialistischer Staaten bei gleichzeitigem Widerstand Russlands gedacht. Die postsozialistischen Länder streben eine Integration in das westliche Sicherheitsbündnis in unterschiedlichem Umfang an. Polen, Tschechien und Ungarn wurden bereits zum fünfzigjährigen Jubiläum der NATO im März 1999 als neue Mitglieder aufgenommen. Die baltischen Staaten, Bulgarien, Rumänien und Slowenien, die ebenfalls nachdrücklich eine Aufnahme angestrebt hatten, wurden vom NATO-Gipfel in Brüssel im Juli 1997 auf eine nächste, in den kommenden Jahren geplante Erweiterungsrunde verwiesen. Albanien und Makedonien werden derzeit von der NATO als Partner im Serbien-Konflikt gebraucht, wenn es um die Stationierung von Truppen, Überflugrechte und ähnliches geht. Eine von verschiedenen politischen Kräften der beiden Staaten gewünschte Mitgliedschaft in der NATO steht aber derzeit nicht auf der Agenda der NATO. Die sowjetischen Nachfolgerepubliken und namentlich Russland sehen in den nächsten Jahren lediglich eine mehr oder weniger enge Kooperation mit dem Sicherheitsbündnis als realistisch an (vgl. Tabelle 2.5).

Tabelle 2.5: Beziehungen der Staaten des postsozialistischen Europa zur NATO, Stand: 1998

Mitgliedschaft im Programm „Partnerschaft für den Frieden" (PfP)		NATO-Mitglieder
Albanien	Moldova	Polen
Belarus	Rumänien	Tschechien
Bulgarien	Russland	Ungarn
Estland	Slowakei	
Lettland	Slowenien	
Litauen	Ukraine	
Makedonien		
Alle übrigen GUS-Staaten Finnland, Österreich, Schweden, Schweiz		

Quelle: Fischer-Weltalmanach 1999: 895.

Die Tabellen 2.4 und 2.5 legen offen, dass Bereitschaft und Wunsch zu wirtschafts- und sicherheitspolitischer Westintegration in unseren Betrachtungsländern unterschiedlich verteilt sind. Die mitteleuropäischen Staaten Polen, Tschechien, Ungarn und wohl auch Slowenien stehen auf einem festen Kurs der Westorientierung. Estland, Lettland und Litauen sehen sich in ihrem Drang nach Westen davon behindert, dass die russische Außenpolitik die drei Staaten wie alle ehemaligen Sowjetrepubliken als „nahes Ausland" definiert. Im Falle Estlands und Lettlands findet dies durch die große russische Minderheit in beiden Ländern eine gewisse Berechtigung. In Litauen darf diese

Haltung jedoch mehr als Abwehrreflex einer im Niedergang befindlichen Großmacht gewertet werden – der Großteil des neun Prozent der Bevölkerung umfassenden russischen Minderheitenanteils verfügt anders als in den nördlichen baltischen Staaten über die litauische Staatsbürgerschaft. Jedenfalls hat sich die Russische Föderation über die Schiene des PfP-Programms ein Mitspracherecht in NATO-Angelegenheiten augenscheinlich auch deswegen gesichert, um im Falle einer möglichen NATO-Ausdehnung auf das Baltikum entschiedenen Widerspruch zu ergreifen.

Die südosteuropäischen Staaten Bulgarien und Rumänien scheinen bislang in ihrem außenpolitischen Kurs von jeweiligen innenpolitischen Mehrheiten abhängig. Zwar haben beide Staaten ihre EU-Beitrittsgesuche unter postsozialistischen Regierungen gestellt und weisen somit auf der symbolischen Ebene außenpolitische Kontinuität auf. Die reale Politik ließ jedoch in beiden Ländern bis zu den Machtwechseln von 1996 und 1997[59] Zweifel an einer gezielten Orientierung am *acquis* aufkommen. Beide Verfassungen verbieten beispielsweise den Erwerb von Grund und Boden durch Ausländer (Art. 22 VerfBul, Art. 41 VerfRum) – diese Artikel konnten in den Investitionsgesetzen nur mühsam umschifft werden (Leonhardt 1995: 6).

In Bulgarien wurden erst zu Beginn des Jahres 1996 reale Schritte in Richtung Privatisierung begonnen. Bis Ende 1994 waren erst 229 der insgesamt ca. 39.000 staatlichen Unternehmen privatisiert worden (Schrameyer 1995: 14). In Rumänien hingegen war die *Demokratische Front der Nationalen Rettung* (FDSN)[60] nach den Wahlen von 1992 auf die Unterstützung extremistischer Gruppierungen angewiesen. Dadurch wurde nicht nur eine wirtschaftliche Reformstrategie blockiert, auch sprachen sich Politiker der Regierungsparteien *Partei der Nationalen Rumänischen Einheit* (PUNR), der *Partei für Großrumänien* (PRM) und der *Sozialistischen Arbeiterpartei* (PSM) wiederholt und bisweilen in schrillen Tönen gegen jegliche Aufgabe von wirtschaftlicher oder sicherheitspolitischer Souveränität aus. Beim Europäischen Rat in Wien wurde beiden Staaten deutlich gemacht, dass aus Sicht der EU die Aufnahme der Beitrittsverhandlungen in absehbarer Zeit nicht erfolgen wird (FAZ, 14.12.1998).

Die Russische Föderation steht wegen ihres enormen Rüstungspotenzials als wichtigster Nachfolgestaat der Sowjetunion und wegen der Größe seiner Volkswirtschaft in einer besonderen Position. Sicherheitspolitisch schlägt sich die besondere Rolle Russlands u.a. in der Gewährung eines Sonderstatus nieder, der der Russischen Föderation mit ihrem Beitritt zur *Partnerschaft für*

---

59 In Bulgarien nach den Parlamentswahlen vom April 1997, in Rumänien nach Parlaments- und Präsidentenwahlen im November 1996.
60 Im Juli 1993 umbenannt in *Partei der Sozialen Demokratie* (PDSR).

den Frieden im Mai 1995 gewährt wurde. Dieser verpflichtet die NATO ebenso wie die zwei Jahre später unterzeichnete „Grundakte über gegenseitige Beziehungen, Zusammenarbeit und Sicherheit" zur Konsultation mit dem Land, das den Erweiterungsprozess der NATO am entschiedensten bremsen möchte. Auch in vielen anderen sicherheitspolitisch relevanten Bereichen wie der russischen Jugoslawien-Politik, der Haltung zum Irak oder ganz allgemein der auf den Sicherheitsrat der UNO bezogenen Politik ist die Ausnahmerolle Russlands zu unterstreichen.

Selbst die Einordnung Moldovas und der Ukraine in die internationale Großwetterlage muss mit Blick auf die Russische Föderation geschehen. Im Jahre 1993 importierte die Republik Moldau ihr gesamtes Erdgas und Erdöl sowie 98% des Benzins, 68% des Dieseltreibstoffs und 36% der Kohle aus Russland (Neukirch 1996: 119). Eine Länderexpertin sieht „die Beziehungen zwischen der Republik Moldova und Russland (...) von Anfang an im Zeichen der hegemonialen Ansprüche Moskaus" (Gabanyi 1996: 4). Auch die Ukraine ist in wirtschaftlicher Hinsicht in hohem Maße von Russland abhängig. Das Land bezieht 90% seiner Erdöl- und 84% seiner Gasimporte aus der Russischen Föderation (FAZ, 28.2.1998). Immerhin konnte der latente Konflikt mit Russland um Besitzanteile an der Schwarzmeerflotte durch die Unterzeichnung des Freundschaftsvertrags mit Russland im Mai 1997 vorerst beigelegt werden. Durch ihr eigenes Gewicht als zweitgrößter Territorialstaat Europas verfügt die Ukraine auch über einen größeren außenpolitischen Handlungsspielraum als das zudem vom transnistrischen Sezessionskonflikt geplagte Moldova. Ein Ausdruck dieses Sachverhalts ist die *Charta über besondere Partnerschaft*, die das Land im Juli 1997 mit der NATO abschloss.

Wie Moldova, Russland und die Ukraine konnte der jugoslawische Nachfolgestaat Makedonien bislang keine vertieften Beziehungen zur Europäischen Union entwickeln. Das Land leidet unter anderem an den Nachwirkungen eines Konfliktes mit Griechenland. Die Auseinandersetzung, die vorübergehend zu einer Sperrung des Mittelmeerhafens Thessaloniki für makedonische Handelsgüter führte, wurde um die Ausgestaltung der makedonischen Staatsflagge und um den offiziellen Namen der Republik geführt.[61] Inzwischen gelten beide Konflikte als weitgehend beigelegt. Sie bescherten

---

61 Die ursprüngliche Flagge stellte mit einer sechzehnstrahligen Sonne ein Symbol dar, das auch von Griechenland für sich beansprucht wird (Wappen Alexanders des Großen). Inzwischen weist die makedonische Staatsflagge eine achtstrahlige Sonne auf. Der Name Makedonien ist einer nordgriechischen Provinz gleichlautend; Griechenland befürchtet mittelfristig Gebietsansprüche Makedoniens. Dieser Konflikt wurde zwar durch die Benennung des Landes in „Ehemalige Jugoslawische Republik Makedonien" vorübergehend abgeschwächt, bleibt aber durch die Selbstbenennung des Landes als „Republika Makedonija" latent vorhanden.

dem Land allerdings Verzögerungen bei der Anerkennung durch die EU-Staaten und später bei der Ausarbeitung eines Kooperationsabkommens, das nach wiederholten Verzögerungsmanövern Griechenlands erst im Sommer 1997 unterzeichnet werden konnte und bis Ende 1998 noch immer nicht in Kraft getreten war.

Auf der politisch-institutionellen Ebene sind neben EU und NATO weitere Internationale Organisationen von Bedeutung. Die *Organisation für Sicherheit und Zusammenarbeit in Europa* (OSZE) hat sich bei ost-westübergreifender Zusammenarbeit von der Schattenexistenz der *Konferenz für Sicherheit und Zusammenarbeit in Europa* (KSZE)[62] der ersten Jahre befreit. Auf der Menschenrechtskonferenz der KSZE in Kopenhagen im Juni 1990 wurden erstmals kompetitive Wahlen als gemeinsames Ziel aller Mitgliedstaaten diskutiert. Im November des selben Jahres gelangten demokratische Wahlen sowie wichtige freiheitliche Grundrechte dann in den ersten Korb der Charta von Paris (Hyde-Price 1994: 237, Pfetsch 1994: 242-247). Auch die OSZE übernimmt damit Aufgaben im Bereich der demokratischen Konsolidierung, wie sich beispielsweise an ihrer Praxis der Entsendung von Wahlbeobachtern in die *emerging democracies* zeigt. Das Einstimmigkeitsprinzip, das die OSZE beherrscht, verhindert allerdings allzu differenzierende Haltungen der Organisation hinsichtlich der Erreichung der selbstverpflichtenden Ziele der Charta von Paris.

Direkten Einfluss hat sich die OSZE in sieben Langzeitmissionen in Makedonien (seit 1992), Estland, Moldova, Lettland (jeweils seit 1993), der Ukraine (seit 1994), Tschetschenien (seit 1995) und Kroatien (seit 1996) gesichert.[63] Die Langzeitmissionen wurden zunächst an Konfliktherden angesiedelt und haben häufig die Aufgaben der Lösung von Statusfragen und der Überwachung von Friedenstruppen oder Waffenstillständen. Darüber hinaus widmen sie sich auch den Menschen- und Minderheitenrechten und der Demokratisierung des politischen Systems (Meyer 1998: 18) und sind damit z.T. als innenpolitischer Faktor der einzelnen Demokratisierungsstaaten wahrzunehmen. In Makedonien, Estland, Lettland, Moldova und der Ukraine betrifft dies insbesondere die Minderheitenpolitik. Während Makedonien und Moldova mit den Albanern bzw. den Gagausen ihre entsprechenden Minderheiten zur Zufriedenheit der OSZE einbinden konnten, verfolgte die Organisation besonders in Estland und Lettland eine Politik des aktiven Einwirkens auf Parlament und Regierung, um die restriktiven Minderheitengesetze beider Länder für die russische Minderheit zu lockern. Mit dem lettischen Refe-

---

62 Umbennung von KSZE in OSZE im Zuge der Folgekonferenz in Budapest im Jahre 1994.
63 Weitere Langzeitmissionen bestehen im Kosovo, in Georgien, Tadikistan, Sarajevo, Bosnien und Hercegovina, Albanien und Belarus (Meyer 1998: 19-20).

rendum zum Staatsbürgerschaftsgesetz im Oktober 1998 sah die OSZE jedoch ihre wichtigsten Forderungen als erfüllt an (FAZ, 7.10.1998).

Der *Europarat* hat im Transformationsprozess des postsozialistischen Europa eine Rolle bei der Etablierung von Menschenrechten und individuellen Freiheiten gespielt. Vor allem aus Prestigegründen wollten mehrere Staaten dem Europarat beitreten, ohne im Vorhinein die Europäische Menschenrechtskonvention (EMRK) unterzeichnet zu haben. Da der Europarat anders als die OSZE mit der Parlamentarischen Versammlung, der Europäischen Menschenrechtskommission und dem Europäischen Gerichtshof für Menschenrechte über Organe verfügt, die nicht die Zustimmung aller Mitglieder für die Beschlussfassung benötigen, können die Mitgliedstaaten auch öffentlichkeitswirksam auf die Einhaltung der Bestimmungen der Menschenrechtskommission verpflichtet werden (Hyde-Price 1994: 241).[64] Die Minderheitengesetze Estlands, Lettlands, der Slowakei und einer ganzen Reihe anderer Staaten gerieten so in die Kritik des Europarates.

Auch dringt die Organisation auf das in der EMRK festgeschriebene Verbot der Todesstrafe. Deren Fortbestehen u.a. in Bulgarien, Russland und der Ukraine hat bislang allerdings keine negativen Konsequenzen nach sich gezogen. Möglicher Druck des Europarates ist allerdings nur wirksam, wenn das entsprechende Land insgesamt einen westintegrativen Kurs verfolgt. Die Suspendierung des Beobachterstatus von Belarus im Januar 1997 hat das Land auf jeden Fall nicht von einer fortdauernden Verletzung politischer Grundrechte abbringen können.

Auch die im April 1991 gegründete *Europäische Bank für Wiederaufbau und Entwicklung* (EBRD) weist explizit ein politisches Mandat zur Entwicklung demokratischer Institutionen sowie pluralistischer und ziviler Gesellschaften auf. In den ersten Jahren ihres Bestehens stellte die Bank allerdings das ihr entgegengebrachte Vertrauen auf die Probe, als sie deutlich mehr Geld für eigene Belange verwendete als für Investitionen und Kredite vergeben wurden (Hyde-Price 1995: 195-196). Dennoch stellen die 13,9 Mrd. ECU, die die EBRD von der Gründung bis 1997 in 600 Projekten und 26 Einsatzländern eingesetzt hat, einen nicht unbeträchtlichen Betrag dar. Obwohl höchstens 40% der ausgeschütteten Mittel an öffentliche Empfänger gehen dürfen, kann die Rolle der Bank bei der Entwicklung der wirtschaftlichen Infrastruktur als bedeutsam eingeschätzt werden. Mit einem politischen Signal verbunden sind auch die jährlich erscheinenden *Transition reports* der EBRD sowie deren Einstufung von Estland, Kroatien, Lettland, Litauen,

---

64 So geschehen etwa im Falle Russlands (Tschetschenien-Krieg) und Kroatiens (ungenügende Zusammenarbeit mit dem Internationalen Gerichtshofes für Verbrechen im früheren Jugoslawien).

Polen, Slowakei, Slowenien, Tschechien und Ungarn als „fortgeschrittene Transformationsstaaten" (Zahlen und Angaben im Fischer-Weltalmanach 1999: 877).

Die *Westeuropäische Union* (WEU), im Vertrag von Maastricht als „integraler Bestandteil" der Entwicklung der Europäischen Union und deren Sicherheitspolitik festgeschrieben, hat mit dem Instrument der Assoziierung von Partnerstaaten wie die EU ein abgestuftes Integrationsangebot an die postsozialistischen Staaten gerichtet. Estland, Lettland, Litauen, Polen, Tschechien, die Slowakei, Slowenien, Ungarn, Rumänien und Bulgarien sind die Staaten, die mit dem Assoziierungsangebot vom Mai 1994 über die Nachfolgestaaten der Sowjetunion hinausgehoben werden. Der Europäische Stabilitätspakt („Balladur-Plan") hatte ein Jahr zuvor noch die Russische Föderation mit eingeschlossen (Hyde-Price 1995: 254-255). Eine Zeitlang hatte es so ausgesehen, als ob der im Vertrag von Maastricht anvisierte Ausbau der WEU zur echten Verteidigungskomponente der EU zum Ausbau der sicherheitspolitischen Zusammenarbeit unterhalb der NATO-Ebene genutzt werden könnte. So hätten die russischen Einwände gegen eine NATO-Erweiterung umgangen werden können. Die Uneinigkeit der EU-Staaten hinsichtlich einer tatsächlichen Vergemeinschaftung der Außen- und Sicherheitspolitik sowie die inkongruenten Mitgliedschaften in WEU und EU[65] verhinderten jedoch eine Emanzipierung der WEU gegenüber der NATO (Dembinski 1997: 47-48, vgl. Janning 1997). Obwohl also die Assoziierung der genannten Staaten zunächst ein starkes Signal darstellte, funktioniert die WEU heute eher als sicherheitspolitisches Konsultationsforum denn als Organisation mit dem Ziel substanzieller Integration der Staaten des postsozialistischen Europa.

Insgesamt gehen damit von Gegebenheiten der internationalen Einbettung nicht zu vernachlässigende Einflüsse auf die Entwicklung junger Demokratien aus. Aus ökonomischen Motiven sehen sich Transitionsstaaten mit dem Ziel des EU-Beitritts zur Einhaltung bestimmter demokratischer Standards animiert. Ohne den z.T. starken Druck inter- oder supranationaler Organisationen hätte die Beschneidung politischer Freiheiten etwa in der Slowakei oder in Kroatien von Akteuren der jeweiligen inner- oder außerparlamentarischen Opposition gewiss mit geringerer Lautstärke aufgegriffen werden können. In einigen Staaten wie Bulgarien oder Rumänien spielten Fragen der internationalen Politik bei der Ablösung von Regierungen mit autokratischen Tendenzen in den Wahlkämpfen eine starke, wenn auch vielleicht nicht entscheidende Rolle. Beim Dringen der europäischen Staatengemein-

---

65 Dänemark, Finnland, Irland, Österreich und Schweden sind EU-Mitglieder, ohne gleichzeitig der WEU anzugehören. Die assoziierten WEU-Mitglieder Island, Norwegen und die Türkei sind kein Teil der EU.

schaft auf die Einhaltung konkret benennbarer demokratischer Standards lässt sich so in einzelnen Staaten ein positiver Einfluss internationaler Faktoren auf den Konsolidierungsprozess beobachten.

Auf der anderen Seite sollte nicht übersehen werden, dass in Staaten ohne eindeutige Präferenz von Bevölkerung und/oder Eliten für einen Kurs der Westintegration der Druck westlich dominierter internationaler Organisationen auch Spannungen erzeugen kann. Die Bevölkerungen fast aller postsozialistischen Staaten konnten sich allem Augenschein nach für den Angriff der NATO auf Serbien im Jahre 1999 wenig erwärmen. Mindestens in Russland, der Ukraine sowie den jugoslawischen Anrainerstaaten war eine Polarisierung des politischen Wettbewerbs die unmittelbar zu erkennende Folge. Unabhängig vom Jugoslawienkrieg dürften die russischen Bevölkerungsgruppen Estlands oder Lettlands vom Nutzen eines NATO-Beitritts wohl schwer zu überzeugen sein. Sollte dieser tatsächlich einmal im Raume stehen, wären hier schwere Konflikte innenpolitischer Art zu erwarten. Ebenfalls ambivalent kann der Einfluss der internationalen Politik sein, wenn aus innenpolitischen Erwägungen eine internationale Überwachung von Wahlen eingefordert wird; so etwa in der Slowakei im Jahre 1998. Solche Appelle nach außen wirken nicht gerade mäßigend auf die Innenpolitik, zumal wenn sich die Kräfte der „demokratischen Opposition" selbst eines unfairen Wahlkampfes bezichtigen lassen müssen (wie ebenfalls in der Slowakei, vgl. Kapitel 1.3.3).

2.4 Strukturelle Entwicklung

In der frühen Transformationsforschung überwogen Schriften, die Regimewechselprozesse in erster Linie mit akteurszentrierten Ansätzen oder situationsorientierten Analysen zu erklären versuchten (u.a. O'Donnell/Schmitter/Whitehead 1986, Linz 1990b, Przeworski 1991). Auch der Zweig, der mit dem Begriff des *constitutional engineering* die Relevanz der politischen Institutionen für Demokratisierung und Konsolidierung unterstrich (u.a. Lijphart 1991, 1992, Elster 1993, Sartori 1994, Elster/Offe/Preuss u.a. 1998), ging implizit von einem geringen Gewicht struktureller Faktoren im Transformationsprozess aus. Es wird jedoch mittlerweile immer deutlicher, dass sich geographische *Cluster* unterschiedlich konsolidierter Demokratien bilden. Allein diese Tatsache weist auf kulturell und historisch gebundene Wirkungsfaktoren für Stabilität und Qualität demokratischer Regimes hin (vgl. auch Kapitel 2.1).

Strukturvariablen rücken daher wieder stärker ins Zentrum der Konsolidierungsforschung (vgl. u.a. Offe 1998, Welzel/Inglehart 1999), so wie es bei Klassikern der Demokratisierungsforschung schon immer gewesen war (Lipset 1960, Moore 1966, Skocpol 1979). Allerdings wird dabei das Grundtheorem des modernisierungstheoretischen Ansatzes – „the more well-to-do a nation, the greater the chances that it will sustain democracy" (Lipset 1960: 48-49) – differenziert und neu gesetzt. Elemente der politischen Kultur (Dahl 1971), der Verteilung von Machtressourcen (Vanhanen 1984, 1990) und der kolonialgeschichtlichen Vergangenheit (Huntington 1984, 1991) spielen heute eine Rolle, wenn alle Stränge einer „Theorie der sozio-ökonomischen Funktionsvoraussetzungen der Demokratie" (Schmidt 1995: 293-309) gebündelt werden.

Die „Modernisierungstheorie" hat also ihr Kriterienraster im Laufe der letzten Jahrzehnte weit über den klassisch modernisierungstheoretischen Bereich hinaus erweitert.[66] Nichtsdestotrotz gibt es noch immer eine Reihe von Arbeiten, die – meist mit Hilfe regionenübergreifender Makrodatenanalysen – den wirtschaftlichen Wohlstand eines Landes als wichtigste erklärende Variable des Demokratisierungsgrades nachweisen (vgl. Bollen/Jackman 1989, Pourgerami 1991, Lipset/Seong/Torres 1993, Burkhart/Lewis-Beck 1994, Welzel 1994). Als entscheidender Indikator dient dabei nach wie vor der Wert des Bruttoinlandsprodukts pro Kopf. Die Berücksichtigung zusätzlicher Kriterien führte zu einer Neujustierung des Lipsetschen Satzes: „The more well-to-do the people of a country, the more likely they will favor, achieve, and maintain a democratic system for their country" (Diamond 1992: 109).

Tatsächlich lässt der Indikator BIP/Kopf im postsozialistischen Europa – ähnlich wie in anderen Transformationsregionen – starke Unterschiede deutlich werden (vgl. Tabelle 2.6). Was vor 1989 wegen der eingeschränkten Aussagekraft der Statistiken immer einem gewissen Interpretationsspielraum offenstand, wird heute offensichtlich: der europäische postsozialistische Raum kann keinesfalls als sozio-ökonomisch homogene Region begriffen werden. Selbst wenn man die Ausreißer – das reiche Slowenien und das arme Moldova – außen vor lässt, liegen Welten zwischen Bulgarien und Polen, Makedonien und Tschechien sowie der Ukraine und Ungarn.

---

66 In der Einleitung dieser Arbeit war deshalb von einem „strukturellen Ansatz" die Rede, der sozio-ökonomische Wirkungsfaktoren mit einschließt.

Tabelle 2.6: BIP pro Kopf im postsozialistischen Europa (in US-Dollar)

	1991	*1992*	*1993*	*1994*	*1995*	*1996*	*1997**
Bulgarien	872	1.012	1.276	1.157	1.538	1.189	1.227
Estland	n.a.	663	1.085	1.530	2.405	2.981	3.230
Lettland	n.a.	578	837	1.459	1.780	2.054	2.211
Litauen	289	514	715	1.142	1.624	2.127	2.581
Makedonien	n.a.	n.a.	1.141	1.500	1.887	1.950	1.663
Moldova	n.a.	232	310	327	386	445	504
Polen	2.037	2.197	2.234	2.399	3.084	3.486	3.512
Rumänien	1.245	859	1.161	1.331	1.579	1.572	1.549
Russland	141	576	1.165	1.964	2.402	2.910	3.056
Slowakei	2.052	2.213	2.258	2.571	3.240	3.495	3.624
Slowenien	6.333	6.280	6.370	7.231	9.418	9.429	9.101
Tschechien	2.467	2.906	3.337	3.856	4.896	5.483	5.050
Ukraine	n.a.	404	629	725	718	858	976
Ungarn	3.230	3.613	3.752	4.052	4.374	4.441	4.462

* 1997: Schätzung.
Quelle: EBRD Transition Report 1998.

Wenn der sozio-ökonomische Entwicklungsstand eines Landes erfasst werden soll, dürfte es allerdings nicht ausreichen, allein den Indikator des BIP/Kopf als Maßzahl zu verwenden. Eines der wichtigen Argumente des Modernisierungsansatzes hatte gelautet, ein hoher Bildungsstand sei eine der wichtigen Voraussetzungen für Demokratie, da mit primärer und sekundärer Ausbildung auch das Bewusstsein für Freiheits- und politische Beteiligungsrechte steige (vgl. Lipset 1960, Pye/Verba 1965). Als Indikator, der zusätzlich noch die Lebenserwartung mit einschließt, ist der *Human Development Index* (HDI)[67] des *United Nations Development Program* (UNDP) gebräuch-

---

67 Für alle drei Indikatoren drei Indikatoren Lebenserwartung, Bildungsgrad und Lebensstandard werden Maximal- und Minimalwerte gebildet, zu denen die jeweils aktuellen Werte in Beziehung gesetzt werden. Ein HDI von 1.0 würde damit einen maximalen, ein HDI 0.0 einen minimalen Entwicklungsstand implizieren (reale Extreme: Kanada 0.960,

lich. Er operiert bekanntlich mit den drei Indikatoren Lebenserwartung, Bildungsgrad und Lebensstandard und gibt einen umfassenderen Überblick über den Entwicklungstand der postsozialistischen Demokratien (vgl. Tabelle 2.7).

Tabelle 2.7: „Menschliche Entwicklung" im postsozialistischen Europa, 1995

		Lebenserwartung bei Geburt	Alphabetisierungsgrad	Reales BIP pro Kopf in US$	Human Development Index (UNHDP)
Relativ hohes Entwicklungsniveau	Polen	71.1	99.0	5.442	0.851
	Slowakei	70.9	99.0	7.320	0.875
	Slowenien	73.2	96.0	10.594	0.887
	Tschechien	72.4	99.0	9.775	0.884
	Ungarn	68.9	99.0	6.793	0.857
Mittleres Entwicklungsniveau	Bulgarien	71.2	98.0	4.604	0.789
	Estland	69.2	99.0	4.062	0.758
	Lettland	68.0	99.0	3.273	0.704
	Litauen	70.2	99.0	3.843	0.750
	Makedonien	71.9	94.0	4.058	0.749
	Rumänien	69.6	98.0	4.431	0.767
	Russland	65.5	99.0	4.531	0.769
Relativ geringes Entwicklungsniveau	Moldova	67.8	98.9	1.547	0.610
	Ukraine	68.5	98.0	2.361	0.665
Zum Vergleich	Portugal	74.8	89.6	12.674	0.892
	Albanien	70.6	85.0	2.853	0.656
	Indien	61.6	52.0	1.422	0.451

Quelle: Bericht über die menschliche Entwicklung 1998: 152-153.

Sierra Leone 0.185). In den Einzelindikator Bildungsgrad fließt nicht nur der in Tabelle 2.7 angeführte Alphabetisierungsgrad, sondern auch der Anteil von primär, sekundär und tertiär Ausgebildeten einer Gesellschaft ein. Für Einzelheiten vgl. Bericht über die menschliche Entwicklung (1998: 129), kritischer Kommentar bei Nuscheler 1998.

Der *Human Development Index* bringt leichte Änderungen bei der Rangfolge im Vergleich zur alleinigen Betrachtung des Indikators BIP/Kopf. Es bestehen zwar gewisse, aber keineswegs rundum überzeugende Übereinstimmungen mit dem Konsolidierungsstand. Augenscheinlich können die Differenzen beim sozio-ökonomischen Entwicklungsstand die Qualität der Demokratie im postsozialistischen Europa zu einem eher geringen Teil erklären. Im Lichte der modernisierungstheoretischen Literatur erscheint dies auch nicht unplausibel. Im Gegensatz zu vielen afrikanischen oder asiatischen Ländern haben selbst die ärmeren Staaten des postsozialistischen Europa ein Mindestniveau an Entwicklung erreicht, oberhalb dessen zusätzliche Faktoren an erklärender Kraft für den Demokratisierungsgrad gewinnen (Przeworski u.a. 1996). Aus dieser Perspektive wirken der hohe Entwicklungsstand der minimal-demokratischen Slowakei, der vergleichsweise niedrige Lebensstandard der formal-demokratischen baltischen Republiken oder etwa der geringe Entwicklungsstand des transitionellen Regimes Moldova nicht falsifizierend für die Theorie der sozio-ökonomischen Funktionsvoraussetzungen der Demokratie.

Ein sozio-ökonomischer Indikator, der dagegen eine stärkere Beziehung zum Konsolidierungsstand der postsozialistischen Demokratien aufweist, ist der Machtdispersionsindex (*Index of power resources* – IPR) von Tatu Vanhanen. Der IPR besteht aus drei hoch aggregierten Einzelindikatoren – der beruflichen Diversifikation, der Verteilung der Wissensressourcen und der Verteilung der wirtschaftlichen Ressourcen. Für die sozialistischen Staaten hatte der Index, bei dem die Werte der Einzelindikatoren miteinander multipliziert werden, immer nahe Null gelegen (Vanhanen 1984, 1989, 1990).

Daher hatte sich auch der Zusammenbruch der sozialistischen Staaten nur unbefriedigend erklären lassen. In Vanhanens Arbeiten hatte die Existenz von Staaten mit latentem Demokratisierungspotenzial immer eine große Rolle gespielt. Für das sozialistische Europa war der Wert des IPR dagegen selbst in den späten achtziger Jahren immer noch nahe Null gewesen (der Hauptgrund dafür war die Konzentration der wirtschaftlichen Ressourcen beim Staat gewesen). Als Reaktion auf diesen malus konstruierte Vanhanen dann einen weiteren Indikator, den *Index of power ressources and structural imbalance* (IPRI). Dieser bezog die strukturelle Machtverteilung auf verschiedenen Ebenen mit ein: Vanhanens neue bzw. erweiterte These lautete, dass eine ungleichmäßige Verteilung von Ressourcen auf den Ebenen Berufszugang, Wissen und Wirtschaft die Entwicklung eines Staates zur Demokratie hemme (Vanhanen/Kimber 1994, Vanhanen 1997: 55-59).

Wie bei den hochaggregierten Daten der EBRD oder des *Human Development Index* (HDI) sollte der Nennwert der Daten Vanhanens natürlich nicht allzu ernst genommen werden. In ihrer groben Tendenz geben sie dennoch Anhaltspunkte. Und hier fällt auf, dass der Befund der strukturellen Imbalanz in der grundsätzlichen Tendenz mit der Qualität der postsozialistischen Demokratien korreliert (vgl. Tabelle 2.8). Die Dispersion der Machtressourcen in Gesellschaft und Wirtschaft ist in den in Kapitel 1 als formaldemokratisch eingestuften Regimes höher als bei den übrigen Fällen. Eine Ausnahme bildet die Slowakei, die bei Vanhanen (1997: 86) allerdings trotz des Erhebungsjahres 1993 noch im Verbund mit Tschechien als Tschechoslowakei aufgeführt wird.

Tabelle 2.8: Regimetyp, Entwicklungsniveau und Machtdispersion im postsozialistischen Europa

		Entwicklungsniveau (nach HDI, 1995)	Grad der Machtdispersion (nach IPRI* von Vanhanen, 1993)
Formal-demokratische Regimes	Estland	(mittel) 0.758	Überdurchschnittlich (16.2)
	Lettland	(mittel) 0.704	Überdurchschnittlich (16.4)
	Litauen	(mittel) 0.750	Überdurchschnittlich (16.2)
	Polen	(hoch) 0.851	Überdurchschnittlich (20.5)
	Slowenien	(hoch) 0.887	Überdurchschnittlich (20.2)
	Tschechien	(hoch) 0.884	Überdurchschnittlich (15.6)**
	Ungarn	(hoch) 0.857	Überdurchschnittlich (16.5)
Transitionsregimes	Bulgarien	(mittel) 0.789	Unterdurchschnittlich (12.7)
	Makedonien	(mittel) 0.749	Grenzfall (14.7)
	Moldova	(niedrig) 0.610	Unterdurchschnittlich (9.3)
	Rumänien	(mittel) 0.767	Unterdurchschnittlich (12.3)
Minimal-demokratische Regimes	Russland	(mittel) 0.769	Unterdurchschnittlich (11.5)
	Slowakei	(hoch) 0.875	Überdurchschnittlich (15.6)**
	Ukraine	(niedrig 0.665	Unterdurchschnittlich (10.6)

* Machtdispersion gemessen am IPRI-Index von Vanhanen (1997: 86). „Hohe" Machtdispersion dabei bei einem Wert > 16, unterdurchschnittliche Machtdispersion bei < 13. Makedonien mit einem Wert von 14.7 ist ein Grenzfall und daher mit zwei Sternchen versehen. Weitere Erläuterungen siehe Text.
** Tschechien und die Slowakei werden bei Vanhanen trotz des Erhebungsjahres 1995 als Tschechoslowakei geführt.
Quellen: Tabelle 1.9, Tabelle 2.7, Vanhanen 1997: 86.

Bei den Ausführungen Vanhanens dürfte indes die alte Kritik an sozioökonomischen Ansätzen, sie verwechselten statistische Zusammenhänge mit kausalen Ursache-Folge-Ketten, in ganz besonderem Maße gelten. Immerhin erstellt Vanhanen seinen IPRI-Index ohne Verwendung einer Theorie, sondern nur unter Verwendung von Plausibilitätsannahmen mit Hinblick auf einen ganz bestimmten Teil seines Ländersamples. Eine gewisse Willkür bei der Indikatorenbildung gesteht er im übrigen selbst ein (Vanhanen 1997: 59).[68] Die in Tabelle 2.8 unternommene Unterteilung in „überdurchschnittliche" und „unterdurchschnittliche" Machtdispersion rund um den Wert IPRI = 15.0 atmet eine ähnliche Beliebigkeit. Die Tabelle soll an dieser Stelle auch lediglich der Illustration dienen; zu einer fachgemäßen Überprüfung der Thesen Vanhanens bedürfte es anders gearteter Daten als derjenigen, mit denen in dieser Arbeit überwiegend operiert wird.

Insgesamt kann jedoch am Ländersample der postsozialistischen Staaten bestätigt werden, dass bei Berücksichtigung der vielfältigen Erweiterungen der frühen These von Lipset die Theorie der sozio-ökonomischen Voraussetzungen der Demokratie „besser ist als ihr Ruf" (Schmidt 1995: 296). Einzelne mit sozio-ökonomischen Indikatoren operierende Erklärungsfragmente führen zu auffälligen Korrelationen.

Die Erstellung eines umfassenden Modells der Einrichtung und Bewahrung demokratischer Institutionen aufgrund des zentralen Faktors „Humanentwicklung" (Welzel/Inglehart 1999) – eines Modells, welches die Integration sozio-ökonomischer, politisch-kultureller, machtverteilungsbezogener Faktoren zur Erklärung institutionell verfasster demokratischer Regimes zu leisten versucht – leidet zwar an einer schwachen Fundierung durch eine empirisch gehaltvolle Theorie. In der immer differenzierteren Betrachtung und Einbeziehung struktureller Faktoren liegt jedoch ein vielversprechender Pfad weiterer komparatistischer Forschung, wenn es um mittel- und langfristige Performanz der Transitionsstaaten geht. Insbesondere kulturell bedingte Strukturfaktoren stellen dabei vielfach einen blinden Fleck der Transformationsforschung dar. Bei der Betrachtung der demokratischen Konsolidierung in den ersten Jahren des Nachautoritarismus, in denen kontingentes Akteurshandeln in zunächst ungefestigten Institutionen von zentraler Bedeutung ist, können strukturelle Faktoren hingegen ihre determinierende Rolle (vorübergehend ?) einbüßen.

---

68 Dort heißt es: „The values of ISI (der Indikator für die im Text erwähnte Imbalanz) can be used seperately from IPR, but it is also possible to combine them into a new Index IPRI. There are many ways of combining them, depending on how the significance of ISI value is weighted. I decided to combine them by adding a quarter of the value of ISI to the value of IPR" (Vanhanen 1997: 59). Es ist nicht zu vermuten, dass die von Vanhanen gewählte Kombination die ungünstigste für die von ihm zu belegenden Hypothesen sind.

2.5. Wirtschaftliche Transformation

Bei der Beurteilung des Erfolgs der wirtschaftlichen Transformation überwiegt die Betrachtung von Makrodaten. Internationale Organisationen wie der *Internationale Währungsfond* (IWF) oder die *Europäische Bank für Wiederaufbau und Entwicklung* (EBRD), wirtschaftsjournalistische Institutionen wie das *Economist Intelligence Unit* (EIU) verwenden einzelne Indikatoren zur Bewertung des wirtschaftlichen Transformationsprozesse. Mangels besserer Alternativen kommt dabei dem Wachstum der postsozialistischen Ökonomien eine zentrale Stellung zu (Tabelle 2.9).

Tabelle 2.9: Wachstum des BIP im postsozialistischen Europa seit 1991*

	1991	1992	1993	1994	1995	1996	1997	1998	Stand des BIP 1997 (1989 =100)
Bulgarien	-11.7	-7.3	-1.5	1.8	2.1	-10.9	-6.9	4.0	63
Estland	-7.9	-14.2	-9.0	-2.0	4.3	4.0	11.4	5.0	73
Lettland	-10.4	-34.9	-14.9	0.6	-0.8	3.3	6.5	4.0	56
Litauen	-13.4	-21.3	-16.2	-9.8	3.3	4.7	5.7	3.0	61
Makedonien	-12.1	-21.1	-9.1	-1.8	-1.2	0.8	1.5	5.0	56
Moldova	-17.5	-29.1	-1.2	-31.2	-3.0	-8.0	1.3	-2.0	35
Polen	-7.0	2.6	3.8	5.2	7.0	6.1	6.9	5.2	112
Rumänien	-12.9	-8.7	1.5	3.9	7.1	4.1	-6.6	-5.0	82
Russland	-5.0	-14.5	-8.7	-12.7	-4.1	-3.5	0.8	-5.0	58
Slowakei	-14.6	-6.5	-3.7	4.9	6.9	6.6	6.5	5.0	95
Slowenien	-8.9	-5.5	2.8	5.3	4.1	3.1	3.8	4.0	99
Tschechien	-11.5	-3.3	0.6	3.2	6.4	3.9	1.0	-1.0	98
Ukraine	-11.6	-13.7	-14.2	-23.0	-12.2	-10.0	-3.2	0.0	37
Ungarn	-11.9	-3.1	-0.6	2.9	1.5	1.3	4.4	4.6	90

* 1997: Schätzung. 1998: Projektion.
Quelle: Für 1991: EBRD Transition Report 1997: 115; für 1992-1998: EBRD Transition Report 1998: 50, 52.

Gehen wir einige alternative Indikatoren durch: Die *Wertschöpfungsquote*, die von Quidde (1996) als wichtigster Indikator für das Gelingen der wirtschaftlichen Transformation herausgearbeitet wurde, kann auf theoretischer Ebene nicht ohne weiteres mit Konsolidierungskonzepten verbunden werden; Quidde selbst verzichtet darauf. Die *Arbeitslosenquoten* werden in den Transformationsstaaten nicht nach einem einheitlichen statistischen System erfasst und sind daher kaum zu verwenden, da die nationalen Statistikämter die verdeckte Arbeitslosigkeit i.d.R. nicht mitberücksichtigen.[69] Die *Inflationsrate* variiert hingegen in so geringem Maße mit den allgemeinen Eindrücken der ökonomischen Transformation, dass eine Bewertung nur unter genauester Einbeziehung des Gesamtkontextes sinnvoll ist.[70] Das Wirtschaftswachstum wird im übrigen auch in neueren modernisierungstheoretischen Schriften als wichtige, wenn nicht ausschlaggebende Voraussetzung erfolgreicher Demokratisierung gesehen (vgl. Przeworski u.a. 1996, Berger 1996: 56-57).

Betrachtet man also die Wachstumsraten der postsozialistischen Staaten, haben es Bulgarien, Moldova, Rumänien, Russland und Ukraine sechs bis acht Jahre nach dem Beginn des Übergangs zur Marktwirtschaft nicht geschafft, durch ein Einschwenken auf den Wachstumspfad die wirtschaftliche Transformationskrise zu überwinden. Während Bulgarien und Rumänien zwischenzeitlich eine Erholung hatten verzeichnen können, befindet sich das Einkommen in den drei GUS-Staaten Moldova, Russische Föderation und Ukraine seit einem Jahrzehnt im fast freien Fall. Ob dieser Zustand in Anbetracht der russischen Zahlungskrise vom Herbst 1998 in absehbarer Zeit beendet werden wird, muss als offen gelten; zumindest dürfte von den gestiegenen Exportchancen ein Wachstumsimpuls ausgehen. Alle übrigen Staaten haben sich nach einem Produktionseinbruch von in der Regel drei bis fünf Jahren Dauer erholt und sind – mit einigen Ausnahmen wie Lettland (1995) oder Tschechien (1998) – auf einen Wachstumskurs zurückgekehrt (dieses Bild könnte allerdings in einigen Staaten durch die mittelfristigen Auswirkungen der Augustkrise 1998 retuschiert werden).

Weiterhin unterscheiden sich die Staaten deutlich hinsichtlich der Tiefe des Transformationstales. Polen, die Slowakei, Slowenien, Ungarn und Tschechien haben acht Jahre nach der Ablösung vom sozialistischen Wirtschaftsregime in etwa wieder das Einkommensniveau des letzten plansozialistischen Jahres erreicht. Herauszuheben ist der polnische Fall, der mit Finanzminister Balcerowicz – unter maßgeblicher Beratung von Jeffrey Sachs

---

69 Die EBRD weist beispielsweise in ihrem Transition Report von 1998 in Moldova 1.6% und in der Ukraine 2.3% Arbeitslose für das Jahr 1997 aus.
70 Vgl. z.B. die niedrigen Inflationsraten in Moldova und der Ukraine mit den relativ hohen Inflationsraten der „Tiger" Estland und Polen.

(1989) – die radikalste makroökonomische Schocktherapie durchführte und viel früher als alle anderen postsozialistischen Staaten wieder sein altes Wohlfahrtsniveau erreichen konnte. In Estland, Lettland, Litauen und Makedonien war dagegen die Transformationskrise tiefer. Lettland und Makedonien kommen so auch nach mehrjährigen Wachstumsphasen lediglich auf ein Produktionsniveau von etwas mehr als der Hälfte im Vergleich zum Basisjahr 1989.

Allerdings ist hier die Phasenverschiebung des Regimewechsels zu beachten. Anders als in den mitteleuropäischen Staaten bestand in allen neu gegründeten Staaten vergleichsweise spät die Chance zu einer eigenständigen Stabilisierungspolitik. Die baltischen Staaten lösten sich endgültig erst im August 1991 von der Sowjetunion ab; ihre Eliten waren anschließend auch im wirtschaftlichen Bereich erst einmal vom Aufbau funktionsfähiger Institutionen absorbiert. Die Stabilisierungspolitik Makedoniens war nicht nur durch die noch spätere internationale Anerkennung im Laufe des Jahres 1993, sondern später auch durch die Sanktionspolitik gegenüber Serbien und die Boykotthaltung Griechenlands bis zum Jahre 1995 erschwert.

Wachstumsschwäche und Produktionseinbrüche treiben die sozialen Kosten der Transformation in die Höhe. Diese zu beziffern, ist allerdings nicht leicht. Es liegen m.w. nur wenige Studien vor, anhand derer die Sozialpolitik sowie deren Auswirkungen transparent gemacht werden (vgl. allerdings Müller 1997, Müller (Hrsg.) 1998). Umfassende Arbeiten, die sozialpolitisches Handeln in der Renten-, Arbeitslosen-, Familien und Gesundheitspolitik eine integrierte Perspektive bringen, sind noch schwerer zu finden (vgl. Jorgowitz 1999). In einer detaillierten Arbeit zum Thema wird am russischen Fall nachgewiesen, dass im Konflikt zwischen Zentrum und Peripherie die wichtigsten Motive für die unterschiedliche Ausgestaltung der Sozialpolitik in den einzelnen Föderationssubjekten verborgen sind (Kempe 1997: 187).

Analog kann auch in den übrigen Staaten des postsozialistischen Europa der *worst case* für komparatistisches Forschen unterstellt werden: (1) Die Verlässlichkeit allen statistischen Materials ist eingeschränkt und (2) die Empirie der sozialen Sicherungssysteme kann erst durch genaueste Betrachtung jedes Einzelfalles, seiner territorialen Subeinheiten sowie verschiedener Politikfelder (Renten, Gesundheit, Familien, Soziales etc.) erschlossen werden.

Zieht man also mangels besserer Indikatoren[71] erneut das Wachstum des BIP/Kopf heran, scheint bei allen diskutierten Einschränkungen ein Zusammenhang zwischen Wirtschaftswachstum und Regimetyp gegeben zu sein. Je

---

71 Tabelle 2.10 präsentiert weitere, aus oben diskutierten Gründen weniger geeignete Indikatoren für das Ausmaß sozialer Kosten.

höher das durchschnittliche Wachstum in den letzten vier Jahren, desto höher die Wahrscheinlichkeit eines formal-demokratischen Regimes (Tabelle 2.10).

Tabelle 2.10: Soziale Kosten, Wachstum des BIP und Regimetyp im postsozialistischen Europa

	Nachrichtlich (1997)		Durchschnittliches Wachstum, 1995-1998	Regimetyp
	Arbeitslosenquote	Inflationsrate		
Polen	11	13	6.3	Formal-demokratisch
Slowakei	12	6	6.3	Minimal-demokratisch
Estland	11	12	6.2	Formal-demokratisch
Litauen	6	9	4.2	Formal-demokratisch
Slowenien	14	9	3.8	Formal-demokratisch
Lettland	7	7	3.3	Formal-demokratisch
Tschechien	5	10	2.6	Formal-demokratisch
Ungarn	10	18	2.6	Formal-demokratisch
Makedonien	36	3	1.5	Transitionsregime
Rumänien	9	151	-0.4	Transitionsregime
Bulgarien	14	579	-2.9	Transitionsregime
Moldova	2	11	-2.9	Transitionsregime
Russland	11	11	-2.9	Minimal-demokratisch
Ukraine	2	10	-6.3	Minimal-demokratisch

Quelle: EBRD Transition Report 1998, Tabelle 2.9.

Allerdings sollte man es sich mit der Interpretation dieses Sachverhalts nicht zu leicht machen. Erstens ergibt sich eine derart eindeutige Korrelation nur für die Zeitspanne 1995-1998. Für die privilegierte Betrachtung ausgerechnet einer Periode von vier Jahren lassen sich jedoch keine theoretischen Argumente finden. Zweitens passt nicht recht ins Bild, dass die Tiefe des Transformationstales – das Ausmaß des Wohlfahrtsverlustes – keine nennenswerten Auswirkungen haben soll. Beispielsweise ist nur schwer zu begründen, warum sich die tiefen Produktionseinbrüche in den baltischen Staaten nicht konsolidierungshemmend ausgewirkt haben. Und drittens geht der abweichende Fall der Slowakei mit dem (vorübergehenden) wirtschaftlichen Wachstum in den nicht demokratisierten Staaten wie Albanien oder Kroatien einher.

Tabelle 2.11: Bewältigung der wirtschaftlichen Transformationskrise im postsozialistischen Europa, 1989-1997

	Produktionsniveau des autokratischen Regimes (fast) wieder erreicht	Wesentlich geringeres Produktionsniveau als zu Zeiten des autokratischen Regimes
Wachstumspfad nach Überwindung der Transformationskrise	Erfolgreiche Bewältigung der Transformationskrise: Polen Slowakei Slowenien Tschechien* Ungarn	Mäßig erfolgreiche Bewältigung der Transformationskrise: Estland Lettland** Litauen Makedonien
Keine dauerhafte Rückkehr zum Wachstumspfad / Fortdauern der Transformationskrise		Wenig erfolgreiche Bewältigung der Transformationskrise: Bulgarien Moldova Rumänien*** Russland Ukraine

* Für 1998 projiziert die EBRD in Tschechien nach fünf Wachstumsjahren ein leichtes Negativwachstum.
** In Lettland wurde der Wachstumspfad durch ein leichtes Negativwachstum im Jahre 1995 unterbrochen.
*** Zwischenzeitlich ansehnliche Wachstumsraten, zweite Transformationskrise seit 1997.

Zieht man eine erste Bilanz, lassen sich die Staaten des postsozialistischen Europa in drei Gruppen unterteilen (Tabelle 2.11). In Polen, der Slowakei, Slowenien, Tschechien und Ungarn hat sich die Transformationskrise im Vergleich weniger gravierend auf das allgemeine Wohlfahrtsniveau ausgewirkt als in den übrigen Staaten. Bis auf Tschechien scheint auch die Wachstumsphase nach dem Erreichen der Talsohle bislang nicht beendet zu sein. Insofern kann – bei allen Problemen der wirtschaftlichen Transformation im Einzelnen – von einer erfolgreichen Bewältigung der Transformationskrise gesprochen werden.

Die Länder, die insgesamt starke Einkommenseinbußen hinnehmen mussten, unterscheiden sich dagegen hinsichtlich des bisherigen Wachstumskurses. Die Volkswirtschaften Moldovas, Russlands und der Ukraine befinden sich nach wie vor im Schrumpfungsprozess. Bulgarien und Rumänien konnten zwar Mitte der neunziger Jahre zwischenzeitliche Wachstumserfolge verzeichnen, rutschten aber kurz darauf in eine beispiellose zweite Transformationskrise. Diese Staaten zeichnen sich also durch eine „wenig erfolgreiche" Bewältigung der Transformationskrise aus. Die Mehrheit der Bevölkerung hatte zweifellos unter vergleichsweise hohen sozialen Kosten zu leiden. Die drei baltischen Staaten und Makedonien nehmen eine Mittelposition ein. Sie haben die Talsohle mit z.t. eindrucksvollen Erfolgen überwunden, zuvor jedoch überaus starke Wohlfahrtsverluste hinnehmen müssen. Ungeachtet der kontextbedingten Nachteile, unter denen gerade diese vier ehemaligen Staaten litten – Bildung eines Nationalstaates, hohe Hypotheken durch die Existenz ethnischer Minderheiten (vgl. Kapitel 2.6), Ansprüche einer nahegelegenen Regionalmacht –, kann ihnen daher ein „mäßiger" Erfolg bei der Bewältigung der Transformationskrise attestiert werden.

Welche Modelle zur Erklärung dieser Unterschiede stehen in der Forschungsliteratur zur Verfügung, und welche Interdependenzen bestehen mit der politischen Sphäre? Die sozialistischen Wirtschaftssysteme waren durch folgende Faktoren gekennzeichnet: Die Ökonomie wurde durch einen zentralen Plan koordiniert, die Preise wurden in Anlehnung an diesen Plan auf administrativem Wege festgelegt, Privateigentum war stark limitiert und die makroökonomische Balance wurde durch direkte Kontrollen aufrechterhalten (Auflistung bei Melo/Gelb 1996: 268). Dieses Wirtschaftssystem erwies sich über die Jahrzehnte sowohl in theoretischer (vgl. Bernholz/Breyer 1984) als auch in empirischer (vgl. Kontorovich/Ellman 1992) Hinsicht im Vergleich zum marktwirtschaftlichen Konkurrenzmodell als weniger leistungsfähig. Daher gilt die wirtschaftliche Schwäche nicht nur als eine der wichtigsten Ursachen für den Zusammenbruch des Sowjetsystems (vgl. Rutland 1998). Die Ablösung vom zentral verwalteten Sozialismus stand auch ganz vorne auf der Agenda der postsozialistischen Transformationsstaaten.

Der (vermeintliche) Übergang zu marktorientierten Wirtschaftssystemen führt über eine Transformationskrise – das viel zitierte „Tal der Tränen". Dieses besteht nicht nur in einer realen Senkung des Konsumniveaus, das nach einer bestimmten Zeit durch verstärkte Kaufkraft wieder ausgeglichen werden kann (Dahrendorf 1990: 41). Mittelfristig bedeutender ist die Umorientierung der Wirtschaftssubjekte – Unternehmen und Haushalte – von der Leitreferenz des Plans zur Leitreferenz des Marktes. Die plötzliche Geltung einer sich *dynamisch* entwickelnden Wirtschaftsordnung überfordert Unternehmen und Verbraucher in dem Bemühen, die wirtschaftliche Tätigkeit trotz diverser Preis-, Nachfrage- und Reallokationsschocks auf gleichem Niveau zu halten. Die Folge – ein massiv einsetzender Produktionseinbruch am Ende der achtziger Jahre – ließ sich in allen postsozialistischen Staaten beobachten.

Während all dies vergleichsweise leicht zu erklären ist und allenfalls über die Gründe der unterschiedlichen Ausprägung der Wachstumseinbrüche gestritten wird (Islam 1993: 184; vgl. Melo/Denizer/Gelb 1996), herrscht über die Ursachen für das in vielen Staaten nach einigen Jahren neu einsetzende Wirtschaftswachstum wissenschaftlicher Dissens. Dem neoklassischen Paradigma verhaftete Ökonomen sehen in der makroökonomischen Stabilisierung die unabdingbare Voraussetzung für den Wiederanstieg der Wirtschaftsleistung (Lipton/Sachs 1990, Brenton/Gros/Vandille 1997). Dieser wird dabei vor allem mit der Stabilisierung der Preise – ihrerseits Folge (a) einer vernünftigen Geldpolitik und (b) der Öffnung der Volkswirtschaft, die die heimischen Unternehmen der internationalen Konkurrenz aussetzt – erreicht. Obwohl noch immer einzelne Autoren mit der Prädominanz allein dieser einen Variablen argumentieren (Melo/Gelb 1997), werden mittlerweile zusätzliche Erklärungsfaktoren als notwendig angesehen. Neben der makroökonomischen Stabilisierung wird der Privatisierung der Unternehmen und der Entwicklung einer marktstützenden institutionellen Infrastruktur (vgl. Bleuel 1996, Intriligator 1997) starke Aufmerksamkeit geschenkt.

Dissens besteht allerdings im Hinblick auf Geschwindigkeit, Sequenzierung und die anzustrebende Tiefe der Reformen in den jeweiligen Bereichen. In stark vereinfachter Form werden hier unterschiedliche Positionen unter den Reformstrategien „big bang" versus „Gradualismus" subsumiert (Ees/Garretsen 1994). Bei der Abgleichung zwischen ihrer Theorie und der Empirie der postsozialistischen Transformationen geraten allerdings Vertreter beider Ansätze in Schwierigkeiten (Murrell 1995). In der Russischen Föderation hat die Schocktherapie des Ministerpräsidenten Gajdar bekanntlich nicht zu den gewünschten Erfolgen geführt. Auf der anderen Seite können Slowenien und vielleicht auch Ungarn als Fälle gelten, die trotz eher inkrementalistischer Reformstrategien beträchtliche wirtschaftspolitische Erfolge aufzuweisen haben.

Während die Strategie des *big bang* eine schnelle Aufgabe der Preiskontrollen und die rasche Einführung deregulatorischer und marktöffnender Maßnahmen vorsah, suchten gradualistische Strategien nach Wegen, die sozialen und fiskalischen Härten des Transformationsprozesses zu mildern. Das Ziel der Zurückdrängung des Staates aus der wirtschaftlichen Tätigkeit sollte durch aufeinander abgestimmte Reformschritte erreicht werden (vgl. Roland 1991, Islam 1993, Murrell 1993, Csaba 1995). Während sich diese gradualistischen Konzeptionen der Umgestaltung des politökonomischen Systems in vielen Details unterscheiden, kann ihnen als Gemeinsamkeit die Erkenntnis zugeschrieben werden, angesichts der enormen Komplexität müssten Einsichten in die postsozialistischen Transformationsprozesse prinzipiell beschränkt bleiben (Andreas Pickel 1997: 89). Ist der notwendigerweise begrenzte Geltungsanspruch von theoretischen und praktischen Ansätzen der Systemtransformation – die „Krise holistischer Politikansätze" (Wiesenthal 1997) – erst einmal erkannt, überwiegt bei den meisten praxisbezogenen Studien eine Präferierung inkrementaler Reformen.

Diese Einsicht gilt natürlich erst recht, wenn die Transformation des politischen Systems in die Analyse mit einbezogen wird. Wenn auch vielleicht für einige Länder (z.b. Moldova, Ukraine) argumentiert werden kann, dass die politische der wirtschaftlichen Transformation in gewissem Maße vorangegangen ist (Bunce 1995: 51): im postsozialistischen Europa laufen die Transformationsprozesse in der ökonomischen und politischen Sphäre im Großen und Ganzen gleichzeitig ab. Besonders in der frühen Transitionsphase wurden angesichts dieser Tatsache eine Reihe von Dilemmata oder Paradoxien entwickelt (Elster 1990, Offe 1991, 1994, Rüb 1995). Diese wiesen auf den vermeintlich fatalen Einfluss der – in der Bevölkerung unpopulären – Wirtschaftsreformen auf Demokratisierung und Konsolidierung hin. Da eine Reihe von postsozialistischen Staaten sowohl das wirtschaftliche als auch das politische System in eindrucksvoller Weise zu reformieren in der Lage waren, kommt den Thesen dieser Schriften heute nur noch begrenzte Gültigkeit zu (vgl. Wiesenthal 1998).

Andere Forscher etablieren daher zwischen den Kernelementen der wirtschaftlichen und politischen Reform weichere Zusammenhänge (vgl. Beyme 1994, Bunce 1995). Individuelle ökonomische Nachteile aufgrund der wirtschaftlichen Transformation werden nicht mehr als systemgefährdend aufgefasst, sondern gelten nur noch als Hypothek für einzelne Teilregimes. Grundsätzlich lassen sich durch die Sequenzierung „bads first, goods later" Probleme verhindern, da in der unmittelbaren Umbruchsphase die Bereitschaft der Bevölkerung zum Verzicht größer ist (Wiesenthal 1995).

All dies zeigt uns, dass der Zusammenhang zwischen wirtschaftlicher Transformation und politischer Konsolidierung auf der Grundlage der bestehenden Literatur nicht in *einem* relevanten Modell zusammengefasst werden. Vielmehr lassen sich einige – sich z.T. widersprechende – Grundthesen zum Zusammenhang von ökonomischer Reform und demokratischer Konsolidierung benennen:

- *Neoklassische These* (vgl. u.a. Lipton/Sachs 1990, Brenton/Gros/Vandille 1997): Die Grundlage des ökonomischen Aufschwungs ist die schnelle und konsequente Umgestaltung des Wirtschaftssystems zu einer marktwirtschaftlichen Ordnung. Die Freiheit wirtschaftlicher Entscheidungen wird dabei durch Freiheitsgewährung auf der politischen und individuellen Ebene begünstigt. Es besteht jedoch kein unmittelbarer Zusammenhang zwischen den beiden Sphären. Generell werden die volkswirtschaftlichen Effektivitätspotenziale als um so größer eingeschätzt, je weiter sich der Staat aus dem Wirtschaftsleben zurückzieht und sich auf ordnungspolitische Aufgaben beschränkt.

- *Unvereinbarkeitsthese* (u.a. Offe 1991, 1994, Haggard/Kaufman 1995, 1997): In den Transformationsgesellschaften steht eine Minderheit von

Gewinnern einer Mehrheit von Verlierern gegenüber. Die Einleitung von Wirtschaftsreformern führt zu Wohlfahrtsverlusten bei der Mehrheit der Bevölkerung, die daher das neue Instrument der freien Wahl dazu nutzen, Reformgegner an die Regierung zu bringen. Die Einleitung einer umfassenden Reform des Wirtschaftssystems birgt demnach das spätere Scheitern der Demokratisierung bereits in sich.

- *Sequenzierungsthese* (u.a. Bunce 1995, Wiesenthal 1995): In der unmittelbaren Umbruchphase sind Bevölkerungen zum Verzicht bereit. Die Präferenz für Reformgegner bei Wahlen ist daher nicht zwangsläufig, sondern von weiteren Faktoren abhängig. Als vorteilhaft erweist sich allerdings, die Wohlfahrts- und Sicherheitsverluste der Bevölkerungen auf eine möglichst kurze Phase nach Einleitung der Reformen zu begrenzen. Der schnelle Abschluss der wirtschaftlichen Reformen ist damit eine wichtige Voraussetzung für die Nachhaltigkeit des politischen Umbruchs. Im Gegensatz zu den beiden zuerst genannten Thesen wird die Sequenzierungsthese von der Einsicht geleitet, dass angesichts der enormen Komplexität der Transformationsprozesse deduktive Ansätze mit der Gefahr falscher Prognosen konfrontiert sind und daher der ständigen Überprüfung bedürfen.

- *Politikthese* (u.a. Fish 1998): Prägnanter als der Einfluss der ökonomischen Reform auf die politische Sphäre ist die Wirkung der Politik auf das ökonomische Subsystem. Der Erfolg der wirtschaftlichen Transformation, gemessen an verschiedenen Indikatoren, ist die Reformposition der dominanten politischen Eliten. So ist der Ausgang und der Charakter der ersten demokratischen Wahlen der wichtigste Indikator zur Prognostizierung des wirtschaftlichen Entwicklungsprozesses. Wurden sie von „demokratischen" bzw. westorientierten Kräften gewonnen, wurde im jeweiligen Land auch die ökonomische Sphäre gründlich transformiert. Konnte die Macht reformwilliger Politiker hingegen von Kräften des *ancien régime* begrenzt werden, fielen auch die Wirtschaftsreformen eher halbherzig aus.

- *Ausblutungsthese* (Hellman 1998, vgl. für den bulgarischen Fall Karlsreiter 1998): Im sozialistischen Staatsaufbau spielte die Bürokratie eine zentrale Rolle, die ihr beim Übergang zum neuen System beträchtliche Startvorteile verschaffte. Die Staaten des postsozialistischen Europa unterscheiden sich allerdings in einem entscheidenden Punkt. Zum einen gibt es solche Staaten, in denen die herrschenden Eliten nach der Ausnutzung dieser Vorteile neuen Akteuren die Erwirtschaftung ökonomischer Renditen ermöglichte. Zum anderen herrschen jedoch besonders in den postsowjetischen Staaten Elitenkartelle, die die Umstrukturierung der Wirtschaft vom Erhalt individueller Gewinne abhängig machen: „the winners take all". Diese Eliten werden so zu Blockierern der wirtschaftlichen wie der politischen Reformen, da Öffnungsschritte in beiden Sphären zu einem Verlust ihrer privilegierten Stellung führen würden.

Über die hochkomplexen Gesetzmäßigkeiten für den Übergang von sozialistischen zu marktwirtschaftlichen Systemen herrscht also auf der theoretischen Ebene grundlegender Dissens. Hilft die Frage nach dem Fortschritt der Privatisierung weiter? Dieser kann einen wichtigen Indikator für den Willen einzelner Transformationsstaaten zur wirtschaftlichen Modernisierung darstellen. Die Prädominanz privaten Eigentums gilt spätestens seit Adam Smith als unverzichtbare Voraussetzung für das Funktionieren von Marktmechanismen, mithin für effizientes Wirtschaften. Ausgreifende Ländervergleiche bestätigen die deduktiv entwickelte Hypothese, dass marktwirtschaftlich organisierte Staaten ein höheres reales Wirtschaftswachstum erzielen als zentralverwaltungswirtschaftlich organisierte (Sangmeister 1997: 636).

Tabelle 2.12: Anteil des Privatsektors am BIP (1995)

Land	Anteil des Privatsektors am BIP	Land	Anteil des Privatsektors am BIP
Bulgarien	36	*Rumänien*	38
Estland	61	*Russland*	59
Lettland	58	*Slowakei*	59
Litauen	56	*Slowenien*	38
Kroatien	48	*Tschechien*	70
Makedonien	40	*Ukraine*	37
Moldova	30	*Ungarn*	60
Polen	58		

Quelle: Fish 1998.

Ein Indikator zur Erfassung etwaiger Privatisierungsfortschritte ist der Anteil des Privatsektors am BIP (vgl. Tabelle 2.12). Leider besteht hier allerdings, wie sich am Falle des lange Zeit erfolgreichsten Privatisierungslandes Tschechien zeigen lässt, eine Gefahr pseudogenauer Messung. Über die Voucher-

Privatisierung konnten dort die teils maroden ehemaligen Staatsunternehmen zwar zum überwiegenden Teil an Investmentfonds und damit an Privateigentümer veräußert werden. Hinter den Investmentfonds standen jedoch meist Kreditinstitute eines insgesamt schwachen Bankensektors. Die vier größten Banken des Landes standen nach wie vor unter staatlicher Kontrolle, so dass das Ausmaß des staatlichen Einflusses durch den vermeintlich hohen Anteil des Privatbesitzes am BIP verdeckt wurde (vgl. Palda 1997, O'Rourke 1997). Informationen über „echte" Privatisierungen, beispielsweise mittels Informationen über den realen Unternehmensbesitz, sind jedoch nicht einmal für die größten Unternehmen der OECD-Staaten Tschechien, Polen und Ungarn zu erhalten.[72] Folglich können Angaben über den Anteil des Privatsektors am BIP letztlich nur eine Tendenz anzeigen.

Als alternativer Indikator für die Messung des Fortschritts bei der Privatisierungspolitik bietet sich daher ein von der EBRD entwickeltes Klassifikationssystem von Transitions- und Privatisierungsindikatoren an. Auch die Veröffentlichungen der EBRD können jedoch nicht ohne Vorbehalte gesehen werden. Zum einen zwingt der Status der Bank als Internationale Organisation diese, ihre Daten in vielen Fällen auch dann an den nationalen Statistiken der Empfängerländer zu orientieren, wenn erhebliche Zweifel an deren Glaubwürdigkeit bestehen.[73] Zum anderen gelten bestimmte Einstufungen der EBRD als Politikum, etwa wenn es später um die Gewährung internationaler Kredite durch andere internationale Geberorganisationen geht. Die veröffentlichten Daten transportieren also auch politische Botschaften; kein Gütesiegel für „objektive" Statistiken. Dennoch bieten die regelmäßigen Veröffentlichungen der EBRD, insbesondere der jährlich erscheinende *Transition Report*, Anhaltspunkte für den Fortschritt des Privatisierungsprozesses. Zudem haben die Datenreihen den Vorzug, für alle Länder und bereits seit mehreren Jahren verfügbar zu sein.

Im Unternehmensbereich unterscheidet die EBRD zwischen großer und kleiner Privatisierung („large-scale" und „small-scale" privatization) sowie der Dimension Unternehmensführung und –restrukturierung („governance & restructuring"). In allen drei Dimensionen vergibt sie Noten zwischen eins und vier, wobei die Bewertung „4+" jeweils den „typischen Standard westlicher Industriestaaten" (EBRD Transition Report 1997: 15) repräsentiert. Somit können Unterscheidungen getroffen werden, wenn in den einzelnen Ländern betrachtet wird, in wie vielen Dimensionen der Privatisierung (lar-

---

72 Erfahrungen als Mitarbeiter des Forschungsprojektes „Preemptive Institutionenbildung" unter Leitung von Helmut Wiesenthal (Humboldt-Universität Berlin).
73 Interview mit einer Auftragnehmerin der EBRD in Moskau, Juli 1998.

ge-scale, small-scale, governance & restructuring) die EBRD substanzielle Fortschritte sieht.[74]

Tabelle 2.13: Privatisierungspolitik und Bewältigung der Transformationskrise im postsozialistischen Europa

	Erfolgreiche Bewältigung der Transformationskrise	*Mäßig erfolgreiche Bewältigung der Transformationskrise*	*Wenig erfolgreiche Bewältigung der Transformationskrise*
Konsequente Privatisierungspolitik	Tschechien Slowakei Ungarn	Estland	
Zurückhaltende Privatisierungspolitik	Polen Slowenien	Lettland Litauen Makedonien	Russland
Langsame Privatisierungspolitik			Bulgarien Moldova Rumänien Ukraine

Quellen: EBRD Transition Report 1998 (vgl. Fließtext), Tabelle 2.10.

Konsequent privatisiert hätten demzufolge nach dem *Transition Report* des Jahres 1998 Länder, in denen die Note „vier" in mindestens zwei der drei Bereiche erreicht wird. Demgegenüber ist die Privatisierung in Ländern mit einer „vier" als zurückhaltend zu beurteilen, während keine einzige „vier" für eine insgesamt langsame Privatisierungspolitik spricht. Interpretiert man die Daten entsprechend, wurde bis zum Jahre 1998 in Estland, der Slowakei, Tschechien und Ungarn „konsequent", in Lettland, Litauen, Makedonien,

---

74 In den einzelnen Dimensionen bewertet die EBRD folgendermaßen. (a) Bei der großen Privatisierung sind zur Erreichung der „4" ein mehr als 50%iger Anteil von Unternehmen in privater Hand *und* signifikante Fortschritte im Bereich der *corporate governance* notwendig. (b) Die kleine Privatisierung muss komplett durchgeführt worden sein. (c) In der Dimension Unternehmensführung und -restrukturierung werden „substanzielle Fortschritte" z.B. in der Unternehmenskontrolle oder bei der Tätigung von Neuinvestitionen verlangt.

Polen, Russland und Slowenien „zurückhaltend" und in Bulgarien, Moldova, Rumänien und der Ukraine „langsam" privatisiert (vgl. Transition Report 1998: 26). Gewisse Zusammenhänge zwischen der Zielstrebigkeit der Privatisierungspolitik und der Bewältigung der Transformationskrise scheinen zu bestehen (vgl. Tabelle 2.13).

Interessanterweise ist jedoch die programmatische Konstanz der Privatisierungspolitik keineswegs Ausschlag gebend für deren Erfolg.[75] Bulgarien, Lettland, Litauen, Russland, die Slowakei und Ungarn haben während des Privatisierungsprozesses den Privatisierungstyp – Treuhandmodell, Voucherauktion, Anteilsscheine für Bevölkerung, dezentralisierte Reorganisation – geändert (vgl. Beyer/Wielgohs 1998). Diese Gruppe ist ebenso heterogen zusammengesetzt wie die Gruppe der übrigen Staaten, die an dem einmal eingeschlagenen Privatisierungstyp festgehalten haben.

In Bulgarien wurden Pläne der Cash-Privatisierung nach der Machtübernahme der *Sozialistischen Partei* (BSP) im Juni 1994 einkassiert und formell durch Massenprivatisierung mittels Vouchern ersetzt (Ganev 1997). Bis Anfang 1993 war jedoch noch kein einziges größeres Unternehmen der staatlichen Kontrolle entzogen worden; Ende 1994 privatisierte man 229 der insgesamt ca. 39.000 staatlichen Unternehmen (Schrameyer 1995). Letztendlich begonnen wurde die Privatisierung in Bulgarien erst zu Beginn des Jahres 1996.

Die Slowakei beendete nach dem Regierungswechsel im November 1994 Voucherprivatisierung und Unternehmensprivatisierung, um nach (parteipolitischen) Umbesetzungen in der privatisierungsverbundenen staatlichen Administration auf den Unternehmensverkauf im management-buy-out-Verfahren zurückzugreifen (Malova/Sivakova 1996a). Insgesamt wurde in der Slowakei eine zentrale Rolle beim Zusammenhalt der -Regierung (bis 1998) zugeschrieben: „Some commentators have predicted that the coalition will remain together until the last piece of state-owned property is privatized" (Sharon Fisher, zitiert nach Cramer-Langer 1997: 52). Trotz des Klientelismus kann die Slowakei aber sowohl bei der Privatisierung im engeren Sinne als auch beim Umbau des Wirtschaftssystems insgesamt derart unbestreitbare Erfolge verbuchen, dass die mit dem *Economist* verbundene Zeitschrift *Business Central Europe* im April 1998 besorgt fragen musste: „Can Cronyism Work"? Zu ihrer Beruhigung kam die Redaktion der Zeitschrift dann zu dem Ergebnis, dass angesichts der Außenanfälligkeit der Gesamtwirtschaft und

---

[75] Für weitere wertvolle Hinweise zu den Privatisierungsstrategien in der Slowakei, Ungarn, Bulgarien und Russland danke ich Jan Wiegohs.

der mangelnden Solidität des Budgets eher düstere Prognosen angebracht seien.[76]

In Russland haben ähnlich einschneidende Kurswechsel den wirtschaftlichen Verfall nicht aufhalten können. Die niemals besonders erfolgreiche Voucherprivatisierung lief im Jahre 1994 aus und wurde durch den Verkauf von Unternehmensanteilen hauptsächlich an Insider fortgesetzt (vgl. Kordasch 1997: 60-68). Heute weist Russland fast den höchsten Anteil an privatisierten Unternehmen in der Region aus. Nur wenige von ihnen werden jedoch in wirklich freier Unternehmerschaft geführt. In Ungarn wurde von Anbeginn mit verschiedenen Methoden gearbeitet: Auktionen, Direktverkauf, Ausschreibungen, Management-buy-out, den Gang über die Börse und Kompensationsgutscheine sowie Voucher-Privatisierung für Alteigentümer von enteigneten Betrieben (Haarland/Niessen 1996: 22). In starkem Kontrast zu Russland hat die Vielfalt der Privatisierungsmethoden jedoch auch zu einer vollständigen Umstrukturierung der Eigentumsverhältnisse geführt.[77]

Damit hat augenscheinlich weder ein bestimmter Privatisierungstyp noch das Festhalten an *einer* dominanten Privatisierungsstrategie signifikanten Einfluss auf das erfolgreiche oder weniger erfolgreiche Abschneiden einzelner Länder bei der Überwindung der Transformationskrise gehabt. Nicht wie, sondern dass überhaupt konsequent privatisiert wurde, macht einen Unterschied. Fast alle Staaten mit einer konsequenten Privatisierungspolitik (vgl. nochmals Tabelle 2.13) haben die Transformationskrise erfolgreich bewältigt. Alle Staaten mit einer langsamen Privatisierungspolitik haben die Transformationskrise nur mit geringen Erfolgen überwinden können.

Für eine ganze Reihe von Staaten mit „zurückhaltender" Privatisierungspolitik ergeben sich hingegen keine eindeutigen Befunde. Das zeitweise Verschleppen der Privatisierung hat den EU-Beitrittskandidaten Polen und Slowenien im Vergleich kaum erkennbare Nachteile gebracht. Im Gegenteil sind es just diese Länder, bei denen sich auch am Ende des Jahrzehnts keine Anzeichen einer zweiten Transformationskrise zeigen. Auf der anderen Seite hat die vergleichsweise umfassende Privatisierung in der Russischen Föderation – u.a. wegen der Zerlegung der zu privatisierenden Betriebe und wegen der fortdauernden Überschuldung der Unternehmen (vgl. Siehl 1997) – kaum positive Auswirkungen gezeigt. Und hinsichtlich der baltischen Staaten scheint es plausibel, den tiefen Produktionseinbruch zu Beginn der neunziger nicht zuletzt der konsequenten Privatisierungsstrategien zuzuschreiben.

---

76 Ähnlich Michael Wyzan in der RFE/RL-Newsline, 5.11.1997, 8.12.1998.
77 Vgl. z.B. den Bericht der EU-Kommission (1998) über die Fortschritte auf dem Weg zum Beitritt, wo dem Land als einzigem der Status einer „funktionierenden Marktwirtschaft" zugestanden wird (Dok.-Nr. KOM(98) 700 endg.: 57).

Ein Teil der *policy shifts* in der Privatisierungspolitik ist durch Regierungswechsel erklärbar. Hier ist allerdings zu unterscheiden zwischen Staaten, in denen Regierungswechsel zu einer Neuausrichtung des Transformationskurses insgesamt geführt hat und solchen Ländern, in denen dies nicht der Fall war. Estland hat trotz fragmentierter Parlamente und (zeitweise) Minderheitsregierungen den wahrscheinlich radikalsten wirtschaftlichen Reformkurs aller postsozialistischen Transformationsfälle verfolgt (vgl. Liuhto 1996). In Litauen und Polen hingegen kam es bei den Wahlen von 1992 bzw. 1993 zu den ersten „rückwärtsgewandten" Machtwechseln in der Region, als postkommunistische Parteien die Reformkräfte der ersten Stunde von der Regierung ablösten.

Ähnlich wie 1994 in Ungarn verfolgten die im litauischen *Vaterlandsbund – Litauische Konservative* (TS-LK) und im polnischen *Bündnis der Demokratischen Linken* (SLD) vertretenen Parteien zwar im Großen und Ganzen die Fortsetzung des generellen Privatisierungskurses. Besonders in Polen verlangsamte sich jedoch während der Regierung Pawlak der Privatisierungsprozess durch verschiedene Verzögerungstaktiken der *Bauernpartei* (PSL). Spätestens mit dem Hinzugewinn der außenpolitischen Verantwortung durch den Gewinn der Präsidentenwahlen im Jahre 1995 schwenkten die linken Kräfte jedoch deutlich auf einen Kurs der wirtschaftlichen Westintegration um (vgl. Michta 1996).

In Bulgarien hingegen führte der Linksruck bei den Wahlen von 1994 zu einer Neuausrichtung der bereits vorher nicht eben rasant voraussschreitenden Privatisierungs- und Reformstrategie (Schrameyer 1995, Ganev 1997). In Lettland wurde trotz mehrerer Regierungswechsel letztlich ein zwar im Vergleich zu Estland behutsamerer, dennoch aber stetiger Privatisierungskurs gefahren. Lettland hatte dabei auch stärker als die übrigen baltischen Republiken mit dem Erbe der Sowjetunion zu kämpfen, da zu sowjetischer Zeit eine Reihe nicht modernisierbarer Unternehmen aus dem militärisch-industriellen Komplex angesiedelt worden waren (vgl. Dreifelds 1997: 111-113).

Letztlich haben damit die Determinanten der Privatisierungspolitik nur einen schwachen Einfluss auf den Erfolg des wirtschaftlichen Transformationsprozesses gehabt. Die Auswirkungen einzelner Privatisierungstypen lassen sich kaum einschätzen, wenn mehrere Privatisierungsmethoden gleichzeitig verwandt wurden und/oder Strategiewechsel die längerfristigen Wirkungen einzelner Maßnahmen konterkarierten (vgl. nochmals Beyer/Wielgohs 1998). Die Konsequenz, mit der die Privatisierungspolitik in einzelnen Staaten betrieben wurde, hängt indes ihrerseits von der generellen Determination der Eliten zur wirtschaftlichen Transformation ab. In einigen Staaten hat sich schon früh ein Elitenkonsens zugunsten des westlichen Modells des sozialstaatlichen Kapitalismus etabliert. In Staaten wie Estland, Litauen,

Polen und Ungarn führten daher „grundlegende" Regierungswechsel in der Privatisierungspolitik lediglich zu Gewichtverschiebungen, nicht jedoch zu einer generellen Abkehr vom Kurs der Systemtransformation. Andererseits spielten Regierungswechsel in Staaten ohne Elitenkonsens durchaus eine Rolle. In der Slowakei wurden im Interregnumsommer 1994 bedeutende Korrekturen in der Privatisierungs- und Wirtschaftspolitik insgesamt vorgenommen (vgl. Abrahám 1995, Krivý 1996). Auch in Bulgarien stellen die Wahlen von 1994 und 1997, in Rumänien diejenigen des Jahres 1996 bedeutende Einschnitte dar. In Moldova, Russland und der Ukraine verfestigt sich hingegen immer mehr der Eindruck einer interessenkonformen Oligarchie, an deren Machtstellung Wahlen nichts ändern. Demzufolge ändert sich mit den Wahlen auch nicht der jeweilige Kurs des wirtschaftlichen Umbaus.

Tabelle 2.14: Bewältigung der Transformationskrise und politische Konstellation im postsozialistischen Europa (1990-1997/98)

		Erfolgreiche Bewältigung der Transformationskrise	*Mäßig erfolgreiche Bewältigung der Transformationskrise*	*Wenig erfolgreiche Bewältigung der Transformationskrise*
Klare Mehrheit für Verfechter eines schnellen Übergangs	*Politische Kontinuität seit dem Regimewechsel*	Tschechien Slowenien		
	Keine politische Kontinuität seit dem Regimewechsel	Polen Ungarn	Estland Lettland Litauen	
Keine klare Mehrheit für Verfechter eines schnellen Übergangs	*Politische Kontinuität seit dem Regimewechsel*		Makedonien	Rumänien
	Keine politische Kontinuität seit dem Regimewechsel	Slowakei		Bulgarien Moldova Russland Ukraine

Quellen: Tabellen 2.3 und 2.10.

Insgesamt scheint damit die Entwicklung im wirtschaftlichen Sektor eher von den politischen Kräfteverhältnissen abzuhängen als umgekehrt (vgl. Tabelle

2.14). Auf Plausibilitätsannahmen gestützt, kann ein deutlicher Zusammenhang zwischen Reformbereitschaft von Regierungen, der bei Privatisierungsstrategien an den Tag gelegten Konsequenz und wirtschaftspolitischen Erfolgen festgestellt werden. Eigentlich weicht nur die Slowakei von der These ab, die „demokratische" Transformation des politischen Systems führe auch zu einer gründlichen und erfolgreichen Transformation in der ökonomische Sphäre. Allerdings gibt es auch Anzeichen für eine umgekehrte Ursache-Folge-Kette – dass nämlich der Erfolg der wirtschaftlichen Transformation auch „demokratisch" gesinnte Regierungen an die Macht bringe. In Litauen (1992), Polen (1993) und Ungarn (1994) sind ja die Regierungen kommunistischer Nachfolgeparteien trotz ihrer Wahlkampfversprechen, das Reformtempo zu verlangsamen, nach wenigen Monaten auf den Kurs ihrer Vorgängerregierungen umgeschwenkt. Ob dies jedoch auf exogene Faktoren oder auf in der Gesellschaft verankerte Interessen zurückgeht, kann erst eine Analyse der Parteiensysteme und Mehrheitsverhältnisse in den einzelnen Staaten ergeben (vgl. Kapitel 4 und 5).

2.6. Ethnische Homogenität

Bei Arend Lijphart, einem der wichtigen Vertreter der empirisch orientierten modernen Demokratietheorie, gelten föderalistische Systeme und politische Institutionen mit der Funktion der Minderheitenrepräsentation als geeignete Mittel zur politischen Inklusion ethnischer, religiöser und anderer Minderheiten (vgl. Lijphart 1977, 1984). In der Umbruchsphase, als unter der Perspektive des *constitutional engineering* über die Adäquanz unterschiedlicher Institutionensysteme nachgedacht wurde, wurde dieses Argument von der OECD-Welt auf einige postsozialistische Staaten übertragen (Lijphart 1991, 1992).[78] Wenn in etablierten Demokratien die dauerhafte Missachtung von Minderheiteninteressen regimegefährdend wirken kann (vgl. auch Guggenberger/Offe (Hrsg.) 1984, Dahl 1989), gilt dies natürlich erst recht für junge demokratische Regimes, die sich an verschiedenen Fronten im Verfestigungsprozess befinden.

Die Anzahl der postsozialistischen Staaten, in denen massive Minderheiten mit dem nominalen Staatsvolk auskommen müssen, ist vergleichsweise hoch (vgl. Tabelle 2.15). Während sich jedoch die Heterogenität einiger

---

78 Giovanni Sartori (1994) sowie Jon Elster (1993), zwei weitere Protagonisten der *Constitutional-Engineering-* Perspektive, beschäftigen sich in ihren Schriften stärker mit der Funktionslogik bestimmter institutioneller Arrangements als mit deren Kontextadäquanz.

westeuropäischer Mehrvölkerstaaten – Belgien, die Schweiz, Spanien – im Staatsaufbau unmittelbar widerspiegelt, finden sich in den Staaten des postsozialistischen Europa bis auf einige Wahlrechtsbestimmungen kaum institutionelle Arrangements, die der starken Präsenz ethnischer Minderheiten Rechnung tragen (vgl. Kapitel 3, zum Wahlrecht Kapitel 5). Die nicht zuletzt mit dem Ziel der Akkommodierung verschiedener Nationen gegründeten Vielvölkerföderationen Jugoslawiens, der Sowjetunion und der Tschechoslowakei waren zu Beginn der neunziger Jahre zerbrochen.

Tabelle 2.15: Ethnische Minderheiten im postsozialistischen Europa

	Bevölkerungsanteil der Titularnation in Prozent	*Stärkste ethnische Minderheit*	*Bevölkerungsanteil der stärksten ethnischen Minderheit in Prozent*
Bulgarien	85.8	Türken	9.7
Estland	62.0	Russen	30.0
Lettland	52.0	Russen	34.0
Litauen	80.0	Russen	9.0
Makedonien	67.0	Albaner	20.0*
Moldova	65.0	Ukrainer/Russen**	14.0 / 13.0
Polen	97.0	Deutsche	0.5
Rumänien	89.4	Ungarn	7.1
Russland	82.0	Tataren	4.0
Slowakei	86.7	Ungarn	11.0
Slowenien	90.5	Kroaten	2.9
Tschechien	95.1	Slowaken	4.1
Ukraine	73.0	Russen	22.0
Ungarn	92.0	Deutsche	2.3

* Vertreter der albanischen Minderheit in Makedonien gehen von einem höheren Anteil aus.
** Die Ukrainer in Moldova gelten als weitgehend russifiziert.
Quelle: Beyme (1994: 162-163).

Echte Autonomierechte, wie sie etwa den Gagausen (einer christlichen türkischen Minderheit) in der Republik Moldau gewährt werden, bleiben eher die Ausnahme.[79] Wo sie in der Russischen Föderation doch bestehen, gehen sie nicht immer auf geschriebene[80] Verfassungen zurück. Vielmehr handeln hier – wie z.B. in Tatarstan oder anderen muslimisch geprägten Subjekten der Russischen Föderation – starke regionale Machthaber gegen ein durchsetzungsschwaches Zentrum. Die Autonomiebestrebungen der Krim wurden von Parlamenten und Präsidenten in Kiew teils brüsk zurückgewiesen, wohl auch weil sich auf der Krim ein „Gewaltenkrieg" entfacht hatte und maßgebliche Teile der lokalen Eliten mit Bestechungsvorwürfen zu kämpfen hatten. Immerhin konnte jedoch in der Verfassung von 1996 ein herausgehobener Status der „Autonomen Republik Krim" verankert werden (Art. 134-139 VerfUkr). In den Regionalparlamenten der Krim sind heute 580 tatarische Abgeordnete – davon allerdings nur einer in der Verchovna Rada der Krim – vertreten.[81]

Staatsrechtliche Antworten auf multiethnische Staaten mussten im östlichen Europa zurückhaltend ausfallen, weil nicht alle ethnischen Minderheiten in ihren Siedlungsgebieten die Mehrheit stellen. Die Ungarn im östlichen Rumänien und in der südlichen Slowakei, die Russen im Baltikum, in der Moldau und der Ukraine sowie die Türken in Bulgarien mögen zwar in bestimmten Gemeinden und Städten zahlenmäßig überwiegen. Insgesamt besteht jedoch hinsichtlich der Nationalitätenverteilung ein ethnischer „Flickenteppich" (Beyme 1994: 130), dessen einzelne Flicken häufig noch verschiedenfarbig sind. Damit fehlt den meisten Minderheiten jener fest umrissene und angestammte Wohnraum, der die Weiterentwicklung der Idee der nationalen Selbstbestimmung zu einer „natürlichen" Forderung nach territorial begrenzter Autonomie zuließe. Der wichtigste Grund hierfür ist natürlich, dass die nach dem Ersten Weltkrieg vorgenommenen Grenzziehungen in vielen Fällen keine homogenen Nationalstaaten, sondern neue Minderheitenkonstellationen geschaffen hatten (vgl. Hobsbawm 1998: 37-77).

Die Inklusion von Minderheiten in staatsbürgerlicher Hinsicht, die im Hinblick auf die Fälle Estland und Lettland bereits in Kapitel 1.3 diskutiert wurde, kann also nicht die einzige Antwort auf das Minderheitenproblem im postsozialistischen Europa sein. Im Konsolidierungskontext kommt vielmehr der Gewährung von Minderheitenrechten eine zentrale Stellung zu. Hier handelt es sich gewissermaßen um eine Verschärfung der Anforderungen an

---

79 Der den Gagausen zugestandene Autonomiestatus wird von der OSZE sogar als vorbildlich für die ganze Region bereichnet (vgl. Chinn/Roper 1998).
80 Die besonderen Beziehungen zwischen einigen föderalen Subjekten und dem Moskauer Zentrum gehen bis heute auf z.T. nicht veröffentlichte Vereinbarungen zurück.
81 Auskunft der Provinzregierung der Krim, November 1999.

einen Demokratisierungsprozess. Nicht nur müssen die Allgemeinheit betreffende Themen dem Mehrheitsentscheid ausgesetzt werden, sondern in bestimmten Bereichen genießen darüber hinaus die Interessen von Minderheiten besonderen Schutz. Das demokratische System der „organisierten Unsicherheit" über zukünftige Entscheidungen (vgl. Przeworski 1991: 131) wird also dort durchbrochen, wo für die politischen Eliten der jeweiligen Mehrheiten kaum Stimmenrenditen für eine minderheitenfreundliche Politik zu erwarten haben. Konkret lassen sich als Schritte zur Sicherung von Minderheiteninteressen vor allem die explizite Gewährung von Sprach- und Bildungsfreiheit, darüber hinaus jedoch auch die Verwirklichung der kulturellen Autonomie im weiteren Sinne sowie die Beteiligung an Regierungen deuten.

Wenig überraschend treten die größten Probleme mit ethnischen Minderheiten in den Staaten auf, in denen der Anteil der Titularnation am geringsten ist. Neben mehreren – z.T. nicht zum Ländersample gehörenden – jugoslawischen Nachfolgestaaten trifft dies wieder vor allem auf Estland und Lettland zu. In diesen beiden Staaten besteht über Staatsbürgerschafts- und Sprachengesetze weniger eine rechtliche als eine faktische Diskriminierung von Teilen der russischen Minderheit. In beiden Ländern wurde allzu umstrittene Gesetzgebung bereits mehrmals korrigiert.

Ein üblicher Mechanismus – etwa bei den Staatsbürgerschaftsgesetzen des Jahres 1998 oder Sprachgesetzgebung des Jahres 1999 – war dabei die Ausübung kräftigen Drucks der in Riga und Tallinn ansässigen OSZE-Missionen sowie des Minderheitenkommissars der OSZE Max van der Stoel auf die jeweiligen Staatspräsidenten. Diese verwiesen dann die einschlägigen Gesetze an das jeweilige Parlament zurück, wo die Gesetze entschärft wurden. Wegen des internationalen Drucks entspricht damit die Gesetzgebung im Wesentlichen solchen „Standards", wie sie in den meisten anderen europäischen Staaten bestehen.[82]

Allerdings wird eine Reihe von minderheitenfördernden Bestimmungen auch rechtlich blockiert. So wird etwa in Estland das der russischen Minderheit zustehende Recht auf Selbstverwaltung (Art. 50 VerfEst) de facto kaum gewährt, da diese in vielen Detailbereichen an die Voraussetzung einer angemessenen Staatsbürgerschaftsregelung gebunden ist. Ähnlich wirkt die Bestimmung von Art. 48 VerfEst, nach der die Mitgliedschaft in politischen Parteien für Nichtstaatsbürger ausgeschlossen ist.

---

82 Im einzelnen kann die Nützlichkeit von Standards durchaus strittig sein. Zum Beispiel war die Einführung der lettischen „Fensterregelung" (siehe Kapitel 1.3) bei der Gewährung der Staatsbürgerschaft im ausdrücklichen Einvernehmen mit EU und OSZE erfolgt. Wenige Jahre später forderten beide Organisationen jedoch vehement, diesen von Ihnen selbst ins Spiel gebrachten „Standard" abzuschaffen (Angaben in der FAZ, 27.7.1999).

Im Alltag kristallisiert sich die Diskriminierung in beiden baltischen Staaten an der Frage der Beherrschung der jeweiligen Landessprache durch die russische Minderheit. Eine berüchtigte „Sprachpolizei" wacht insbesondere in Lettland über die Einhaltung der gesetzlich vorgegebenen Standards, wobei Behördenwillkür kaum ausgeschlossen werden kann (vgl. Johnson 1998). Sprachstandards spielen an vielen Stellen eine Rolle: beim Kontakt mit staatlichen Stellen in der Geschäftswelt, bei der Festlegung von Gebührensätzen für Sprachkurse, bei der Rekrutierung von Lehrpersonal für Bildungsstätten in rein russischen Städten oder Gebieten. Insgesamt wird die alltägliche Diskriminierung in Estland durch folgenden Sachverhalt hinreichend gekennzeichnet. Im Frühjahr 1999 begann eine gesetzliche Regelung zu greifen, nach der Staatsangestellte über ein bestimmtes Niveau bei der Beherrschung der estnischen Sprache verfügen müssten. Dies betraf in Narva – einer faktisch russischen Stadt im Osten Estlands – auch die Lehrer öffentlicher Schulen und Polizisten. Nun mussten die Betroffenen, sofern sie nicht über die entsprechenden Sprachkenntnisse verfügten, nicht nur auch dann ihren Platz räumen, wenn kein Ersatz zur Verfügung stand. Darüber hinaus wurde den Entlassenen die Zahlung von Arbeitslosengeld verweigert, weil die gesetzlichen Grundlagen für ihre vorherige Anstellung ja gar nicht bestanden hätten.[83]

Auch in einer ganzen Reihe weiterer Staaten werden immer wieder Diskriminierungsvorwürfe laut. In Bulgarien, Makedonien, Rumänien und der Slowakei mussten bzw. müssen sich politische Parteien der jeweiligen Minderheit[84] einer gewissen Stigmatisierung durch das nationale Lager erwehren. Immerhin sind die entsprechenden Minderheiten jedoch seit dem Regimewechsel im Parlament vertreten gewesen, je nach politischer Konjunktur auch in Regierungsverantwortung. Die Diskriminierung erscheint also durchaus weniger stark als z.B. in Lettland. In Bulgarien, Rumänien und der Slowakei schwankte die Umsetzung der minderheitenrechtlichen Gesetze mit dem Wahlzyklus. In bestimmten Phasen verbündeten sich die Minderheitenparteien in allen drei Ländern mit der „demokratischen" Opposition gegen die Parteien der alten Kader (vgl. Kapitel 4 und 5).

Bulgarien steht hinsichtlich der verfassungsrechtlichen Verankerung des Minderheitenschutzes „am unteren Ende der Skala" (Schweisfurth/Alleweldt 1997: 63). Trotz des starken türkischen Bevölkerungsanteils kommt das Wort Minderheit in der Verfassung gar nicht vor. Zudem wird die Gründung poli-

---

83 Die Angaben stammen aus verschiedenen Interviews in Tallinn und Tartu im März 1999.
84 Respektive: *Bewegung für Rechte und Freiheiten* (DPS) für die Türken in Bulgarien, *Partei der Demokratischen Properität* (PDPSM) in Makedonien, *Ungarische Demokratische Union* (UDMR) in Rumänien sowie (seit 1998) *Ungarische Koalitionspartei* in der Slowakei.

tischer Parteien „auf ethnischer Grundlage" nach Art. 11 VerfBul untersagt. Im Jahre 1992 wurde auf dieser Grundlage die damals drittstärkste Partei im Parlament – die ethnisch türkische *Bewegung für Rechte und Freiheiten* (DPS) – fast vom Verfassungsgericht verboten. Seit dem Wahlsieg der SDS sind die politischen Konflikte mit der Minderheit jedoch deutlich zurückgegangen. Weiterhin steht in Bulgarien das „Recht auf Ausübung der eigenen Kultur" unter Gesetzesvorbehalt (Art.54 Abs. 1 VerfBul). Unter anderem wegen dieses Artikels stimmte die *Bewegung für Rechte und Freiheiten* (DPS) im Juli 1991 gegen die Verfassung.

In Makedonien führte der Streit um die albanische Mala Recica Universität zu mehreren Todesopfern (Wieland 1997: 703). Die Verfassung (Art. 48 VerfMak) sieht den Gebrauch anderer Sprachen im Bildungswesen ausdrücklich nur in Grund- und Hauptschulen vor. Gegenstand heftiger Diskussionen war die Verhaftung von vier Lokalpolitikern wegen des Hissens albanischer Flaggen auf öffentlichen Gebäuden.[85]

Auch in Rumänien ist die Regierungsarbeit nach wie vor durch die Auseinandersetzung um die Eröffnung einer ungarischen Universität in Cluj belastet. In der Russischen Föderation gelangen vereinzelt Diskrimierungen – z.b. hinsichtlich der Nichtansiedlung von Kaukasiern in Moskau (RFE/RL-Newsline, 28.5.1998) – an die Öffentlichkeit. Eine ähnliche Alltagsdiskriminierung gilt in der Slowakei, Tschechien und Ungarn den Roma und Sinti. In Russland schlägt der Krieg gegen die ethnische Minderheit in Tschetschenien zu Buche.

Etwas unklar ist die Situation in der Slowakei. Auf der einen Seite spricht Art. 34 VerfSlk den Minderheiten das Recht auf Verwendung ihrer eigenen Sprache im Bereich der Bildung und im Verkehr mit den Behörden zu. Obwohl das Recht auf Bildung in der eigenen Sprache auch weitgehend verwirklicht ist, gehörten die Auseinandersetzungen zwischen Minderheitenvertretern und Regierungsmitgliedern – meist der radikal nationalistischen *Slowakischen Nationalpartei* (SNS) – zu den lautstärksten der Region. Der Vorschlag von Vladimir Meiar von September 1997 an die ungarische Republik, die gegenseitigen Minderheiten „freiwillig zu repatriieren" (RFE/RL-Newsline, 20.9.1998), diente nicht unbedingt der Vertrauensbildung. Wie die Auseinandersetzungen um das Sprachengesetz zeigen (vgl. z.B. InsideSlovakia, 7.5.1999), bestehen die Spannungen mit den politischen Vertretern der ungarischen Minderheit weiterhin fort.

Zusammenfassend werden Minderheiten demzufolge in Bulgarien, Makedonien, Rumänien, Russland und der Slowakei vereinzelt diskriminiert

---

85 Nach den Parlamentswahlen vom Herbst 1998 wurden für die vier Lokalpolitiker Begnadigungen ausgesprochen (RFE/RL Newsline, 30.12.1998).

(vgl. Tabelle 2.16). Charakteristisch für die Staaten ohne nennenswerte Minderheitendiskriminierung sind hingegen Arrangements zur preemptiven Autonomiegewährung und politischen Integration. In der Ukraine hat der besondere Autonomiestatus der Krim das Hervortreten des latenten ethnischen Konflikts ebenso gemildert wie in Moldova den latenten Konflikt mit den Gagausen. In Polen und Slowenien, wo Minderheiten kein echtes Zahlenproblem darstellen, werden Minoritätenvertretern unabhängig vom Wahlergebnis Parlamentssitze zugesprochen.[86] Eine ähnliche Regelung gilt in Rumänien, wo in Abhängigkeit von der Wahlbeteiligung i.d.r. über ein Dutzend Minderheitenvertreter in der Abgeordnetenkammer vertreten sind.

Tabelle 2.16: Rechtliche und reale Diskriminierung ethnischer Minderheiten im postsozialistischen Europa

Keine konsolidierungsrelevante Minderheitendiskriminierung	Vereinzelte Minderheitendiskriminierung	Starke Minderheitendiskriminierung
Litauen	Bulgarien	Estland
Moldova	Makedonien	Lettland
Polen	Rumänien	
Slowenien	Russland	
Tschechien*	Slowakei	
Ungarn*		
Ukraine		

* Allerdings: in einzelnen Landes- und bei einzelnen Bevölkerungsteilen faktische Diskriminierung von Sinti, Roma und anderen Zigeunerstämmen (vgl. Kapitel 1.3).

Im Hinblick auf die demokratische Konsolidierung müssen somit einige Staaten mit einer zusätzlichen Hypothek zurechtkommen. Wo nationale Minderheiten wie etwa in Bulgarien, Makedonien, Rumänien und der Slowakei über eine politische Repräsentanz verfügen, wird das Parteiensystem um eine wichtige Konfliktlinie bereichert. Wo das politische Bewusstsein der Minderheiten wie in den ehemaligen Sowjetrepubliken eher schwach ausgebildet ist, müssen deren politische, kulturelle und sprachliche Rechte dennoch gewahrt werden. Staaten mit bedeutenden ethnischen Minderheiten

---

86 Wegen des polnischen Wahlsystems kommen die Bestimmungen allerdings nur solchen Bevölkerungsgruppen zugute, die gemeinsam siedeln. So entsendet die deutsche Minderheit durch die Aufhebung der Sperrklausel in den entsprechenden Wahlkreisen Vertreter in den Sejm. Der genauso starken ukrainischen Minderheit wird diese Möglichkeit dagegen verwehrt (Ziemer 1999: 342).

haben demokratische Standards auf einer zusätzlichen Ebene zu erfüllen, und dies erschwert den Konsolidierungsprozess.

2.7. (Kurze) Zusammenfassung

Der Nestor der liberalen Demokratietheorie des 20. Jahrhunderts, Robert Dahl, schrieb 1996 in einem Aufsatz über die wesentlichen Wirkungsfaktoren für den Fortbestand von Demokratie:

> For developing and maintaining democratic political institutions, constitutional arrangements are less important than the existence of certain favorable conditions (...) The experience of the stable democracies shows that in countries where the conditions are highly favorable, constitutional variations have no effect on the stability of basic democratic institutions (Dahl 1996: 178, 185).

Ob sich dieser Befund auch für das Ländersample der Demokratien des postsozialistischen Europa bestätigen lässt, mag an dieser Stelle noch dahingestellt bleiben – mit der Frage der Gewichtung der im Verlaufe dieser Arbeit betrachten Variablengruppe werden wir uns im Schlusskapitel (Kapitel 6.1) beschäftigen. Es sei allerdings bereits hier darauf verwiesen, dass die gemeinsame Betrachtung aller in diesem Kapitel diskutierten Kontextbedingungen große Unterschiede innerhalb der postsozialistischen Staaten offenlegt (Tabelle 2.17).

Polen, Tschechien und Ungarn verfügen in allen oder fast allen Bereichen über günstige Voraussetzungen zur Konsolidierung ihrer jungen Demokratien. Vor allem wirken in diesen drei Staaten keine Faktoren, die nach dem Stand der Transformationsforschung einen negativen Einfluss auf die Konsolidierung der Demokratie ausüben. In der Slowakei und Slowenien wirken zwar auch überwiegend demokratiefördernde Kontextbedingungen. Von den übrigen mitteleuropäischen Staaten weichen die beiden Staaten aber insofern ab, als der Regimewechsel die „Demokratisierer" der Regimeopposition nicht sofort an die Macht gebracht hat. Die Slowakei hat darüber hinaus mit dem konsolidierungshemmenden Faktor der ungarischen Minderheit zu kämpfen und konnte – bis 1998 – keinen Zugang zum Kreis der EU-Beitrittskandidaten gewinnen. In Estland, Lettland und Litauen wirken sowohl demokratiefördernde und demokratieabträgliche Kontextbedingungen. Lettland und Litauen wurden bis 1998 von der EU als mögliche Beitrittskandidaten außen vor gelassen. Hinsichtlich des sozio-ökonomischen Entwicklungsstandes und der Tiefe des Transformationstales liegen die baltischen Staaten deutlich hinter den übrigen Staaten Mitteleuropas.

Tabelle 2.17: Verteilung konsolidierungsrelevanter Kontextbedingungen im postsozialistischen Europa, Stand: 1998

		Vorautokratische Demokratieerfahrungen[I]	Ethnische Homogenität[II]	Art des Regimewechsels[III]	Internationale Einbettung[IV]	Sozio-ökonomischer Entwicklungsstand[V]	Wirtschaftliche Entwicklung seit 1989/1991[VI]
Günstige Kontextbedingungen	Polen	O	+	+	+	+	+
	Tschechien	+	+	+	+	+	O
	Ungarn	O	+	+	+	+	+
Grenzfälle	Slowakei	+	O	O	O	+	+
	Slowenien	–	+	O	+	+	+
Mäßige Kontextbedingungen	Estland	O	–	+	+	O	O
	Lettland	O	–	+	O	O	O
	Litauen	O	O	+	O	O	O
Grenzfälle	Bulgarien	O	O	–	O	O	–
	Rumänien	O	O	–	O	O	–
Ungünstige Kontextbedingungen	Makedonien	–	–	–	–	O	O
	Moldova	–	O	–	–	–	–
	Russland	–	O	–	–	O	–
	Ukraine	–	O	–	–	–	–

[I] Jeweils vor dem Zweiten Weltkrieg: + = gefestigte Demokratie, O = Demokratie mit kurzer Lebensdauer und/oder autokratischen Elementen, – = keine Demokratie.
[II] Konsolidierungsrelevante Minderheitenverteilung: – = kompakt siedelnde Minderheiten mit Bevölkerungsanteil > 20%, + = Minderheitenanteil < 10%, O = alle übrigen Konstellationen.
[III] Zusammenführung der Faktoren „Konstellation in der Regimewechselphase" und Ausgang der ersten freien Wahlen". + = Durchmarsch der Demokratisierer, O = unklar, – = Fortdauernder Einfluss der Vertreter des *ancien régime*.
[IV] + = Beitrittskandidat der EU, O = Assoziationsvertrag mit der EU, – = alle übrigen Staaten.
[V] Entwicklungsniveau der Staaten nach dem Human Development Report: + = relativ hohes, O = mittleres, – = relativ geringes Entwicklungsniveau (vgl. Tabelle 2.7).
[VI] Zusammenführung der Faktoren Wachstumspfad und Tiefe des Transformationseinbruchs + = erfolgreich, O = mäßig erfolgreich, – = wenig erfolgreich.

Über ungleich ungünstigere Kontextbedingungen verfügen die ost- und südeuropäischen Staaten. Hier bestehen noch einmal zwei Subgruppen. Zunächst vereint Bulgarien und Rumänien ein für die Demokratisierung eher ungünstiger Verlauf des Regimewechsels. Ehemals regimeoppositionelle Gruppen konnten sich nicht durchsetzen, Kader aus der zweiten Reihe des *ancien régime* bestellten die ersten Regierungen, die aufgrund freier Wahlen zustande gekommen waren. Bewirkte dieser unvollkommene Wechsel auf der politischen Seite eine gewisse Tendenz zum Fortdauern illiberal-bürokratischer Herrschaftsmuster, so waren die Folgen in der wirtschaftlichen Sphäre verheerend. Halbherzige Umgestaltungsversuche, gepaart mit halblegaler Insiderprivatisierung, ließen beide Staaten in der Mitte der neunziger Jahre in ein tiefes zweites Transformationstal rutschen.

In der zweiten Subgruppe der GUS-Staaten kommen noch zusätzliche negative Einflüsse hinzu. Aus dem „Regimewechsel" gingen fast keine neue Eliten in dem Sinne hervor, dass sich aus Wählersicht klare Unterscheidungen zwischen politischen Lagern treffen ließen. Das Ausmaß der Elitenbereicherung auf Kosten der Allgemeinheit erscheint noch einmal höher als in den Staaten Südosteuropas (vgl. nochmals Hellman 1998). In Russland und der Ukraine lassen sich beim besten Willen keine vorautokratischen Demokratie- oder rechtsstaatlichen Traditionen erkennen. Moldova verfügt nicht über eine ungebrochene staatliche Kontinuität. Bei allen GUS-Staaten bestehen in absehbarer Zeit keine Aussichten auf Integration in westliche Bündnisse (die mit den Forderungen nach Einhaltung demokratischer Normen Druck auf etwaige Beitrittskandidaten ausüben können, vgl. Kapitel 2.3).

Makedonien weist demgegenüber vor allem wegen seiner prekären Lage an den Rändern Jugoslawiens und Albaniens ungünstige Konsolidierungsbedingungen auf. Die handelspolitische Isolierung, noch jahrelang verstärkt durch bulgarische und griechische Embargos, hat dem Lande eine positivere wirtschaftliche Entwicklung verwehrt. Das wichtigste politische Problem besteht im Grunde nicht in der Konsolidierung des politischen Regimes, sondern des staatlichen Gebildes als ganzem. Insgesamt weisen damit sechs Staaten eher ungünstige Voraussetzungen für die Etablierung der Demokratie auf. Der Frage, warum einige von ihnen auf dem Niveau eines minimaldemokratischen Regimes verbleiben, während in anderen gewisse Fortschritte bei der Verfestigung der Demokratie verzeichnet werden können, führt damit ins Herz der postsozialismusbezogenen Konsolidierungsforschung. Ihr soll sich im Abschlusskapitel nochmals zugewandt werden.

3. Regierungssysteme und demokratische Konsolidierung

In diesem und den beiden folgenden Kapiteln wird versucht, der Beziehung zwischen den wichtigsten politischen Institutionen der Vergleichsländer und dem jeweiligen Stand der demokratischen Konsolidierung nachzugehen. Zuerst werden dafür die Regierungssysteme (Kapitel 3), anschließend die Parteiensysteme (Kapitel 4 und 5) untersucht. Die Wirkung bestimmter Kontextbedingungen (vgl. Kapitel 2) und die Besetzung der Institutionen durch individuelle Akteure werden zwar am Rande immer wieder mit betrachtet; die systematische Zusammenfassung zu einem gebündelten Modell erfolgt jedoch erst im Abschlusskapitel.

Die Auseinandersetzung mit den einzelnen politischen Institutionensystemen folgt dabei einem gemeinsamen Muster. Bevor eine direkte Verbindung zwischen einzelnen Elementen der Regierungs- und Parteiensysteme mit der demokratischen Konsolidierung etabliert wird, werden zunächst bestehende Typologien, Modelle und theoretische Ansätze gesichtet. Aus einer empirisch orientierten Perspektive wird dann versucht, Urteile über deren Nützlichkeit zu bilden. Hinsichtlich der Regierungssysteme bestehen hier umfangreichere Vorarbeiten. Diesem Unterfangen wird daher bei den Parteiensystemen ein ganzes Kapitel (Kapitel 4), bei den Regierungssystemen hingegen nur zwei Unterkapitel (Kapitel 3.1 und 3.2) gewidmet.

3.1 Regierungssysteme: bestehende Typologien und Einordnung der postsozialistischen Fälle

Da Verfassungen die Grundlage des *mainstream* der vergleichenden Lehre von Regierungssystemtypen bilden, stehen sie zunächst auch im Zentrum der Betrachtung der Regierungssysteme im östlichen Europa. Informelle Institutionen und die Verfassungspraxis können erst in die Analyse einbezogen werden, wenn Klarheit über die dem Verfassungstext innewohnenden Entfaltungspotenziale für Institutionen und (in ihnen agierende) politische Akteure besteht. Relevant für den postsozialistischen Kontext bleiben dabei die am Gegenstand der etablierten westlichen Demokratien entwickelten Modelle.

Als wichtigstes Unterscheidungsmerkmal im „Verfassungsstaat der Neuzeit" (Friedrich 1953) gilt die Stellung der Exekutive gegenüber der Legislative. Im britischen Westminster-Modell gab es nicht mehr die für Montesquieu grundlegende Gewaltentrennung, sondern die Verschränkung von

Regierung und der sie stützenden Parlamentsmehrheit. Die Dualität zwischen Regierungsmehrheit und Opposition wurde zwar von Walter Bagehot bereits im Jahre 1867 beschrieben, als eigener Regierungstyp aber erst relativ spät in den Verfassungslehren des 20. Jahrhunderts anerkannt (z.B. Loewenstein 1959). In der Fachdisziplin der Vergleichenden Analyse politischer Systeme etablierte sich dann das Kriterium der Abberufbarkeit von Regierungen als konstitutives Merkmal parlamentarischer Regierungssysteme (zusammenfassend Steffani 1979). Ist eine Mehrheit des Parlaments grundsätzlich in der Lage, per Votum das Ende einer amtierenden Regierung herbeizuführen, sind Regierungssysteme demnach als parlamentarisch anzusehen. Kann eine Regierung – wie beispielsweise in den USA – ohne explizite Unterstützung des Parlaments ihre Geschäfte führen, handelt es sich um ein präsidentielles Regierungssystem.

Durchaus bewußt verzichtete Steffani mit seiner Typologie auf eine gleichzeitige Erfassung des präsidentiellen Machtpotenzials im Regierungssystem (vgl. auch Steffani 1996). Die Fünfte Französische Republik hatte als parlamentarisches Regierungssystem zu gelten, obwohl in der realen Politik der Präsident eine wichtige, wenn nicht in Person Charles de Gaulles die herausragende Stellung einnahm. Insofern war es kein Zufall, dass es ein französischer Politikwissenschaftler war, der sich mit den vorherrschenden Regimetypen nicht zufrieden gab und zunächst die Bezeichnung und später das Modell des semipräsidentiellen Regierungssystems ersann (Duverger 1970, 1980).

Trotz des begrifflichen Rückgriffs auf den Präsidentialismus ist das semipräsidentielle Modell entstehungsgeschichtlich als Erweiterung des Parlamentarismus zu verstehen (vgl. Kaltefleiter 1970: 129). Als konstitutiv für den Semipräsidentialismus gilt denn auch – neben der Direktwahl des Präsidenten – mit der Abberufbarkeit der Regierung durch das Parlament das Kernkriterium des Parlamentarismus. Anders als Steffani fußte Duverger sein Modell nicht mehr allein auf das in der Verfassung festgeschriebene Verhältnis von Regierung, Präsident und Parlament. Vielmehr bildete sein international am breitesten rezipierter Artikel aus dem Jahre 1980 eine Auseinandersetzung mit der Tatsache, dass in sieben Ländern mit semipräsidentiellen Regierungssystemen die Machtfülle der Präsidenten in der Praxis stärker variierte als die jeweiligen Verfassungstexte implizierten.

Die Erkenntnis, dass innerhalb des Semipräsidentialismus differenziert werden muss, wurde insbesondere bei Shugart und Carey (1992) weiter ausgebaut. Die beiden US-amerikanischen Autoren zeigten sich vor allem an Zwischentypen interessiert und unterschieden zwischen *president-parliamentary* und *premier-presidential* Regimes. In ersterem Regimetyp verfügt der Präsident über „maximale", im zweiten über „minimale" Autorität über die Regierung (Shugart/Carey 1992: 26). Die Differenzierung vollzogen Shugart und Carey an Regulierungen des Gewaltenverhältnisses, wie sie in Verfassungen niedergelegt waren: kann der Präsident Minister ohne Einverständnis des Parlaments ernennen? Bedarf die Entlassung eines Ministers der Gegenzeichnung des Premierministers? Unter welchen Umständen – wenn überhaupt – können Präsident und Parlament einander absetzen? Entsprechende Analysen wurden im Hinblick auf das postsozialistische Europa angefertigt (Merkel 1996, Shugart 1996) und kommen zu weitgehend übereinstimmenden Ergebnissen (vgl. Tabelle 3.1).

Tabelle 3.1: Typen von Regierungssystemen im postsozialistischen Europa

Typeneinteilung		Empirische Zuordnung	
Duverger	*Shugart/Carey 1992*	*Shugart 1996*	*Merkel 1996*
Präsidentiell	*Präsidentiell*	Belarus Ukraine	Belarus
Semipräsidentielles Regierungssystem	*Präsidentiell-Parlamentarisch*	Kroatien Russland	Russland Ukraine
	Parlamentarisch-Präsidentiell	Litauen Moldova Polen Rumänien	Kroatien Litauen Polen Rumänien
	Parlamentarisch (mit direkt gewähltem Präsidenten)	Bulgarien Makedonien Slowenien	Bulgarien Slowenien
Parlamentarisches Regierungssystem	*Parlamentarisch (ohne direkt gewählten Präsidenten)*	Albanien Estland Lettland Slowakei Tschechien Ungarn	Albanien Estland Lettland Slowakei Tschechien Ungarn

Die wichtigsten formalen Kriterien zur Unterscheidung parlamentarischer und semipräsidentieller Regierungssysteme sind dabei nach Duverger die Struktur der Exekutive und der Wahlmodus für das Präsidentenamt. Über diese Kriterien hinaus muss ein direkt gewähltes Staatsoberhaupt im semipräsidentiellen Regierungssystem über gewisse eigene Kompetenzen verfügen, die den Sprachgebrauch der „doppelten Exekutive" rechtfertigen. Hinsichtlich unserer Fälle ergibt sich ein Definitionsproblem einzig in Slowenien, da der Präsident dort nicht einmal in der Außen- und Sicherheitspolitik einen eigenen Spielraum zur Verfügung hat (Art. 107 VerfSln).

Selbst in den nach der Machtverteilung „parlamentarischen" semipräsidentiellen Regierungssystemen Bulgarien, Makedonien und Moldova schließt der Präsident außenpolitische Verträge ab; hierzu werden auch politische Handlungsfreiräume zugestanden (Art. 99-100 VerfBul, Art. 84, 86 VerfMak, Art. 86 VerfMol). Zusätzlich genießt der Präsident in diesen drei Staaten ein suspensives Vetorecht und kann die Regierungsbildung durch den Vorschlag eines Ministerpräsidenten mitunter maßgeblich beeinflussen. In Slowenien hingegen verschiebt die Verfassung das Vetorecht auf den Staatsrat – die nach korporativen Gesichtspunkten gebildete zweite Parlamentskammer –, und der Präsident hat auch keinen Zugriff auf die Regierungsbildung. Anders als bei allen übrigen semipräsidentiellen Regierungssystemen des postsozialistischen Europa rechtfertigt sich die Zuordnung für den slowenischen Fall also allein durch das Kriterium der Volkswahl des Präsidenten.

Die Unterscheidung parlamentarischer, parlamentarisch-präsidentieller, präsidentiell-parlamentarischer und präsidentieller Regierungssysteme folgt bei Shugart/Carey (1992) vor allem, aber nicht alleine dem Kriterium der von den jeweiligen Verfassungen vorgegebenen Machtverteilung zwischen Parlament, Regierung und Präsident. Im parlamentarischen Regierungssystem sind die Verhältnisse vergleichsweise am klarsten: eine Regierung kann ohne das Vertrauen des Parlaments – d.h. solange das Parlament kein Misstrauen ausspricht – nicht überleben. Ein mit eigenen Kompetenzen ausgestatteter Präsident kann diese Beziehung in vierfacher Weise verkomplizieren. Erstens besitzt er häufig das (Erst)Vorschlagsrecht für einen Kandidaten zum Premierminister, zweitens konkurriert er mit diesem um sich zuweilen überlappende exekutive Kompetenzen, drittens kann der Präsident den Rücktritt einer Regierung unabhängig vom Parlament fordern, fördern oder durchsetzen, viertens ist das Parlament als Unterbau der Regierung u.U. vom Präsidenten abhängig, wenn dieser über ein Auflösungsrecht verfügt.

Gerät also die Machtbalance zwischen Legislative und doppelter Exekutive ins Blickfeld, bekommt die direkte Präsidentenwahl als Grundlage der Typologisierung von Regierungssystemen sekundären Charakter. Bei Shugart/Carey (1992) verliert das Kriterium folglich seine zentrale Position. Statt dessen wird nun ausschlaggebend, ob das Parlament bei der Wahl oder der Abberufung der Regierung souverän ist – nur dann handelt es sich um ein parlamentarisches Regierungssystem (Shugart/Carey 1992, Merkel 1996, vgl. auch Shugart 1996).[87]

---

87 Merkel (1996: 78) fügt dem noch die Souveränität in der Gesetzgebung als zweites Kriterium hinzu. Im Hinblick auf das postsozialistische Europa wäre dies präzisierungsbedürftig: Das präsidentielle Recht auf Gesetzesinitiative ist breit gestreut, auch parlamentarische Systeme kennen ein präsidentielles Vetorecht, und in der Umbruchsphase haben sich in vielen

Allerdings handelt es sich auch hier um ein kompliziertes Unterscheidungsmerkmal. Die parlamentarische Kontrolle der Regierung beinhaltet nämlich deren Inamtsetzung, die sachliche Kontrolle in der Parlamentsarbeit sowie den möglichen Vertrauensentzug, und in der postsozialistischen Empirie sind diese Elemente durchaus unterschiedlich verteilt. Im vermeintlich parlamentarischen Albanien – um ein besonders eklatantes Beispiel zu nennen – waren unter Präsident Berisha weder Regierungsbildung noch Regierungsführung Sache der parlamentarischen Mehrheitsfraktion der *Demokratischen Partei* (PDSh), deren politischer Führer Berisha war. In Bulgarien hat der Präsident trotz geringer Kompetenzen im politischen Tagesgeschäft einen recht großen Einfluss auf die Regierungsbildung, muss aber deren Absetzung letztlich allein der Legislative überlassen. Am ehesten lässt sich noch generalisieren, dass sich im postsozialistischen Europa die direkt gewählten Präsidenten die Initiative eher bei möglichen Regierungsrücktritten als bei Regierungsbildungen aus der Hand nehmen lassen.

Da das wichtigste typenbildende Merkmal von Shugart/Carey und Merkel damit seine Eindeutigkeit verliert, gerät die ganze Typologie unter Druck. Auch das Kriterium für den Übergang vom parlamentarisch-präsidentiellen zum präsidentiell-parlamentarischen System büßt an Überzeugungskraft ein. Ob der Präsident die Möglichkeit hat, „die Regierung oder den Regierungschef gegen den Willen der Parlamentsmehrheit zu entlassen" (Merkel 1996: 29), stellt eben nicht die einzige Dimension der Machtbalance zwischen Parlament, Regierung und Staatsoberhaupt dar. Die Existenz politisch konkurrierender Spitzen der bipolaren Exekutive kann zudem die Aufgabe der Zuordnung beträchtlich erschweren: Sind die überaus konfliktgeladenen Entlassungen der Regierungen Olszewski, Suchocka und Pawlak in Polen nun dem Parlament oder dem Präsidenten (seinerzeit Lech Wałęsa) anzurechnen?

Damit ist ein letztes und grundlegendes Problem angesprochen. Der Spagat zwischen einer auf Verfassungsbestimmungen beruhenden Typeneinteilung und möglichen Abweichung von – aufgrund dieser Verfassungsbestimmungen – erwarteten Machtverhältnissen kann bei allen bestehenden Typologien im Hinblick auf einzelne Fälle recht weit werden. Zum einen kann es gerade in noch nicht routinisierten Regierungssystemen passieren, dass geschriebene Verfassungen reale Machtverhältnisse nur in unbefriedigender Weise abbilden. Das Faktische muss sich nicht an die vermeintlich normative Kraft von Grundgesetzen halten. Zum anderen können in der Machtbalance zwischen Parlament, Regierung und Präsident verschiedene Austauschbeziehungen den Status funktionaler Äquivalente einnehmen. Kann beispielsweise ein Präsident seine Macht über die Regierung nicht per

---

Ländern präsidentielle Dekrete als Gesetzesersatz einer breiten Beliebtheit erfreut.

direkter Entlassung geltend machen, treten vielleicht die Ausübung des Veto- oder Dekretrechts so lange ihren Dienst an, bis die Regierung wegen der Blockade wichtiger Gesetze auch an der parlamentarischen Front an Rückhalt verliert.

Im folgenden soll daher für die Typologisierung zunächst am Begriff des semipräsidentiellen Regierungssystems festgehalten werden. Anders als bei der Typologie von Shugart/Carey sickern hier weniger Plausibilitätsannahmen über die vermeintlichen Auswirkungen technischer Einzelelemente von Regierungssystemen durch (vgl. auch Elgie 1998). Das semipräsidentielle Modell basiert auf eindeutigen, durch die Unwägbarkeiten der realen Machtausübung nicht verfälschbaren Kriterien – der Abberufbarkeit der Regierung und der Volkswahl des Präsidenten. Die Gefahr der Inkongruenz von kriterienbasierter Typologie und realitätsorientierter Einordnung besteht damit in geringerem Maße. Die typologische Klarheit wird allerdings dadurch erkauft, dass die Typen allein auf dem Verfassungstext, nicht aber an der daraus erwachsenden politischen Wirklichkeit orientieren. Die bestehenden Regierungssystemtypologien der vergleichenden Regierungslehre verlangen damit im Hinblick auf die postsozialistische Empirie eine Trennung zwischen kriterienbasierten kontingenten Typenbetrachtungen auf der einen und kontextbewußten Wirkungsanalysen von Regierungssystemelementen auf der anderen Seite.

Für die induktive Erfassung von Wirkungen, die Regierungssysteme im postsozialistischen Europa gehabt haben, sind vor allem vergleichsweise instabile Regierungssysteme interessant. Zur Verdeutlichung sei daher zunächst auf die zwei Nichtdemokratien Albanien und Belarus verwiesen. Der albanische Fall hat bis zum erfolgreichen Verfassungsreferendum im November 1998 gleich mehrere grundsätzliche Probleme aufgeworfen. Zunächst bestand über die Gültigkeit der Verfassung Unklarheit, weil die amendierte postsozialistische Übergangsverfassung von 1991 von allen politischen Kräften als änderungsbedürftig angesehen wurde.[88] Ein Verfassungsreferendum, welches erst durch eine umstrittene Änderung der noch gültigen Verfassung möglich geworden war, ergab im November 1994 eine Ablehnung des von der PDSh favorisierten Entwurfes. Die Übergangsverfassung war damit gleichwohl zusätzlich delegitimiert. Auf Anfrage war die albanische Botschaft in Bonn im Januar 1998 nicht in der Lage, einen gültigen Verfassungstext zu benennen. Nimmt man dennoch – vielleicht für die Zeit von 1992 bis 1994 – die Geltung der Übergangsverfassung an, ergibt sich infolge der überaus voluntaristischen Amtsführung von Präsident Berisha

---

88 Vgl. Schmidt-Neke (1991). 1992 wurde diese Übergangsverfassung nochmals geändert. Dem Präsidenten wurden dabei einige zusätzliche Rechte zugesprochen.

(1992-1997) eine bemerkenswerte Diskrepanz zwischen den verbrieften Rechten des Präsidenten und seiner realen Machtfülle. Eigentlich besitzt das Staatsoberhaupt kein Recht zur Einmischung in die aktuelle Regierungsarbeit. Dennoch übte Berisha in der Praxis das Amt des Regierungschefs aus, wie an einer ganzen Reihe von Beispielen gezeigt werden kann (vgl. Schmidt-Neke 1995).

Mit dem albanischen Beispiel stellt sich das Problem der Typenzuordnung ganz allgemein. Weil der albanische Präsident nicht direkt gewählt wird, erfolgt im Referenzrahmen der trias Parlamentarismus – Semipräsidentialismus – Präsidentialismus automatisch eine Zuordnung zum Parlamentarismus. Die mit der Typenzuordnung verbundene Plausibilitätserwartung, ein Parlament werde im parlamentarischen System eine größere Machtfülle besitzen als in anderen Systemtypen, sieht sich im albanischen Fall jedoch zumindest für die Phase 1992-1997 gründlich getäuscht. Ganz ähnlich wie in Frankreich besitzt der albanische Präsident das Recht zur Ernennung der Regierung, er benennt die Leiter anderer Behörden, besitzt ein materiales Vetorecht gegen Gesetze und kann auch in politischen Fragen das Parlament auflösen. Schmidt-Neke (1991) hat daher seinerzeit Albanien ganz zu Recht als „Präsidialrepublik" tituliert.

Die Diskrepanz zwischen Regimetypeneinordnung und den aus der Typeneinordnung folgenden Erwartungen an das Verhältnis der Regimeelemente zueinander ist in Albanien besonders groß. Analoges gilt jedoch für eine ganze Reihe von Ländern. Belarus wird seit dem Verfassungsreferendum 1996 als „Präsidialdiktatur" (Lindner 1997) geführt, stellt aber aus typologischer Sicht eine Sonderform des semipräsidentiellen Regierungssystems dar (vgl. auch Sahm 1998). Art. 94 VerfBel spricht ausdrücklich von der Möglichkeit der Vertrauensfrage und des Misstrauensvotums. Allerdings wird die Verantwortlichkeit der Regierung vor dem Parlament in Art. 106 VerfBel stark relativiert, da bei Ablehnung des Rücktritts durch den Präsidenten „die Regierung fortfährt, ihre Befugnisse wahrzunehmen".

Nach diesen kurzen Kommentaren aber wieder zurück zu unseren Vergleichsstaaten. In Bulgarien, Litauen, Makedonien, Moldova, Rumänien und Slowenien erfordern die Direktwahlen zum Präsidentenamt die Einordnung als semipräsidentielle Regierungssysteme. Außerdem stehen und fallen in allen Ländern die Regierungen mit entsprechenden parlamentarischen Mehrheiten. De facto kann also die Abhängigkeit der Regierung vom Parlament konstatiert werden (vgl. Tabelle 3.2). In allen genannten Ländern außer Slowenien besitzen die Präsidenten Kompetenzen bei der Bestellung einer neuen Regierung. In Bulgarien ist die Regierungsbestellung am detailliertesten geregelt. Der Präsident muss nacheinander Kandidaten der größten, der zweitgrößten und dann einer nachfolgenden Parlamentsfraktion vorschlagen, die jeweils sieben Tage Zeit zur Regierungsbildung haben (Art. 99 VerfBul).

Obwohl dieses Verfahren auch bei wahlunabhängigen Regierungskrisen anzuwenden ist (Art. 111 VerfBul), haben sich bulgarische Präsidenten bei der Bildung von Regierungen mehrmals stark einmischen können.[89] In Makedonien und Moldova verfügen die Präsidenten über strukturell ähnlich gelagerte Kompetenzen (Art. 84 VerfMak, Art. 82 VerfMol).

Tabelle 3.2: Regierungssystemtypen und Verfassungswirklichkeit im postsozialistischen Europa

	Formal parlamentarisches Regierungssystem	*Formal semipräsidentielles Regierungssystem*
De facto Abhängigkeit der (im Amt befindlichen) Regierung vom Parlament	Estland Lettland Slowakei Tschechien Ungarn	Bulgarien Litauen Makedonien Moldova Rumänien Slowenien
De facto doppelte Exekutive	Albanien (bis 1998)	Polen Ukraine
De facto präsidial dominierte Exekutive		Belarus (seit 1996) Russland (seit 1993)

Rumänien und Litauen werden in der Literatur als semipräsidentielle Regierungssysteme mit vergleichsweise starkem Präsidialeinschlag angesehen (vgl. Merkel 1996, Brunner 1996). Diese Einschätzung lässt sich aus den Verfassungen nur mühsam ableiten. Der rumänische Präsident kann bei Fragen von nationalem Interesse den Vorsitz bei Kabinettsitzungen übernehmen (Art. 87 VerfRum). Die litauische Verfassung spezifiziert die Umstände einer möglichen Entlassung der Regierung nicht (Art. 87 VerfLit) und gibt dem Präsidenten damit vielleicht einen etwas größeren Spielraum (Brunner 1996: 83). In beiden Ländern haben die Präsidenten allerdings nur beschränkten Einfluss auf die Regierungsbildung, und ihre Möglichkeiten zur Mitformulierung der Politik, auch der Außenpolitik, sind nicht ausgeprägter als in den vergleichbaren Nachbarstaaten.

Für den „präsidentielleren" Status beider Staaten muss es also andere Gründe geben. Diese liegen vermutlich in der politischen Sichtbarkeit von Präsidenten zu bestimmten Perioden. In Rumänien überstrahlte Präsident

---

89 Präsident Želev und die Regierungen Berov (Dezember 1992) und Indzova (Oktober 1994), Präsident Stojanov und Regierung Sofianski im Februar 1997.

Iliescu die jeweils amtierenden Regierungen, weil er faktisch[90] der Vorsitzende der stärksten parlamentarisch vertretenen Partei war. Die prekäre Konstellation der PDSR, über weite Strecken der Legislaturperiode 1992-1996 mit Extremparteien vom rechten und linken Rand regieren zu müssen, stellte die Regierung häufig vor verfassungsrechtlich bedenkliche Fragen – z.b. die Übereinkunft der Regierung Vacaroiu, für das Jahr 1992 lediglich ein begrenztes Regierungsprogramm vorzulegen oder die von der Verfassung nicht gedeckte Entlassung zahlloser lokaler Mandatsträger im Jahre 1995. Dadurch agierte in Rumänien der Präsident als Parteipolitiker, nicht als Repräsentant.

In Litauen dagegen verschaffte vor allem der Cohabitations-Konflikt zwischen Präsident Brazauskas und Premierminister Landsbergis dem Präsidentenamt Sichtbarkeit; ähnliches galt bis zum Sommer 1999 auch für das Nebeneinander von Premierminister Vagnorius und Präsident Adamkus. Wegen des gemeinsamen politischen Zieles der Westintegration materialisierten sich die Konflikte allerdings eher auf Nebenschauplätzen.[91] Obwohl der litauische Präsident die Grundlagen außenpolitischer Fragen festlegt (Art. 84 VerfLit), kann ein einiges Parlament hier seinen Willen letztlich ebenso durchsetzen wie bei der Besetzung der Regierung. Sowohl in Rumänien als auch Litauen besteht also de facto die Abhängigkeit der Regierung vor allem vor dem Parlament.

Die z.T. unterschiedlichen Kompetenzen der bulgarischen, litauischen, makedonischen, moldauischen und rumänischen Präsidenten im außen- und sicherheitspolitischen Bereich könnten die Grundlage weiterer Unterscheidungen bilden (vgl. Shugart 1996). Im innerregionalen Vergleich überwiegen jedoch die Gemeinsamkeiten. In allen sechs Ländern unterstehen Außen- und Verteidigungsminister dem jeweiligen Premierminister, für vom Präsidenten geschlossene Verträge besteht Ratifizierungspflicht. Auch das Vetorecht hat in allen Ländern lediglich aufschiebende Wirkung, zumindest solange eine Regierungsmehrheit im Parlament besteht. Letztlich kann der Präsident keine Politik gegen eine von der Parlamentsmehrheit gestützte Regierung betreiben.

Genau dies ist in Polen und der Ukraine anders. Der wichtigste Unterschied besteht dabei weniger in formalen Verfügungsspielräumen des Präsidenten über die Regierung als in der Existenz eines nur mit qualifizierter

---

90 Wegen Art. 84 VerfRum musste Iliescu aus der *Front der Nationalen Rettung* – später die *Partei der Sozialen Demokratie* (PDSR) – austreten.
91 Beispiele: Veto des Präsidenten gegen die Ausweitung des Restitutionsgesetzes (1997), überstimmtes Veto beim Telekommunikationsgesetz (1998). Präsident Adamkus versuchte die Grenzen seiner Einwirkungsmöglichkeiten u.a. bei Ernennungsprozeduren zu einigen staatlichen Ämtern auszutarieren (vgl. FAZ, 26.3.1999), was dann später auch zum Rücktritt von Adamkus führte.

Mehrheit zu überstimmenden Vetos.[92] In beiden Ländern wird das Vetorecht von den jeweiligen Präsidenten konjunkturabhängig genutzt. In Polen belegte Präsident Wałęsa zwischen 1990 und 1995 22 Gesetze mit einem Veto und verwies weitere 9 an das Verfassungsgericht. Von 1995 bis Anfang 1998 nahm Präsident Kwaśniewski sein Vetorecht nur vier Mal in Anspruch (Business Central Europe, 2/1998: 21). Generell lässt sich der Einfluss eines qualifiziert suspensiven Vetorechts allerdings an Zahlen über dessen Einsatz kaum messen, da der Gesetzgeber in Erwartung eines möglichen Vetos eine Vielzahl von Gesetzen mit der Präsidialbürokratie abstimmt (so das Argument bereits bei Carl Schmitt). In der Ukraine hat der Konflikt um den Haushalt bislang noch in jedem Jahr zu einem veritablen Gewaltenkonflikt geführt, weil zwischen den jeweiligen Präsidenten und Parlamenten über die mit dem Haushalt verbunden politischen Präferenzen grundsätzliche Differenzen bestehen. Neben dem stärkeren Vetorecht lässt sich in den ukrainischen und polnischen Verfassungen auch eine im Vergleich ausführlichere und detailliertere Niederschrift der präsidialen Machtbefugnisse verzeichnen. Art. 144 VerfPol und Art. 106 VerfUkr führen jeweils über zwanzig Bereiche auf, in denen der Präsident unabhängig von der Regierung – von der Gegenzeichnungspflicht befreit – agieren kann.

In Polen unterstehen dem Präsidenten seit der Verfassung von 1997 nicht mehr die sogenannten Gewaltminister (Äußeres, Inneres, Verteidigung), um deren Zuordnung es unter Wałęsa immer wieder Streit gegeben hatte. Überhaupt hat die neue Verfassung die Gewichte zugunsten des Premierministers und damit zugunsten der Parlamentsmehrheit verschoben. Das neue konstruktive Misstrauensvotum (Art. 158 VerfPol) sowie das Recht des Parlaments, sich bei Nichtgefallen des vom Präsidenten vorgeschlagenen Ministerpräsidenten innerhalb von zwei Wochen auf einen eigenen Kandidaten zu einigen, lassen die Einflussmöglichkeiten des Präsidenten auf die Regierungsbildung sogar als vergleichsweise gering erscheinen. Über das Vetorecht (und in der Ukraine das Dekretierungsrecht des Präsidenten, siehe unten) öffnen die polnischen und ukrainischen Verfassungen den strukturell bipolaren Exekutiven einen potenziell politisch aktiven Präsidenten, der auch einer geschlossenen Regierungsmehrheit als echter Antipode gegenüberstehen kann, ohne dass es gleich zu Verfassungskonflikten kommen muss. Obwohl den Präsidenten die *domaine reservée* der jederzeitigen Parlamentsauflösung fehlt, ähneln beide Regierungssysteme dem Modell des französischen Semipräsidentialismus deutlich stärker als dies die übrigen Staaten des postsozialistischen Europa tun. Dennoch wird in den beiden Ländern auf recht

---

92 In Polen seit 1997: 3/5-Mehrheit (Art. 122 VerfPol), Ukraine: 2/3-Mehrheit (Art. 94 VerfUkr).

unterschiedliche Weise regiert. Viele sich unterscheidende Kontextbedingungen könnten genannt werden; am wichtigsten wird wohl sein, dass in Polen seit spätestens 1993 stabile Mehrheiten im Sejm bestehen, während die ukrainische Verchovna Rada wahrscheinlich als fragmentiertestes Parlament Europas gelten muss.[93]

In der Russischen Föderation besteht sowohl vom Verfassungstext wie von der Regierungspraxis ein eindeutig präsidial dominiertes Regierungssystem. Verantwortlich dafür sind mehrere Bestimmungen. Der Präsident genießt ein Vetorecht, das nur von beiden Kammern des Parlaments mit je 2/3-Mehrheit zurückgewiesen werden kann (Art. 107 VerfRus). Dekrete nach (Art. 90 VerfRus) dürfen zwar föderalen Gesetzen formal nicht widersprechen. Falls sie dies aber doch tun, sieht die Verfassung keinen Schlichtungsmechanismus vor. Eigentlich ist die Regierung vom Parlament abhängig, da sie bestätigt werden muss und auch mit einem Misstrauensvotum belegt werden kann. Über das Auflösungsrecht (Art. 109, 111, 117 VerfRus) konnte die Staatsduma jedoch bis zum Spätsommer 1998 immer diszipliniert werden. Die erstmalige Durchsetzung eines eigenen Kandidaten, des vormaligen Außenministers Evgenij Primakov, zum Premierminister markiert das Potenzial der Duma zu eigener Politik bei einer (in diesem Falle vorübergehend) bestehenden Mehrheit.

Da aber der Präsident die „grundlegenden Richtungen der Innen- und Außenpolitik" bestimmt (Art. 80 VerfRus), besteht ein inverses Verhältnis zu den semipräsidentiellen Regierungssystemen mit parlamentarischer Dominanz. Dort kann sich der Präsident trotz eigener Legitimation durch Volkswahl nur sehr begrenzt gegen ein geeintes Parlament durchsetzen, hier kann das Parlament nur bei einer sehr starken Mehrheit dem Präsidenten gewisse Zügel anlegen. Ein System der *checks and balances* stellt sich in Russland erst bei einer Zweidrittelmehrheit in der Duma bei gleichzeitiger absoluter Mehrheit im Föderationsrat ein (vgl. Beichelt 1996). Erst dann wären Gesetze vor der ständigen Blockierung durch den Präsidenten sicher, erst dann könnte dieser sich mit seinen Dekreten nicht auf fehlende – aber von ihm selbst behinderte – föderale Gesetzgebung berufen.

---

93 Birch (1996: 282) gibt an, dass im Dezember 1995 von 450 Abgeordnetensitzen 32 nicht besetzt, 203 an Unabhängige und noch einmal 42 an Fraktionsgruppen mit weniger als 10 (von insgesamt 450) Abgeordneten vergeben waren. Nach den Wahlen von 1998 sind im Parlament 11 Parteien und 123 Unabhängige vertreten (Lohmann 1998).

3.2 Anpassung der Typologie an den postsozialistischen Kontext

Wie kann nun eine Typologie aussehen, der klare Kriterien zugrundeliegen und die gleichzeitig die Verfassungswirklichkeit so mit einzubeziehen in der Lage ist, dass keine offensichtlichen Widersprüche zwischen Typenbezeichnung und Realität entstehen? Die Lösung, sich allein auf das typologisch klare semipräsidentielle Modell zurückzuziehen (vgl. Kapitel 3.1), kann wegen ihrer mangelhaften Differenzierungsfähigkeit nicht befriedigen.

Aus dem Bisherigen kann gefolgert werden, dass eine Klassifizierung der Regierungssysteme über den Angelpunkt der Regierungsverantwortlichkeit problematisch ist: Die allesamt noch jungen Regierungssysteme des postsozialistischen Europa sind nicht genügend austariert, um das Verhältnis der Regierungen zu Präsidenten und Parlamenten zuverlässig beurteilen zu können. Nur wenige Länder durchlebten bereits alle wichtigen vom Verfassungstext her denkbaren Konstellationen. Ob aber in einem Parlament stabile, instabile oder gar keine Mehrheiten herrschen, wirkt sich auf die Stellung der Regierung im Regierungssystem besonders stark aus.

Arbeiten von Easter (1997), Hellman (1997) und Ishiyama/Velten (1998) nehmen typisierende Klassifizierungen anhand der unterschiedlich verteilten *präsidentiellen* Kompetenzen vor. Nicht in allen politischen Systemen des postsozialistischen Europa besitzt der Präsident allerdings überhaupt politische Relevanz. Ist damit automatisch das Parlament stärker, oder nicht vielleicht doch die Regierung? Wegen dieser Unschärfe bietet sich grundsätzlich eher die politische Institution des Parlaments als Bezugspunkt für die Klassifizierung von Regierungssystemen an, zumindest solange die Legislative die Volkssouveränität verkörpert.

So wie die Stellung der Regierungen ganz unterschiedlich gewichtet ist, variiert auch die Souveränität der postsozialistischen Parlamente. Auf verschiedenen Ebenen (siehe unten) kann der Präsident in unterschiedlichem Maße in der Funktion eines Veto-Akteurs (vgl. Tsebelis 1995) einwirken.[94] Während die Regierungen von zwei Seiten unter Druck geraten können – von einem nicht mehrheitsfesten Parlament und von einem mit eigenen Machtkompetenzen ausgestatteten Präsidenten –, handelt es sich bei der Befugnis des Parlaments zur Generierung bindender Entscheidungen um eine gut eingrenzbare Variable.[95]

---

94 Der Begriff des Veto-Akteurs wird hier in abgewandelter Form, aber in Sinnübereinstimmung mit Tsebelis verwendet.
95 Die Beschränkung auf wenige Variablen stellt auch eine Reaktion auf überdifferenzierte Klassifizierungsversuche dar, die dann dem („qualitativen") Gewicht einzelner Faktoren in

Eine erste Ebene, auf der die Souveränität von Parlament eingeschränkt werden kann, ist die der *Legitimation*. Parlamente sind in allen betrachteten Ländern Träger der Souveränität des Volkes und damit in ihren Entscheidungen legitimiert. In allen demokratischen Staaten des postsozialistischen Europa wird die Entscheidungsgewalt der Regierungen formal von der Legitimität des Parlaments abgeleitet.

(a) Zusätzlich verfügen jedoch einige politische Systeme über direkt gewählte Präsidenten, die durch die Wahl mit einer konkurrierenden Legitimation ausgestattet sind. Diese konkurrierende Legitimation kann von Präsidenten gegen ein politisch jeweils andersdenkendes Parlament durchaus verwendet werden (konkrete Beispiele in u.a. Bulgarien, Polen, Russland, Ukraine). Anders als bei Duverger wird die Direktwahl des Präsidenten damit zu einer wichtigen, aber nicht mehr kategorienbildenden Variablen.

Auf einer zweiten Ebene wird die Verteilung der Machtkompetenzen geregelt *(balance of powers)*. In einem rein parlamentarischen System steht und fällt die Regierung mit der Unterstützung einer Mehrheit der Parlamentarier. Ein (direkt oder indirekt gewählter) Präsident kann die Kompetenzen des Parlaments mittelbar und unmittelbar einschränken.

(b) Mittelbar verringert der Einfluss des Präsidenten auf die Bildung und Absetzung von Regierungen die Autorität des Parlaments gegenüber der Regierung. Da sich auch in nach herkömmlichem Typologieverständnis rein parlamentarischen Systemen – z.B. Tschechien – ein Präsident durchaus in die Bestellung der Regierung einmischen kann, lassen sich die jeweiligen Grenzen der parlamentarischen Handlungsfähigkeit besser real als anhand von Verfassungsbestimmungen erfassen. Präsidenten nutzen das ihnen sehr häufig zustehende formal Vorschlagsrecht des Premierministers in recht unterschiedlicher Weise.

(c) Unmittelbar ist die Stellung des Parlaments durch das in einigen Ländern bestehende Recht des Präsidenten zur vorzeitigen Auflösung des Parlaments bedroht. Dabei ist zu beachten, dass den Präsidenten in den meisten der betrachteten Länder bei fortdauernd instabilen parlamentarischen Verhältnissen ein Auflösungsermessen zusteht (Reservefunktion).[96] Daher sollte

---

einzelnen Ländern nicht mehr angemessen gerecht werden können (Hellman 1997: 74). Auch Frye (1997) erstellt unter Berücksichtigung von 27 möglichen präsidialen Kompetenzen ein vermeintlich differenziertes Modell auf, muss aber der Beachtung möglicher Interdependenzen passen. Durch eine Vielzahl unabhängiger Variablen werden Modelle mit fließenden Systemumgebungen nicht nur intransparent; auch mögliche Gewichtungen geraten in Begründungsschwierigkeiten. Forschungstechnisch bieten detaillierte Klassifizierungsversuche natürlich den Vorteil, skalenhöhere Zusammenhänge zu berechnen (vgl. Ishiyama/Velten 1998).

96 Beispiele: wenn eine Regierungsmehrheit mindestens dreimal (z.B. Art. 99 VerfBul) oder innerhalb einer bestimmten (Art. 89 VerfRum) scheitert, wenn das Parlament längere Zeit nicht tagt oder keine Beschlüsse zustande bringt (Art. 35 VerfR), wenn das Parlament ei-

eine Messung an ein politisches Auflösungsrecht, das bei Nichtüberstimmung der Positionen von Parlamentsmehrheit und Präsidenten in Anspruch genommen werden kann, gebunden sein.

Zuletzt kann die *inhaltliche Gestaltungsmacht* des Parlaments eingeschränkt sein.

(d) Dem Parlament kann zunächst durch ein Dekretrecht der Exekutive Konkurrenz erwachsen. Da stets ein implementatives Erlassrecht besteht, ist hier ein politisches Dekretierungsrecht von Belang, mit dem Präsident oder gegebenenfalls der Regierungschef in rechtsgestalterische Fragen eingreifen – d.h. parlamentarische Gesetzgebung ersetzen oder abändern – kann.

(e) Weiterhin können (direkt oder indirekt gewählte) Präsidenten über ein Vetorecht verfügen. Präsidentielle Vetos können vom Parlament ihrerseits mit unterschiedlichen Mehrheitserfordernissen überstimmt werden.

(f) Zuletzt kann ganz allgemein der Einfluss des Präsidenten auf die Regierungsarbeit variieren. Über das völkerrechtliche Vertretungsrecht (Repräsentativfunktion) kommen dem Präsidenten wiederum fast überall gewisse Kompetenzen z.B. bei der Unterzeichnung internationaler Verträge, bei der Akkreditierung von Diplomaten etc. zu. Der Präsident kann jedoch zusätzlich über aktive außen- und sicherheitspolitische, zuweilen auch explizit über weitere exekutive Kompetenzen verfügen. Der Gestaltungsspielraum des Parlaments sinkt jeweils entsprechend.

Die sechs Kriterien – (a) Konkurrenz durch direkt gewählten Präsidenten, (b) Einfluss des Präsidenten auf die Regierungsbildung, (c) politisches Auflösungsrecht, (d) Dekretierungsrecht, (e) Vetorecht und (f) Einfluss auf die konkrete Regierungsarbeit – auf den Ebenen Legitimation, Macht, Inhalt sollten in der Lage sein, Regierungssysteme mit dem Bezugspunkt parlamentarischer Kompetenzen abzubilden. In Bereichen, wo Verfassungstext und Verfassungswirklichkeit in Spannung zueinander treten, kann der Verfassungswirklichkeit für die entsprechenden Einordnungen dabei Vorrang gewährt werden – ein großer Vorteil gegenüber dem ganz überwiegend am Verfassungstext orientierten Modell von Shugart/Carey (1992).[97]

---

nen Haushalt zu verabschieden nicht in der Lage ist (Art. 225 VerfPol).

97 Falls zwischen Verfassungstext und –wirklichkeit große Unterschiede bestehen, können sich aus diesem Missverhältnis disputierbare Einordnungen ergeben. Dem Problem kann durch die Kriterienbildung allein auf der Grundlage von Verfassungsbestimmungen allerdings nicht ausgewichen werden, wenn aus der Typeneinordnung auf reale politische Phänomene zurückgeschlossen werden soll.

Tabelle 3.3: Schranken für die ungeteilte Souveränitätsausübung der Parlamente im postsozialistischen Europa, 1998

		Legiti-mation	Balance of Powers		Inhaltliche Gestaltungsmacht		
		Direkt gewählter Präsident	Regierungsbildung*	Auflösungsrecht des**	Dekretierungsrecht	Vetorecht***	Regierungsarbeit****
Parlamentarisch dominierte Regierungssysteme	Estland	0	½	0	0	0	0
	Lettland	0	0	1	0	0	0
	Slowakei	0	0	0	0	0	½
	Slowenien	1	0	0	0	0	0
	Tschechien	0	½	0	0	½	0
	Ungarn	0	½	0	0	0	0
„Balancierte" Regierungssysteme	Bulgarien	1	½	½	0	½	½
	Makedonien	1	½	0	0	½	½
	Moldova	1	½	0	0	½	½
	Litauen	1	½	½	0	½	½
	Polen (bis 1997)	1	1	½	0	1	1
	Polen (seit 1997)	1	½	½	0	1	½
	Rumänien	1	½	0	½	½	½
Präsidentiell dominierte Regierungssysteme	Russland	1	1	1	1	1	1
	Ukraine	1	½	½	1	1	½

Hinweise zu strittigen Einordnungen siehe Fließtext.

* 1 = Präsident ist bei der Regierungsbildung bestimmend. ½ = Einfluss beschränkt sich auf Vorschlagsrecht für den Posten des Premierministers. 0 = Parlament ist bei der Regierungsbildung bestimmend.
** Politisch nutzbares Auflösungsrecht infolge von Meinungsverschiedenheiten zwischen Parlament und Exekutive. 1 = Präsident kann das Parlament auch gegen eine stabile Mehrheit im Parlament auflösen. ½ = Präsident kann Aufslösungsrecht nur unter Ausnutzung instabiler Parlamentsmehrheiten ausüben. 0 = Kein effektives Auflösungsrecht.
*** 1 = Veto, das mit qualifizierter Mehrheit zurückgewiesen werden muss. ½ = Veto, das mit der absoluten Mehrheit der Stimmen zurückgewiesen werden kann. 0 = kein Veto oder suspensives Veto, das mit der einfachen Mehrheit der Stimmen zurückgewiesen werden kann.
**** 1 = Starker Einfluss des Präsidenten auf die wichtigsten Bereiche der Innen- und Außenpolitik. ½ = Mäßiger Einfluss des Präsidenten oder Einfluss lediglich in wenigen Politikfeldern (z.B. Außenpolitik). 0 = Prärogative des Parlaments in allen relevanten Politikfeldern.

Damit lassen sich Regierungssysteme auf einem Kontinuum von einem maximal souveränen Parlament ohne konkurrierenden Präsidenten auf der einen und einem in seiner Souveränität stark eingeschränkten Parlament auf der anderen Seite darstellen. Die Zusammenstellung von Typen erfolgt dann auf Grundlage der quantitativen und qualitativen Erfüllung der Kriterien. Nach einer Durchsicht der postsozialistischen Regierungssysteme ergeben sich so drei Idealtypen von Regierungssystemen: parlamentarisch dominierte, balancierte und präsidentiell (oder präsidial) dominierte Regierungssysteme (vgl. Tabelle 3.3).

- In den *parlamentarisch dominierten Regierungssystemen* sieht sich das Parlament keinen oder nur ganz wenigen konkurrierenden Kompetenzen des Präsidenten gegenüber. In der Regel wird der Präsident nicht direkt gewählt, er verfügt über eher symbolische Rechte bei der Bestellung der Regierung, keine Möglichkeit zur Auflösung des Parlaments, und er kann nicht oder kaum mit Dekreten, Vetos oder andersgearteten Instrumenten auf die politischen Entscheidungen des Parlaments einwirken.

- In den *präsidial geprägten Regierungssystemen* verfügt der Präsident in allen oder fast allen dieser Bereiche über ein eigenes Gewicht, das er dem Parlament entgegenhalten kann. Damit kann er in bestimmten Handlungsfeldern in der Lage sein, das Parlament zu dominieren; in anderen besteht eine Art Balance. Insgesamt sitzt der Präsident jedoch in den präsidial geprägten Regierungssystemen insofern „am längeren Hebel", als das Parlament in entscheidenden Bereichen unabhängig von den Mehrheitsverhältnissen politische Entscheidungen nicht gegen den Präsidenten durchsetzen kann. In der Regel spielen hier Dekretierungs- und Vetorechte sowie starke Kompetenzen des Präsidenten mindestens im außen- und sicherheitspolitischen Bereich eine Rolle. Darüber hinaus besitzt der (direkt gewählte) Präsident mitunter starke Rechte bei der Regierungsbildung und kann das Parlament unter bestimmten Bedingungen auflösen.

- Zwischen diesen beiden relativ leicht abzugrenzenden Typen bestehen in der Empirie des postsozialistischen Europa noch eine Reihe *balancierter Regierungssysteme*. Mit dem Begriff der Balance ist hier weniger der in den *Federalist Papers* oder später bei Tocqueville vertretene Gedanke der Bändigung der parlamentarischen Mehrheitsherrschaft („checks and balances") gemeint. Vielmehr ist deshalb eine Balance im Regierungssystem gegeben, weil in Fällen begrenzter Handlungsfähigkeit des Parlaments dem Präsidenten Kompetenzen zur Vermeidung legislativen Stillstands zustehen. Damit verfügen Präsidenten für den Fall fehlender oder instabiler Mehrheitsverhältnisse im Parlament über eine verstärkte Reservefunktion. Charakteristisch für diese Konstellation ist das Instrument des absoluten Vetorechts: mit der Mehrheit seiner Mitglieder kann das Parlament seine politischen Vorstellungen durchsetzen. Ähnlich ist die Logik beim Vorschlagsrecht für den Premierminister oder beim Auflösungsrecht des Präsidenten im Falle der Beschlussunfähigkeit des Parlaments. Für die Ausübung seiner Rechte ist der Präsident durch Direktwahl legitimiert.

Reine *parlamentarisch dominierte Regierungssysteme* bestehen demnach in Estland, Lettland, der Slowakei, Slowenien, Tschechien und Ungarn. In keinem dieser Länder erfüllt die Stellung des Präsidenten mehr als zwei der sechs genannten Kriterien. In Estland kann der Präsident lediglich mit seinem Vorschlag für den Posten des Premierministers auf den politischen Prozess einwirken. Lettland weist mit seiner Verfassung aus den frühen dreißiger Jahren einige im europäischen Vergleich ungewöhnliche Merkmale auf. So kann der Präsident per Referendum eine Parlamentsauflösung betreiben (Art. 48-50 VerfLet) und verfügt auch über das Recht, ein verabschiedetes Gesetz einem Volksentscheid zu unterwerfen (Art. 72-74 VerfLet). Da der Präsident nicht direkt gewählt wird und auch sonst über eher geringe Kompetenzen verfügt, wird das Parlament in seiner Souveränität trotz dieser institutionellen Regelungen nicht allzu stark eingeschränkt.

In der Slowakei belässt die Verfassung dem ansonsten schwachen Präsidenten im außenpolitischen Bereich einige Handlungsmöglichkeiten (siehe hierzu unten).[98] In Slowenien findet sich die eigenartige Verfassungskonstruktion, dass ein direkt gewählter Präsident fast ausschließlich repräsentative Funktionen erfüllt. Tschechien ist das einzige Land der Gruppe, in dem das Veto des Präsidenten mit der absoluten Mehrheit der Abgeordneten zurückgewiesen werden muss (ansonsten: einfache bzw. übliche Mehrheit). In Ungarn beschränkt sich der Einfluss des Präsidenten wie beim estnischen Fall auf die Ernennung des Premierministers.

In der Gruppe der *balancierten Regierungssysteme* befinden sich Bulgarien, Litauen, Makedonien, Moldova, Polen und Rumänien. Mit Bulgarien, Makedonien und Moldova sind darunter auch drei Staaten, die in einschlägigen Publikationen (Brunner 1996, Merkel 1996, Shugart 1996) eher den parlamentarischen Regierungssystemen zugerechnet werden.

Am bulgarischen Fall lässt sich der Unterschied zu den reinen parlamentarischen Systemen am klarsten zeigen, da hier mehrmals[99] fehlende parlamentarische Mehrheiten den Präsidenten auf die politische Bühne zwangen. Insbesondere Želju Želev, ganz zu Beginn seiner Machtübernahme

---

98 Seit 1999 wird der slowakische Präsident nach einer Verfassungsänderung direkt gewählt.
99 Regierung Berov von 12'1992-9'1994, geschäftsführende Regierung Indžova 10'1994-12'1994, Interimsphase von 12'1996-3'1997.

aber auch Petar Stojanov beschränkten sich dabei nicht auf repräsentative Funktionen, sondern griffen insbesondere in die Regierungsbildung ein und nahmen – wie im Fall der Regierung Indžova – eigene Richtungsvorgaben vor (ausführlicher siehe unten). Durch das absolute Vetorecht, eigene außenpolitische Kompetenzen z.B. bei internationalen Verhandlungen und das in Fällen fehlender parlamentarischer Mehrheiten bestehende Recht zur Parlamentsauflösung nach Art. 99 VerfBul verfügt der bulgarische Präsident damit genau dann über eine Chance zur Durchsetzung seiner politischen Vorstellungen, wenn das Parlament nicht über eine geeinte Mehrheit verfügt. Als kontrastierender Fall kann Tschechien genannt werden, wo die Einsetzung der Übergangsregierung Tošovský im Dezember 1997 wie in Bulgarien unter starker Anteilnahme von Präsident Havel stattfand. Anders als in Bulgarien hätte Havel jedoch kaum Möglichkeiten besessen, dem Regierungsprogramm einen eigenen, vom Parlament differierenden politischen Stempel aufzudrücken. Ausgedrückt wird die Distanz des Präsidenten zur aktuellen Politik auch durch die wiederholte Weigerung wichtiger Parteiführer in der Periode der Minderheitsregierung Zeman, sich zum allgemeinen Gedankenaustausch mit dem Präsidenten zu treffen.

Vom Verfassungstext her ist Moldova der Fall, der am ehesten zu einem parlamentarisch dominierten Regierungssystem tendiert. Hier beschränken sich die Kompetenzen des Präsidenten auf bestimmte Bereiche der Außenpolitik, auf das Vorschlagsrecht für den Regierungschef und das Vetorecht. Eine qualitative Betrachtung legt Fall offen, dass im moldauischen Regierungssystem die Souveränität des Parlaments eingeschränkt werden kann. Für den kleinen, von der Russischen Föderation in vielfacher Weise wirtschaftlich abhängigen Staat spielen außenpolitische Gesichtspunkte eine besonders wichtige Rolle. Im Kontakt mit dem sezessionistischen Transnistrien ist es wie bei Verhandlungen auf GUS-Ebene (Wirtschaftsraum, Zollverhandlungen, Energiesysteme etc.) in der Regel der Präsident[100], der das Land vertritt. Es lässt sich auch ein beispielhafter Konflikt nennen. Das Parlament ratifizierte 1994 erst ein halbes Jahr nach der Aushandlung und unter beträchtlichem Murren gegen „den Alleingang" des Präsidenten den Beitritt zur GUS.

Auch in den übrigen Staaten dieser Gruppe – die alle unten etwas ausführlicher betrachtet werden – ist der Präsident jeweils bei mindestens vier, im Falle Litauens und Polens sogar bei fünf Kriterien in der Lage, die Souveränität des Parlaments insbesondere bei unklaren Mehrheitsverhältnissen beträchtlich einzuschränken. Insgesamt lässt sich in den sechs Ländern (durch die Verfassungsänderung in Polen im Jahre 1997 sieben Fälle) eine

---

100 Bis 1996: Mircea Snegur, seither: Petru Lucinschi.

Machtbalance zwischen der vom Parlament gestützten Regierung und dem vom Volk gewählten Präsidenten ausmachen, wobei der „balancierte" Charakter der Regierungssysteme Bulgariens, Litauens, Makedoniens, Moldovas und Rumäniens erst im Falle unklarer oder instabiler Regierungsmehrheiten zutage tritt. In Polen hingegen bleibt der Präsident auch gegenüber einer stabilen Koalitionsmehrheit ein echter Gegenspieler, da sein Veto nur mit einer qualifizierten Mehrheit von drei Fünftel der anwesenden Abgeordneten überwunden werden kann.

Der Begriff der Balance impliziert dabei nicht, dass die Kompetenzen auf beiden Seiten der Waagschale gleich viel wiegen müssen. In der Summe verfügen vielmehr – mit der Ausnahme Polens bis 1997 – die Parlamente über ein deutliches Übergewicht, das die Regierungssysteme eher dem österreichischen als dem System der Fünften Französischen Republik gleichen lässt. Weiterhin können die Gewichte auf den Waagschalen bei unterschiedlichen Mehrheitskonstellationen unterschiedlich schwer sein. Ein „balanciertes" Regierungssystem ist dabei so austariert, dass im Regelfall kein Pol der Macht ein überstarkes Gewicht erhält. Das unsanfte Aufsetzen einer der beiden Schalen auf dem Boden der faktischen Entmachtung ist in balancierten Regierungssystemen nicht üblich. So sind auf der einen Seite selbst bei absoluten parlamentarischen Mehrheiten die vergleichsweise „schwachen" bulgarischen und moldauischen Präsidenten nicht auf eine rein repräsentative Funktion zurückgestutzt; sie behalten ein politisches Amt mit entsprechenden Kompetenzzuweisungen. Auf der anderen Seite behält selbst ein zersplittertes Parlament in Polen in den meisten Bereichen der Politik die Handlungsinitiative. Der Präsident kann mit dem qualifizierten Vetorecht dem Parlament das Leben schwer machen, dominieren kann er es nicht – erst recht nicht seit der Verfassung von 1997.[101]

Auch in den *präsidial geprägten Regierungssystemen* Russlands und der Ukraine ist die Machtstellung der Präsidenten nicht bei allen Mehrheitskonstellationen gleich. Insgesamt lautet die Diagnose jedoch auf einen längeren Hebel des Präsidenten sowohl im Bereich der Machtbalance als auch bei der inhaltlichen Gestaltungsmacht. Auch in der Ukraine könnte eine geeinte Parlamentsmehrheit mit anderer politischer Ausrichtung als der Präsident dessen politische Ziele vermutlich konterkarieren (vgl. auch Kudrjačenko 1998) – in diesem Fall könnte die Ukraine den balancierten Regierungssy-

---

101 Machtverschiebungen zugunsten des Parlaments in der Verfassung von 1997: (a) das Veto kann mit 3/5-Mehrheit, nicht mehr mit 2/3-Mehrheit überstimmt werden, (b) das Haushaltsgesetz kann nicht mehr mit einem Veto belegt werden, (c) Einführung des konstruktiven Misstrauensvotums, (d) die „Machtminister" unterstehen eindeutig dem Premierminister.

stemen, allerdings mit vergleichsweise starkem präsidentiellen Einschlag, zugerechnet werden.[102]

Ähnlich wie in Russland stellt in der Ukraine jedoch bislang die Kombination von qualifiziert suspensivem Vetorecht[103] und faktisch kaum begrenztem Dekretierungrecht die politische Dominanz des Präsidenten sicher. Anders als in Russland ist freilich das Dekretierungsrecht sektoral und zeitlich begrenzt. Nach der vierten Übergangsbestimmung der Verfassung von 1996 verfügt der Präsident für eine Periode von drei Jahren über ein Erlassrecht in Wirtschaftsfragen. Erlasse können vom Präsidenten bei bereits bestehender Gesetzgebung nicht getätigt werden und können in jedem Fall von einer absoluten Mehrheit der Rada zurückgewiesen werden (in der russischen Verfassung fehlt eine entsprechende Bestimmung).

Da sich jedoch die Verfassung über den Fall von Konflikten zwischen Dekreten und Gesetzen ausschweigt, ist die Implementierung der jeweiligen normativen Akte häufig von der Loyalität jeweiliger lokaler politischer Akteure abhängig (vgl. Maksymiuk 1998). Im Zusammenspiel bewirken Veto und Dekretierungsrecht, dass bei Konflikten zwischen Präsident und Parlament der erstere nur durch ein mehrheitsfähiges Parlament gestoppt werden könnte, während die Legislative erst ab einer stabilen 2/3-Mehrheit einem politisch aktiven Präsidenten regelmäßig ihren Willen aufzwingen könnte. Welchen Einfluss das Auslaufen des präsidentiellen Dekretierungsrechts im Jahre 1999 auf das ukrainische Regierungssystem haben wird, muss abgewartet werden. Die Regierungspraxis der regierungskulturell verwandten Nachbarn Belarus und Russland kann jedenfalls vermuten lassen, dass der präsidentielle Apparat seine Gestaltungsfähigkeit über den Einsatz funktionaler Äquivalente zu erhalten versuchen wird.

3.3 Zusammenhang zwischen Regierungssystemen und demokratischer Konsolidierung

Besteht nun ein Zusammenhang zwischen der Einschränkung parlamentarischer Kompetenzrechte und demokratischer Konsolidierung? Max Weber sah 1919 einen klaren Zusammenhang zwischen parlamentarischem Machtpotenzial und der Qualität parlamentarischer Entscheidungen: „In Deutschland

---

102 Ähnlich gilt übrigens auch für Kroatien.
103 Nach Art. 94 VerfUkr kann das präsidentielle Veto mit 2/3-Mehrheit der Abgeordneten überstimmt werden.

waren die entscheidenden Bedingungen des politischen Betriebs bisher im Wesentlichen folgende. Erstens: Machtlosigkeit der Parlamente. Die Folge war: dass kein Mensch, der Führerqualität hatte, dauernd hineinging" (Weber 1988: 541). Lässt sich dieses Argument auf den Demokratiegehalt politischer Systeme und deren Stabilität ausdehnen? Um die Antwort auf die Frage an dieser Stelle bereits vorwegzunehmen: Der aus Tabelle 3.4 zu ersehende Zusammenhang ist zu einem gewissen Grade „zufällig" in dem Sinne, dass externe und interne Kontextbedingungen den Einfluss von Regierungssystemen überlagern (können).

Tabelle 3.4: Regierungssystem und Konsolidierung im postsozialistischen Europa, 1998

	Formal-demokratisches Regime	*Transitionsregime*	*Minimal-demokratisches Regime*
Parlamentarisch dominiertes Regierungssystem	Estland Lettland Slowenien Tschechien Ungarn		Slowakei
Balanciertes Regierungssystem	Litauen Polen	Bulgarien Makedonien Moldova Rumänien	
Präsidentiell dominiertes Regierungssystem			Russland Ukraine

Dabei scheinen die Befunde zunächst eindeutig zu sein. Bis auf Litauen und Polen verfügen alle formal-demokratischen Regimes über parlamentarisch dominierte Regierungssysteme. Bis auf den Ausreißer Slowakei können alle parlamentarisch dominierten Regierungssysteme ein relativ konsolidiertes Regime aufweisen. Von den vier minimal-demokratischen Regimes verfügen gleich drei über ein präsidial geprägtes Regierungssystem. Auch die Gruppe der Transitionsregimes drängt sich auffallend um den Typ balancierter Regierungssysteme.

Eine theoretische Position zur Erklärung dieses Sachverhaltes ist hinlänglich bekannt. In verschiedenen Schriften sieht Juan Linz (1990a, 1994) seit geraumer Zeit die Erfolgschancen von Demokratien mit parlamentarischen Regierungssystem größer an als in solchen mit präsidentiellen Regierungssystemen. Linz argumentiert dabei vor allem mit den „perils of presidentialism". Präsidentielle Systeme sind demnach weniger stabil als parlamentarische, weil (a) die Verantwortlichkeit des Präsidenten von diesem auf das Parlament abgeschoben werden kann, (b) die Mehrheitswahl große Minderheiten ohne Repräsentation lassen, d.h. zu Nullsummenspielen mit hohen negativen Auszahlungen führen kann, (c) bei einer Begrenzung der Amtszeit die Verantwortlichkeit vor dem Wähler entfällt, (d) der Politikstil in einem präsidentiellen System konfrontativer ist und (e) unter Umständen ein Outsider ohne Erfahrung an die Macht kommen kann (Linz 1994).

Semipräsidentielle Systeme kommen bei Linz zwar vor, treten typologisch allerdings hinter die grundsätzliche Unterscheidung zwischen präsidentiellen und parlamentarischen Regierungssystemen zurück. Dies ist möglich, weil semipräsidentielle Regierungssysteme im Regelfall zwischen Präsidentialismus (im Fall der *majorité présidentielle*) und Parlamentarismus (im Falle der *cohabitation*) oszillieren (Linz 1994: 55). In parlamentarischen Systemen, so begründet Linz seine positivere Beurteilung dieser Regierungsform, können durch die besseren Verhandlungsoptionen die Rigiditäten nicht konsensualer Gesellschaften (z.B. Spaniens) abgeschwächt werden. Besonders Neuerungen wie das konstruktive Misstrauensvotum und die Evolution kompetenter Premierminister haben, so Linz weiter, die Stabilität parlamentarischer Systeme entscheidend vergrößert.

Die Kritik am Standpunkt Linz', der auch von anderen Autoren in der Grundtendenz starkgemacht wird (Lijphart 1992, 1994, Stepan/Skach 1993), zerfällt in drei Kategorien (vgl. Easter 1997: 186). Erstens lässt sich mittels einer Verfeinerung der Analysewerkzeuge oder einer erweiterten empirischen Grundlage das Argument qualifizieren, empirisch lasse sich per se eine größere Stabilität parlamentarischer bzw. eine größere Instabilität präsidentieller Systeme nachweisen. Im postkolonialen Asien und Afrika haben trotz des weit gestreuten britischen Erbes nur wenige parlamentarische („Westminster"-)Demokratien überlebt (Horowitz 1993). Nicht der Präsidentialismus an sich, sondern seine Verbindung mit einem Vielparteiensystem stellt eine konsolidierungsabträgliche Konstellation dar (Mainwaring 1993). Angemessene Unterscheidungen im Machtgefüge zwischen Parlamenten und Präsidenten bestätigen keine Überlegenheit des Parlamentarismus (Shugart/Carey 1992, Kapitel 3).

Zweitens wird von einer Reihe von Autoren den Institutionen an sich kein primärer Erklärungswert zugeschrieben. Easter (1997: 186) nennt an entsprechender Stelle den sozioökonomischen Determinismus von Lipset (1992, vgl. auch Lipset/Seong/Torres 1993) und den Ansatz des sozialen Kapitals von Putnam (1993). Hinzuzufügen wären noch eine ganze Reihe weiterer Arbeiten, die die Existenz demokratischer Systeme mit vielem, auf jeden Fall nicht vorrangig mit der kontingenten Ausgestaltung politischer Institutionensysteme erklären (Vanhanen 1984, Vanhanen/Kimber 1994,

Lipset 1992, Rueschemeyer/Huber-Stephens/Stephens 1992, Offe 1998, siehe Einleitung dieser Arbeit). Drittens wird Linz vorgeworfen, die Kontextgebundenheit der Auswirkungen von Regierungssystemen und deren Komponenten nicht hinreichend zu beachten. „Unterschiede des Erfahrungshintergrundes können die vermeintliche Funktionslogik von Institutionen entscheidend modifizieren" (Thibaut 1998: 28, vgl. auch Thibaut 1997). An anderer Stelle kommt Bernhard Thibaut (1996: 326) zu dem Ergebnis, dass eine kontextunabhängige Funktionslogik präsidentieller Regierungssysteme im Hinblick auf Parteiensysteme und die konkreten Formen der Regierungsbildung und der exekutivlegislativen Beziehungen nicht ausgemacht werden kann. Als ein wichtiger Kontextfaktor im postsozialistischen Europa erscheinen dabei in zunehmenden Maße die Handlungen der politischen Akteure innerhalb des Institutionensystems (Easter 1997, Bunce 1997, Ishiyama/Velten 1998).

Tabelle 3.5: Unterstellte Wirkungen von Regierungssystemtypen in der neuen Institutionendebatte

	Günstige Wirkung	*Ungünstige Wirkung*
Parlamentarisches System	Parlamentarische Systeme sind weniger rigide und inklusiver als andere Regierungssysteme und eignen sich insbesondere besser zur Inklusion von Minoritäten (Lijphart 1994, Linz 1994)	Im postkolonialen Asien und Afrika durch Majorisierung parlamentarischer Minderheiten in inhomogenen Gesellschaften (Horowitz 1990, 1993)
Semipräsidentielles System	Semipräsidentielle Systeme verhindern Pattsituationen und sind durch Machtteilung (power sharing) repräsentativer als präsidentielle Systeme (Sartori 1994)	Semipräsidentiellen Systemen wohnen hohe Anreize zur Übertretung institutioneller Kompetenzen inne (Rüb 1994a, Merkel 1996, Linz/Stepan 1996: 277-279)
Präsidentielles System		In präsidentiellen Systemen wird durch Rigidität politische Diskontinuität gefördert (Linz 1994)

Die Kritik an den Thesen Linz' führte zu einer Neuauflage der alten politikwissenschaftlichen Debatte um mögliche „beste" institutionelle Arrangements. Dabei fanden sich Befürworter für parlamentarische (Linz, Lijphart) und semipräsidentielle (Sartori 1994) Regierungssysteme, während „kein Autor (...) in der neueren Debatte das präsidentielle System als das bestmögliche ausgegeben und allgemein zur Nachahmung empfohlen hat" (Thibaut 1998: 5, vgl. Tabelle 3.5). Da Linz, Lijphart und Sartori in den jeweiligen Texten zudem nicht allein im Hinblick auf Demokratisierungsstaaten argumentierten, kann für die Erklärung des Zusammenhangs zwischen Konsolidierungsstand und Regierungssystemtyp damit nicht auf einen dominierenden Ansatz zurückgegriffen werden.[104]

Ins Blickfeld sollten daher zunächst die beobachtbaren Entwicklungen in den Staaten des postsozialistischen Europa selbst rücken. Haben die parlamentarischen Regierungssysteme in Estland, Lettland, Slowenien, Tschechien und Ungarn positiv dazu beigetragen, dass sich in diesen Ländern formal-demokratische Regimes haben herausbilden können? Welchen Stellenwert haben die balancierten Regierungssysteme für die unterschiedlichen Konsolidierungsstände in Litauen, Polen, Bulgarien, Makedonien, Moldova und Rumänien? Und sind die präsidial geprägten Regierungssysteme in Russland und der Ukraine für deren Einstufung als minimal-demokratische Regimes mitverantwortlich?

Zur Überprüfung dieser Fragen soll vorrangig mit der Methode des kontrafaktischen Denkens gearbeitet werden: wie hätte die politische Entwicklung in einzelnen Ländern wahrscheinlich ausgesehen, wenn ein anderes Verhältnis zwischen den politischen Kerninstitutionen geherrscht hätte? Kontrafaktisches Denken ist in hohem Maße von hypothetischen Grundannahmen und anfechtbaren Plausibilitätserwartungen geprägt. Ergebnisse kontrafaktischer Überlegungen tragen daher heuristischen Charakter. Theoriegestützte Hypothesen können damit nicht widerlegt werden; wohl aber kann der Blick auf den Geltungsanspruch von Hypothesen geweitet werden.

3.3.1 *Parlamentarisch dominierte Regierungssysteme*

Von den sechs Staaten mit parlamentarisch dominierten Regierungssystemen verfügen Estland, Lettland, Slowenien, Tschechien und Ungarn über formaldemokratische Regimes. Lediglich in der Slowakei besteht im Jahre 1998 ein vergleichsweise niedrigeres Konsolidierungsniveau (vgl. Kapitel 1). Sowohl die Zuordnung zu Regierungssystem- als auch zu konsolidierungsrelevanten Regimetypen ist dabei auf der Basis bestimmter Kriterien erfolgt. Eine nochmalige Gegenüberstellung dieser Kriterien macht deutlich, dass deren gegenseitige Anschlussfähigkeit unterschiedlich ausgeprägt ist (vgl. Tabelle 3.6).

Das Gewährleisten manipulationsfreier Wahlen oder einwandfreier Minderheitengesetze hängt plausiblerweise weniger von der Form des Regie-

---

104 Die Diskussion um die Stärken und Schwächen der in Tabelle („Unterstellte Wirkungen...") genannten Texte ist schon so häufig geführt worden, dass sie an dieser Stelle nicht noch einmal aufgewärmt werden muss (vgl. u.a. Schmidt 1995 (Kapitel 3.1), Thibaut 1997, Merkel 1996, 1998).

rungssystems als vielmehr von der Politik der in den politischen Institutionen agierenden Akteure ab. Die Bindung der Regierenden an gesatztes Recht, in Kapitel 1 als Selbstbescheidung der zentralen politischen Institutionen in die ihnen von der Verfassung vorgegebene Rolle indiziert, dürfte hingegen stark mit den Kriterien zur Zuordnung von Regierungssystemtypen variieren. Diese Dimension soll deshalb vorrangig untersucht werden.

Tabelle 3.6: Kriterien für Regime- und Regierungssystemtypen

Kriterien für formal-demokratische Regimes	*Kriterien zur Zuordnung von Regierungssystemtypen*
• Vollkommen manipulationsfreie („faire") Wahlen	• Konkurrenz durch direkt gewählten Präsidenten
• Politische Rechte (Informations-, Versammlungs-, Vereinigungs- und Redefreiheit)	• Starker Einfluss des Präsidenten auf Regierungsbildung
	• Auflösungsrecht des Präsidenten
• Bindung der Regierenden an gesatztes Recht	• Dekretierungsrecht der Exekutive in binnenpolitischen Fragen
• Keine Diskriminierung von Minderheiten	• Vetorecht des Präsidenten
	• Starker Einfluss des Präsidenten auf die Regierungsarbeit

Slowakei

In der Tat betrafen Verfassungskonflikte etwa in der Slowakei die reale Machtverteilung zwischen Präsident und Parlament und deren konkurrierende jeweilige Legitimation. Im Beobachtungszeitraum, d.h. bis Ende 1998, wurde der slowakische Präsident vom Parlament gewählt (Art. 101 VerfSlk). Durch die Diskussionen um die Einführung der Direktwahl und das von der Regierung Meiar verhinderte Referendum im Mai 1997 gerieten normative Fragen der Legitimationsverteilung trotzdem ins Zentrum des politischen Konflikts.

Zu den unterschiedlichen Standpunkten von Präsident und Regierung in Sachen Westintegration trug auf der inhaltlichen Ebene auch die Verfassung selbst bei. Während dem Nationalrat in Art. 86i VerfSlk die Zuständigkeit in „Grundfragen der Innen-, Außen-, Wirtschafts-, Sozial- und sonstigen Politik" zugeschrieben wird, vertritt der Präsident die Republik nicht nur nach außen, sondern „vereinbart und ratifiziert" darüber hinaus internationale Verträge (Art. 102a VerfSlk). Gegebenenfalls ist der Präsident also tatsächlich zu einer eigenen, der Grundausrichtung des Parlaments u.U. widersprechenden internationalen Politik befugt (vgl. Bealey 1995: 186). Da die internationale Dimension die Agenda des erst 1993 gegründeten Staates in starkem Maße prägte, ergab sich durch die zunehmende Entfremdung zwischen Kováč und der Regierung eine Konstellation, die an eine *cohabitation* in semipräsidentiellen Systemen erinnerte.

Am deutlichsten kam dies beim gescheiterten Referendum zum NATO-Beitritt – übrigens ohne Abstimmung mit der NATO selbst – im Mai 1997 zum Ausdruck. Während Präsident Kováč das Referendum mit dem Ziel angesetzt hatte, die Regierung auf einen (vermeintlich) vom Volk gestützten Kurs einer gezielten Westintegration zurückzuzwingen, überließ die HZDS ihre Fernsehwerbezeit dem stark antiwestlich eingestellten Koalitionspartner *Slowakische Nationalpartei* (SNS). Mindestens ein Teil der slowakischen Verfassungskonflikte ist somit nicht dem Regierungssystem an sich, sondern einer dem parlamentarischen System im Grunde artfremden und darüber hinaus unklar formulierten Verfassungsbestimmung zu verdanken. Wäre Präsident Kováč per Direktwahl in sein Amt gelangt, hätten sich die Konflikte um den innen- und außenpolitischen Kurs des Landes vermutlich noch stärker als Gewaltenkonflikte manifestiert. Eine Verallgemeinerung dieses Argumentationsganges führt zu dem oben angesprochenen Argument, in Regierungssystemen mit unklarer Machtabgrenzung bestünden hohe Anreize zur Übertretung institutioneller Kompetenzen (Rüb 1994a, Merkel 1996).

Estland, Lettland, Slowenien, Tschechien, Ungarn

Wie sieht es damit in den übrigen parlamentarisch dominierten Regierungssystemen des postsozialistischen Europa, also Estland, Lettland, Slowenien, Tschechien und Ungarn aus? Die eindeutigste Lösung bietet der slowenische Fall. Die Spezifizierung der präsidentiellen Kompetenzen in Art. 107 VerfSln gewährt dem Staatsoberhaupt minimale politische Kompetenzen.[105] Insbesondere genießt der Präsident in außenpolitischen Fragen kein Vertretungs- oder Verhandlungsrecht. In Estland schreibt Kapitel neun der Verfassung (Art. 120-123 VerfEst) dem Parlament die Prärogative in internationalen Angelegenheiten zu. Diskussionen gab es in Estland einige Male bei der Frage, ob der Präsident bei der Promulgation von Gesetzen ein materiales Prüfungsrecht hat. In der Praxis hat er nicht unterzeichnete Gesetze bislang jedoch immer an den Riigikogu zurückgewiesen oder an das Verfassungsge-

---

105 Art. 107 VerfSln: „Der Staatspräsident schreibt Wahlen aus, verkündet Gesetze, ernennt Staatbeamte (...), bestellt und entlässt Botschafter (...), stellt Ratifikationsurkunden aus, entscheidet über Begnadigungen, verleiht Orden und Ehrentitel, übt andere durch diese Verfassung bestimmte Aufgaben aus (...)."

richt (in Estland das „Nationale Gericht") zur Entscheidung weitergereicht – Rechte, die er nach Art. 107 VerfEst genießt. Auch in Tschechien ist die Kompetenzverteilung vergleichsweise klar geregelt. Der Präsident schließt zwar internationale Verträge ab und ratifiziert sie (Art. 63 Abs. 1b VerfČR), diese Entscheidungen bedürfen aber der Gegenzeichnung durch die dem Parlament verantwortlichen Regierung (Art. 63 Abs. 3 VerfČR). Störungen zwischen Václav Havel und den Regierungen Klaus und Zeman beschränkten sich im Wesentlichen auf die atmosphärische Ebene – weder beim Regierungswechsel im Spätherbst 1997 noch bei der Ansetzung der Neuwahlen überschritt Havel die ihm von der Verfassung gesetzten Kompetenzen. Auch die ungarische Verfassung räumt dem Parlament die Zuständigkeit für internationale Verträge ab, „die für die auswärtigen Beziehungen der Republik Ungarn besonders wichtig sind" (Art. 19 VerfUng). Der Abschluss völkerrechtlicher Verträge durch den Präsidenten bedarf aber der Zustimmung des Parlaments (Art. 30/A VerfUng).

Beim lettischen Fall liegen die Dinge etwas komplizierter. Die Verfassung schreibt dem Präsidenten die Repräsentationsfunktion in der internationalen Sphäre zu (Art. 41 VerfLet), während der Saeima bei allen internationalen Vereinbarungen mit Auswirkungen auf die nationale Gesetzgebung ratifizierungsberechtigt ist (Art. 68 VerfLet). In diesem Bereich behält also das Parlament letztlich die Oberhand. Gewaltenkonflikte sind in Lettland noch am ehesten wegen der ausgeprägten Möglichkeiten der Volksgesetzgebung gegeben. Volksbegehren können auf Verlangen von 10% der Wahlberechtigten (Art. 65 VerfLet), Volksentscheide über beschlossene Gesetze auf Verlangen des Präsidenten oder eines Drittels der Saeima-Abgeordneten (Art. 72 VerfLet) und Referenden nach der Änderung bestimmter zentraler Verfassungsartikel (Art. 77 VerfLet) initiiert werden.[106] Im Herbst 1998 kam es zu einem mittels Art. 72 VerfLet in die Wege geleiteten Referendum über das revidierte Staatsbürgerschaftsgesetz vom Sommer des selben Jahres. Präsident Ulmanis stellte sich dabei dezidiert gegen die von *Vaterland und Freiheit* (TB), aber auch anderen politischen Gruppierungen vorgebrachten Argumente gegen eine weitergehende Integration der russischen Minderheit (vgl. Cleave 1998a).

Der außer der Slowakei einzige weitere Fall eines parlamentarisch dominierten Regierungssystems, der über unklare Zuständigkeitsabgrenzungen Raum für mögliche Konflikte schafft, ist also Lettland. Dort gab es allerdings keine Verfassungsübertritte, sondern lediglich grundsätzliche Auseinander-

---

106 Beispiele: Bei der versuchten Einführung der direkten Präsidentenwahl im Frühjahr 1995 wurde versucht, über Art. 65 VerfLet vorzugehen. Das Zustandekommen scheiterte ebenso wie ein erster Abänderungsversuch des Staatsbürgerschaftsgesetzes auf Initiative der Union *Vaterland und Freiheit* (TB).

setzungen über wichtige politische Fragen im Rahmen der Verfassung. Der qualitative Unterschied zur Slowakei bestand in der politischen Begrenzung des Konflikts und in der Bereitschaft der konservativen politischen Kräfte – die zum gegebenen Zeitpunkt immerhin im Saeima die Regierung stützten –, die Ergebnisse des Referendums vorbehaltlos anzuerkennen. In der Slowakei hingegen hat die Regierung auch den größtmöglichen außenpolitischen Schaden hingenommen, um eine mögliche Gewichtverschiebung zugunsten des Präsidenten im Zuge des – wegen des Wählerboykotts gescheiterten – Doppelreferendums vom 25.5.1998 zu verhindern.

3.3.2. Balancierte Regierungssysteme

Im deutschsprachigen Raum wurde von Friedbert Rüb (1994a) auf die Konfliktträchtigkeit ungeklärter Beziehungen zwischen Präsidenten und Regierungen hingewiesen. Die Argumentation wurde später bei Merkel (1996, 1996a) aufgegriffen, indem die bei Rüb angesprochenen semipräsidentiellen Regierungssysteme „kontextunabhängig" zu „besonders ungünstige[n] institutionelle[n] Arrangement[s]" (Merkel 1996: 45) für sich konsolidierende Demokratien erklärt wurden. Die doppelköpfige Exekutive „mit einer Art Machtsymmetrie zwischen Präsident und Premier" biete, so heißt es weiter (Merkel 1996: 45), „zu viele widersprüchliche konstitutionelle Regeln an, ‚in deren Rahmen wiederum zu viele politische Spiele (institutioneller Akteure) möglich sind' (Rüb 1994a: 287)".

Auch wenn der Begriff der Machtsymmetrie im Kontext der Ausführungen in Kapitel 3.1 als ungenau erscheint, fällt doch auf: In vier der sechs Länder, in denen die Souveränität des Parlaments durch die (präsidentielle) Exekutive eingeschränkt ist, herrschen tatsächlich mäßig konsolidierte Regimes. Quer zu der Beurteilung Merkels steht allerdings die Tatsache, dass Polen, sein wichtigster Fall zur Belegung der Konsolidierungsabträglichkeit von *cohabitations*, als formal-demokratisches und damit vergleichsweise weit konsolidiertes Regime gelten muss (vgl. Kapitel 1).

Litauen

Zu den balancierten Regierungssystemen im postsozialistischen Europa gehören nach der Sprachregelung aus Kapitel 1 Litauen und Polen als „formaldemokratische" Regimes sowie Bulgarien, Makedonien, Moldova und Rumänien als „transitionelle" Regimes. Litauen, das im Laufe seines erst siebenjährigen staatlichen Bestehens überdurchschnittliche Leistungen in Sachen Inklusionsfähigkeit und Regierungseffizienz erzielen konnte, startete dabei ganz im Sinne der Merkelschen Hypothese. Nach der hastigen Verabschiedung einer Verfassung in Zusammenhang mit der Souveränitätserklärung am 11.3.1990 war ein doppeltes Zentrum der Macht entstanden. Verantwortlich für die Etablierung einer doppelten Spitze war die Konstruktion des Obersten Sowjets mit einem starken Parlamentspräsidenten und einer vom Obersten Sowjet gewählten Regierung. Durch den charismatischen Charakter der beiden führenden Figuren – Parlamentspräsident Landsbergis und Premierministerin Prunskiene – entstand bald eine konkurrierende Staatsführung (Vardys/Sedaitis 1997: 191). Der Konflikt zwischen Prunskiene und dem Parlament kulminierte in ihrer Entlassung durch das Parlament im Januar 1991. Zur Entlassung der Premierministerin hätte es einer 2/3-Mehrheit bedurft. Der Oberste Sowjet änderte jedoch mit absoluter Mehrheit diese Verfassungsbestimmung, so dass dieselbe absolute Mehrheit die Premierministerin eine Stunde später entlassen konnte.

Auch die Machtspiele um die neue Verfassung waren vom Konflikt mehrerer Machtzentren geprägt. Im Frühjahr 1992 versuchten führende Politiker um Vytautas Landsbergis per Rerendum eine Präsidialrepublik durchzusetzen; dieses scheiterte aber. Mit dem zunehmendem Zerfall von *Sajūdis* drohte mit den Parlamentswahlen vom Herbst 1992 die gesamte Macht an die postkommunistische *Demokratische Arbeitspartei* (LDDP) zu gehen. Sowohl *Sajūdis* als auch die LDDP konnten sich Hoffnung machen, sowohl bei Parlamentswahlen als auch bei einzurichtenden Präsidentenwahlen erfolgreich abzuschneiden. Wie in Polen entstand auf dem Aushandlungswege ein semipräsidentielles Regime, das mit dem Verfassungsreferendum vom 25.10.1992 bestätigt wurde.

Mit dem endgültigen Wahlsieg der *Demokratischen Arbeitspartei* im November 1992 und der Wahl von Algirdas Brazauskas zum Präsidenten im Januar 1993 konnte das Land dann im Gegensatz zu Polen eine vier Jahre während Phase exekutiver Stabilität durchleben. Trotz einiger Proteste von *Vaterlandsbund – Litauische Konservative* (TS-LK) – dem Nachfolger von *Sajūdis* – wurde die Gesetzgebung zur generellen Gewährung der Staatsbürgerschaft für ethnische Russen durchgesetzt.

Ebenso verlief in der Außenpolitik die Entwicklung kontinuierlich; auch nach dem Wahlsieg der Konservativen im Jahre 1996 änderte sich hier die Grundmelodie nicht. Da hinsichtlich der außenpolitischen Ziele Konsens bestand, war das Konfrontationspotenzial zwischen Regierung und Präsident begrenzt. Einige Male nutzte Brazauskas sein Vetorecht, das aber nach Art. 71 VerfLit vom Seimas in der Regel mit absoluter Mehrheit zurückgewiesen wurde. Bei unterschiedlichen außenpolitischen Zielen von Regierung und Präsident wäre es wohl auf allem auf den Stil der jeweiligen Amtsführung angekommen, denn der Präsident legt zwar die „Grundlagen außenpolitischer Fragen" fest, führt jedoch „die Außenpolitik zusammen mit der Regierung durch" (Art. 84a VerfLit). Stilkonflikte gab es dann auch – in einem harmlosen Fall – mit einem Streit um die ausgedehnten Auslandsreisen des Parlamentspräsidenten Landsbergis (EECR, vol. 6, no. 2/3: 22).

Zwei weitere institutionelle Regelungen wirken sich in Litauen beruhigend auf das Binnenverhältnis der Exekutive aus. Zum einen besteht eine recht starke Unabhängigkeit der Regierung vom Präsidenten, sobald sie einmal vom Parlament im Amt bestätigt wurde. Anders als in den meisten semipräsidentiellen Regierungssystemen werden die unterschiedlich langen Amtszeiten von Parlament und Präsident nicht durch einen Rücktritt der Regierung vor dem neugewählten Präsidenten aneinander angepasst.[107] Zum anderen kann das Parlament mit einer 3/5-Mehrheit Neuwahlen des Präsidenten verfügen, falls dieser – nach Nichtzustandekommen einer Regierung im Zeitraum von zwei Monaten (Art. 58 VerfLit) – vorzeitige Neuwahlen ausruft (Art. 87 VerfLit). Beide Regelungen konnten in Litauen auch deshalb eine stabilisierende Wirkung entfalten, weil seit den Wahlen von 1992 im Seimas durchgehend feste und politische konsistente Mehrheiten bestanden haben.[108]

Polen

In Polen hat es vor allem während der Amtszeit Lech Wałęsas eine ganze Reihe schwerer Verfassungskonflikte gegeben. Der wichtigste Grund hierfür bestand im politisch-institutionellen Antagonismus zwischen dem Führer der ehemals regimeoppositionellen Gewerkschaft Solidarność und der nach den Wahlen von 1993 regierenden Koalition von *Bündnis der Demokratischen Linken* (SDL) und *Bauernpartei* (PSL). Streit gab es – neben persönlichen Abneigungen – in mehreren politischen Arenen: Nach der Meinung des Präsidenten sei die Haltung der Koalition zur kommunistischen Vergangenheit zu wenig kritisch, die Privatisierung der Wirtschaft werde zu sehr verlangsamt, die Westorientierung nicht entschieden genug vorangetrieben und die Säkularisierung der Gesellschaft werde zu sehr fortgesetzt.

Wenn auch der Raum für inhaltliche Unterschiede vergleichsweise groß war, wäre es doch verfehlt, für das nachkommunistische Polen einen Stillstand der Politik zu diagnostizieren. Der Aufbau der politischen Institutionen wurde vorangetrieben, eine unabhängige Justiz konnte etabliert werden, und auf internationalem Parkett wurde trotz der Regierungs- und Präsidentenwechsel ein mehr oder weniger konstanter Kurs gefahren (vgl. Michta 1997).

---

107 Ein Urteil des Verfassungsgerichts bestätigte im Januar 1998 die in der Verfassung nicht eindeutig geregelte Rechtsauffassung, nach der der neugewählte Präsident kein Recht zur Einsetzung einer neuen Regierung hat (RFE/RL Newsline, 13.1.1998).
108 Der im Frühjahr 1999 erfolgte Rücktritt von Premierminister Vagnorius – der das hier skizzierte Gesamtbild etwas revidiert – wird hier nicht mehr behandelt.

Ungeachtet aller Auseinandersetzungen nutzte Präsident Wałęsa das Vetorecht nicht sehr häufig und leitete lediglich neun Gesetze an das Verfassungsgericht weiter (BCE, 2/1998: 21). Da in Anbetracht des bei jedem Gesetzgebungsverfahren drohenden Vetos Vorberatungen zwischen Legislative und präsidentieller Administration unvermeidlich sind, hat also selbst während der *cohabitation* eine Abstimmung zwischen Parlament und Präsident stattgefunden.

Die eigentlich konsolidierungsgefährdenden Konflikte kristallisierten sich nicht selten weniger an inhaltlichen als an personellen Fragen. Art. 61 der kleinen Verfassung legte fest:

Den Vorschlag bezüglich der Berufung der Minister für Auswärtige Angelegenheiten, Nationale Verteidigung und Innere Angelegenheiten legt der Ministerpräsidenten erst vor, nachdem er die Meinung des Präsidenten eingeholt hat (Art. 61 KlVerfPol).

Diese Formulierung erwies sich als faules Ei der kleinen Verfassung, da damit die Zuständigkeit für diese „Gewaltministerien" nicht hinreichend geklärt war. In Verbindung mit Art. 32 KlVerfPol, nach dem der Präsident die allgemeine Führung im Bereich der internationalen Beziehungen ausübt, sah Wałęsa die drei Ministerien unter sich angesiedelt. Die kleine Verfassung behandelte ansonsten jedoch den Ministerrat in einem Guß und gab mithin kaum eine Grundlage für die Interpretation Wałęsas, die Verantwortlichkeit der Regierung aufzuteilen.

Der bekannteste, aber keineswegs einzige Personalkonflikt aufgrund dieser mangelhaften Verfassungsbestimmung erwuchs im November 1994, als Wałęsa den damaligen Premierminister Waldemar Pawlak zwang, den Verteidigungsminister Piotr Kołodziejczik zu entlassen. Der Verfassung entsprechend handelte es sich bei Kołodziejczik um einen Mann, den Wałęsa selbst ins Amt gebracht hatte. Durch ein in der Militärführung inszeniertes „Misstrauensvotum" hatte Wałęsa Kołodziejczik hingegen selbst untragbar gemacht, was nicht nur bei seinen politischen Gegnern Verwunderung über den Amtsführungsstil des ersten demokratisch gewählten polnischen Präsidenten auslöste (vgl. East/Pontin 1997: 20).

Ein zweiter Konfliktherd bestand in der offensichtlichen Unfähigkeit Wałęsas, mit den ihm beigestellten Ministerpräsidenten konstruktiv zusammenzuarbeiten. Fast alle Regierungen – von denen es in Polen eine Reihe gab[109] – endeten in Zerwürfnissen. Schlimmer war jedoch, dass Wałęsa re-

---

109 Mit acht Premierministern und neun Regierungen zwischen 1989 und 1997 hält Polen den postsozialistischen Rekord: Mazowiecki 8'1989-11'1990, Bielecki 1'1991-10'1991, Olszewski 12'1991-6'1992, Pawlak 6'-7'1992, Suchocka 7'1992-9'1993, Pawlak 10'1993-2'1995, Oleksy 3'1995-1'1996, Cimoszewicz 2'1996-9'1997, Buzek seit 11'1997.

gelmäßig Parlamentsauflösungen androhte, falls der Sejm verschiedene Premierminister beibehalten wolle. Nach der kleinen Verfassung besaß der Präsident das Auflösungsrecht jedoch nur bei Nichtzustandekommen des Haushalts, bei zu lange andauernder Regierungsbildung und bei einem geglückten Misstrauensvotum ohne Neuwahl eines neuen Regierungschefs (Art. 4, 21, 57-60, 62, 66 KlVerfPol). Zur Verhinderung eine echten Verfassungskrise sah sich Premierminister Pawlak im Februar veranlaßt, zurückzutreten. Wałęsa hatte durch seine Regelüberschreitung eine „machtpolitische Extraprämie" (Merkel 1996a: 104) erringen können.

Mit dem Wahlsieg Aleksander Kwaśniewskis im Jahre 1995 und der Verabschiedung der Verfassung von 1997 scheint die Phase der heftigen Turbulenzen im polnischen Regierungssystem jedoch zunächst vorüber zu sein. Die neue Verfassung beschneidet die Kompetenzen des Präsidenten im vormals konfliktträchtigsten Bereich, indem die drei Machtministerien in die Obhut des Premierministers gegeben werden. Durch die Einführung des zwingend konstruktiven Misstrauensvotums behält das Parlament in allen Phasen der Regierungsbildung die Handlungshoheit und dürfte daher bei knappen Mehrheitsverhältnissen sehr viel schwieriger vom Präsidenten zu beeinflussen sein.

Daher wird mit der neuen Verfassung sehr viel deutlicher, dass der Präsident das Staatsoberhaupt, der Premierminister hingegen der alleinige Chef der Regierung ist (Osiatynski 1997: 73, ausführlicher Kommentar bei Garlikki 1997). Insgesamt lässt sich damit ein guter Teil der schweren Verfassungskonflikte v.a. von 1993 bis 1995 den unklaren Ausführung der kleinen Verfassung auf der einen Seite, der konfliktiven Amtsführung von Präsident Wałęsa auf der anderen Seite zuschreiben.

Bulgarien

In Bulgarien bestanden auf dem Papier nach den Wahlen von 1990, 1991 und 1994 ähnlich wie in Litauen vergleichsweise stabile Mehrheiten.[110] Allerdings bestätigt die Tatsache, dass bislang noch alle Parlamentswahlen als vorzeitige Neuwahlen ausgeschrieben werden mussten, bis heute den Eindruck einer geringen Kohärenz des bulgarischen Parteienwesens (vgl. Waller 1995). Da dem Land zudem ein gemeinsames (außen)politisches Leitbild fehlt, haben der Form nach ähnliche Verfassungsbestimmungen wie in Litauen zu ganz andersartigen Ergebnissen geführt.

---

110 Nach 1990: absolute Mehrheit der *Bulgarischen Sozialistischen Partei* (BSP). Nach 1991: Minderheitsregierung der *Union der Demokratischen Kräfte* (SDS) unter „stiller Duldung" der *Bewegung für Rechte und Freiheiten* (DPS). Nach 1994: erneut absolute Mehrheit der BSP.

Nach Art. 92 und 98 VerfBul vetritt der Präsident das Land in den internationalen Beziehungen und schließt internationale Verträge ab. Für die meisten seiner Vollmachten ist der Präsident auf die Kooperation mit der Regierung angewiesen, weil seine Entscheidungen erst nach der Gegenzeichnung des Ministerpräsidenten wirksam werden (Art. 98, 99, 100 VerfBul). Da die Verfassung keinen Mechanismus für den Fall der Nichtübereinstimmung[111] zwischen Präsident und Ministerpräsident erwähnt, waren Konflikte vorprogrammiert (vgl. Schrameyer 1995: 6): (a) Kurz vor dem zweiten Wahlgang der Präsidentenwahlen 1992 sprach Präsident Želev gegen den Willen der Parlamentsmehrheit die Anerkennung der makedonischen Unabhängigkeit aus; (b) bei der Unterzeichnung eines bulgarisch-russischen Vertrages im August 1992 machte die Regierung geltend, das entsprechende Gesetz sei noch nicht verabschiedet; (c) auch die Zuständigkeit über den Auslandsnachrichtendienst war wiederholt Gegenstand handfester politischer Auseinandersetzungen zwischen Regierung und Präsident.

Die gemeinsame Zuständigkeit von Präsident und Regierung in vielen außenpolitischen Fragen bei gleichzeitiger Entfremdung der wichtigsten Protagonisten[112] führte zu einer teilweisen Übertragung politisch-ideeller Konflikte auf die Verfassungsebene. Noch stärker als im außenpolitischen Bereich äußerte sich dies jedoch bei den zahlreichen Regierungskrisen. Obwohl Art. 99 VerfBul die Ernennung von Ministerpräsidenten detailliert regelt[113], eröffnete die Einigungsunfähigkeit der parlamentarisch vertretenen

---

[111] Wie bei einigen weiteren unten zu betrachtenden Fällen ist für Bulgarien der Begriff der *cohabitation* wegen der fehlenden Konsistenz wichtiger politischer Kräfte – hier der *Union der Demokratischen Kräfte* (SDS) in der Phase von 1991 bis 1992 – kaum angebracht. Die Expertenregierung Berov (ab Ende Dezember 1992) stützte sich gleichfalls nicht auf eine konsistente Parlamentsmehrheit. Selbst die nominellen absoluten Mehrheiten der *Bulgarischen Sozialistischen Partei* (1990-1991, 1994-1996) zerfielen relativ bald (vgl. Karasimeonov 1996).

[112] Präsident Želju Želev wurde 1990 als Gallionsfigur der Regimeopposition und der *Union der Demokratischen Kräfte* (SDS) ins Amt des Staatspräsidenten gewählt. Eben diese Wahl durch das (post)sozialistisch dominierte Parlament bringt manche Autoren dazu, den Regimewechsel als ausgehandelt einzustufen (z.B. Nohlen/Kasapovic 1996: 135). Bald nach seiner Wahl und erst recht nach der Inauguration der Regierung Dimitrov (SDS) im November 1991 taten sich jedoch Risse zwischen der SDS und ihrer einstigen Gallionsfigur auf. Bei einer Pressekonferenz im Sommer 1992 beschuldigte Želev die Partei beispielsweise, mit ihrer antikommunistischen Politik „Krieg gegen jedermann" zu führen. Bei *primaries* zu den Präsidentenwahlen 1996 unterlag Želev dann seinem innerparteilichen Herausforderer Stojanov.

[113] Der Präsident muss nacheinander Kandidaten der größten und der zweitgrößten Fraktion des Parlaments mit der Bildung einer Regierung beauftragen. Während die jeweiligen Kandidaten innerhalb von jeweils sieben Tagen eine Regierung präsentieren müssen, ist dem Präsidenten bei seiner Suche keine Frist auferlegt. Kommt es beim Durchgang durch die beiden größten Fraktionen zu keiner Einigung, muss sich der Präsident nunmehr innerhalb von sieben Tagen an eine beliebige Fraktion wenden (vgl. Art. 99 VerfBul).

Akteure dem Präsidenten mehrmals breiten Handlungsspielraum. Nach Konflikten mit der SDS ernannte Želev im Herbst 1992 die „Expertenregierung" Berov, die von BSP und DPS sowie einigen defektierenden SDS-Abgeordneten ins Amt gewählt wurde. Im September 1994 ernannte Želev nach dem Rücktritt Berov die geschäftsführende Regierung Indžova. Deren Einsetzung führte zu heftigen Konflikten mit der BSP, da die Regierung sich nicht bereit zeigte, Rechenschaft vor dem Parlament abzulegen. Ihren ansonsten nur teilweise veröffentlichten Rechenschaftsbericht präsentierte Renata Indžova nur dem Präsidenten. Gleichzeitig hatte sich die geschäftsführende Regierung geweigert, sich lediglich auf die Wahlvorbereitung und die laufenden Geschäfte zu beschränken (Schrameyer 1995: 24). Im Januar 1997 wiederholte sich ein ähnliches Spiel unter anderen Vorzeichen. Der neugewählte Petar Stojanov weigerte sich bei der Regierungskrise im Januar 1997, einen BSP-Kandidaten für den Posten des Ministerpräsidenten zu benennen. Offensichtlich wollte Stojanov eine *cohabitation* verhindern. Durch den Druck der Straße musste sich die BSP im Hungerwinter 1997 dem nicht verfassungskonformen (vgl. Art. 99 VerfBul) Wunsch des Präsidenten beugen.

An dieser Stelle ist schwer zu entscheiden, ob das Vorgehen der bulgarischen Präsidenten politisch nützlich in dem Sinne war, dass die zweifellos vorhandene Gefahr einer Pattsituation im Parlament überwunden werden konnte. Der begrenzte Geltungsanspruch des Argumentes, die politischen Meinungsverschiedenheiten hätten in einem parlamentarisch dominierten Regierungssystem ohne einflussreichen Präsidenten unter Umständen keine Bedeutung auf der Verfassungsebene gehabt, wird indes am bulgarischen Fall in mehrerlei Hinsicht deutlich. So wird zwar die Entlassung der SDS-Regierung Dimitrov dem Präsidenten mit angelastet (East/Pontin 1997: 201). In erster Linie verantwortlich war jedoch das Schwinden der Unterstützung der türkischen Minderheitenpartei, der DPS, für die Minderheitsregierung der SDS.[114] Auch im Laufe der langwierigen Regierungsverhandlungen zeichnete sich keine Mehrheit für eine SDS-gestützte Regierung ab. Der Einfluss des Präsidenten auf die Regierungsbildung hätte sich bei klaren Mehrheitsverhältnissen kaum ergeben. Das Auflösungsrecht, das dem bulgarischen Präsidenten nach Art. 99 allein für den Fall zusteht, dass das Parlament keine Regierung hervorzubringen in der Lage ist, wurde nicht in konfrontativem Stil genutzt. Sowohl 1994 als auch 1997 wurden Neuwahlen erst nach lang-

---

114 Ironie der Geschichte: Die SDS-Regierung wurde damit das Opfer ihrer eigenen Dekommunisierungspolitik. Nach der Öffnung der Archive des Staatssicherheitsdienstes im Herbst 1997 wurde bekannt, dass Ahmed Doğan – der Vorsitzende der DPS – für den Staatssicherheitsdienst gearbeitet hatte. Just die Öffnung der Archive stand auch im Herbst 1992 auf der Agenda der SDS.

wieriger Feststellung instabiler Mehrheiten und letztlich im Einvernehmen mit den wichtigsten politischen Fraktionen ausgeschrieben.

Als Fazit für den bulgarischen Fall mag gelten, dass die Konstruktion des balancierten Regierungssystems unter ganz bestimmten Bedingungen tatsächlich zu destabilisierenden Entwicklungen in der Konsolidierungsphase beigetragen hat. In Phasen parlamentarischer Instabilität hat ein seiner Basis entfremdeter Präsident einige verfassungsrechtlich bedenkliche Schritte unternommen, die in anderen politisch-institutionellen Grundkonstellationen wohl hätten vermieden werden können. Das tiefer liegende Problem bestand jedoch in Bulgarien mindestens bis 1997 in der Unfähigkeit der im Parlament vertretenen Kräfte, über längere Zeit Koalitionen zu schmieden bzw. zu erhalten und eine inklusionsverdächtige Politik zu betreiben. Ähnlich wie im slowakischen Fall – auch hier entstammte Präsident Kováč ja ursprünglich mit der HZDS derjenigen Partei, mit der später die größten Konflikte ausgetragen wurden – überraschte auch immer wieder die Heftigkeit der politischen Auseinandersetzungen.[115] Letztlich muss daher der konkreten Konstellation konkurrierender politischer Akteure, die früher in einem politischen Boot gesessen hatten, eine wichtige Rolle bei der konsolidierungsabträglichen Entwicklungen zugeschrieben werden.

Makedonien

Die Analyse des makedonischen Falles wird dadurch erschwert, dass die alltägliche Politik des Landes in sehr geringem Umfang Gegenstand von journalistischer und wissenschaftlicher Berichterstattung ist. Das Gros der erscheinenden Artikel bleibt auf einer allgemein-deskriptiven Ebene (Oschlies 1993/1994, Schrameyer 1997b, Wieland 1997). Auch Periodika wie *Transitions* oder *East European Constitutional Review* berichten äußerst spärlich. Die politikwissenschaftlich am besten zu verwertende Studie (Weckbecker/Hoffmeister 1997) geht hauptsächlich auf die Privatisierung sowie die Entwicklung des Parteiensystems ein und bietet daher ebenfalls wenig Ansatzpunkte für die institutionenanalytische Analyse.

Generell scheint das Verhältnis zwischen Präsident und Regierung seit der Unabhängigkeit durch die Persönlichkeit von Präsident Kiro Gligorov geprägt gewesen zu sein. In seiner Funktion als „Vaterfigur" (Hoppe 1995) des jungen Staates Makedoniens hat er es noch am ehesten vermocht, die widerstrebenden Interessen der ethnischen gespaltenen Nation zu versöhnen.

---

115 Mehrmals, so z.B. bei der Verabschiedung der Verfassung im Jahre 1991, traten Abgeordnete der SDS in den Hungerstreik, um Präsident Želev von seinem Integrationskurs gegenüber den Eliten des alten Regimes abzubringen.

Politisch aktiv war der Präsident im balancierten Regierungssystem vor allem zu einer Zeit, als wegen der fehlenden internationalen Anerkennung und der prekären Situation im früheren Jugoslawien von einem eigenen politischen System im Grunde noch nicht die Rede sein konnte. Die Einsetzung einer Expertenregierung unter Nokola Klusev (1991-1992) sowie die Bildung der ersten Koalitionsregierung Branko Crvenovski im September 1992 gingen in allererster Linie auf das Konto Gligorovs. Zwei gescheiterte Regierungsbildungen im Sommer 1992 – unter Ljupčo Georgievski von der *Inneren Revolutionären Makedonischen Organisation – Demokratische Partei der Makedonischen Nationalen Einheit* (VRMO-DPMNE) und Petar Gošev – zeigen auch den Willen Gligorovs zur Zusammenarbeit mit verschiedenen politischen Lagern. Als unter Crvenovski (SDSM) die Vierparteienkoalition aus *Sozialdemokratischer Union* (SDSM), *Liberaler Partei* (LP), *Sozialistischer Partei* (SP) und der *Partei der Demokratischen Prosperität* (PDP) vom Parlament bestätigt war, hatten sich zwar die postkommunistischen Kräfte weitgehend konsolidiert. Die VRMO-DPMNE sah sich (vorübergehend) als Opposition ins politische System eingebunden; mit der Regierungsbeteiligung der albanischen Minderheit hatte man einen in der Region nicht alltäglichen Inklusionsgrad erreicht.

Obwohl der Präsident im makedonischen Regierungssystem durchaus über einige Kompetenzen verfügt – z.B. suspensives Vetorecht, Vertretung der Republik nach außen – sticht Makedonien durch eine bemerkenswerte Abwesenheit institutioneller Konflikte hervor. Zum Teil mag dies mit der Tatsache zusammenhängen, dass sich „politische Debatten und Parteien (...) fast ausschließlich entlang ethnischer Spaltungslinien" formieren (Wieland 1997: 696). Während die Koalitionsregierungen – seit 1992 jeweils unter Einbeziehung einer Partei der albanischen Minderheit – Konflikte wie beispielsweise um die albanische Universität in Tetovo lautstark austragen, ist der Präsident um ständiges *appeasement* bemüht und greift daher nicht konfliktfördernd in die Regierungsarbeit ein.

Neben dem ex-jugoslawischen Kontext, der in vielen grundsätzlichen Fragen lange die nationale Einheit förderte, spielte aber nach den Wahlen von 1994 auch die erdrückende Mehrheit der *Sozialdemokratischen Union* (SDSM) eine wichtige Rolle. Während außenpolitisch viele Bemühungen in Richtung Abgrenzung zu (Rest)Jugoslawien gingen und insgesamt kein grundsätzlicher Dissens zwischen Regierung und Präsident bestand, war für den Präsidenten innenpolitisch bei einer Regierung, die in der ersten Hälfte ihrer Amtszeit über eine ¾-Mehrheit, nach dem Rückzug der *Liberalen Partei* im Jahre 1996 aber immer noch über eine 2/3-Mehrheit verfügte, kein Blumentopf zu gewinnen.

Insgesamt scheint es, dass in Makedonien auch bei Existenz eines anderen Regierungssystems ein ähnliches Konsolidierungsniveau geherrscht hätte. Im Gegensatz zu seinem bulgarischen Amtskollegen Želev vermochte es der Präsident, die politischen Lager zu versöhnen anstatt zu spalten – weder ein parlamentarisch noch ein präsidial geprägtes Regierungssystem hätten hier einen großen Unterschied gemacht. Auch wenn oben einige mögliche Gründe angegeben wurden, ist dieser Befund insgesamt mehr als erstaunlich. Trotz der heftigen Turbulenzen um den Wahlboykott der VRMO-DPMNE im Jahre 1994 und zuweilen blutiger Auseinandersetzungen um die größte ethnische Minderheit war das balancierte Regierungssystem offenbar in der Lage, die wichtigsten Konflikte der jungen Demokratie zu internalisieren und im Ansatz zu entschärfen.

Moldova

Ein ähnliches Bild ergibt sich für das Regierungssystem Moldovas: In einem höchst instabilen Umfeld funktioniert das Institutionensystem.[116] Der wohl sicherste Hinweis auf die beschränkende Wirkung der Institutionen sind wohl die regelmäßigen Forderungen moldauischer Präsidenten dazu nach einer Erweiterung der präsidentiellen Kompetenzen (FAZ vom 30.11.1996, RFE/RL Newsline vom 23.9.1997, 2.12.1997, 11.12.1998). Der damit anklingende latente Konflikt zwischen vermeintlich reformfreudigen Präsidenten und einem zögerlichen Parlament schlägt sich aber wie in Makedonien nicht in manifesten Gewaltenkonflikten nieder. Präsident Snegur konnte z.B. im März die Absetzung des Verteidigungsministers Creanga nicht erzwingen, weil das Verfassungsgericht in einer richtungsweisenden Entscheidung den Art. 82 VerfMol dahingehend interpretierte, dass die Regierung allein dem Premierminister unterstehe (vgl. Ionescu 1997).

Auch kündigte Snegur im November 1996 die Ablösung der Regierung für den Fall an, die anstehenden Präsidentenwahlen zu gewinnen. Dieses Vorgehen wäre von der Verfassung nicht gedeckt gewesen, scheiterte jedoch an der überraschenden Abwahl Snegurs. Ein ähnlicher institutioneller Konflikt trug sich im Sommer 1997 zu, als das Verfassungsgericht auf Klage eines Oppositionspolitikers zwei Dekrete von Präsident Lucinschi für ungültig erklärte. Lucinschi hatte zum einen ein Ministerium für die Verbrechensbekämpfung einrichten wollen und zum anderen gleich dessen Leiter ernannt (RFE/RL Newsline, 22.7.1997).

In der Summe lassen sich somit Differenzen feststellen, die wegen der eindeutigen Formulierungen in der Verfassung von den Präsidenten Snegur wie Lucinschi nicht in den Status eines Verfassungskonflikts erhoben werden

---

[116] Angesichts jüngerer Entwicklungen muss hier erneut darauf hingewiesen werden, dass der Bearbeitungszeitraum dieser Arbeit mit dem Jahr 1998 endet.

konnten. Die Artikel 86 und 87 VerfMol beschränken die Befugnisse allein auf außen- und verteidigungspolitische Fragen. Artikel 88 VerfMol nennt weitere Rechte des Präsidenten, die aber bis auf ein Prüfungsrecht bei Regierungsverordnungen keine innenpolitische Relevanz haben. Da dem Präsidenten auch kein Vetorecht zusteht, ist der innenpolitische Aktionsradius des Präsidenten damit stark eingeschränkt.

Rumänien

Rumänien ist neben Russland und der Ukraine das Land, in dem die Dekretpraxis am weitesten verbreitet ist. Hier ist es jedoch nicht der Präsident, sondern die Regierung – insbesondere unter Petre Roman und Victor Ciorbea –, die das Dekeretierungsrecht ausgiebig genutzt (Gabanyi 1997b: 556-557). Das Parlament hat dann einen großen Teil dieser Regierungsdekrete nachträglich in Gesetze umzugießen. Die – auch offizielle – Begründung zur Nutzung des Dekretierungsrechts liegt in der „Langwierigkeit des parlamentarischen Prozesses" (SZ, 29.10.1998).

Davon abgesehen weist der rumänische Fall wegen des Machtwechsels vom Herbst 1996 zwei Ausprägungen auf. Durch die – in der Verfassung übrigens nicht zwingend vorgeschriebene – Simultanität der Präsidenten- und Parlamentswahlen handelt es sich aber nicht um die Alternation von Cohabitations- und Nicht-Cohabitationsphasen, sondern um simultane Regierungs- und Präsidentenwechsel von einem politischen Lager ins andere. Bis 1996 stand der Regierung von *Sozialen Demokraten* (PDSR) und ihren bis zu drei Koalitionspartnern der ehemalige Vorsitzende der PDSR als Staatspräsident gegenüber. Von 1997 an wurde das Land dann maßgeblich von Politikern der *Demokratischen Konvention* (CDR) geführt.[117]

Ohne *cohabitation* entstanden die wichtigsten konsolidierungsbehindernden Konflikte im balancierten Regierungssystem nicht zwischen Präsidenten und parlamentsgestützter Mehrheit. Probleme ergaben sich vor allem innerhalb der Legislative; häufig sogar zwischen der Regierung und Teilen der sie stützenden Parlamentarier. So lässt sich mindestens bei den Regierungen Vacaroiu, Ciorbea und Vasile das Bestreben verzeichnen, wegen des trägen Entscheidungsprozesses im Zweikammerparlament die nach der Verfassung gestatteten Regierungsverordnungen auch auf Bereiche auszudehnen, die über die „Organisation der Durchführung von Gesetzen" (Art. 107 VerfRum) hinausgehen (vgl. Gabanyi 1995: 556-557, siehe oben). Beide Kam-

---

117 Premierminister Ciorbea (*Nationale Christdemokratische Bauernpartei* – PNTCD) amtierte von Februar 1997 bis März 1998, Radu Vasile (ebenfalls PNTCD) seit April 1998. Staatspräsident Constantiniescu war vor seinem Parteiaustritt im Zuge seines Amtsantritts ebenfalls ein Protagonist in der CDR vereinigten Parteien.

mern machen von ihrem Recht, Gesetzesentwürfe der jeweils anderen Kammer zu verändern, reichlich Gebrauch. Zur Vermeidung der Wiederholung des „legislativen Stillstands" (Verheijen 1995: 191) der Jahre 1993 und 1994 mussten rumänische Regierungen offensichtlich bei allzu drängenden Entscheidungen zu verfassungsrechtlich bedenklichen Maßnahmen übergehen.

War Präsident Iliescu (direkt oder indirekt) in innenpolitische Konflikte verwickelt, resultierten diese meist aus dem antagonistischen Verhältnis zu den parlamentarischen Minderheitsfraktionen der Jahre 1992 bis 1996. Diese konnten sich lange nicht mit der politischen Bedeutung verschiedener „Schatteninstitutionen" – Berater des Präsidenten, der Oberste Rat für Landesverteidigung, der Rumänische Informationsdienst etc. – abfinden, da hier führende Persönlichkeiten des (von der Opposition so genannten) Staatsstreichs vom Dezember 1989 weiterhin eine politische Rolle spielten. Vor allem im Obersten Rat für Landesverteidigung saßen mit dem Direktor des Rumänischen Sicherheitsdienstes Virgil Magureanu und anderen solche Personen, die der Ceausescu- und Securitate-Vergangenheit einiges abgewinnen konnten (vgl. Gabanyi/Hunya 1994: 88).

Letztlich sind diese Konflikte jedoch kaum dem balancierten Regierungssystem an sich anzulasten. Nicht der dem rumänischen Institutionensystem inhärente Mechanismus der doppelten Verantwortlichkeit (Julien-Lafferière 1993: 1230) verursachte Konflikte, sondern ein politisch wenig einiges Parlament, das nur ganz vereinzelt vorübergehend eine geschlossene politische Haltung entwickeln konnte.[118] Insgesamt drängt sich so der Eindruck auf, dass ein parlamentarisches Regierungssystem die Probleme der intermediären Sphäre möglicherweise noch verstärkt hätte. Seit 1996 ist es nämlich noch em ehesten der Präsident, der in bestimmten inhaltlichen Fragen wie der angestrebten Westintegration oder der Einbeziehung der ungarischen Minderheit eine moderierende Funktion einnimmt. Erst auf seine Initiative hin konnte im Februar 1998 ein revidiertes Koalitionsprotokoll unterzeichnet werden (vgl. Gabanyi 1998: 403-412) – die Dauerregierungskrise wurde damit allerdings nicht beigelegt. Als ehemaliges „sultanistisches" Regimes scheinen rumänische Regierungen auch in besonderem Maße mit der fehlenden Kooperationsbereitschaft der staatlichen Administration zu kämpfen zu haben. So äußerte Präsident Constantiniescu ein Jahr nach seinem Amtsantritt, man habe im November 1996 zwar die Wahlen gewonnen, jedoch noch nicht die Macht errungen (FAZ, 26.9.1997).

---

118 Im Winter 1996 beispielsweise überstimmte das Parlament ein Veto des Präsidenten gegen ein Gesetz zur Festschreibung gewisser Privilegien und des Gehalts der Parlamentarier (EECR, vol. 5, no. 1: 20).

Fazit: balancierte Regierungssysteme

Aus alledem folgt, dass die balancierten Regierungssysteme Bulgarien, Litauen, Makedonien, Moldova, Polen und Rumänien nur bedingt als einheitliche Gruppe betrachtet werden können. Neben die Ausgestaltung des Regierungssystems an sich – die Erwartung einer stärkeren Konflikthäufigkeit allein aufgrund der Tatsache, dass Präsident und Regierung über konkurrierende Kompetenzen verfügen – treten mindestens drei weitere Faktoren, die das vermeintlich erhöhte Auftreten schwerer Verfassungskonflikte (mit)bewirken. Erstens, so zeigt besonders der Fall Moldova, können klar und eindeutig formulierte Verfassungsbestimmungen den Aktionsradius eines voluntaristisch eingestellten Präsident eingrenzen. Auf der anderen Seite war die kleine Verfassung Polens so zweideutig angelegt, dass bei politisch-ideellen Differenzen zwischen den beiden Polen der Exekutive Konflikte letztlich unausweichlich waren. Ob ein Politiker vom Schlage Wałęsas jedoch nicht auch im Rahmen der moldauischen Verfassung ein gewisses Obstruktionspotenzial hätte enfalten können, muss natürlich offen bleiben.

Damit machten zweitens politische Persönlichkeiten einen Unterschied. Die wenig diskreten Einlassungen der ehemaligen Dissidenten Lech Wałęsa und Želju Želev hatten das Ziel, ein aufgrund eindeutiger Wählervoten zusammengesetztes Parlament in dessen Kompetenzen zielgerichtet einzuschränken. In Litauen hingegen agierte Präsident Brazauskas weder vor 1992 noch nach 1996 dezidiert gegen politisch die andersausgerichteten Regierungen. Makedoniens Kiro Gligorov wird gar als „Vater der Nation" gehandelt; dem Präsidentenamt muss in seiner symbolischen Funktion daher eine wichtige Bedeutung bei der Konsolidierung der jungen Demokratie zugestanden werden.

Drittens spielen kontingente politische Konstellationen ein wichtige Rolle. In Polen verschärfte die *cohabitation* seit 1993 die auch vorher schon bestehende Kluft zwischen Präsident und Parlament bzw. Regierung. In Litauen brachte die *cohabitation* von 1996 bis 1998 zwar einige tagespolitische, jedoch keine Verfassungskonflikte. In Rumänien gibt es seit 1996 eine *cohabitation* mit dem dritten „Pol" der Exekutive, der staatlichen Administration. Das Hinzutreten einer „echten" *cohabitation* zwischen Präsidenten und Regierungschef würde sich auf die politische Stabilität und die Akzeptanz der Verfassung vermutlich nicht allzu positiv auswirken.

3.3.3. Präsidentiell dominierte Regierungssysteme

In den präsidial dominierten Regierungssystemen Russland und der Ukraine sind ähnliche Verwerfungen wie in den balancierten Regierungssystem zu erwarten. Wie oben gesehen, sind alle postsozialistischen Regierungssystem mit potentem Präsidenten den semipräsidentiellen Regierungssystemen (nach Duverger) zuzuordnen. Daher sollten sie in gewissen Grenzen auch ähnlichen Funktionslogiken folgen – mögliche Konflikte zwischen den Armen der Exekutive sind sicherlich innerhalb dieser Grenzen anzusiedeln.

Russland

In den ersten Jahren des postautokratischen Regimes herrschte in der Russischen Föderation der im regionalen Vergleich wohl schärfste Konflikt zwischen dem Parlament und seiner Mehrheit auf der einen sowie dem Präsidenten auf der anderen Seite. In die gängigen Typologien „westlicher" Regierungssysteme ließ sich der Fall jedoch trotz des Antagonismus der exekutiven Gewalten nicht ohne weiteres einarbeiten. Nicht nur ragte der noch zu Sowjetzeiten für die RSFSR gewählte Volksdeputiertenkongress mit dem nachgeordneten Obersten Sowjet als Rudiment ins neue Regime. Auch war die Konstruktion des Regierungssystems mit der vergleichsweise schwachen Regierung, der – bereichsweise durch Sonderbefugnisse gelockerten – Abhängigkeit des Präsidenten vom Volksdeputiertenkongress sowie der verfahrensbedingt starken Position des Parlamentspräsidenten ungewöhnlich. Bekanntlich zerfielen die Abgeordneten bald in diffuse, aber einander unversöhnlich gegenüberstehende Lager; gelöst wurde der Konflikt zwischen dem Präsidenten und Teilen des Parlaments inklusive der Regierung im Herbst 1993 mit militärischen Mitteln.

Mit der Präsidialverfassung vom 12.12.1993 wurde ein neues Regime etabliert. Unter- und Oberhaus der Föderalen Versammlung wurden neugewählt. Präsident Jelzin blieb jedoch im Amt, und der politische Konflikt mit dem links-national dominierten Parlament bestand weiter fort. Unter der neuen Verfassung konnte der russische Präsident allerdings in fast allen Fragen die Oberhand behalten. Die Regierung fungiert als „Exekutivorgan der Legislative *und* des Präsidenten" (vgl. Furtak 1996) und kann wegen dieser starken doppelten Abhängigkeit kaum in schwere Verfassungskonflikte geraten – im Zweifelsfalle wird sie vorher abgesetzt.

Ähnlich wie in Polen zu Zeiten der kleinen Verfassung unterstehen dem Präsidenten seit der Verabschiedung des Regierungsgesetzes im Dezember 1997 auch formell die sogenannten Machtministerien; hierbei handelt es sich um Verteidigung, Inneres, Äußeres und alle ministeriellen Abteilungen, die mit Sicherheits-, außenpolitischen und Notsituationen konfrontiert sind oder sein können (RFE/RL-Newsline, 29.12.1997). Die politisch mehr oder weniger bedeutungslose Entlassung von vier stellvertretenden Ministern durch den Präsidenten – nicht etwa den damals amtierenden Viktor Černomyrdin – im März 1998 (vgl. Kommersant", 20.3.1998) zeigte jedoch als ein Beispiel unter vielen, dass russische Regierungschefs zumindest bis zum Jahre 1999 den Konflikt mit dem Präsidenten selbst dann nicht suchten, wenn ihre Prärogativen durch den Präsidenten eindeutig verletzt wurden.

Neben der Nichtausrufung des Ausnahmezustandes im Tschetschenienkrieg als der vielleicht schwerwiegendsten Unterlassung gab es eine Reihe von schweren Verfassungskonflikten, von denen die meisten vom Präsidenten ausgelöst wurden. So setzte er im Frühjahr 1994 den Generalstaatsanwalt Iljušenko und im Oktober 1994 die Präsidentin der Zentralbank Paramonova ein, ohne jeweils entsprechende Voten des Parlaments abzuwarten.[119] Auch die Entlassung von Generalstaatsanwalt Skuratov im Frühjahr 1999 trug starke Züge eines Gewaltenkonflikts. Die Lektüre der Rubrik *Constitution Watch* des *East European Constitutional Review* erhellt, dass der Präsident häufig Dekrete zur Korrektur von Föderalen Gesetzen erlässt – nach Art. 90 VerfRus eindeutig verfassungswidrig. Ein weiterer regelmäßig gebrauchter Kunstgriff Jelzins besteht in der Weigerung, verabschiedete Gesetze bei Überstimmung seines Vetos zu unterzeichnen. Allerdings konnte sich Jelzin hier bislang auf Rechtsprechung des Verfassungsgerichts stützen, da in allen Fällen einzelne Abgeordnete ihr Stimmrecht auf Kollegen übertragen hatten (RFE/RL-Newsline, 23.4.1998).

In der Summe lassen sich damit zwar eine Reihe von Verfassungskonflikten auf die konkrete Konstellation der politischen Institutionen im Regierungssystem zurückführen. Allerdings muss fraglich bleiben, inwieweit alternative institutionelle Konfigurationen zu einer geringeren Anzahl an konsolidierungsabträglichen Konflikten geführt hätten. Bereits die Dynamik des Regierungssystems seit 1991 muss den Verdacht reifen lassen, die tiefen programmatischen und ideologischen Gräben könnten durch institutionelle Arrangements allein kaum behoben werden. Der Dauerkonflikt zwischen strukturkonservativen und „reformerischen" Kräften bestand sowohl im parlamentarisch-präsidentiellen Zwittersystem von 1991 bis 1993 wie auch im präsidial dominierten Regierungssystem seither. Ein typologisch echtes präsidentielles System hätte die Blockade zwischen Parlament und Regierung vielleicht noch verstärkt. Und ob eine mehrheitlich mit unreformierten Kommunisten und teilweise faschistoiden Nationalisten besetzte Staatsduma in einem parlamentarisch dominierten Regierungssystem der ideale Garant für die demokratische Konsolidierung wäre, kann bezweifelt werden.

---

119 Für die Bestätigung der Zentralbankchefin ist die Staatsduma, für die Einsetzung des Generalstaatsanwalts der Föderationsrat verantwortlich.

Ukraine

Ähnliches trifft zuletzt auf die Ukraine zu. Tiefe politische Gräben durchziehen das politische System und insbesondere das im Parlament vertretene intermediäre Spektrum. Die *Kommunistische Partei* (KPU), nach den Wahlen von 1998 stärkste Fraktion, kommentierte beispielsweise das Programm von Präsident Kučma mit den Worten „Ausverkauf des Landes, volksfeindliche Pläne, Verrat der nationalen Interessen" (zitiert nach Ott 1995: 19).[120] Auch weigerten sich 58 Abgeordnete der KPU, den Eid auf die neue Verfassung vom 28.6.1997 abzulegen. Zu diesen politisch-ideologischen Differenzen tritt in der Ukraine noch eine ethnisch-landsmannschaftliche Trennung zwischen dem ukrainischen Westteil des Landes und dem russisch geprägten Ostteil einschließlich der Krim.

Da zudem ähnlich wie in Russland seit der Unabhängigkeit die Präsidenten[121] und die Mehrheit der Parlamentarier jeweils unterschiedlichen politischen Richtungen angehören, war in der Ukraine eine Übertragung der strukturellen Konflikte auf die Ebene der politischen Institutionen letztlich unvermeidlich. Da bis zum Sommer 1996 in der Ukraine eine Übergangsverfassung als Grundlage des politischen Systems diente, gab es allerdings relativ wenige explizite Verfassungskonflikte. Als sich beispielsweise der neugewählte Präsident Kučma im August 1994 die Regierung per Dekret unterstellte, war damit zwar der Wortlaut der gerade geltenden Verfassungsbestimmungen verletzt. In der Praxis hatte jedoch die revidierte Sowjetverfassung die politische Verfahrensrealität sowieso nicht abgebildet; das Dekret war daher eher als reguläre politische Waffe denn als Instrument zur willentlichen Verfassungsdehnung zu interpretieren.

Mit der Verfassung von 1996 hat sich „in der Ukraine (...) ein recht stabiles semipräsidentielles System herausgebildet, obwohl die doppelte Verantwortlichkeit der Regierung ein Potenzial für weitere Gewaltenkonflikte darstellt" (Sahm 1998: 94). Im Herbst und Winter 1998 offenbarte sich dies an einem endlosen Verfahren um den Haushalt des Jahres 1999. Verfassungspolitische Bedeutung erhielt das Haushaltsverfahren wie bisher noch in jedem Jahr seit der Unabhängigkeit, weil sowohl Parlament als auch Regierung wenig konstruktiv zusammenarbeiteten und den Präsidenten wiederholt zum Eingreifen in ein ihm fernes Metier zwangen. In gewisser Weise hat die neue Verfassung in der innenpolitischen Sphäre vor allem bewirkt, dass vor-

---

120 Interessanterweise besteht das nach dem Augsutpusch von 1991 ausgesprochene Verbot der *Kommunistischen Partei* (KPU) der Ukraine weiterhin. Ein Antrag zur Aufhebung des Verbots konnte am 18.10.1994 in einer turbulenten Sitzung nicht die erforderliche Mehrheit einfahren.
121 1991-1994: Leonid Kravčuk. Seit 1994: Leonid Kučma.

mals faktisch unregulierte Verfahrensweisen normiert wurden. Prompt konnten Präsident Kučma allein zwischen dem 2. Juli und dem 20. Oktober 1997 über 150 verfassungswidrige Personalentscheidungen sowie 40 weitere Verfassungsverstöße in anderen Entscheidungsbereichen nachgewiesen werden (Lindner 1998: 21).

Die Regularisierung des politischen Prozesses in der Ukraine auf Grundlage der neuen Verfassung hat sich damit noch nicht in vollem Maße eingestellt. Überhaupt kann die neue Verfassung in wichtigen Bereichen nicht vorbehaltlos als Grundlage für die Institutionalisierung des politischen Prozesses gelten. Hinsichtlich der legislativen Kompetenz, außenpolitischer Zuständigkeiten und der Struktur der Exekutive enthält die Konstitution einige konfliktträchtige Formulierungen (siehe Tabelle 3.7). Damit sind gerade in den Bereichen, die in semipräsidentiellen Regierungssystemen das größte Potenzial an institutionellen Konflikten bereithalten, die Zuständigkeitsformulierungen vielfältig interpretierbar:

Tabelle 3.7: Unklare Regelungen in der ukrainischen Verfassung von 1996 im Bereich der politischen Institutionen

(a) *Legislative Kompetenz*	Art. 75 VerfUkr: Die Rada ist das einzige Organ mit legislativer Autorität.	Art. 106 Abs. 31 VerfUkr: Der Präsident erlässt auf der Basis (...) der Verfassung und der Gesetze Dekrete, die auf dem Territorium der Ukraine bindend sind.
(b) *Zuständigkeit für Außenpolitik*	Art. 85 Abs. VerfUkr: die Rada bestimmt die Prinzipien der Innen- und Außenpolitik. In Art. 91 Abs. 9 VerfUkr wird noch einmal wiederholt, dass die Prinzipien der Außenpolitik, Außenhandels- und Zollfragen unter Gesetzeshoheit und damit in den Zuständigkeitsbereich des Parlaments fallen.	Art. 106 Abs. 3 VerfUkr: der Präsident (...) führt die außenpolitischen Aktivitäten.
(c) *Struktur der Exekutive*	Der Präsident ernennt den Regierungschef (Art. 106.9 Verf-Ukr) und hat bei der Regierungszusammensetzung das letzte Wort (Art. 106.10 und 114 VerfUkr). Art. 106.15 VerfUkr gibt dem Präsidenten das Recht, Ministerien einzurichten und aufzulösen. Damit ist der Präsident de facto Chef der Exekutive.	Art. 113: Die Regierung ist das höchste exekutive Organ.

(a) Auch nach dem Auslaufen der außerordentlichen Dekretierungsbefugnis des Präsidenten im Jahre 1999 verbleibt dem Staatsoberhaupt die Möglichkeit der Ausgabe von Dekreten – wenn auch nicht in dem unbegrenzten Maße wie in der Russischen Föderation. Ob sich der ukrainische Präsident der Zurückhaltung auferlegenden Regelung von Art. 75 VerfUkr beugen wird, muss allein wegen der sowjetischen Tradition des Regierens per Dekret ungewiss bleiben.

(b) Im außenpolitischen Bereich hat die Ukraine in den letzten Jahren eine Reihe von Erfolgen verbuchen können. Trotz einer grundsätzlich skeptischen Haltung intervenierte vor den Wahlen von 1998 das Parlament nicht gegen eine verstärkte Hinwendung zum Westen, so dass Grundlagenverträge mit Rumänien (3.5.1997), eine gemeinsame Erklärung mit Polen (21.5.1997), ein Grenzvertrag mit Belarus (Mai 1997), ein Freundschaftsvertrag mit Russland (30.5.1997) und die Charta mit der Nato (Juni 1997) abgeschlossen werden konnten (vgl. hierzu Alexandrova 1997). Das neu gewählte Parlament drohte jedoch im Dezember 1998, die Ratifizierung einer Reihe von außenpolitischen Entscheidungen des Präsidenten von Konzessionen der Regierung im Haushaltsverfahren abhängig zu machen (RFE/RL-Newsline, 14.12.1998). Auf mittlere Sicht droht also auch die Außenpolitik des Landes unter die Räder der institutionellen Auseinandersetzungen zu geraten.

(c) Die Kombination der in der Tabelle aufgeführten von Art. 106, 113 und 114 VerfUkr dürfte ihre kompetenzverwischende Wirkung vor allem dann entfalten, wenn die Verchovna Rada einmal mit einer regierungsstützenden Mehrheit besetzt ist. Bislang war das zerklüftete Parlament häufig nur in der Lage, vorübergehende Verhinderungsmehrheiten zu bilden. Bei einer echten *cohabitation* würde sich jedoch zwangsläufig die Frage nach der Hoheit über die Regierung stellen; eine Frage, die der Verfassungstext der politischen Praxis anheimstellt.

Insgesamt wird am ukrainischen Fall deutlich, dass ein guter Teil der konsolidierungsabträglichen Konflikte zwar vordergründig dem Regierungssystem und insbesondere der spannungsträchtigen Konstellation eines mächtigen Präsidenten im semipräsidentiellen Regime anzulasten sind. Das besondere Gewicht der Kontextfaktoren läßt jedoch wie im russischen Fall bezweifeln, dass alternative institutionelle Arrangements grundsätzlich bessere Ergebnisse zu Tage gebracht hätten. Ein rein parlamentarisch dominiertes System befände sich allem Anschein nach in einer Dauerblockade; daran könnten wegen der nicht landesweit wirksamen Konfliktlinien (vgl. Kapitel 4) auch unterschiedliche Wahlsysteme kaum etwas ändern.

3.4. Fazit: Regierungssysteme und demokratische Konsolidierung

Bei der Analyse der balancierten Regierungssysteme konnten drei Faktoren herausgearbeitet werden, die Tiefe und Intensität konsolidierungsabträglicher Verfassungskonflikte beeinflussen: (1) die Explizität der Verfassungsbestimmungen, die das Verhältnis zwischen den politischen Institutionen gestalten, (2) das Wirken individueller Persönlichkeiten in politischen Ämtern und (3) konkrete machtpolitische Konstellationen unter Berücksichtigung der Mehrheitsverhältnisse im Parlament und der politischen Stellung des Präsidenten zur Parlamentsmehrheit. Die Wahrscheinlichkeit gravierender Verfassungskonflikte sinkt dabei ceteris paribus

- mit möglichst klaren Formulierungen in der Verfassung hinsichtlich der Kompetenzen des Präsidenten auf der einen, der parlamentarisch gestützten Regierung auf der anderen Seite (Ebene der polity),

- mit auf Ausgleich bedachten, im Zweifelsfalle die Verfassungsbestimmungen achtenden politischen Akteuren (Ebene der politischen Akteure) und

- mit einer ähnlichen, auf keinen Fall jedoch antagonistisch zueinander ausgerichteten politischen Haltung zentraler Protagonisten des politischen Systems. Insbesondere bei einer Exekutivkonkurrenz von Präsidenten und Parlamenten/Regierungen aus verschiedenen politischen Lagern besteht die Gefahr einer verlangsamten demokratischen Konsolidierung (Ebene des Parteiensystems).

Diese Argumentationslogik gilt prinzipiell auch für parlamentarisch dominierte Regierungssysteme. Allerdings lässt sich nicht verkennen, dass die hier untersuchten Konflikte häufig überhaupt erst durch die Existenz eines mit Kompetenzen bedachten Präsidenten entstehen konnten. Insofern bestätigt sich mit der hier durchgeführten Analyse zunächst die Hypothese, dass konsolidierungsabträgliche Institutionenkonflikte in parlamentarischen dominierten Systemen weniger wahrscheinlich sind.

Allerdings: Dass ein Präsident nur dann in Verfassungskonflikte verwickelt sein kann, wenn er auch über die entsprechenden Möglichkeiten zu Eingriffen ins politische Geschehen verfügt, ist kein überraschender Befund. Mit der Methode des kontrafaktischen Denkens wurde deshalb zusätzlich versucht zu prüfen, ob den in balancierten oder präsidentiell dominierten Regierungssystemen verstärkt auftretenden Verfassungskonflikten tiefer liegende Ursachen zugeschrieben werden können. Hier brachte die vergleichende Betrachtung zu Tage, dass vor allem die Existenz tiefer gesellschaftlicher Konfliktlinien und deren Übertragung in die politische Sphäre als konsolidierungsabträglicher Tatbestand beurteilt werden muss. Mindestens in Bulgarien, Polen, Rumänien, Russland, der Slowakei und der Ukraine lassen sich tiefgreifende Konflikte zwischen politischen Lagern feststellen. Diese kristallisierten sich zwar häufig an den Institutionen des Regierungssystems. Der Fall der Slowakei zeigt jedoch, dass ein von der Verfassung mit Kompetenzen bedachter Präsident keine notwendige Bedingung für Streit zwischen Präsidenten und Regierungen bzw. Parlamenten ist. Eher trugen unklare Verfassungsbestimmungen und/oder konfliktsuchende individuelle Amtsinhaber und/oder unglückliche Machtverteilungen dazu bei, ohnehin bestehende Interessengegensätze im Rahmen verschiedener Regierungssysteme zum Ausbruch kommen zu lassen.

Damit sind balancierte oder semipräsidentielle Regierungssysteme nicht kontextunabhängig (wie impliziert bei Rüb 1994a, Merkel 1996, 1996a, 1998, siehe oben), sondern gerade *in Abhängigkeit vom Kontext* als problematische institutionelle Arrangements anzusehen. Unter ungünstigen Bedingungen kristallisieren sich Interessengegensätze an den politischen Institutionen und tendieren somit dazu, politische Krisen zu Verfassungskrisen zu befördern. Unter den gleichen ungünstigen Bedingungen wohnt parlamentarisch dominierten Regierungssystemen jedoch eine starke Tendenz entweder zu Entscheidungsblockaden (z.b. Russland von 1991 bis 1993) oder zur Majorisierung (z.B. Slowakei 1994-1998) inne. Damit kann zwar die Zahl sichtbarer Verfassungskonflikte sinken, die Ergebnisse tragen aber dennoch nicht zur Konsolidierung junger Demokratien bei. Gerade bei jungen Demokratien ohne allseits akzeptierte staatliche Eigentradition kann zudem ein Präsident, wie die Beispiele Makedoniens (Gligorov) und Litauens (Brazauskas) zeigen, wichtige integrative Funktionen übernehmen. In diesen Fällen hat sich eine Kontextbedingung als besonders günstig erwiesen, so dass dem Präsidentenamt bereits durch sein symbolisches Gewicht im balancierten Regierungssystem eine konsolidierungs*fördernde* Wirkung zukam.

Die direkte Konsolidierungswirkung von Regierungssystemen kann somit, so mein Fazit, in kategorialen Maßstäben nur unzureichend angegeben werden. Im hochkontingenten Umfeld der Systemtransformation entfalten politische Institutionen nicht in gleichem Maße wie in etablierten politischen Systemen eine strukturierende Funktion: „What offices exist matters perhaps less than who occupies these offices" (Bunce 1997: 175). Daneben existieren jedoch Faktoren, die die Wirkung von Institutionensystemen beeinflussen können: zunächst grundsätzliche Begebenheiten wie die Art des Regimewechsels, der Erfolg der ersten Regierungen im Amt, die internationale Lage oder historisch-kulturelle Traditionen, dann jedoch auch endogene Faktoren wie politische Konstellationen oder ambivalente Formulierungen in den jeweiligen Verfassungen. Der in der immer prominenter werdende Zweig der Verwendung differenzierter Skalen (vgl. Shugart 1996, Easter 1997, Hellman 1997, Ishiyama/Velten 1998) kann diese Kontextbedingungen nicht erfassen und ist deshalb nur eingeschränkt in der Lage, zum besseren Verständnis der Funktionsweise von Regierungssystemen in der Konsolidierungsphase beizutragen. Sinnvoller sind regional begrenzte Erklärungsansätze, die die Existenz von Kontextfaktoren systematisch einzubeziehen in der Lage sind.

Tabelle 3.8: Muster der Konsolidierungswirkung von Regierungssystemen im postsozialistischen Europa, 1991-1998

Konsolidierungsrelevante allgemeine („exogene") Kontextfaktoren					Typ des Regierungssystems
Art des Regimewechsels	Internationale Einbettuung	Sozioökonomischer Entwicklungsstand	Wirtschaftliche Entwicklung	Weitere wichtige Kontextfaktoren	
+	+	o	o	+ außenpolitisches Leitbild: Europa	→ Parlamentarisch dominierte Regierungssysteme → →
+	+	o	o	+ außenpolitisches Leitbild: Europa	
o	– (bis 1998)	+	+		
o	+	+	+		
+	+	+	+		
+	+	+	+		
–	o	o	–	– starke cleavages	→ → „Balancierte" Regierungssysteme → →
+	+	o	o	+ außenpolitisches Leitbild: Europa	
–	–	o	o	– Handelsblockaden	
–	–	–	–	Transnistrien	
+	+	+	+		
–	o	o	–	– starke cleavages	→ Präsidentiell dominierte Regierungssysteme →
–	–	o	–	– starke cleavages	
–	–	–	–	– starke cleavages	

	Konsolidierungsrelevante „endogene" Faktoren des Regierungssystems			Einfluss des Regierungssystems auf die demokratische Konsolidierung
	Klarheit der Verfassungsbestimmungen	Streitbarkeit der politischen Akteure	Politische Konstellationen	
Estland	+	o	o	Eher positiv wegen fehlender Kristallisationspunkte für institutionelle Konflikte
Lettland	o	o	o	Eher positiv wegen fehlender Kristallisationspunkte für institutionelle Konflikte
Slowakei	–	–	–	Eher negativ; hohe Relevanz endogener konsolidierungsabträglicher Faktoren
Slowenien	+	o	o	Eher positiv wegen fehlender Kristallisationspunkte für institutionelle Konflikte
Tschechien	+	o	+	Eher positiv wegen fehlender Kristallisationspunkte für institutionelle Konflikte
Ungarn	+	o	+	Eher positiv wegen fehlender Kristallisationspunkte für institutionelle Konflikte
Bulgarien	–	–	–	Eher negativ; hohe Relevanz exogener und endogener konsolidierungsabträglicher Faktoren
Litauen	+	o	+/o	Eher positiv wegen integrativer Kraft von Verfassung und politischen Akteuren
Makedonien	o	+	o	Eher positiv wegen Institutionalisierung einer zentralen Integrationsfigur
Moldova	+	o	o	Eher positiv; hohe Relevanz exogener konsolidierungsabträglicher Kontextfaktoren
Polen	– bis 1997	–	o	Zeitweise negativ wegen Möglichkeit der Übertragung politischer Konflikte auf die Verfassungsebene
Rumänien	o	–	–	Eher negativ; hohe Relevanz exogener und endogener konsolidierungsabträglicher Faktoren
Russland	–	–	–	Eher negativ; hohe Relevanz exogener und endogener konsolidierungsabträglicher Faktoren
Ukraine	–	–	–	Eher negativ; hohe Relevanz exogener und endogener konsolidierungsabträglicher Faktoren

Erste Ansätze zu einem Modell der Konsolidierungswirkung von Regierungssystemen für den postsozialistischen Kontext bietet Tabelle 3.8, in der Ergebnisse der Ausführungen in Kapitel 2 und Kapitel 3 zusammengestellt sind. Demnach können Regierungssysteme eine bestimmte Wirkung überhaupt nur im Rahmen bestimmter Kontextbedingungen entwickeln:

- Wenn sich trotz des Regimewechsels noch viele Vertreter des *ancien régime* in verantwortlichen Positionen halten konnten, sind Hemmnisse gegen die Verankerung rechtstaatlichen Denkens in den nachgeordneten Rängen der Exekutive wahrscheinlich.

- Besteht – angestrebt oder nicht – keine außenpolitische Hinwendung zu westlichen Bündnissen, sinkt der Anreiz zur mit politischen Kosten verbundenen Übernahme demokratisch-rechtstaatlicher Verfahrensweisen.

- Bei niedrigem sozio-ökonomischen Entwicklungsniveau oder einer ungünstigen wirtschaftlichen Entwicklung sinkt die Wahrscheinlichkeit, dass die demokratie- und zivilgesellschaftstragende Mittelschicht entsteht bzw. bestehen bleibt.

- Weiterhin können tiefe gesellschaftliche *cleavages* die Funktionsweise eines jeden Regierungssystems negativ beeinflussen: Wenn die Interessen verschiedener Gesellschaftssegmente einander unversöhnlich gegenüberstehen, wird die bedingungslose Achtung konstitutioneller Verfahrensregeln weniger wahrscheinlich (so das Argument von Lijphart (1984); näheres zur Repräsentativstruktur im folgenden Kapitel).

- Weitere, nur für einzelne Länder oder Ländergruppen zutreffende Kontextfaktoren können der Tabelle entnommen werden.

Die strukturierende Wirkung von Regierungssystemen kann sich demnach nur entfalten, wenn die Kontextbedindungen keine dominierende Position einnehmen. Tun sie dies nicht, bieten parlamentarische Regierungssysteme ceteris paribus gewisse Vorteile. In Estland, Lettland, Slowenien, Tschechien und Ungarn konnten die zentral positionierten Parlamente die wesentlichen Aufgaben der ersten Transformationsjahre mit überdurchschnittlichem Erfolg lösen. Zieht man die enormen Probleme und Interessengegensätze der Systemtransformation in Betracht, fällt in allen fünf Ländern die Lösungskompetenz des parlamentarischen Systems ins Auge: Trotz einer Vielzahl von politischen Konflikten wurden die dem Regierungssystem zugrundeliegenden Verfahrensregeln nicht zum Gegenstand intensiven Streits.

In den postsozialistischen Regierungssystemen mit einem politisch gewichtigen Präsidenten lässt sich hingegen in einigen Fällen beobachten, wie politische Konflikte durch machtbewusste Akteure in den Rang von Verfassungskonflikten befördert wurden. Dies war in Bulgarien und Polen der Fall, als politische Opponenten ihre Konflikte nicht in der parlamentarischen Arena, sondern mit dem Gewicht konkurrierender exekutiver Ämter austrugen – der Präsident auf der einen, das Parlament bzw. die Regierung als dessen Exponent auf der anderen Seite. Betrachtet man jedoch die Gesamtheit der balancierten und präsidentiell dominierten Regierungssysteme, spielten Kontextfaktoren eine bedeutende Rolle. Auf jeden Fall in Bulgarien, Rumänien, Russland und der Ukraine äußerten sich die starken gesellschaftlichen cleavages in politischen Blöcken, die einander unversöhnlich gegenüberstanden bzw. -stehen. Vielen politischen Konflikten haftete in diesen Ländern das Symbolträchtige einer Wegscheide zwischen Reform- und Systemkonservierungspolitik an. Daher, so das Resultat einer Reihe kontrafaktischer Überlegungen, hätten in diesen Ländern auch parlamentarisch dominierte Regierungssysteme bestenfalls zur Exklusion wichtiger (struktureller und temporärer) Minderheiten geführt.

Dass sich die Dominanz ungünstiger Kontextbedingungen bei den präsidentiell dominierten Regierungssystemen häuft, ist unter anderem auf die sowjetische Herrschaftstradition der Zentralisierung der wichtigsten Machtressourcen zurückzuführen (vgl. Brunner 1996) – Moldova stellt hier eine in der ganzen GUS bemerkenswerte Ausnahme dar. Die Prädominanz ungünstiger Kontextfaktoren bei den präsidentiell dominierten Regierungssystemen Russland und Ukraine führt im übrigen dazu, dass die typenbildende Unterscheidung der Kompetenzen des Präsidenten für die Konsolidierungswirkung als nachrangig zu betrachten ist.

Die so umrissene Wirkungsrichtung von Regierungssystemen vollzieht sich allerdings nicht allein in Abhängigkeit der genannten allgemeinen bzw. exogenen Kontextbedingungen. Die Betrachtung der Demokratien des postsozialistischen Europa hat vielmehr zu Tage gebracht, dass unklare gewaltenstrukturierende Verfassungsbestimmungen, unangemessen streitbare politische Akteure und bestimmte politische Konstellationen einen überaus ungünstigen Einfluss auf die Funktionsweise des Regierungssystems ausüben können. Treffen auf ein Land alle drei dieser endogenen Bestandteile des Regierungssystems in ihrer ungünstigen Ausprägung aufeinander, sind Verfassungskonflikte unabhängig vom Typ des Regierungssystems zu erwarten.

In Litauen, Makedonien und Moldova haben sich die Regierungssysteme aus dieser Perspektive als wirkungsadäquat erwiesen. In Litauen herrschte mit Algirdas Brazauskas die – im Gegensatz etwa zu Rumäniens Ion Iliescu – demokratiefreundliche Variante eines postkommunistischen Staatsches. Gleichzeitig nutzte Brazauskas seine persönliche Autorität zur Durchsetzung und Aufrechterhaltung des Integrationskurses gegenüber der russischen Minderheit. Mit der Logik des Regierungssystems argumentiert, hat damit die politische Institution des Präsidenten eine potenziell störende Konfliktlinie aus dem politischen System verbannt. Während in Makedonien diese integrierende Funktion des Staatspräsidenten in noch stärkerem Maße bestanden hat, macht Moldova vor allem durch die äußerst klare Aufteilung der Kompetenzen zwischen Präsident und Regierung auf sich aufmerksam.

Insgesamt lässt sich die Wirkungsweise der regierungssystembildenden politischen Institutionen mit dem Bild einer mit Staustufen ausgebauten Wasserstraße umschreiben. Alle Schiffe müssen die Staustufen innerhalb der Ufereinfassung über Schleusen passieren. Ist die Anzahl der vorhandenen Schleusen zu klein, bilden sich Abfertigungsstaus; besteht eine sehr starke Strömung, besteht u.U. für einzelne Schiffe die Gefahr, an den Schleusen vorbei über die Stauwehre gespült zu werden. Genauso müssen sich die gesellschaftlichen Probleme dem politischen Prozess stellen: die politischen Institutionen können deren Verarbeitung in gewissem Umfang gewährleisten, wobei verschiedene Ausprägungen der Institutionen bestimmte Vor- und Nachteile bieten. Während also verschiedene institutionelle Konfigurationen bei gegebenen Problemlagen durchaus unterschiedliche Adäquanz aufweisen (können), bestehen doch Obergrenzen für die Problemlösungsfähigkeit. Besonders umfangreiche oder sperrige Probleme stellen ebenso eine Herausforderung für Institutionensysteme dar wie eine hohe gesellschaftliche Dynamik. Auch in etablierten Demokratie gilt: Prasseln besonders viele und unhandliche Probleme auf das politische System ein, kann es – Beispiel Frankreich 1958 – auch kollabieren; Institutionensysteme mit offensichtlichem Problemrückstau stehen – Beispiel Neuseeland – unter Umgestaltungsdruck.

In den Systemtransformationen des postsozialistischen Europa sehen sich nun zwar alle Institutionensysteme einer großen Anzahl solcher Probleme ausgesetzt. In Anbetracht des unterschiedlichen Maßes gesellschaftlicher Heterogenität sowie einer Reihe von Rahmenbedingungen ist jedoch bereits der Durchfluss zu den politischen Entscheidungsinstanzen nicht überall in gleichem Maße gewährleistet. Gesellschaftliche Untiefen führen zu Stromschnellen; gesellschaftliche Probleme verfangen sich entweder auf felsigen Sandbänken oder verkürzen durch erhöhte Geschwindigkeit die Zeitspanne, innerhalb derer die Institutionen problemadäquate Lösungen hervorbringen müssen.

Allerdings lassen sich gesellschaftliche Probleme nicht wie Flusskähne mit einem Motor ausstatten, sondern sind eher wie antriebslose Flöße dem Spiel der Strömung ausgesetzt. Daher besteht die Aufgabe der politischen Akteure – der Schleusenwärter – nicht allein in der schnellen Abfertigung und Verarbeitung gesellschaftlicher Probleme (wobei ein Schleusenwärter, der mit jedem Schiffskapität Streit beginnt, nicht als besonders günstig zu beurteilen ist). Mittelfristig muss es ihnen auch um die Beseitigung aller Hindernisse gehen, die den Flusslauf blockieren oder durch verschiedene Hindernisse unberechenbar machen.

Kurz: Mit geschickt taktierenden politischen Akteuren ausgestattet, können Institutionensysteme die Bewältigung offener gesellschaftlicher Fragen durch die Politik konditionieren. Die Richtung, die Geschwindigkeit und Übersichtlichkeit des Strömens der politisch zu bewältigenden Probleme können jedoch von den Institutionen des Regierungssystems allein kaum beeinflusst oder gar grundsätzlich geändert werden – hier sind strategisch denkende politische Akteure gefragt, die vor allem die auf die Institutionen einwirkende Problemlast zu mindern in der Lage sein müssen, um den Institutionen eine rationale Problembewältigungskapazität überhaupt erst zukommen zu lassen.

4. Grundlagen der Parteiensystembildung

Im Folgenden sollen die Konsolidierungsimpulse untersucht werden, die von den politischen Institutionen des intermediären Sektors ausgehen. Es wird allerdings nicht der der gesamte Kondensationsraum gesellschaftlich-kollektiver Aktivitäten zwischen den Sphären des Staatlichen und des Privaten diskutiert. Vielmehr werden alleine die Institutionen mit einer direkten Verbindung zur Ausübung staatlicher Macht betrachtet. Angesichts der vielfach diagnostizierte Schwäche intermediärer Organisationen (vgl. u.a. Beyme 1997, Segert 1997) verspräche die Suche nach funktionalen Äquivalenten im politischen Entscheidungsprozess zwar reichen Ertrag. Schließlich gelingt es den Staaten der Region in höchst unterschiedlichem Maße, gesellschaftliche Forderungen in eine mehr oder minder erfolgreiche Politik umzumünzen. Eine systematische Betrachtung der in den jeweiligen Entscheidungsapparaten berücksichtigten Interessen könnte somit Aufschlüsse über die allgemeinen Wohlfahrtseffekte einzelner Gruppeninteressen unabhängig von Parteien und Parteiensystemen liefern.

Der Ausschluss der Zivilgesellschaft, also derjenigen „mehr oder weniger spontan entstandenen Vereinigungen, Organisationen und Bewegungen (...), welche die Resonanz, die die gesellschaftlichen Problemlagen in den privaten Lebensbereichen finden, aufnehmen, kondensieren und lautverstärkend an die politische Öffentlichkeit weiterleiten" (Habermas 1992: 443), muss wegen der für einen Makrovergleich unbefriedigenden Literaturlage erfolgen. Während Parteien und Parteienyseme in Russland sowie den mittelost- und einigen südosteuropäischen Staaten vergleichsweise gut, häufig mit entsprechenden Sammelbänden (Berglund/Dellenbrant (Hrsg.) 1994, Olson/Norton (Hrsg.) 1996, Segert/Stöss/Niedermeyer (Hrsg.) 1997, Merkel/Sandschneider (Hrsg.) 1997) erschlossen sind, wird der Informationsfluss bei den baltischen Staaten, Makedonien, Moldova, Slowenien und der Ukraine dünner.

Darüber hinaus liegt jedoch zu den Verbändesystemen aller einzelnen postsozialistischen Staaten mit Ausnahme Polens, Tschechiens und Ungarn kaum so viel Fachliteratur vor wie zu den am wenigsten bearbeiteten Parteiensystemen. Die hier erschienenen Publikationen (u.a. Dittrich/Haferkemper/Schmidt/Stojanov (Hrsg.) 1992, Agh/Ilonszki (Hrsg.) 1996, Dittrich/Fürstenberg/Schmidt (Hrsg.) 1997, Merkel/Sandschneider (Hrsg.) 1999) konzentrieren sich zudem stark auf die Arbeitsbeziehungen. So erfährt man zwar zur Not noch die Mitgliederzahlen der Gewerkschaften im mittelosteuropäischen Raum (Kurtán 1999: 123). Für die westliche Verbändeforschung unerläßliche Daten über die internen Strukturen wenigstens einiger Verbände, die Responsivität gegenüber den Verbandsmitgliedern, die Verbindungen zum staatlichen Apparat, die finanzielle Ausstattung etc. fehlen jedoch fast vollkommen. Die Gründe hierfür sind offensichtlich: das noch im Aufbau befindliche System der Interessenrepräsentation ist mit seinen starken Fluktuationen ein äußerst undankbares Forschungsfeld, der Wissenschaftssektor in den einzelnen Ländern ist in der Regel unterfinanziert, und nicht zuletzt fehlt es vielerorts an einer Tradition der Rechenschaftspflicht öffentlicher oder halböffentlicher Institutionen.

Bei der Einbeziehung der Zivilgesellschaft[122] ergäbe sich noch ein weiteres Problem. Ausgehend von den Erfahrungen der Bundesrepublik und Italien, aber auch auf der Erfahrungsbasis der südeuropäischen Konsolidierungsfälle (Stiehl/Merkel 1997) wird heute von der These ausgegangen, die Ausbildung einer aktiven und starken Zivilgesellschaft stehe erst am Ende des Konsolidierungsprozesses (siehe Kapitel 1, vgl. auch Diamond 1994, Merkel 1996a). Insofern trügen Indikatoren der zivilgesellschaftlichen Organisation – vgl. beispielsweise Putnam (1993) – eher den Charakter abhängiger Variablen und wären mithin zur ursachenorientierten Analyse von demokratischer Konsolidierung wenig tauglich.

Insgesamt kann sich die vergleichende Untersuchung der Konsolidierungswirkung der intermediären Systeme des postsozialistischen Europa damit nur auf der Ebene der Parteiensysteme, und auch dort lediglich auf einem hohen Aggregationsniveau, bewegen. Wesentliche Determinanten der Parteiensysteme wie deren gesellschaftliche Verankerung, der Charakter der vertretenen Parteien, die innere Stabilität des Repräsentationssystems und der Verwirklichungsgrad der Trennung von territorialer und funktionaler Interessenrepräsentation lassen Einfluss auf die demokratische Konsolidierung erwarten (vgl. Beyme 1997) – diese Faktoren sollen in diesem und im folgenden Kapitel untersucht werden.

---

122 Es sollte angemerkt werden, dass die Zurechnung von vorwiegend in der wirtschaftlichen Sphäre agierenden Gruppen zur Zivilgesellschaft nicht überall geteilt wird. So klammern etwa Cohen/Arato (1992) und Habermas (1992) ökonomische Gruppen aus. Eindeutig miteinbezogen wird die wirtschaftliche Sphäre vor allem bei Walzer (1992). Dem folgen auch Lauth/Merkel (1997) in ihrem auf die Transformationsproblematik zugeschnittenen Zivilgesellschaftskonzept.

4.1 Politische Konflikte und Parteibildung

4.1.1 Ein Modell für die Konfliktstruktur der postsozialistischen Parteiensysteme

Trotz einer Reihe alternativer Erklärungsansätze gilt die Ausrichtung an gesellschaftlichen Interessen als unverzichtbare Variable für die Erklärung des Entstehens von Parteien und Parteiensystemen. Im Kontext des postsozialistischen Systemwechsels wurde zwar den Interessenlagen während der unmittelbaren Regimewechselphase besondere Aufmerksamkeit geschenkt. Entstandene Parteien wurden mit dem Charakter des ausgehenden autokratischen Regimes und der Konstellation der Akteure in der Übergangsphase erklärt (vgl. Kitschelt 1992, 1995). Nach einigen Jahren des Bestehens und der Weiterentwicklung der postsozialistischen Parteiensysteme ist jedoch für die Autoren von Überblickswerken in erster Linie der „klassische" *Cleavage*-Ansatz relevant (vgl. Beyme 1994, Merkel 1997, Segert/Stöss 1997).

Für die sinkende Attraktivität des Regimeansatzes – so wie er u.a. von Kitschelt verwendet wird – ist vor allem der größere zeitliche Abstand zur Regimewechselphase verantwortlich. Zunehmend wurde deutlich, dass die „Gerinnung" (Pfetsch 1985: 10) politischer Institutionen im Postsozialismus mehr im Hinblick auf Verfassungen und die Institutionen der Regierungssysteme galt als auf die Organisationen der intermediären Landschaft. In den sechziger Jahren lautete eine zentrale Erkenntnis der Parteienforschung, dass Parteiensysteme trotz sich mittelfristig wandelnder Interessenstrukturen entlang dominanter Konfliktlinien „einfrieren" (Lipset/Rokkan 1967, Rokkan 1970). Die von Lipset/Rokkan geleistete Typisierung von Konfliktlinien, politischen Spektren und Parteiensystemen wurde später durch das *Realignment*-Konzept (vgl. Rae/Taylor 1970) ergänzt, das den *Cleavage*-Ansatz um eine dynamische Komponente bereicherte (Minkenberg 1990: 27).

In den ersten Jahren befanden sich die Parteiensysteme des postsozialistischen Europa allerdings nicht in einem strukturierten, sondern in einem höchst fluiden Aggregatzustand. Die Forumsparteien in den Staaten Mitteleuropas zerfielen und machten differenzierter auftretenden Gruppierungen von mist sozialdemokratischen, zentristischen, christdemokratischen, liberalen und nationalistischen *Labeln* Platz. Während diese Entwicklung vielleicht noch vorhersehbar gewesen war, entstanden in einer zweiten Phase der Parteiensystembildung in fast allen Ländern Parteien, deren Erfolg beim Wähler aus der Konstellation bestimmter Interessen und Akteure kaum erklärt werden konnte.[123] Somit blieb die Genese der Parteien zwar bei der Analyse von Einzelfällen relevant (z.B. Arter 1996, Terras 1995, Leff 1997); verallgemeinerbare Erkenntnisse ließen sich daraus jedoch kaum ableiten.

Mit der wachsenden Flut komparatistischer Publikationen zu den Phänomenen des Systemwechsels wurde deutlich, dass das Fundament für den Regimeansatz erhebliche Risse aufwies. In Kapitel 2.2 wurde dies für Unterscheidung von Regimewechseltypen bereits erörtert. Über die Einordnung der vorangegangenen autokratischen Regimes herrscht ein ähnlicher Dissens. Nicht nur Samuel Huntington (1991), sondern auch Spezialisten des ehemals kommunistischen Raums sehen keine Notwendigkeit zur Differenzierung und sprechen einheitlich von „kommunistischen" Staaten (Leslie Holmes 1997). Auch David Lane (1996) sieht unter verschiedenen Etiketten wie „Staatssozialismus", „Totalitarismus" oder „bürokratischem Staatskapitalismus" die postsozialistischen Herrschaftsregimes vor 1989/1991 eher als einheitlichen Raum an. Auf der anderen Seite sieht eine Reihe von Autoren im Charakter des ausgehenden nicht demokratischen Regimes eine zentrale erklärende Variable für die postautokratische Entwicklung. Linz/Stepan/Gunther (1995: 116-118) unterscheiden dabei autoritäre, posttotalitäre und sultanistische Regimes. Kitschelt (1995: 452-454) geht von einer Dreiteilung in patrimonialen, nationalen und bürokratisch-autoritären Kommunismus aus. Kaminski (1992: 269-310) sieht in einer sehr viel weiter ausgreifenden Studie von der grundsätzlich hegemonialen Rolle der Sowjetunion im kommunistischen Block aus, innerhalb dessen sich fast alle postsozialistischen Regimes mit national gefärbten Eigenwegen um ein Mindestmaß an Legitimität bemüht hätten.

Wie eine Übersicht der Positionen in Tabelle 4.1 zeigt, kommen die genannten Studien zu nicht unproblematischen Ergebnissen. Je nach Blickwinkel gelten Bulgarien (Kaminski), Rumänien (Linz/Stepan/Gunther) oder die Tschechoslowakei (Kitschelt)[124] als Sonderfälle. Aber auch die vermeintlichen Gruppen stimmen nicht besonders gut überein. Nach der ausführlicheren Erörterung der Kontextfaktoren in Kapitel 2 können eigentlich weder die „posttotalitären Staaten" (Linz/Stepan/Gunther) Bulgarien, Tschechoslowakei, Ungarn und UdSSR noch die „national-kommunistischen" (Kitschelt) Jugoslawien, Polen und Ungarn als besonders homogene Gruppen innerhalb der Gesamtregion gelten.

---

123 Einige Beispiele unter vielen: *Demokratische Partei der Pensionäre* (DeSUS) in Slowenien, *Neue Partei* in Lettland, *Partei für Bürgerverständigung* (SOP) in der Slowakei, *Grüne* in der Ukraine.

124 Bei Kitschelt (1995) befindet sich die Tschecholsowakei in einer Gruppe mit der in dieser Arbeit nicht behandelten DDR.

Tabelle 4.1: Typ des autokratischen Regimes vor 1989/1991 bei verschiedenen Autoren

		Kaminski 1992	Linz/Stepan/ Gunther 1995	Kitschelt u.a. 1999	Weitere Autoren
Mittel- und Südosteuropa	Bulgarien	Autoritär	Posttotalitär	Patrimonialer Kommunismus	*Einparteienregimes (Huntington 1991), Kommunistische Staaten (L. Holmes 1997), Staatssozialismus, Staatskapitalismus, Totalitarismus (Lane 1996)*
	Polen	Nationaler Kommunismus	Autoritäres Regime	Bürokratisch-autoritär / national-akkomodierender Kommunismus	
	Rumänien	Nationaler Kommunismus	Sultanistisch Totalitaristisch	Patrimonialer Kommunismus	
	Slowakei	nationaler Kommunismus	Posttotalitär	National-akkomodierender / patrimonialer Kommunismus	
	Tschechien			Bürokratisch-autoritär	
	Ungarn	nationaler Kommunismus	Posttotalitär	National-akkomodierender Kommunismus	
Jugoslawien	Kroatien	nationaler Kommunismus		National-akkomodierender Kommunismus (seit 1971)	*Einheitlicher Raum:*
	Makedonien			Patrimonialer Kommunismus	
	Slowenien			National-akkomodierender Kommunismus (seit 1971)	
UdSSR	Estland	Hegemonialregime UdSSR	Posttotalitär	National-akkomodierender / patrimonialer Kommunismus	
	Lettland				
	Litauen				
	Ukraine			Patrimonialer Kommunismus	
	Moldova			Patrimonialer Kommunismus	
	Russland			Patrimonialer Kommunismus	

Damit sind natürlich nicht alle Hypothesen dieses Zweiges der Parteiensystemforschung obsolet. Insbesondere die Frage, inwiefern ein patrimoniales Herrschaftsverständnis die Bildung bestimmter Parteiorganisationen beeinflussen kann (vgl. Kitschelt 1995: 453), bleibt für die Konsolidierungsforschung in hohem Maße relevant. Insgesamt aber leiden doch alle Typologien der Regimeformen im Kommunismus an Abgrenzungsschwierigkeiten. Unterschied sich polnische Herrschaftsregime tatsächlich so entscheidend vom ungarischen (Linz)? Wurde in Polen wirklich vehementer ein nationaler

Sonderweg verfolgt als in Rumänien, und war der bulgarische Kommunismus so viel patrimonialer als der tschechische (Kitschelt)?[125]

Welche das Parteiensystem prägenden Interessenlagen bestehen also in den Ländern des postsozialistischen Europa, und wie lassen sich Gemeinsamkeiten und Unterschiede skizzieren? Die vier „klassischen" westeuropäischen Konfliktlinien – (1) Zentrum / Peripherie, (2) Stadt / Land, (3) Religion / Säkularer Staat, (4) Kapital / Arbeit – reichen auf jeden Fall zur Beschreibung der Konfliktstrukturen in den Parteiensystem des postsozialistischen Europa nicht aus. Beyme (1994: 300) sieht zusätzlich die Konflikte (5) Ancien régime / Protransformationsregime, (6) Zentralismus / Dezentralismus, (7) Materialismus / Postmaterialismus und (8) „Westler" / Nationalisten.

Mittlerweile sind in vielen Parteiensystemen Konzentrationsprozesse zu verzeichnen. Zehn Jahre nach der Bildung erster unabhängiger Parteien können auf Parlamentsebene[126] die Konfliktlinien Zentralismus / Dezentralismus und Materialismus / Postmaterialismus als mittlerweile nur noch sekundär relevant eingestuft werden:

- *(De)Zentralismus*: In Russland ist zwar in der Staatsduma eine Fraktion mit dem Namen *Russische Regionen* vertreten. Die so organisierten Abgeordneten treten jedoch höchstens in Einzelfragen gemeinsam für regionale Interessen ein. Die Hauptmotivation für die Bildung der Fraktion lag in den parlamentarischen Privilegien, die nach der Geschäftsordnung der Duma an den Fraktionsstatus gebunden sind. Der Eindruck der programmatischen und geographischen Heterogenität der Fraktion (vgl. Bos/Steinsdorff 1997: 127) wird auch dadurch bestätigt, dass eine entsprechende Parteiorganisation nicht in Erscheinung trat. In Polen und Rumänien wurden mit der Gebietsreform oder der lokalen Selbstverwaltung Fragen der territorialen Machtverteilung von den starken Parteien aufgegriffen. Einzig in der Ukraine, dem nach Russland flächen-

---

125 Die bei Kitschelt u.a. (1999: 35-41, siehe Tabelle 4.1) durchgeführte Zuordnung verschiedener Regimetypen für ehemals einheitliche Staaten (Slowakei / Tschechien, Kroatien / Makedonien / Serbien / Slowenien, Baltikum / Rest-UdSSR) erscheint dabei ebenfalls problematisch. Die von den Autoren angeführten strukturellen Unterschiede innerhalb der ehemaligen Pseudo-Föderationen Jugoslawien, Sowjetunion und Tschechoslowakei existierten zwar zweifellos und sind für die unterschiedliche Entwicklung der neuen Staaten bedeutsam. Die Herrschaftsausübung – der Kern einer Typologie von Herrschaftsregimes – dürfte jedoch in Bratislava ähnlich derjenigen in Brno gewesen sein. Das etwas liberalere Meinungsklima in Tallinn oder Riga zu Zeiten der Sowjetunion (vergleiche hierzu z.B. einige Kurzgeschichten des späteren russischen Emigranten Sergej Dovlatov) war wiederum nicht so liberal, dass die Zuordnung zu einem anderen Regimetyp gerechtfertigt erschiene.
126 Anders gehen Segert/Stöss/Niedermeyer (1997) vor, die für einige Länder detaillierte Angaben auch für nicht im Parlament vertretene Parteien herausgeben.

größten Staat Europas, lassen sich starke Regionalinteressen beobachten, vor allem auf der Krim. Bei den Rada-Wahlen von 1998 schlugen jedoch keine starken Dezentralisierungstendenzen auf die nationale Ebene durch (vgl. Grotz/Haiduk/Yahnyshchak 1998). Letztlich fällt damit die Konfliktlinie Zentralismus / Dezentralismus im Wesentlichen mit der Konfliktlinie Zentrum / Peripherie zusammen (siehe unten). Ein wichtiger Grund hierfür ist sicherlich, dass dem nach dem Zusammenbruch Jugoslawiens und der Tschechoslowakei die Russische Föderation als einziger föderaler Staat des postsozialistischen Europa übrig blieb. Die Länder mit kontinuierlicher Staatlichkeit (Bulgarien, Polen, Rumänien, Ungarn) verfügten über eine zentralstaatliche Tradition, die restlichen, allesamt neu gegründeten Staaten sahen in zentralistischen Bestrebungen ein unverzichtbares Mittel der staatlichen Festigung.

- Die Dimension *Materialismus / Postmaterialismus* hat sich in keinem der Parteiensysteme des östlichen Europa dauerhaft niedergeschlagen. Dies war zu Zeiten der Forumsparteien noch anders gewesen, als vom Zivilgesellschaftsgedanken durchdrungene Intellektuelle die politischen Debatten beherrschten (vgl. Beyme 1994: 100-123). Im Verlauf der Transformationskrise schwanden jedoch die gesellschaftlichen Voraussetzungen für die Manifestierung postmaterialistischer Interessen: deren vorrangige potenzielle Träger – Studenten, mittlere Angestellte etc. – waren in erster Linie mit dem überaus materialistischen Problem der Unterhaltssicherung beschäftigt. Die vormaligen Träger postmaterialistischen Gedankenguts wanderten zum einen ins liberale Spektrum ab, so z.B. in Polen (heute UW) und Ungarn (heute FIDESZ-MPP). Zum anderen fusionierten einige grüne Parteien mit aussichtsreicheren Parteien. Die von den grünen Parteien angestrebten Bündnisse gingen jedoch in so unterschiedliche Richtungen, dass eine postmaterialistische oder gar ökologische Motivation kaum unterstellt werden kann: in der Slowakei schloß man sich der eher „linken" SDL an, in Estland den *Unabhängigen Royalisten*, in Lettland den Nationalisten der LNNK und in Slowenien den *Liberaldemokraten*. Die seit 1998 in der ukrainischen Verchovna Rada vertretene grüne Partei trat im Wahlkampf weniger mit einem ökologischen als mit einem wirtschaftsliberal und branchenlobbyistisch gefärbten Wahlprogramm auf.[127]

Wenngleich in den ersten Transformationsjahren im postsozialisti-

---

127 Hier beziehe ich mich auf eigene Beobachtungen bei den Parlamentswahlen von 1998, die im Hinblick auf das geschriebene Programm der *Grünen* und die später im Parlament von der Partei vertretenen Positionen defizitär sind. Eine kurze Beschreibung der Partei findet sich bei Lindner (1998).

schen Europa keine Materialismus-Konfliktlinie verzeichnet werden konnte, sprechen im übrigen die Daten des letzten (1995-1997) *World Value Survey* für eine zukünftig wachsende Bedeutung dieser Dimension. In einigen mitteleuropäischen Staaten sind postmoderne Werte durchaus von Bedeutung (Inglehart 1998: 24). Ob das Bedienen der entsprechenden Klientel durch die liberalen und säkularen Parteien der bestehenden Parteiensysteme ausreichen wird, oder sich nach dem Muster der deutschen Grünen neue Parteien bilden werden, muss derzeit natürlich offen bleiben.

Damit verbleiben im postsozialistischen Parteienraum sechs relevante Konfliktlinien (vgl. Merkel 1997: 348). Deren Bündelung zu *integrierten Konfliktlinien* im weiteren Verlauf des Konsolidierungsprozesses – so meine im folgenden auszuführende These – determiniert die Fähigkeit des Parteiensystems, die für die postsozialistischen Transformationsgesellschaften relevanten Konflikte zu strukturieren und in alternative Politikprogramme umzusetzen.

1. In der Auseinandersetzung mit den untergegangenen Herrschaftsregimes dominierte in den ersten Legislaturperioden der nachsozialistischen Ära der *Regimekonflikt*: In fast allen Fragen des Systemwechsels standen sich – bei allen Unterschieden im einzelnen – mehr oder weniger radikale Reformer und eine mehr oder weniger reformierte Vertretung der Eliten des *ancien régime* gegenüber. Mit den Erfordernissen differenzierter Entscheidungen zur Ausgestaltung des politischen Systems auf der einen, zur Ausrichtung des ökonomischen Systems auf der anderen Seite konnte die Illusion einer sauberen Trennlinie im Transformationsverlauf jedoch nicht aufrechterhalten werden. Die Auseinandersetzungen über die Ausgestaltung der Wirtschaftsordnung führten in fast allen Ländern zur Ausbildung von mehr als zwei Parteien. Die eher „linken" Nachfolgeorganisationen der Kommunistischen Parteien sahen sich mit ihren Forderungen nach einem langsamen Übergang zum Markt nicht alleine, da gewerkschaftliche (*Solidarność* in Polen), agrarische (z.B. *Kleine Landwirte* in Ungarn) oder christdemokratische (z.B. die *Christdemokratische Bauernpartei* in Rumänien) Parteien im Lager der ehemaligen Opposition über Klientele verfügten, die der pauschalen und allzu abrupten Öffnung zum Markt nicht allzuviel abgewinnen konnten. Zum anderen zeigte sich, dass sich in einigen Ländern die ehemaligen Kader der Weltordnung des Kalten Krieges mit großen Schritten in Richtung Westintegration zu entziehen gedachten. Mindestens in Litauen, Polen und Ungarn entwickelten daraufhin postsozialistische Parteien eine ausgesprochen marktfreundliche Rhetorik (vgl. Steinwede 1997).

2. Im Kontext der wirtschaftlichen Systemtransformation beinhalten die

meisten politischen Konflikte eine sozio-ökonomische Komponente. Anders als bei der Entwicklung der westeuropäischen Parteiensysteme lagerte der wichtigste sozio-ökonomische Konflikt im Postsozialismus jedoch nicht im Interessengegensatz zwischen Kapital und Arbeit, sondern in den Bestrebung zu einem *schnellen oder graduellen Übergang zum Markt*. Es fehlte nicht nur an der organisatorischen Unabhängigkeit der möglichen Konfliktparteien, die wegen der politischen Inkorporierung sowohl der Industriesektoren als auch der Gewerkschaften im ehemaligen Regime schwierig war. Vor allem hatten, solange die Privatisierung noch nicht endgültig durchgeführt war, Arbeitnehmer und Arbeitgeber häufig einer gehende Interessen – nur über das Andauern staatlicher Subventionierung konnte der Schock der Marktöffnung abgeschwächt werden (vgl. Kubiček 1996: 42).

3. Eine ähnliche Konstellation herrschte im *Agrarsektor*. Die in den allermeisten postsozialistischen Ländern durchgesetzte Kollektivierung und Verstaatlichung der Landwirtschaft hatte über die Jahrzehnte vergleichsweise ineffiziente und am Markt kaum überlebensfähige Strukturen hinterlassen. Die Initiierung der wirtschaftlichen Transformation über die Preisliberalisierung (vgl. hierzu Islam 1993, Falk/Funke 1993) hatte den Produzenten landwirtschaftlicher Produkte zwar kurzfristig etwas Luft verschafft. Kapitalintensive Investitionen im Unternehmens- und Infrastrukturbereich konnten allein mit diesen Erträgen jedoch kaum finanziert werden. Dadurch weisen die in Westeuropa zu trennenden Konfliktlinien Arbeit/Kapital und Stadt/Land für die Frühphase der postsozialistischen Transformationsprozesse starke Parallelen auf.[128]

4. Der Konflikt zwischen *Zentrum und Peripherie* war in der Frühphase der Parteiensystembildung bedeutsam. Gegenüber der Schrift von Lipset und Rokkan hat sich dabei heute die Substanz der Zentrum/Peripherie-Konfliktlinie etwas verändert. Während Lipset/Rokkan (1990: 130) diesen *Cleavage* noch über religiöse und sprachliche Konflikte herleiteten, wird bei Beyme (1997: 42) mit Nationalismus und Regionalismus argumentiert. Da im postsozialistischen Kontext ein ethnisch-linguales *Cleavage* bedeutend genug ist, um getrennt aufgeführt zu werden, bleibt damit vor allem die regionalistische Komponente von Bedeutung. In der Frühphase des Systemwechsel traten „Hauptstadt"- und Regionalparteien auf die politische Bühne. Der in der Regel nur wenige Monate in Anspruch nehmende Regimewechsel begünstigte die Etablierung von Parteiorganisationen in den Hauptstädten, so dass über die ganzen Parteien-

---

[128] Anders argumentiert Klingemann (1994: 19), der die Agrarparteien den „sozio-kulturellen Parteien" zuordnet (siehe unten).

systeme hinweg eine Unterrepräsentierung peripherer Interessen zu verzeichnen war. Parteien mit einem echten regionalen Schwerpunkt – wie etwa die PDS in den fünf neuen Bundesländern – ließen sich in den ersten postsozialistischen Jahren eigentlich nur in der Ukraine ausmachen. In allen anderen Fällen können Parteien mit starker regionaler Verankerung vorrangig anderen Konfliktlinien zugeschrieben werden, vor allem dem ethnischen *Cleavage* z.b. in Bulgarien, Makedonien, Rumänien und der Slowakei oder dem Stadt/Land-*cleavage* z.B. in Estland, Polen und Ungarn.

5. Die *ethnisch-linguale* Konfliktlinie ist in Ländern mit starken und konzentriert angesiedelten ethnischen Minderheiten relevant; dies ist in Bulgarien, Estland, Lettland, Litauen, Makedonien, Moldova, Rumänien, Russland, der Slowakei und der Ukraine der Fall (vgl. Kapitel 2.6.). Für die Herausbildung ethnischer Minderheitenparteien ist die Existenz solcher Minderheiten jedoch keine notwendige Bedingung. In Litauen, Moldova, Russland und der Ukraine haben sich keine entsprechenden Gruppen im Parlament festsetzen können. Auch in Lettland hat sich die russische Minderheit nicht parlamentswirksam organisieren können; dies liegt allerdings vor allem an der Exklusionsstrategie des Landes im Hinblick auf die russische Minderheit (vgl. Kapitel 1.3). Die ethnischlinguale Konfliktlinie wirkt allerdings auch auf Seiten der Mehrheiten. Parteien mit Minderheiten diskriminierenden Programm bestehen in Rumänien (PUNR, PRM) und der Slowakei (SNS). Wie der Blick auf die ethnisch weitgehend homogenen Länder Polen (ROP), Slowenien (SNS) und Ungarn (MIÉP) zeigt, bedürfen xenophobe Parteien jedoch nicht unbedingt einer starken Minderheit innerhalb der Landesgrenzen. Nicht vergessen werden sollte auch, dass eine Reihe nicht extremistischer Parteien mit latent fremdenfeindlichen Positionen werben und sich somit in nicht unbedeutendem Maße auf dem ethnischen *Cleavage* bewegen (Beispiele: *Pro Patria* in Estland, *Vaterland und Freiheit* (TB) in Lettland, HZDS in der Slowakei).

6. Durch die weitgehende Unterdrückung der Kirchen im Sozialismus hatte sich deren Einfluss in den letzten Jahren des autokratischen Regimes stark reduziert. Auch in Staaten wie Russland oder Rumänien, in denen die orthodoxe Kirchen in vorsozialistischen Zeiten symbiotisch mit dem Staat verwachsen gewesen waren, existierte lediglich ein personell ausgedünnter und politisch kaum ambitionierter Klerus. In den katholisch geprägten Staaten, die sich seit dem Investiturstreit im 11. Jahrhundert an die Trennung von Staat und Kirche hatten gewöhnen können, bezog die Kirche höchstens im Erziehungswesen und in Fragen der Restitution Position. Etwas anders sah die Sache in den Staaten aus, in denen sich die Kirche als Symbol der nationalen Einheit – sei es gegen den areligiö-

sen Kommunismus wie in Polen oder gegen die ungeliebte Inkorporierung in Fremdstaaten wie in der Slowakei oder der Ukraine – hatte etablieren können. Besonders in Polen bestand eine enge Verbindung zwischen Regimeopposition und katholischer Kirche, womit der religiösen Konfliktlinie in den ersten Wahlen tatsächlich eine große Bedeutung zukam. Insgesamt erscheinen im postsozialistischen Europa die Entwicklungschancen für christdemokratische Parteien jedoch geringer zu sein als im westlichen Europa.[129] Die Verwerfung der antireligiösen Deutungsmuster der kommunistischen Ideologie führt nur in geringem Umfang zu primär religiös inspirierten Weltdeutungen; die in Estland (*Pro Patria*), Litauen (LKDP), Moldova (CDM), Polen (Teile des AWS), Rumänien (PNȚCD als Teil der CDR), der Slowakei (SKD als Teil der SKD), Slowenien (SKD) und Tschechien (KDU-ČSL) existierenden christdemokratischen Parteien bewegen sich jedenfalls eher auf der sozio-ökonomischen Konfliktlinie und stellen Fragen religionsgebundener Werte nicht in den Mittelpunkt ihrer Programmatik.

Versucht man eine zusammenfassende Darstellung (Tabelle 4.2), reduzieren sich die sechs grundlegenden *Cleavages* im Kontext der postsozialistischen Systemtransformation auf fünf politisch wirksame Grundkonflikte. Wie ausgeführt, fällt in der Regimewechselphase die Konfliktlinie Stadt / Land zu einem Teil mit dem sozio-ökonomischen Konflikt um die Geschwindigkeit der Öffnung zum Markt zusammen; zu einem anderen Teil wird der Stadt/Land-Konflikt auf der Dimension von Zentrum versus Peripherie ausgetragen. Die agrarische geprägte Struktur vieler postsozialistischer Staaten deutet jedoch darauf hin, dass der grundsätzliche Interessengegensatz von Stadt und Land in einer Reihe von Ländern bestehen bleiben wird. Bestehende Bauernparteien in den verschiedenen Ländern – u.a. jeweils mehrere Parteien in Estland und der Ukraine, die *Bauernpartei* (PSL) in Polen, *Agrarpartei* in der Russischen Föderation, *Kleine Landwirte* (FKGP) in Ungarn – werden dann eine stärker sektorenbezogene Politik betreiben, die nach Beendigung der Auseinandersetzungen um die grundlegende Ausgestaltung des politischen und wirtschaftlichen Regimes eine Übertragung der gesellschaftlichen Konfliktlinie ins Parteiensystem ermöglichen kann. Auch in den Parteiensystemen ohne eigene Agrarparteien kommt der Konfliktlinie im Laufe des Konsolidierungsprozesses wieder Bedeutung zu; mindestens in Bulgarien, Lettland, Litauen und Rumänien stellen Kerne ehemals reiner Agrarparteien heute das Personal größerer Fusionen oder Listenverbindungen (im Einzelnen siehe unten).

---

[129] Forschungsliteratur zu diesem speziellen Problem liegt meines Wissens nicht vor.

Tabelle 4.2: Konfliktlinien in den Parteiensystemen des postsozialistischen Europa

	„klassische" Konfliktlinien in der Entwicklung demokratisch verfasster intermediärer Systeme	*Ausgestaltung im postsozialistischen Kontext*	*Konzentration der Konfliktlinien im Konsolidierungsprozess*
Regimekonflikt	(a) Verteidigung des ancien régime / Antiregime bzw. ehemalige Regimeopposition	Abklingen oder Fortdauern des Regimekonflikts	
sozio-ökonomische Konflikte	(b) Kapital / Arbeit	schnelle versus gradualistische Öffnung zum Markt	offene versus geschützte Marktwirtschaft / zunehmend Artikulation partikularer Interessen (z.B. Agrarsektor)
	(c) Stadt / Land		
sozio-kulturelle Konflikte	(d) Zentrum / Peripherie	Aufgabe versus Bewahrung regionaler Disparitäten	liberal-weltoffene versus konservativ-abschirmende Weltsicht
	(e) ethnisch-linguale Konfliktlinie	Integration versus Exklusion kultureller und / oder ethnischer Minderheiten	
	(f) religiöse Konfliktlinie	Ablehnung versus Übernahme der weltlichen Deutungsmuster der sozialistischen Epoche	Integration von bzw. Toleranz gegenüber regionalen, ethnischen und kulturellen Minderheiten

Im Verlauf des Konsolidierungsprozesses lässt sich also in einigen Ländern hinsichtlich der sozio-ökonomischen Konflikte eine Ausdifferenzierung der Interessen in sektorale Bereiche erwarten. In ihrer Grundstruktur ähneln die sozio-ökonomischen Konflikte (nach der Überwindung des Regimekonflikts) trotz des sozialistischen Vergangenheit in gewisser Weise den in Westeuropa vorfindbaren Mustern: auf der einen Seite die Interessen u.a. von Arbeitnehmern und Transferzahlungsempfängern, die die Abstützung sozialer Risiken durch den Staat befürworten, auf der anderen Seite der große Kreis von Personen mit einem Interesse an einem weitgehend von staatlichen Eingriffen befreiten Wirtschaftsleben. Die Ausdifferenzierung sektoraler Interessen fällt zusammen mit der Herausbildung und Organisierung von Wirtschaftsinteressen, die in den mitteleuropäischen Ländern inzwischen Ähnlichkeiten mit den Akteurs- und Problemlagen der westlichen Demokratien aufweisen (Wiesenthal 1999: 107, vgl. Kurtán 1999). Mit Blick auf die Vielfalt der Systeme gesellschaftlicher Interessenvermittlung in den westlichen Demokratien lassen sich damit schwerlich Prognosen wagen, welche Muster sich im postsozialistischen Europa durchsetzen werden. Gegenwärtig lassen sich auf der einen Seite Tendenzen zur Konzentration von Parteiensystemen (Beispiel Polen) und mithin zur Integration vielfältiger sozio-ökonomischer Interessen in „Volksparteien" erkennen. Auf der anderen Seite sind die Parteiensysteme einiger Ländern (Estland, Lettland, Slowenien) von einer großen Zahl von Parteien geprägt; diese Vielfalt lässt sich auch als Vertretung partikularer Interessen in Fraktionsstärke begreifen.[130]

Auf der Ebene der sozio-kulturellen Konflikte skizziert Tabelle 4.2 mögliche Prozesse der Interessenkonzentration, mithin der Rationalisierung von Konfliktstrukturen. Inhaltlich oder strukturell verwandte Konflikte werden, wie sich beispielsweise am bundesdeutschen Parteiensystem zeigen lässt (vgl. u.a. Rudzio 1996: 126-145), von den politischen Parteien aggregiert und in integrierte Politikangebote umgesetzt. Die Trennlinien des Konflikts Zentrum / Peripherie sind eng mit der ethnischen Konfliktlinie verwoben, wenn ethnische Minderheiten kompakt siedeln und / oder sich auf bestimmte Bevölkerungsgruppen konzentrieren. Die Substanz beider Konflikte lässt sich mit abgestuften Parteiprogrammen zur Integration der Peripherie bzw. Minderheit in das gesamte Gemeinwesen abdecken. Die Entwicklung der Konfliktlinien in diese Richtung ist natürlich einer Reihe von zusätzlichen Wirkungskräften ausgesetzt, insbesondere der Tradition der Konfliktregelung. In Anlehnung an Arend Lijphart – der hier grundsätzliche Überlegungen angestellt hat (vgl. Lijphart 1984: Kapitel 8) – kann dabei unterstellt werden, dass die Anzahl der politisch relevanten Parteien mit der Vielfalt von Konfliktlinien steigt. Die Existenz von Sperrklauseln in den meisten Wahlsystemen des postsozialistischen Europa (siehe Kapitel 5) begünstigt jedoch stärker als in Westeuropa die Konzentration der Parteiensysteme, da Parteien mit Schwerpunkt auf nur einer Konfliktlinie unter stärkeren Anpassungsdruck geraten.

Ähnlich kann im Hinblick auf die religiöse Konfliktlinie, also der Stellung zum Erbe der weltlichen Deutungsmuster des Sozialismus, argumentiert werden. Eine liberal-offene Weltsicht kann sich im Konsolidierungsverlauf

---

130 In Estland vertreten die *Landunion* (Maalit) und die *Pensionärs- und Familienunion* (EPPE) innerhalb der *Koalitionspartei* sowie die *Partei der Landleute* (EME) Partikularinteressen. In Lettland werden *Lettlands Weg* (LC) gute Beziehungen zum Ölimperium in Ventspils nachgesagt, während sich die *Volkspartei* der Lebensmittelindustrie des Landes verbunden fühlt (vgl. FAZ, 9.11.1998). In *Slowenien* ist die *Demokratische Partei der Pensionäre* (DeSUS) eine von derzeit sieben parlamentarisch vertretenen Parteien.

mit dem Willen zur Integration von ethnischen, kulturellen oder sprachlichen Minderheiten verbinden; auf der anderen Seite sind sicherlich Affinitäten zwischen religiös-konservativen und nationalen sowie regionalen Schwerpunkten in den Programmen der entsprechenden Parteien vorhanden.
Insgesamt tendieren also alle drei Konflikte mit vorrangig soziokultureller Bedeutung zu einem Gravitationszentrum um die Integration unterschiedlich strukturierter – regionaler, ethnischer, sprachlicher, religiöser, lebensweltlicher – Minderheiten in eine unterstellte Gesamtgemeinschaft. Gelingt diese Integration (was bei der Vielzahl neu gegründeter Staaten im Kontext der Systemtransformation keineswegs gewährleistet ist), ergeben sich im Konsolidierungsverlauf Konzentrationsprozesse im Parteiensystem. Gelingt die Integration nicht oder nur teilweise, erscheinen klar strukturierte Parteiensysteme eher erklärungswürdig als die in einer Vielzahl von Ländern derzeit noch erkennbaren Mehrparteiensysteme.

4.1.2 Überwindung des Regimekonflikts

Die wichtigste Voraussetzung für die Entfaltung eines Parteiensystems mit rationalisierten Konfliktlinien besteht im östlichen Europa zunächst in der Überwindung des Regimekonflikts. Die antagonistischen Konflikte des ehemaligen autokratischen Regimes, in der Empirie häufig gekoppelt mit der Kriminalisierung der Regimeopposition, können sich als höchst hinderlich erweisen. Bei den zentralen Reformprojekten der Systemtransformation – Aufbau liberal-repräsentativer politischer Institutionen, Errichtung eines unabhängigen Justizwesens, Durchsetzung einer am Markt orientierten Wirtschaftsordnung – ist beispielsweise die Einbindung der alten Verwaltungseliten eine mitentscheidende Bedingung über Gelingen oder Mißlingen. Für den Aufbau eines funktionierenden Rechtsstaats erscheint die Mitwirkung von Juristen hilfreich, selbst wenn deren Ausbildung und Sozialisierung unter den Prämissen des Marxismus-Leninismus stattgefunden hat. Für die Effizienz der politischen und ökonomischen Systemtransformation ist die Befriedung des Konflikts zwischen den Eliten des alten Regimes und den Machthabern nach den ersten Wahlen im neuen Regime eminent wichtig. Wenn auch das Parteiensystem alleine nicht zur umfassenden Integration der alten Eliten ins neue System beitragen kann, kommt ihm als Kristallisationspunkt für politisch alternative Sachprogramme doch eine zentrale Stellung zu. Ob sich Abgeordnete großangelegte Schlägereien liefern (wie einst im Russischen Obersten Sowjet) oder in sachorientierten Debatten um politische Programme streiten, strahlt auch auf andere politisch relevante Bereiche der Gesellschaft aus.

Die Identifikation geeigneter Indikatoren zur Überwindung des Regimekonflikts ist kein einfaches Unterfangen. Auch in vergleichsweise homogenen Parteiensystemen wie in Tschechien oder Ungarn sind spätestens seit den Wahlen von (jeweils) 1998 heftige Auseinandersetzungen um prozedurale Fragen zu verzeichnen. Die Art und Weise der Politik der Vergangenheitsaufarbeitung ist beispielsweise ein eher vordergründiger Indikator für die Befriedung der politischen Eliten. Sowohl in Polen als auch in Bulgarien wurden die Debatten um die Öffnung der Geheimdienstakten lautstark unter Beteiligung sowohl ehemaliger Regimeoppositioneller als auch der Eliten der kommunistischen Nachfolgeparteien geführt (Deimel 1997, Bingen 1997); trotzdem ist das bulgarische Parteiensystem insgesamt von viel stärkeren Gegensätzen geprägt als das polnische.

In Ermangelung akzeptabler Einzelindikatoren lässt sich die Überwindung des Regimekonflikts allgemein am Fortdauern antagonistischer Grundhaltungen bei den jeweils wichtigsten parteipolitischen Kräften eines Landes in den zentralen Politikfeldern messen. Ein solche Konstellation ist z.B. gegeben, wenn auf wirtschaftspolitischem Gebiet Vorstellungen über die Geltung des Marktprinzips in dem Sinne gegenüberstehen, dass die ehemalige Regimeopposition eine eher radikale Änderung der Eigentumsverhältnisse fordert, während die Nachfolgeparteien ebenso vehement auf einem gradualistischen Übergang von kollektivem zu privatem Eigentum bestehen. Ähnliche Programmgegensätze lassen sich u.a. im außenpolitischen (Bündnispolitik), medienpolitischen (Gewährung der Medienfreiheit) oder handelspolitischen (Protektion heimischer Branchen) Bereich konstruieren. Im Ergebnis hat sich dabei in Estland, Lettland, Litauen, Polen, Slowenien, Tschechien und Ungarn eine programmatische Konvergenz der wichtigsten Parteien eingespielt (Erläuterungen siehe unten). In Bulgarien, Makedonien, Moldova, Rumänien, Russland, der Slowakei und der Ukraine hingegen traten bis einschließlich 1998 bei den nationalen Wahlen große Parteien oder Blöcke an, deren programmatische Vorstellungen sich in grundsätzlichen Fragen stark unterschieden.

Die Zuordnung wirft Probleme auf, wenn das Ausmaß der Marginalisierung regimekritischer politischer Kräfte strittig ist. In Estland, Lettland, Litauen, Polen, Slowenien und Ungarn haben Antiregimeparteien seit dem Regimewechsel kaum eine Chance auf parlamentarische Vertretung gehabt. In Lettland wurde eine ursprünglich aus der lettischen KP hervorgegangene Gruppierung namens *Gleichberechtigung* (LT) vor den Wahlen 1995 wegen der Involvierung wichtiger Mitglieder in den Umsturzversuch im August 1991 verboten. Angreifbar bleibt die Diagnose eines auf der Ebene des Parteiensystems überwundenen Regimekonflikts auch im Falle der Tschechischen Republik. Bei drei Wahlen seit 1992 erreichte die *Kommunistische Partei* (KSČM) jeweils zwischen 10% und 15% der abgegebenen Stimmen.

Während sie während der Amtszeit der Regierungen Klaus politisch weitgehend marginalisiert war, dient die Partei seit 1998 als punktuelle Mehrheitsbeschafferin der Regierung Zeman, so z.B. bei der Verabschiedung des Haushalts 1999. Damit ließ sich die angeblich „doktrinäre, linke [und] atheistische" (Vodička 1997: 115) KSČM auf Tauschgeschäfte zugunsten ihrer Klientel ein, die den insgesamt von der Tschechischen Republik eingeschlagenen Kurs der Westintegration stützte.

Der qualitative Unterschied zu den Staaten mit nicht überwundenem Regimekonflikt besteht in dem Ausmaß der Massenunterstützung, das die weitgehend unreformierten Nachfolgeparteien in der Bevölkerung genießen. In Bulgarien oder Rumänien wurden die sozialistischen Parteien zwar 1996 und 1997 aus der Regierung vertrieben, blieben aber – bei tendenziell zerstrittenen „demokratischen" Sammlungsparteien auf der anderen Seite des politischen Spektrums – als jeweils zweitstärkste parlamentarische Kraft vertreten.

Makedonien und die Slowakei stellen in gewisser Weise Sonderfälle dar. Makedonien scheint durch die große Bedeutung des ethnischen cleavages – der an die Grundfesten der staatlichen Konsolidierung reicht – noch kaum dazu gekommen zu sein, Konflikte um den Charakter des politischen Regimes vorrangig als Ausdruck einer Konkurrenz zwischen autokratischen und demokratischen Systemen auszutragen. Die slowakische HZDS hingegen verkörpert aus der Erfahrung der Regierungszeit 1994-1998 den Kurs einer eingeschränkt demokratischen Herrschaftspraxis (vgl. Kapitel 1.3). Die Partei entwickelte sich zwar aus der regimeoppositionellen *Öffentlichkeit gegen Gewalt*, weist aber dennoch starke Bindungen zur alten Verwaltungselite auf. Führende Mitglieder der Partei entstammten der ehemaligen KP (Vodička 1994a: 671, vgl. auch Cramer-Langer 1997: 38-48). Dennoch besteht der Regimekonflikt in der Slowakei nicht wie in Bulgarien und Rumänien in einem fortdauernden Versuch einer unreformierten Nachfolgepartei, die Verankerung demokratischer Herrschaftsprinzipien aus dem Geiste des Sozialismus zu verzögern. Eher bestand der Regimekonflikt in der Slowakei zumindest bis 1998 in einem stark majoritären Machtanspruch, der durch die Nutzung bestimmter autoritärer Herrschaftspraktiken besser verwirklicht werden konnte.

Auf der Suche nach Ursachen für die Fortdauer antagonistischer Strukturen lassen sich verschiedene Verdachtsmomente ausmachen: der Typ des *ancien régime*, die wirtschaftliche Situation, die ethnische Zusammensetzung der Bevölkerung sowie die Durchsetzungskraft der ehemaligen Regimeopposition in der Regimewechselphase – allesamt Kontextfaktoren, die in Kapitel 2 bereits eingehender behandelt wurden. Ihr Auftauchen an dieser Stelle weist darauf hin, dass die im Parteiensystem widergespiegelte Machtverteilung in verschiedenen Phasen des Systemwechsels ein wichtiges Erklärungspotenzial für die Verfestigung demokratischer Regimes bereithält.

Tabelle 4.3: Gesellschaftliche Heterogenität und Fortdauern des Regimekonflikts

		Komplexität der gesellschaftlichen Strukturen / Schaffung einer staatlichen Gemeinschaft	
		ethnisch, lingual oder lebenskulturell heterogene Gesellschaft	ethnisch bzw. lingual m.o.w. homogene Gesellschaft
Personalisierungsgrad gesellschaftlicher Konflikte / Schaffung einer politischen Gemeinschaft	Fortdauern des Konflikts zwischen Eliten des ancien régime und „demokratischen" Gegeneliten	Bulgarien Makedonien* Moldova Rumänien Russland Slowakei Ukraine	
	Überlagerung des Regimekonflikts durch sozio-ökonomischen Konflikt schneller vs. gradualistischer Übergang zum Markt	Estland Lettland Litauen	Polen Slowenien Tschechien** Ungarn

* In Makedonien Überlagerung des Regimekonflikts durch Prozess der staatlichen Konsolidierung.
** In Tschechien Regimekonflikt wegen parlamentarischer Stärke der KPM nicht vollständig überwunden.

Ancien Régime: Die Überwindung des Regimekonflikts hängt in starkem Maße vom Charakter des ancien régime ab. Auch wenn oben die Typeneinteilungen der Forschergruppe um Herbert Kitschelt kritisiert wurden, kann ihrem Grundargument gefolgt werden: „Both bureaucratic-authoritorian as well as patrimonial communism promote a single salient competetive dimension with mutually reinforcing regime and economic divides and considerable polarization between the most extreme parties (Kitschelt u.a. 1999: 77)."[131] Insbesondere die starke Repression in patrimonialen Regimes bela-

---

[131] Das außer der DDR einzige bürokratisch-autoriätre Regime des sozialistischen Europa war nach Kitschelt u.a. (1999) die Tschechoslowakei, eigentlich sogar nur Tschechien. Demnach müsste von allen Parteisystemen Mitteleuropas das tschechische die stärkste Zweidimensionalität besitzen. Außerdem müsste ein im Vergleich zu den Nachbarstaaten stärkeres latentes Fortwirken des Regimekonflikts nachzuweisen sein. Beides ist nicht der Fall (siehe unten). Kitschelt u.a. führen im Laufe ihres Buches verschiedene intervenierende Variablen – Institutionen, Strategiemuster der Parteiakteure, Rückbezug auf Interessenlagen in der Bevölkerung etc. – an, die das Abweichen des tschechischen Falles begründen. Bei der Konzeption der vorliegenden Arbeit hingegen wurde die Erklärungskraft des Faktors „Regimetyp" auch wegen der Dominanz intervenierender Variablen systematisch ge-

stet im Transformationsverlauf die Grundkonstellation von Demokratien, die politische Konkurrenz. In Ländern mit ehemals patrimonialem Regime – nach Kitschelt u.a. alle ost- und südosteuropäischen Staaten – haben die vergleichsweise geringe Rationalität der Verwaltung sowie die mehr oder weniger stark grassierende Korruption zu einer relativen Kontinuität der Regimeeliten geführt. Da somit die ehemaligen Kader der zweiten und dritten Reihe keineswegs aus dem Herrschaftskreislauf entfernt wurden, besteht geschichtlich bedingt ein erhöhtes Konfliktpotenzial. Länder mit einem national-akkomidierenden kommunistischen Regime – Slowenien und Ungarn, mit Einschränkungen auch Polen, die baltischen Staaten und die Slowakei (Kitschelt u.a. 1999: 73) – mit weniger starken repressiven Elementen und einem latenten Ablehnung der sowjetischen Hegemonie verfügen so über bessere Voraussetzungen zur Ausbildung gemäßigter politischer Lager und damit auch zur Überwindung des Regimekonflikts.

Wirtschaftliche Situation: Alle Staaten mit nicht überwundenem Regimekonflikt verfügen über ein vergleichsweise niedriges Wohlfahrtsniveau. Außerdem haben mit Ausnahme der Slowakei alle Staaten die wirtschaftliche Transformation nur mit sehr eingeschränktem Erfolg in Angriff genommen. Auf jeden Fall in den GUS-Staaten, aber auch in Bulgarien, Makedonien und Rumänien kann die wirtschaftliche Lage aus z.T. unterschiedlichen Gründen eigentlich sogar als katastrophal bezeichnet werden (vgl. Kapitel 2.5). Die somit existenzielleren Verteilungskonflikte haben auch Rückwirkungen auf das Parteiensystem. Unreformierte Nachfolgeparteien können mit Recht darauf verweisen, dass die wirtschaftliche Situation zu sozialistischen Zeiten besser gewesen sei. Transformationsverlierer sehen sich eher geneigt, Antiregimeparteien[132] ihren Zuspruch zu schenken.

Ethnische Zusammensetzung: In allen Staaten, in denen der Regimekonflikt nicht überwunden werden konnte, existieren bedeutende ethnische Minderheiten. In Bulgarien, Makedonien, Rumänien, Russland und der Slowakei siedelt die jeweils wichtigste Minderheit mehr oder weniger kompakt, so dass sie in Teilen ihrer jeweiligen Siedlungsgebiete Mehrheiten stellt. Auf der anderen Seite leben in Moldova, der Ukraine und in den baltischen Staaten bedeutende russische Minderheiten, die sich zwar an bestimmten Orten konzentrieren, dort jedoch eher selten numerische Mehrheiten bilden (teilweise

---

ringere Bedeutung zugemessen (vgl. Kapitel 4.1.1).
132 Der Terminus „Antiregimepartei" wird in den Kapiteln 4 und 5 dem gängigeren „Antisystempartei" vorgezogen. Bei Parteien wie den Kommunisten in Moldova, Russland und der Ukraine kann lediglich spekuliert werden, ob sie beim Erringen der Macht tatsächlich das gesamte politische System transformieren würden. Es kann aber ziemlich sicher davon ausgegangen werden, dass diese Parteien eine gründliche Transformation des Herrschaftsregimes – oben definiert als Regeln der der Herrschaftsausübung anstreben.

in kultureller Hinsicht jedoch durchaus noch eine dominierende Rolle innehaben).

In Polen, Slowenien, Tschechien und Ungarn gibt es – nimmt man die jeweils letzten Parlamentswahlen zum Maßstab – im Großen und Ganzen einen Grundkonsens über die zentralen politischen Richtungsentscheidungen. Alle maßgeblichen Parteien, mit Ausnahme der tschechischen Kommunisten, unterstützen die außenpolitische Westintegration, die ja mit dem NATO-Beitritt im März 1999 auf sicherheitspolitischem Feld bereits vollzogen wurde.

Die baltischen Staaten haben trotz starker russischer Minderheiten Parteiensysteme herausgebildet, in denen der Regimekonflikt als überwunden gelten darf (mehr hierzu unten). Auf jeden Fall in Lettland, zu einem gewissen Grade jedoch auch in Estland haben die politischen Akteure durch eine Exklusionsstrategie potenziell desintegrierende Konfliktlinien vom Parteiensystem fernhalten können. Durch die zögerliche Einbürgerung der russischen Minderheit konnte auf der Ebene des Parteiensystems ein politischer Konsens über das Anstreben einer raschen Westintegration erhalten werden, der auf der Ebene der Gesamtbevölkerung nicht bestand (vgl. Mattusch 1996). Mit der demokratietheoretisch bedenklichen Ausgrenzung der russischen Minderheit – die hier keineswegs gerechtfertigt werden soll (T.B.) – gelang es den beiden baltischen Staaten damit, einen stringent anmutenden Kurs der wirtschaftlichen und politischen Westanbindung gegen die Präferenzen jeweils eines Drittels der Wohnbevölkerung durchzusetzen (vgl. hierzu auch Linz/Stepan 1996: 429).

In Bulgarien, Makedonien, Rumänien und der Slowakei lässt sich das Fortdauern des Regimekonflikts im Parteiensystem zu einem gewissen Teil mit der Existenz einer ethnischen Minderheit verknüpfen. In Bulgarien stellte Art. 11 Abs. 4 VerfBul, der die Bildung von Parteien auf ethnischer Grundlage verbietet, bis zu einer Entscheidung des Verfassungsgerichtes im April 1992 ein Hindernis für die Konsolidierung der Minderheitenpartei *Bewegung für Rechte und Freiheit* (DPS) dar. Obwohl die DPS zeitweise zusammen mit der *Sozialistischen Partei* (BSP) die Expertenregierung Berov stützte, kamen die nationalistischen Töne gegen eine Beteiligung türkischer politischer Akteure vor allem aus der postkommunistischen Ecke (vgl. Riedel 1993: 111-112). Die BSP bewies damit nicht nur in ihrer wirtschaftlichen Programmatik, sondern auch hinsichtlich ihres gesellschaftlichen Integrationsanspruches eine deutliche Distanz zu den anderen wichtigen Kräften des parteipolitischen Spektrums. Das Programm der Partei wurde dabei trotz einiger Anläufe in den letzten Jahren nicht substanziell geändert (vgl. Kassayie 1998).

In Makedonien prägt der Antagonismus zwischen den Parteien der makedonischen Albaner und den übrigen Parteien seit der Unabhängigkeit im September 1991 die politische Landschaft (vgl. Weckbecker/Hoffmeister

1997). Ähnlich wie in den meisten übrigen Fällen der Herauslösung eines neu gegründeten Staates aus einem größeren Verbund hatte die nationale Frage bereits bei den Vorgründungswahlen des Jahres 1990 eine überragende Rolle gespielt (vgl. Hoffmeister 1997). Die zu Beginn der neunziger Jahre stark nationalistisch auftretende VRMO-DPMNE hatte die Eigenständigkeit der makedonischen Nation nicht nur gegenüber dem serbisch geprägten Jugoslawien, sondern auch gegenüber der albanischen Minderheit im eigenen Land herausgestrichen. Dies brachte der Partei zunächst die strikte Ablehnung der albanischen *Partei der Demokratischen Prosperität* (PDP) ein. Wechselnde Allianzen und Gruppierungen innerhalb der Albaner brachten den makedonischen Regierungen seit 1992 jedoch stets eine Beteiligung der Minderheit ein. 1998 bildete sich sogar das vorher kaum für möglich gehaltene Bündnis zwischen der VRMO-DPMNE und der bis dato als radikal geltenden *Demokratischen Partei* (PDSh). Die wechselnden makedonisch-albnischen Koalitionen weisen erneut darauf hin, dass anders als in Bulgarien der nicht überwundene Regimekonflikt vor allem auf der Ebene der staatlichen Konsolidierung wirksam ist.

In Rumänien und der Slowakei lässt sich das Fortdauern des Regimekonflikts im Parteiensystem sehr deutlich an der Koalitionspolitik der Nomenklaturparteien ablesen. In Rumänien paktierte die *Partei der Sozialen Demokratie* (PDSR) mit Extremisten vom rechten und linken Rand im sogenannten Vier-Parteien-Protokoll,[133] um nicht in einer großen Koalition mit der *Demokratischen Konvention* regieren zu müssen. Wie die latente Unterstützung der PDSR für die von xenophob-nationalistischen Kräften angeführten Bergarbeiterproteste im Januar 1999 zeigt, bewegen sich wichtige politische Kräfte nicht im Einverständnis über grundlegende Regeln der Herrschaftssystems (vgl. Gabanyi 1999). Die der demokratischen Konsolidierung abträgliche Allianz von Postkommunisten und Rechtsextremen ist durch die Erfolgsaussichten bei der Mobilisierung nationalistischer Wählerinteressen erklärt worden (Ishiyama 1998) – in Rumänien geriet dadurch die politische Vertretung der ungarischen Minderheit (die *Ungarische Demokratische Union*) immer wieder ins Kreuzfeuer symbolischer Konflikte.[134]

Ähnlich gestaltete sich bis zum Machtwechsel im Herbst 1998 die Situation in der Slowakei. Die von 1994-1998 an der Regierung beteiligte *Nationalpartei* (SNS) hatte in den Vertretern der ungarischen Minderheit ihren

---

133 Nach den Wahlen von 1992 mit der *Partei der Nationalen Einheit* (PUNR), der *Partei für Großrumänien* (PRM) und der *Sozialistischen Arbeiterpartei* (PSM). Das Vier-Parteien-Protokoll hielt nur etwa drei Jahre stand, da zunächst die PSM, später die PRM das Abkommen verließen.

134 Zum Beispiel beim Konflikt um die Errichtung einer ungarischen bzw. „internationalen" Universität in Cluj oder bei Auseinandersetzungen um das Bildungsgesetz im Herbst 1997.

Hauptgegner. Sprachen- und Bildungsgesetze führten zu schärfsten innenpolitischen Debatten; die OSZE und ihr Minderheitenkommissar Max van der Stoel griffen mehrmals in politische Entscheidungsprozesse ein oder verlangten Revisionen an bereits verabschiedeten Gesetzen (vgl. Carpenter 1997).

Regimewechsel: Zuletzt fällt auf, dass der Regimekonflikt im Parteiensystem genau in den Ländern als überwunden gelten kann, in denen die politischen Organisationen der ehemaligen Regimeopposition die ersten demokratischen Wahlen gewonnen haben. Bei genauerer Betrachtung des Parteienspektrums nach den jeweiligen ersten Wahlen ergibt sich sogar der Befund, dass hier im Großen und Ganzen nicht Wahlsiege, sondern die komplette Herausdrängung regimekonservativer Kräfte aus dem Parlament entscheidend war. Ausnahmen bilden die Gruppierung *Gleichberechtigung* (LT) aus Lettland und wieder die *Kommunistische Partei* der Tschechoslowakei als Vorgängerin der *Kommunistischen Partei von Böhmen und Mähren* (KSČM).

In den übrigen Staaten waren „postkommunistische" Parteien bald verschwunden. Die Nachfolgeparteien in Litauen, Polen und Ungarn[135] hatten bereits bei der Liberalisierung des autokratischen Regimes eine aktive Rolle gespielt und sich programmatisch erneuert. Zum Zeitpunkt der ersten freien Wahlen hatte man dies zwar noch nicht so genau beobachten können. Spätestens die Regierungsübernahme der LDDP in Litauen (1992), der SLD zusammen mit der *Bauernpartei* – einer ehemaligen Blockpartei – in Polen (1993) und der MSZP in Ungarn (1994) ließen jedoch Zweifel an der demokratischen Gesinnung der Nachfolgeparteien obsolet werden. Als Störenfriede im institutionellen Gefüge erwiesen sich eher Wertkonservative wie Vytautas Landsbergis und Lech Wałęsa, die die Legitimität von Herrschern aus dem Dunstkreis der ehemaligen Hegemonialparteien rigoros bestritten.

Auch in Slowenien waren fast alle im ersten Parlament vertretenen Parteien und Gruppierungen in personeller Hinsicht Nachfolgeprodukte kommunistischer Organisationen (und sind es bis heute). In Estland und Lettland spielten Nachfolgeparteien der Kommunisten wegen der Diskreditierung durch die sowjetische Besatzung keine rechte Rolle, wenn auch führende Politiker der Republik-KPs wie etwa Arnold Rüütel in Estland oder Anatolijs Gorbunovs in Lettland als Kristallisationsfiguren für politische Parteien mit Verbindungen zur alten Nomenklatur fungierten (vgl. Lagerspetz/Vogt 1998, Dreifelds 1996: 71-109).[136] Ähnlich wie in Polen und Ungarn galten die

---

135 Litauen: *Litauische Arbeitspartei* (LDDP), Polen: *Bündnis der Demokratischen Linken* (SDL) mit der *Sozialen Demokratie der Republik Polen* (SdRP) als bestimmender Kraft, Ungarn: *Sozialistische Partei* (MSZP).
136 Bei den Wahlen von 1992 in Estland vor allem in der Gruppierung *Sicheres Heim* (ca. 17% der Mandate). Gorbunovs fand 1992 in *Lettlands Weg* (LC) ein Unterkommen (vgl. Drei-

„Softliner" (Adam Przeworski) der kommunistischen Regimes nicht als vollkommen diskreditiert, da sie eine maßgebliche Rolle bei der Abstreifung des autokratischen Regimes gespielt hatten.

Auf der anderen Seite wiesen die ersten frei gewählten Parlamente Bulgariens, der Moldau, Rumäniens, Russlands und der Ukraine eine stärkere personelle und vor allem programmatische Kontinuität zu ihren Vorgängerinstitutionen auf. Die *Bulgarische Sozialistische Partei* (BSP) sowie die rumänische *Front der Nationalen Rettung* (FSN) behielten absolute Mehrheiten. In beiden Gruppierungen fanden sich neben den Mitgliedern der ehemaligen Hegeomnialparteien natürlich auch bis dato nichtkonforme politische Kräfte. Insgesamt waren die Nachfolgeorganisationen jedoch von Mitgliedern der alten Elite geprägt, und in der Analyse überwogen die Zweifel am unbedingten Willen der neuen Machthaber an einer Politik, die einen Systembruch zum *ancien régime* propagiert hätte (vgl. Sislin 1991, Hatschikjan 1994, Verheijen 1995).

In den postsowjetischen Staaten Moldova, Russland und der Ukraine – ähnliches galt für das hier nicht behandelte Belarus – war die Situation ziemlich unübersichtlich. Die Parlamente waren nur zu einem Teil überhaupt von Parteien oder parteiähnlichen Organisationen geprägt. Dies lag nicht zuletzt daran, dass den Vorgründungswahlen zu den Obersten Republiksowjets im Jahre 1990 nach dem Zusammenbruch der Sowjetunion keine echten Gründungswahlen folgten. Die allesamt mit einfachem Mehrheitswahlrecht und unter bestenfalls halbfreien Umständen gewählten Republikparlamente blieben vielmehr in ihrer Zusammensetzung bestehen. Die großen politischen Umschwünge wurden währenddessen in Moldova und der Ukraine durch Präsidentenwahlen markiert;[137] in Russland hatte Boris Jelzin im Abhalten von Neuwahlen ein zu großes Risiko hinsichtlich eines möglichen Restaurationsversuches sowjetischer Kräfte gesehen. In allen drei Fällen herrschten neben mangelhaft legitimierten Parlamenten solche Präsidenten, die zwar als Kritiker der sowjetischen Zentralherrschaft aufgetreten waren, vorher aber als ranghohe Mitglieder der sowjetischen Nomenklatura auf Republikebene fungiert hatten.[138] Der Regimewechsel in den genannten drei sowjetischen Nachfolgestaaten wurde also auf der politischen Ebene nicht so vollzogen, dass ein Neuanfang am Beginn der nachsozialistischen Epoche stand. Das entscheidend Neue war die staatliche Eigenständigkeit, nicht der Wechsel des politischen Regimes.

---

felds 1996: 88).
137 In der Ukraine durch die Wahl von Leonid Kravčuk am 1.12.1991, in Moldova durch die Wahl Mircea Snegurs am 8.12.1991.
138 Mircea Snegur als ehemaliger Chefideologe der *Kommunistischen Partei der Moldauischen Sowjetrepublik*, Boris Jelzin als Sekretär von Moskauer Abteilung der KPdSU, Leonid Kravčuk im Zentralkomitee der ukrainischen KP (vgl. Schneider 1993).

Damit ist in den GUS-Staaten das vergleichsweise stärkere Verharren solcher politischer Kräfte, die dem Sowjetsystem zumindest nicht grundsätzlich ablehnend gegenüberstehen, zu einem guten Teil mit der Dynamik der politischen Prozesse während der Regimewechselphase zu erklären. Die KPdSU wurde zwar (im August 1991) ebenso verboten wie die Gliedparteien in den Sowjetrepubliken. Das Entstehen von Nachfolgeorganisationen ohne nennenswerte programmatische Neuausrichtung war jedoch bereits durch die personelle Kontinuität in allen Obersten Sowjets der GUS vorprogrammiert. Vor allem in Russland, teilweise auch in der Moldau und der Ukraine, wurde mit dem politischen Ziel der Wiederherstellung der Sowjetunion eine weitere Konfliktlinie ins Parteiensystem eingeführt, die die Unversöhnlichkeit zwischen „demokratischen Reformern" und sozialistisch/kommunistischen Strukturkonservativen noch vertiefte.

Die wirtschaftliche Ineffizienz des sowjetischen Regimes sowie dessen Mißachtung politischer und bürgerlicher Rechte wurde mit der Zeit dadurch verdeckt, dass die nachsozialistischen Regimes der GUS-Staaten zum einen keinen dauerhaften wirtschaftlichen Aufschwung herbeiführen und zum anderen die Geltung des Rechtstaats aus verschiedenen Gründen nur mangelhaft durchsetzen konnten. Daher standen den postkommunistischen Kräften in der Regimewechselphase umfangreiche Möglichkeiten zur Verfügung, den regimekritischen Charakter ihrer politischen Programme mit berechtigten sozialen Forderungen zu verbinden. Anders als in den baltischen Staaten waren Referenzen an das sowjetische Modell nicht allgemein diskreditiert. Anders auch als in Bulgarien und Rumänien verband sich mit dem Ableben des sowjetischen Regimes der Verlust der außenpolitischen Weltmachtrolle. Insgesamt gibt es also eine ganze Reihe von Argumenten, weshalb sich Charakteristika des Regimewechsels auf die Verankerung systemkritischer Interessen im Parteiensystem auswirken können. Eine Reihe politischer Probleme lassen sich also ungleich schwieriger lösen, als dies bei einem grundsätzlichen Einverständnis der politischen Kräfte der Fall wäre:

- In *wirtschaftlicher Hinsicht* werden Grundentscheidungen über die Reichweite marktwirtschaftlicher Mechanismen, über das Ausmaß des Wettbewerbs und über die Eigentumsstruktur der Wirtschaft immer weiter hinausgezögert. Dies schafft bei Gewerbetreibenden und Investoren ein hohes Maß an Erwartungsunsicherheit – in welchem Maß wird Konkurrenzdruck entstehen und inwieweit wird auch neuen Wettbewerbern ein freier Zugriff auf Ressourcen ermöglicht werden? Darüber hinaus geschieht Privatisierung nicht im luftleeren Raum. Die dauerhafte Privilegierung von alten Managern und Bürokraten oder Privatisierungsgewinnern erschwert es besonders den vom wirtschaftlichen Umbruch benachteiligten Bevölkerungsgruppen, wirtschaftspolitische Konflikte als Ausdruck konfligierender gesellschaftlicher Interessen zu begreifen – es kommt gar nicht erst zur Ausformung des Konflikts um das Ausmaß des Schutzes, den der Wohlfahrtsstaat den gesellschaftlich Schwachen vor den Unwägbarkeiten des Marktes bieten soll. Der wichtigste wirtschaftspolitische Konflikt lautet nicht wie in den meisten westlichen Systemen offene versus geschützte Marktwirtschaft, sondern teilweise versus minimale Öffnung zum Markt. Und die Lösung dieses Konfliktes bringt viel stärker gruppenspezifische Gewinner und Verlierer hervor, da es sich um einen Konflikt von Gruppen mit privilegiertem Ressourcenzugang handelt.

- Die Hinterlassenschaften des Kalten Krieges besteht einer anhaltenden Aufteilung des Kontinents in *Machtsphären* der potenziellen außenpolitischen Souveränität. Den ehemaligen Satellitenstaaten der Sowjetunion steht das Einschwenken auf neue Umlaufbahnen im Prinzip offen; bei den ehemaligen Sowjetrepubliken mit dem typischerweise beträchtlichen russischen Bevölkerungsanteilen behält sich die Russische Föderation de facto Einspruchsrechte vor. Ist nun der Regimekonflikt wie in den baltischen Staaten überwunden, wird die politische Klasse durch die teils unverhohlen geäußerten russischen Anspruchsrechte geeint. Von Verfechtern der Westintegration lässt sich der russische Druck trefflich instrumentalisieren. Besteht der Regimekonflikt jedoch wie in Moldova und der Ukraine weiterhin, werden außenpolitische Entscheidungen schnell zu Fragen über die Grundausrichtung des politischen Gemeinwesens insgesamt. Bestehen dann noch innerhalb der Exekutive programmatische Differenzen, beinhalten außenpolitische Fragen allemal ein starkes Potenzial für innenpolitische Konflikte. Für Staaten wie Bulgarien, Rumänien oder die Slowakei gilt dies in abgeschwächtem Maße ebenfalls. Hier variiert allerdings die Abhängigkeit von der Russischen Föderation. Während Bulgarien Ende der achtziger Jahre noch 90% des Rohöls aus der Sowjetunion bezog (Knaus 1997: 113) und wegen seiner industriellen Struktur auch heute noch in starkem Maße von den wirtschaftlichen Entwicklung in Russland in Mitleidenschaft gezogen wird, muss das unter Ceauescu fast autarke Rumänien in geringerem Umfang auf Russland schauen.

- In Fragen der Aufarbeitung der Menschen- und Bürgerrechtsverletzungen im *ancien régime* tun sich die Gesellschaften leichter, in denen die kommunistische bzw. sozialistische Phase allgemein als abgeschlossen gilt. Zwar werden auch in Polen, Tschechien und Ungarn Lustrationskonflikte lautstark ausgetragen (vgl. die entsprechenden Abschnitte in East/Pontin 1997 sowie die in der Reihe *Berichte des BIOst* erschienenen Publikationen). Dabei darf aber nicht übersehen werden, dass sich hier die Auseinandersetzungen auf den Rahmen bereits verabschiedeter Gesetze beziehen, die allgemein eine Aufarbeitung der sozialistischen Vergangenheit zum Ziel haben. In den GUS-Staaten, und hier insbesondere in der Russischen Föderation, sind vergangenheitsbezogene Diskurse allein schon deshalb riskant, weil die Macht der Sicherheitsdienste in bestimmten Bereichen ungebrochen erscheint. Eine KGB-Vergangenheit wird für russische Premierminister nicht als Manko, sondern als unverzichtbarer Vorzug gelobt. Ein Schlussstrich unter die autokratischen Herrschaftspraktiken im Sozialismus wird damit durch die Existenz von Gegeninstitutionen erschwert. Die Partikularinteressen von Angehörigen der ehemaligen Nomenklatura werden durch die strategische Allianz mit Geheim- und Aufklärungsdiensten eher geschützt als in Staaten mit abgeschlossenem Regimewechsel.

Zusammengefasst lassen sich damit die postsozialistischen Parteiensysteme mittels des Kriteriums, ob der Regimekonflikt überwunden werden konnte, in zwei Gruppen teilen – hierbei handelt es sich um die grundsätzlichste Unterscheidung bei der Analyse der postsozialistischen Parteiensysteme. In Estland, Lettland, Litauen, Polen, Slowenien, Tschechien und Ungarn hat die Überwindung des Regimekonflikts im Großen und Ganzen zur Entwicklung sachprogrammatischer Konfliktlinien geführt (siehe unten). Gesellschaftliche Konflikte können damit in der parlamentarischen Arena ausgetragen werden; dieser Prozess stärkt die Rationalität sowohl des Regierungssystems als auch des Parteiensystems insgesamt. Insbesondere kristallisieren sich die sozioökonomischen Konflikte tendenziell um gesamtgesellschaftliche Verteilungsfragen auf der Basis eines von Regierungsmehrheit und Opposition gleichermaßen getragenen Wirtschaftssystems. Diese gemeinsame Basis trägt wiederum dazu bei, dass die sozialen Konflikte in der politischen Arena ohne das Störfeuer fundamental gegenläufiger gesellschaftlicher Interessen verhandelt werden können.

In Bulgarien, Makedonien, Moldova, der Slowakei, Rumänien, Russland und der Ukraine herrschen ganz andere Verhältnisse. Weil die Voraussetzungen für die Überwindung des Regimekonflikts vergleichsweise schlecht sind, können sich in den Parteiensystemen auch nicht solche Konfliktstrukturen entwickeln, die eine Politik des institutionalisierten Interessenausgleichs zwischen den wichtigsten Bevölkerungsgruppen ermöglichen oder doch zumindest erleichtern. In wichtigen Politikfeldern fällt eine Politik des Interessenausgleichs schwer, da fundamentale Interessen beider Seiten auf dem Spiel stehen. Gerade weil sich die Gruppen mehr oder minder antagonistisch gegenüberstehen, ist die Überwindung des Regimekonflikts wenig wahrscheinlich; der Weg zur Ausformung effizienter Konfliktlösungsstrukturen verkürzt sich nicht, sondern wird u.U. immer länger.

Die einzelnen Länder dieser Gruppe stehen dabei vor dem Dilemma, dass sich die Entschärfung gesellschaftlicher Konflikte – also die Integration konfligierender Interessen – kurzfristig nur durch die Mißachtung von wichtigen Interessen einer mächtigen Minderheit zu leisten ist. Dies allerdings aus unterschiedlichen Gründen. In Russland und der Ukraine können regionale wie nationale Exekutiven sowie die mit ihnen verbundenen politischen Kräfte vor allem wegen der Fragmentierung der politischen Landschaft die politischen Prozesse dominieren; den Interessen der alten Nomenklatura und der (neuen) Administrationen stehen nur schwach gebündelte gesellschaftliche Forderungen gegenüber. In Bulgarien, Rumänien und der Slowakei könnte die Verankerung rechtsstaatlicher Strukturen als Voraussetzung für effiziente Konfliktlösung nach den Machtwechseln in jüngerer Zeit im Gange sein. In Makedonien schließlich wird auch parteipolitisch alles von der Minderheitenfrage überlagert; dies gilt natürlich insbesondere seit der Bombardierung Jugoslawiens durch die NATO im Frühjahr 1999.

4.2 Cleavage-Struktur im postsozialistischen Europa: Sozio-ökonomische und sozio-kulturelle Konflikte

4.2.1 Sozio-ökonomische Konflikte

Die Entwicklung des Parteienspektrums entlang charakteristischer Konfliktlinien lässt sich nicht erschöpfend mit dem Regimekonflikt beschreiben oder gar erklären. Zwar kam es in einem Teil der Staaten, insbesondere solchen mit parlamentarischem Regierungssystem, zur „Überparlamentarisierung": wichtige Grundsatzentscheidungen wurden von Parlamenten getroffen, in denen aufgrund von schwachen Parteiprogrammen und Fraktionswechseln die Vertretung der Wählerinteressen durch die gewählten Parlamentarier kaum noch gewährleistet war (vgl. Ágh 1994: 70). Da der Herrschaftsanspruch der alten Einheitsparteien i.d.R. die Interessenartikulation und -aggregation, eigentlich den ganzen *Policy*-Zyklus (nach Amond/Powell/Mundt 1993) mit einbezogen hatte, standen zunächst kaum institutionalisierte Kanäle für die Einwirkung gesellschaftlicher Kräfte auf die politischen Entscheidungsträger zur Verfügung.

Im Laufe der Zeit orientierten sich jedoch die politischen Kräfte an sozio-ökonomischen wie sozio-kulturellen Konflikten. In den zweiten oder dritten Legislaturperioden hatten sich demzufolge in den meisten Ländern sachprogrammorientierte politische Lager und entsprechende politische Parteien mit festen Organisationskernen gebildet. Fast alle Parteien positionierten sich im Hinblick auf die Frage, mit welcher Geschwindigkeit die Umwandlung des Wirtschaftssystems zu geschehen habe. Häufig glichen sich zwar die Programme, in groben Linien ließen sich jedoch sehr wohl Unterschiede gerade bei der wirtschaftspolitischen Ausrichtung verzeichnen (vgl. Klingemann 1994). In einer neueren Studien wird darüber hinaus überzeugend nachgewiesen, dass mindestens in Bulgarien, Polen, Tschechien und Ungarn eindeutige Zusammenhänge zwischen parteipolitischer Ausrichtung und den von der Bevölkerung perzipierten Problemlagen bestehen. Nach zehn Jahren Postkommunismus greifen dabei ähnliche Kategorien wie in westlichen Demokratien: sozialer Protektionismus versus Marktliberalismus auf der sozio-ökonomischen sowie traditionsbezogene, wertkonservative und national orientierte versus kosmopolitisch-libertäre Positionen auf der werte- und identitätsbezogenen Ebene (Kitschelt u.a. 1999: 262-306).

Bereits in der frühen Phase bestand ein Zusammenhang zwischen Fortdauern des Regimekonflikts und programmatischem Abstand der wichtigsten Parteien. Je stärker sich das Fortdauern des Regimekonflikts im Parteienspektrum niederschlug, desto programmatisch divergenter die Parteiensysteme. Kommunistische oder – falls diese noch verboten waren – protokommunistische Parteien traten in Moldova (1994), Russland (1993 und 1995) und der Ukraine (1994) zwar auf der einen Seite mit gemäßigten schriftlichen Parteiprogrammen auf, stärkten aber auf der anderen Seite mit ausdrücklichen Würdigungen der Sowjetzeit und Forderungen nach einer entschiedenen Stärkung der GUS ihren Standpunkt, das jeweils bestehende Regime sei nicht ohne Alternative (Hanne 1998: 1143, Kuzio 1994, Eleonore Schneider 1995).

Im Vergleich zu Moldova, Russland und der Ukraine waren die Nachfolgeparteien in Bulgarien und Rumänien allerdings der Perspektive der Westintegration nicht ganz abgeneigt. Anders als in den GUS-Staaten mussten sie ihre politischen Programme bald nach dem Regimewechsel wieder in der Regierung verantworten. Nationale politische Ziele wie die Entfernung aus dem außenpolitischen Dunstkreis Russlands und die Überwindung der Transformationskrise – gestützt durch Kredite und Hilfen westlich dominierter internationaler Organisationen – grenzten das Spektrum vertretbarer politischer Positionen ein. In beiden Parteien existierten zwar „linke" Flügel, die im Modell des westlichen Wohlfahrtsstaates den reinen Kapitalismus verwirklicht sahen und ihm entsprechend ablehnend gegenüberstanden. In Bulgarien gelang es, mehrere innerparteiliche Flügel zu integrieren (vgl. Kassayie 1998), während sich in Rumänien die FSN im Jahre 1992 bekanntlich spaltete.[139]

---

139 Die endgültige Spaltung erfolgte auf der Nationalen Konferenz im März 1992, als Petre

Untersucht man die Programmatik der Nachfolgeparteien in Bulgarien, Moldova, Rumänien, Russland und der Ukraine, gelangt man auf der sozioökonomischen Konfliktlinie rasch zu Programmelementen, die so nur in diesen Ländern von „großen" Parteien vertreten werden. Dazu gehört die explizite Sorge um die Existenz „strategischer" Industrien, die vom Staat unabhängig von deren wirtschaftlicher Effizienz zu alimentieren ist. Damit verbunden sind Vorstellungen über den Offenheitsgrad der Volkswirtschaft. Ebenso vertreten die Nachfolgeparteien in diesen Staaten die grundsätzliche Verantwortung des Staates für das wohlfahrtsstaatliche Wohlergehen benachteiligter Bevölkerungsgruppen. Soweit überschaubar, verfügen die angestrebten Rentensysteme über eine starke staatliche Komponente, die die Renten unabhängig von der Lebensarbeitsleistung auf ein bestimmtes Mindestniveau anhebt.[140] Vor allem aber beziehen die fünf Parteien in Fragen der Privatisierung zurückhaltende Positionen. Die typische Forderung eines „Nebeneinander verschiedener Eigentumsformen" weist darauf hin, dass die sozio-ökonomische Konfliktlinie in der Öffnung der Volkswirtschaft zum Markt besteht – die Marktwirtschaft gilt nur in eingeschränktem Maße als wirtschaftliches Referenzmodell (vgl. Kassayie 1998, Schliewenz 1997, Ionescu 1997, Hanne 1998, Gabanyi 1995, Gabanyi 1997, Eberhard Schneider 1995, Lindner 1998).

Die Nichtüberwindung des Regimekonflikts schlägt sich bei diesen Staaten[141] auch in der Formulierung sozio-ökonomischer Programme durch die eher liberalen Parteien nieder. In Moldova, Russland und Ukraine gilt, was stellvertretend für die moldauische *Partei der Demokratischen Kräfte* (PFD) festgestellt wurde: [The party] „is aware of the need to promote reforms but at the same time realizes that many voters oppose them" (Shafir 1998: II/1). In Moldova erwog die als reformistisch eingeschätzte (vgl. Büscher 1998: 3) Bewegung *Für ein Demokratisches und Wohlhabendes Moldova* (PMDP) nach den Wahlen von 1998 eine Zusammenarbeit mit der *Kommunistischen Partei* (RFE/RL-Newsline, 31.3.1998). In Russland und

---

Roman eine Mehrheit der FSN hinter sich bekommen konnte und diese u.a. gegen eine Neuaufstellung Ion Iliescus bei den Präsidentenwahlen bewegen konnte. Die von den Iliescu-Anhängern neu gegründete Demokratische Front der Nationalen Rettung (FDSN) überwog im Parlament - im Gegensatz zur Situation auf der Nationalkonferenz - die Fraktion der FSN (Nève 1995, Gabanyi 1995). Daher ist die PDSR – in die die FDSN später umbenannt wurde – die *politische*, nicht jedoch die rechtliche Nachfolgeorganisation der FSN.

140 Insgesamt wurden in der gesamten Region jedoch zurückhaltende Änderungen an den bestehenden Systemen der Alterssicherung vorgenommen (vgl. Götting 1998: 158).
141 Makedonien und die Slowakei werden hier – wie im vorherigen Unterkapitel begründet – innerhalb der Gruppe mit andauerndem Regimekonflikt als Sonderfälle betrachtet. In Makedonien besteht der Regimekonflikt vor allem auf der Ebene der Staatsbildung (und zu einem geringeren Maße im sozio-ökonomischen Bereich), in der Slowakei begründet der Stil der Herrschaftsausübung der fortdauernden Regimekonflikt.

der Ukraine bewirkt u.a. die parlamentarische Mehrheit links-nationaler Kräfte eher zurückhaltende Positionen hinsichtlich des Umfangs und der Geschwindigkeit wirtschaftlicher Reformen. Deutlich ist dies etwa an den Programmen des russischen *Jabloko* sowie der ukrainischen Volksbewegung *Ruch* (NRU) – beide als „Reform"bewegungen anerkannte Parteien sprechen sich für staatliche Eingriffe in marktwirtschaftliche Prozesse aus und sehen eine umfassende Privatisierung aus verschiedenen Gründen als nicht ohne weiteres möglich an (Javlinskij 1995: 84-105, Oates 1998: 83 und 96, Ott 1998: 1003).

In Bulgarien und Rumänien ist die sozio-ökonomische Programmatik der „reformistischen" *Union der Demokratischen Kräfte* (SDS) und der *Demokratischen Konvention* (CDR) bislang allein deshalb unklar, weil beide Bewegungen mit jeweils mehr als einem Dutzend Mitgliedsorganisationen nicht als homogene Kräfte zu begreifen sind. Auch seit der Regierungsübernahme[142] sendet das „demokratische" Lager in beiden Ländern widersprüchliche Signale aus. In Bulgarien, das sich im Vergleich zu früheren Jahren mit der Einrichtung des *currency board* und anderen Austeritätsmaßnahmen den Wünschen westlicher Kreditgeber angepasst hat, war Ende 1998 die Privatisierung noch wenig fortgeschritten und die Bankensanierung kaum begonnen worden (FAZ, 18.11.1998). Die SDS hat also den langsamen Reformkurs der Vorgängerregierungen zwar beschleunigt, keineswegs jedoch ein atemberaubendes Tempo vorgelegt. Ähnliches lässt sich für die CDR, die bereits in den ersten Monaten ihrer Regierung auf vielfältige Grenzen bei der Durchsetzung des zunächst gewünschten marktwirtschaftlichen Kurses traf (vgl. Shafir 1998a, Gabanyi 1997b, 1999), schlussfolgern. Insgesamt scheint also die Bündelung regimekritischer Kräfte bei politisch bedeutsamen Parteien das Spektrum der angebotenen sozio-ökonomischen Programme tendenziell nach „links", also in Richtung eines eher starken Engagements des Staates in der Wirtschaft, zu schieben.

Wie oben bereits angedeutet, lassen in keinem Land mit *überwundenem* politischen Regimekonflikt Parteien mit dezidiert antimarktwirtschaftlicher Rhetorik beobachten, die im Parlament eine gewichtige Rolle spielen würden. Allerdings gibt es Grenzfälle, auf die näher eingegangen werden muss. Die politische Ausrichtung der *Kommunistischen Partei Böhmens und Mährens* (KSČM) – in der bestehenden Literatur als letzte Bastion des orthodoxen Kommunismus in Mitteleuropa gebrandmarkt (Vodička 1997, Turnovec 1997) – könnte sich im Wandel befinden. Die Existenz zweier „linker" Parteien ermöglicht nicht nur den gemäßigteren Sozialdemokraten eine Abgren-

---

142 In Bulgarien im Januar (Präsident) und April (Parlament) 1997, in Rumänien im November 1996 (Präsident und Parlament).

zung (Mansfeldová 1998: 205), sondern belässt auch der radikaleren Partei strategische Wählerpotenziale im gemäßigten Spektrum. Nach vollzogenem NATO- und bevorstehendem EU-Beitritt bestehen für die KSČM Perspektiven in Richtung einer eurokommunistischen Entwicklung, für die die russischen oder ungarischen Kommunisten nur noch begrenzt als Vorbilder dienen können.

Neben diesem einzigen Fall einer (bislang) stark antimarktwirtschaftlichen Linkspartei vertreten in Mitteleuropa noch eine ganze Reihe kleinerer Rechtsparteien klientelistisch inspirierte Antimarktpositionen. Wiederum in der Tschechischen Republik gilt dies für die – seit 1998 im Parlament nicht mehr vertretene – *Republikanische Partei* (SPR-RSČ), die aus ihrem extrem nationalistischen Verständnis der mit der Westintegration verbundenen Öffnung der tschechischen Märkte mit Vorbehalten gegenüberstand (Vodička 1997: 130). Schwesterparteien der tschechischen SPR-RSČ mit Vertretung in den jeweiligen Parlamenten finden sich in Polen, Slowenien und Ungarn.[143] In Polen verfügt die *Bewegung für den Wiederaufbau Polens* (ROP) des ehemaligen Ministerpräsidenten Olszewski nur über sechs Mandate, findet mit einer national-sozialen Antimarktrhetorik aber auch Anklang bei bestimmten Abgeordneten der *Wahlaktion Solidarność* (vgl. ZEIT, 2.5.1997). In Ungarn vertritt die *Wahrheits- und Lebenspartei* (MIÉP) in ökonomischen Fragen in bestimmten Bereichen eine staatliche Kontrolle der Wirtschaft und hegt starke Vorbehalte gegen den Einfluss westlicher Organisationen (Tóka 1998: 254). In Slowenien deckt die *Nationalpartei* (SNS) ein entsprechendes Spektrum ab. Nach den spärlichen Angaben über die Partei scheint sich die Programmatik jedoch in geringerem Maße auf antimarktwirtschaftliche Rhetorik zu beziehen (Zajc 1998: 281-282, Fink-Hafner 1997: 148).

Insgesamt aber verringert die Überwindung des politischen Regimekonflikts die ideologische Distanz der Parteien auf der sozio-ökonomischen Konfliktlinie. Die Marginalisierung von SPR-RSČ, ROP, MIÉP und SNS in ihren jeweiligen Parteiensystemen steht in deutlichem Kontrast zu dem beträchtlichem Einfluss, den ähnlich ausgerichtete Parteien etwa in der Rumänien, Russland oder der Slowakei[144] haben oder zeitweise gehabt haben. In

---

143 Sowie in Rumänien, Russland, der Slowakei und Rumänien – Ländern, die nicht zur Gruppe mit überwundenem Regimekonflikt gehören.
144 In der Slowakei die *Slowakische Nationalpartei* (SNS) mit Regierungsbeteiligung von 1992-1998 mit einer kurzen Unterbrechung im Jahre 1994. In Rumänien waren die *Partei der Nationalen Einheit Rumäniens* (PUNR), die *Partei für Großrumänien* (PRM) sowie die *Sozialistische Arbeiterpartei Rumäniens* (PSM) von 1992 zeitweise an der Regierung beteiligt oder stützten diese. In Russland stimmt die *Liberaldemokratische Partei* (LDPR) häufig mit der Regierung oder auf der vom präsidentiellen Apparat vorgegebenen Linie ab. Wie bereits erwähnt, stellt der politische Einfluss der tschechischen KSM eine Ausnahme in der Region dar.

den baltischen Staaten existieren überhaupt keine antimarktwirtschaftlichen Parteien von grundsätzlicher Bedeutung. Im Großen und Ganzen trifft dieser Befund auch für die ideologische Nähe der großen Parteien zu. In Litauen, Polen und Ungarn haben bereits doppelte Machtwechsel stattgefunden: In Litauen alternierte die Macht zwischen *Vaterlandsbund* (TS-LK) und *Demokratischer Arbeitspartei* (LDDP), in Polen zwischen Kräften der *Solidarność* und der *Demokratischen Linken* (SLD) plus *Bauernpartei* (PSL), in Ungarn zwischen zwei bürgerlichen Parteien und der *Sozialistischen Partei* (MSZP).

In keinem der drei Länder sind den Machtwechseln echte Politikwechsel gefolgt; vielmehr hat gerade die Überwindung des Regimekonflikts Perspektiven der wirtschaftlichen Westintegration eröffnet, die ihrerseits eine Politik zum entschiedenen Übergang zur Marktwirtschaft begünstigte. Die Verzögerungstaktik insbesondere der polnischen PSL bei der Privatisierung in den Jahren 1993-1995 wurde ganz explizit aufgegeben, um dem Land beim Ansinnen des EU-Beitritts nicht zu schaden (Taras 1995: 237-244). In Ungarn war es nicht das „rechte" *Demokratische Forum* (MDF), sondern die „linke" MSZP, deren Austeritätsprogramm 1995 wegen Unvereinbarkeit mit den sozialen Grundsätzen der Verfassung vom Verfassungsgericht ausgebremst wurde (vgl. East/Pontin 1997: 75).[145] In Litauen werden allen wichtigen Parteien starke Ähnlichkeiten bei der sozio-ökonomischen Programmatik bescheinigt (vgl. Krickus 1997: 309).

Auch in den Ländern wie Estland, Lettland und Slowenien – Länder, in denen sich im neuen Regime keine Alternation zwischen eindeutig unterscheidbaren politischen Lagern eingespielt hat – lässt sich eine stärkere Kongruenz der wirtschaftspolitischen Programme feststellen als etwa in Russland oder der Ukraine. In Estland verfügen bis auf die *Zentrumspartei* (K) alle Parteien über ein liberales oder – im Falle der *Reformpartei* (RE) oder *Pro Patria* – ultraliberales Programm. Fast alle im Jahre 1999 im Parlament vertretenen politischen Kräfte standen zu bestimmten Zeitpunkten einmal in Regierungsverantwortung; dennoch verläuft der wirtschaftspolitische Kurs des Landes ohne größere Brüche. Ähnlich in Slowenien: Als einzige der derzeit acht im Dravni Zbor vertretenen Parteien war die nationalistische *Slowenische Nationalpartei* (SNS) noch nicht an einer nationalen Regierung beteiligt – obwohl mit der *Liberaldemokratischen Partei* (LDS) seit 1992 eine einzige Partei den Premierminister Janez Drnovšek stellt. Strittige wirtschaftspolitische Fragen betreffen Fragen der Altersversorgung, der Arbeitsmarkt- und Bildungspolitik und der Eigentumsrestitution. Die *Liberale De-*

---

145 Grundsätzlich sind die politischen Positionen der MSZP dennoch „linker" einzustufen als diejenigen der inzwischen wichtigsten „rechten" Kraft *Bund Junger Demokraten – Ungarische Bürgerliche Partei* (FIDESZ-MPP), vgl. hierzu Tóka (1998: 252-254).

mokratie (LDS) und die *Christdemokraten* (SKD) stehen dabei für eher für Deregulierung und Privatisierung, während *Sozialdemokraten* (SDS), *Vereinte Sozialdemokraten* (SDSS), die *Vereinigte Liste* (ZLSD) sowie die *Demokratische Partei der Pensionäre* (DeSUS) eher umverteilungsorientierte Positionen einnehmen (vgl. Weckbecker/Hoffmeister 1997: 229-242).

In Lettland bestehen im Parteiensystem etwas stärkere Friktionen als in Estland und Slowenien. Restitutionsfragen wurden wegen der Kopplung an den Status der Staatsbürgerschaft lange Zeit blockiert und verzögerten damit die Privatisierung mittlerer und großer Unternehmen (Hirschhausen/Hui 1995: 432). Zudem werden einige Korruptionsaffären hochrangiger Politiker als Indiz dafür gewertet, dass der wirtschaftliche Transformationsprozess von persönlicher und sektoraler Vorteilnahme geprägt war (Dreifelds 1997: 123-126). Unter anderem führte dies zu vielleicht noch stärkeren Rivalitäten zwischen den politischen Akteuren als in den meisten Nachbarstaaten, was auch immer wieder zu populistischen Auslassungen bei sozio-ökonomischen Themen führt. Im Vergleich müssen die „wenig elaborierten" (Reetz 1995: 322) wirtschaftspolitischen Positionen der größten lettischen Parteien dennoch als relativ ähnlich gelten, wenn auch der Einzug gleich drei neuer Parteien in den Saeimas von 1998 die Verortung der konkreten politischen Programme erschwert (vgl. Bungs 1998).

Einen gewissen Sonderfall bei der Verteilung wirtschaftspolitischer Positionen auf einer Ideologieskala von „links" (in starkem Maße staats- und umverteilungsorientiert) nach „rechts" (liberale Wirtschaftsorientierung mit geringer Eingriffstiefe durch staatliche Instanzen) stellt die Tschechische Republik dar. Mit der *Demokratischen Bürgerpartei* (ODS) und der *Kommunistischen Partei* (KSČM) umklammern eine auf den ersten Blick sehr liberale und eine im mitteleuropäischen Vergleich außergewöhnlich „linke" Partei das Parteienspektrum. Insgesamt besticht der tschechische Fall durch kohärente Parteien und durch das Ausmaß, in dem sich die Parteien auf programmatische Grundsätze beziehen (Kitschelt u.a. 1999: 211-214).

Die Etablierung der KSČM kann mit dem Charakter des posttotalitären Regimes auf tschechoslowakischem Boden erklärt werden: da – anders als in allen übrigen mitteleuropäischen Staaten außer der DDR – die Eliten des *ancien régime* keine Aushandlungsprozesse um den Regimewechsel zugelassen hatten, konnten sie später kaum glaubwürdig als Reformkommunisten auftreten. Andere Parteien, in diesem Fall vor allem die *Sozialdemokraten* (ČSSD), belegten diese programmatische Position, waren aber anders als in Polen oder Ungarn stark antikommunistisch geprägt. Damit stand den übrigen tschechischen Parteien die Möglichkeit offen, sich stärker als in den meisten Nachbarstaaten auf genuin sozio-ökonomische Fragen zu konzentrieren. Die stärkere Ausdifferenzierung des parteipolitischen Spektrums ist aus dieser Perspektive keine Überraschung (vgl. Beichelt 1999: 23). Zum anderen steht die radikal marktwirtschaftliche Rhetorik des ODS-Vorsitzenden Vacláv Klaus („Marktwirtschaft ohne Adjektive") der Politik, die unter seinen Regierungen betrieben wurde, in einigen Punkten entgegen. Der *Economist* listete bereits im Jahre 1994 einige Praktiken auf, die dem neoliberalen Geist widersprachen: eine systematische Unterbewertung der tschechischen Krone, die Erteilung von Bankenlizenzen zum Erhalt ehemaliger Staatsbetriebe, die Errichtung eines staatlichen Mindestlohns oberhalb der Produktivität von nicht wettbewerbsfähigen Unternehmen und diverse Miet- und Heizungssubventionsprogramme (Economist, 6.8.1994).

Der Eindruck einer alles andere als radikal liberalen Wirtschaftspolitik bestätigte sich dann im Zusammenhang mit der Krise der Krone im Frühjahr 1997 (vgl. laufende Ausgaben von *Business Central Europe*, siehe auch Palda 1997). Die derzeit noch nicht in ihrer Gänze überschaubare Wirtschaftspolitik der neuen Minderheitsregierung Zeman wird sich also womöglich gar nicht so stark von derjenigen der Vorgängerregierungen unterscheiden. Auch im tschechischen Fall wird damit die Hypothese, die Überwindung des politischen Regimekonflikts begünstige eine größere ideologische Nähe auch der großen Parteien in sozio-ökonomischen Fragen, nicht entscheidend widerlegt.

Agrarparteien

Wenden wir uns den Agrarparteien zu. Auf der agrarischen Konfliktlinie mit ihrer engen Verwandtschaft zum sozio-ökonomischen *cleavage* haben sich nur in etwa der Hälfte der postsozialistischen Länder eigenständige Agrarparteien festgesetzt. Ihre Verteilung hängt dabei nicht in erkennbarer Weise vom Anteil der ländlichen Bevölkerung oder vom ökonomischen Gewicht des Agrarsektors ab (vgl. Tabelle 4.5). In stark ländlich geprägten Staaten wie Moldova und Rumänien bilden agrarische Interessen das Fundament des Parteienwettbewerbs. In Moldova zerfiel während der Legislaturperiode 1994-1998 die *Demokratische Agrarpartei* (PDAM); gewisse personelle Kontinuitäten zu dieser Partei der Agrarnomenklatura bestehen in der 1996 gegründeten Bewegung *Für ein Demokratisches und Wohlhabendes Moldova* (PMDP). In Rumänien stellt die *Christ-Demokratische Bauernpartei* (PNȚCD) den wichtigsten Bestandteil der *Demokratischen Konvention* (CDR).

An den Beispielen Moldau und Rumänien lässt sich nochmals zeigen, dass die Interessen des Agrarsektors in der Transformation des Wirtschaftssystems in vielen Ländern mit denen anderer wirtschaftlicher Sektoren einhergehen. Da für die nachhaltige Modernisierung der bestehenden (Agrar)Industrie nicht genügend frisches Kapital zur Verfügung steht und auf der anderen Seite von staatlicher Seite kaum Übergangshilfen gewährt werden können, versprechen alle Pläne zur strukturellen Reform der Landwirtschaft den Bauern zunächst kräftige Nachteile – Agrarmärkte müssen sich erst konstituieren, die Überwälzung höherer Produktionskosten auf die Preise ist wegen der schwachen Kaufkraft kaum möglich, das eigenständige Wirtschaften bindet Ressourcen und ist mit starken Unsicherheiten verbunden. Damit ist in diesen und anderen Agrarstaaten kaum verwunderlich, dass tendenziell national denkende Parteien wie die PNȚCD kaum die Kraft zu umfassenden wirtschaftlichen Reformprogrammen finden; gerade die Agrarfrage hemmt den Drang zu solchen Plänen. Dadurch ist auch in Agrarstaaten das Fehlen eigenständiger Agrarparteien kaum erklärungsbedürftig: Die kurzfristigen wirtschaftlichen Interessen vieler verschiedener gesellschaftlicher Gruppen bestanden in der Regimewechselphase in der Abwehr schneller Reformen.

Der Blick auf die gesamte Region legt allerdings nahe, dass die moldauische PDAM und die rumänische PNȚCD nicht als einziges Referenzmodell gelten können. Parallelen gibt es nur noch zur bulgarischen *Bauernpartei* – (BZNS-Nikola Petkov), die nach einer Phase starken eigenständigen Einflusses jedoch mittlerweile von der SDS aufgesogen wurde. Auch in Bulgarien ist die Verankerung der Agrarpartei im ehemals regimeoppositionellen Lager in erster Linie historisch zu erklären: in der Zwischenkriegszeit hatte die *Bauernpartei* (BZNS) als Träger des Nationalgefühls fungiert. Die Gleichschaltung der BZNS als Blockpartei führte in den späten achtziger Jahren zur Parteispaltung, wobei ein Flügel den Namen des 1947 in einem Schauprozess zum Tode verurteilten früheren Parteiführers Nikola Petkov als Namenspatron wählte (vgl. Schliewenz 1997). Dadurch vertraten BZNS-Nikola Petkov und PNȚCD die Interessen der Bauernschaft in Verbindung mit der Formulierung nationaler Interessen.

Die Agrarparteien in Estland, Polen und Ungarn heben sich demgegenüber vor allem durch die Formulierung und Vertretung sektoraler Interessen hervor; nach der Überwindung des Regimekonflikts sind entsprechende Freiräume entstanden (siehe oben). In Polen spielt die *Bauernpartei* (PSL) immer wieder eine wichtige Rolle bei der Organisation von Protesten gegen einzelne Elemente des geplanten EU-Beitritts. In Ungarn drängte der Parteichef der *Kleinen Landwirte* (FKGP), József Torgyán, nach dem Wahlsieg von 1998 mit aller Macht ins Landwirtschaftsministerium, um den Gang der EU-Beitrittsverhandlungen gewissermaßen von der Front aus beeinflussen zu können. Und auch in Estland lässt sich bei der Subventionierung des Agrarsektors nach der Russland-Krise im Herbst 1998 auf die damals noch mitregierende *Partei der Landleute* (EME) zurückführen.[146] *Bauernpartei* (PSL),

---

[146] Diese Information stammt aus mehreren Interviews, die ich im März 1999 in Tallinn

Kleine Landwirte (FKGP) und die *Partei der Landleute* (EME) bewegen sich daher tatsächlich in erster Linie auf dem Stadt/Land-*cleavage*.

Tabelle 4.5: Parlamentarisch vertretene eigenständige Agrarparteien im postsozialistischen Europa

	Anteil des Agrarsektors am BIP, % (1997)	Anteil der ländlichen Bevölkerung (1995)	Ratio	Etablierte Agrarpartei	Mandatsanteile (Ende 1998)
Bulgarien	10	29	0.34	Begrenzte Eigenständigkeit: *Bauernpartei* als Bestandteil der SDS	n.a.
Estland	7	27	0.26	*Partei der Landleute* (EME); Begrenzte Eigenständigkeit: *Landunion* (Maalit) als Teil der *Koalitionspartei* (KE)	6.9 / 2.0
Lettland	9	27	0.33		
Litauen	13	28	0.46		
Makedonien	11	n.a.	n.a.		
Moldova	50	48	1.04		
Polen	6	35	0.17	*Bauernpartei* (PSL)	5.9
Rumänien	21	45	0.47	Begrenzte Eigenständigkeit: *Christ-Demokratische Bauernpartei* (PNŢCD) als wichtigster Bestandteil der CDR	n.a.
Russland	7	24	0.29	*Agrarpartei* (APR)	4.4
Slowakei	5	41	0.12		
Slowenien	5	37	0.14		
Tschechien	7*	35	0.2		
Ukraine	13	30	0.43	*Agrarpartei* (APU)	2.0
Ungarn	7	35	0.2	*Unabhängige Partei der Kleinen Landwirte* (FKGP)	12.4

* Im Jahre 1980.
Quellen: Spalte 2: Weltentwicklungsbericht der Weltbank, 1998/99: 256-257. Spalte 3: Statistical Yearbook der UNO, 1993 (sic!): 52-53.
Auffälligerweise handelt es sich bei den Staaten mit einer eindeutig ausgewiesenen Stadt/Land-Konfliktlinie um EU-Beitrittskandidaten mit einer vergleichsweisen starken Diskrepanz zwischen Bevölkerungs- und Einkommensanteil der ländlichen Bevölkerung (vgl. Spalte 4, Tabelle 4.5). Als ein

geführt habe.

konstituierendes Element für die Etablierung der Agrarparteien kann damit die relative Unterprivilegierung der ländlichen Bevölkerung unterstellt werden. Von wirklichen Krisenzeiten abgesehen, lebt die Bauernschaft in Estland, Polen und Ungarn bedeutend weniger wohlhabend als die meisten übrigen Bevölkerungsschichten. Aus dieser Konstellation ergibt sich ein sektoraler Vertretungsanspruch, dem mit dem EU-Agrarhaushalt und dem ganzen Bereich der landwirtschaftsbezogenen Beitrittsverhandlungen auch ein adäquates Betätigungsfeld gegenübersteht. Besonders in den Staaten mit Beitrittsperspektive können agrarische ebenso wie andere partikulare Interessen also mit der Zeit eine stärkere Rolle spielen.

4.2.2. Sozio-kulturelle Konflikte

Die wechselhafte Geschichte vor und während des Sozialismus hat vielen Staaten des postsozialistischen Europa ein Nebeneinander von Völkerschaften, ethnischen und anderen Minderheiten beschert, das im Westeuropa der Nachkriegszeit nicht innerhalb von Staatsverbänden existiert hat. Entscheidend hierfür waren zum einen die Nachkriegskonferenzen der Pariser Vororte und Trianon (1919-1920) sowie Jalta (1945), die Gebietsgewinne der jeweiligen Kriegsgewinner teilweise sanktionierten, zum anderen die massenhaften Vertreibungen ganzer Bevölkerungsgruppen – z.T. infolge eben dieser Konferenzen – im Zusammenhang mit den beiden Weltkriegen (vgl. Schlögel 1999, vgl. Kapitel 2.1).

Allerdings umfassen die kulturellen Differenzen im postsozialistischen Europa nicht allein unterschiedliche Ethnien. Die allgemein verhaltene wirtschaftliche Entwicklung der Region sowie die unvollständige Entwicklung der Infrastruktur hatte die Annäherung von Zentrum und Peripherie, die sich in den meisten Staaten des westlichen Europa vollzogen hatte, verhindert. So ergaben sich unterschiedliche Lebensgewohnheiten auf dem Land und in der Stadt: der schlechtere Zugang zu Informationen, weitaus geringere Kommunikationsmöglichkeiten sowie eine erheblich eingeschränkte Mobilität schafften der Bevölkerung in peripheren Landstrichen Nachteile, die nach dem Regimewechsel zum Nährboden politischer Konflikte werden sollten.

Ein weiterer Zentrum/Peripherie-Konflikt betrifft die Ebene der politischen Verwaltung. Mit dem Verschwinden der föderalen Staaten Tschechoslowakei und Jugoslawien verblieb zwar Russland als einziges Land mit einer Ausweisung eines Gefälles zwischen dem Zentrum und Peripherie. Die sozialistische Verwaltungspraxis – die sich in manchen Staaten mehr, in anderen weniger hatte durchsetzen können – hatte lokale Amtsträger in Staat und Partei jedoch faktisch zu Provinzfürsten gemacht. Folglich verfügten gerade in peripheren Gebieten die Vertreter der alten Nomenklatura auch nach dem Regimewechsel über ein erhebliches Machtpotenzial, das die Parteienlandschaft nicht unberührt lassen konnte. Entweder gelang es den alten Eliten – wie etwa in Bulgarien und Rumänien – sich unter dem Dach der Nachfolgeparteien zu vereinen und diesen damit eine in der Peripherie wurzelnde Basis zu geben. Oder es entstanden wie etwa in Russland oder der Ukraine neu gegründete „Parteien der Macht", in denen lokale Amts- und Mandatsträger versuchen, unter Ausnutzung regionaler Identitäten die Verbindungen zum Zentrum möglichst gewinnbringend für die jeweilige Region (und i.d.R. nicht zum eigenen Nachteil) zu gestalten. Damit ist ein Typus der Patronagepartei[147] entstanden, hinter deren unübersehbaren materiellen Motiven der Parteibildung ein Herrschaftsverständnis steht, das sich von demjenigen der tendenziell auf nationale Ziele ausgerichteten Hauptstadtparteien unterscheidet.[148]

Christdemokratische Parteien

Die Substanz der sozio-kulturellen Konflikte betrifft jedoch nicht die Zentrum/Peripherie-Dimension, sondern die weltanschaulichen Fragen, die sich um die Sphäre der Identität, d.h. der Zugehörigkeit zu bestimmten Bevölkerungsgruppen und zugrunde liegenden kollektiven Deutungsmustern, ergeben. In Westeuropa hatte in den meisten Staaten die religiöse Zugehörigkeit einzelner Bevölkerungsgruppen und Landstriche die identitätsbezogenen Konfliktlinien geschaffen (vgl. Lipset/Rokkan 1967). Im postsozialistischen Europa blieb der politische Organisationsgrad religiöser Gruppierungen jedoch – bis auf einige Ausnahmen in Mitteleuropa – gering. Bedeutend wurde hingegen die Entwicklung des ethnisch bezogenen Nationalismus zur „neuen Ideologie im Machtvakuum" (Beyme 1994: 124-174). In der Frühphase der postsozialistischen Systemtransformation wurden von neuem nationalistischen Bewußtsein geprägte Sammlungsbewegungen vorübergehend zum *Pendant* der christdemokratischen Volksparteien im westlichen Europa. Besonders in Polen, aber auch in Litauen, Ungarn und einigen anderen Staaten diente die Kirche als Referenzrahmen für die nationale Rückbesinnung in Abgrenzung zum sowjetischen Internationalismus (der ja in seiner konkreten Ausformung ein in erster Linie russischer Hegemonismus war).

---

147 „Praktisch können [Patronageparteien] insbesondere offiziell oder effektiv ausschließlich: nur auf Erlangung der Macht für den Führer und Besetzung der Stellen des Verwaltungsstabes durch ihren Stab gerichtet sein" (Weber 51980: 167).
148 Der konkrete Charakter der beiden Zentrum/Peripherie-Konflikte – unterschiedliche Lebens- und Herrschaftskulturen – rechtfertigen die Zuordnung zu den „sozio-kulturellen" Konflikten. Damit soll nicht unterstellt werden, dass diese Konflikte nicht auch auf der sozio-ökonomischen Ebene wirksam wären.

Im Verlauf des Konsolidierungsprozesses verblaßten jedoch die hier angedeuteten Analogien zwischen der „westeuropäischen" religiösen und der „postsozialistischen" nationalen Konfliktlinie. Mit dem Zerfall der Forumsparteien gingen nationalistische und religiöse Gruppierungen in der Regel getrennte Wege. In den katholisch geprägten Staaten Litauen, Slowenien und der Tschechoslowakei bildeten sich christdemokratische Parteien: die *Christlich-Demokratische Partei* (LKDP) in Litauen, die *Christdemokratische Partei* (SKD) in Slowenien, die *Christlich-Demokratische Bewegung* (KDH) in der Slowakei sowie die *Christlich-Demokratische Union / Tschechoslowakische Volkspartei* (KDU-ČSL) in Tschechien.

In einigen Ländern mit vorwiegend orthodoxer Glaubensausrichtung bildeten sich ebenfalls christdemokratische Parteien, die bei Wahlen allerdings in der Regel mit den „demokratischen" Sammlungsbewegungen antraten und in der Öffentlichkeit kein besonders scharfes Profil entwickeln konnten. Im Rahmen der rumänischen *Demokratischen Konvention* (CDR) ist dies die *Nationale Christdemokratische Bauernpartei* (PNȚCD) und die *Christdemokratische Union* (UDC; vgl. Gabanyi 1997: 202-203). In Moldova gewann die *Allianz der Christdemokratischen Volksfront* (FPCD) bei den Wahlen von 1994 einige Parlamentssitze, trat aber 1998 unter dem Dach der *Demokratischen Konvention Moldovas* (CDM) an. In den überwiegend protestantischen Staaten Estland und Lettland sowie in Russland und der Ukraine mit ihren traditionell staatsverbundenen orthodoxen Kirchen lassen sich bisher nur schwache Beziehungen zwischen Parteiensystem und der religiösen Konfliktlinie feststellen. Vielleicht lassen sich bei Pro Patria in Estland noch Programmelemente einer christdemokratischen Partei entdecken.

Polen, das beim Regimewechsel den stärksten Zusammenhang zwischen religiöser Identität und politischem Wirken aufgewiesen hatte, sticht als Sonderfall heraus. Zum einen hat sich mit der *Christlich-Nationalen Vereinigung* (ZChN) die einzige klerikale Partei mit zunächst gefestigter parlamentarischer Verankerung etabliert. Allerdings handelt es sich mittlerweile nicht mehr um eine vollkommen eigenständige Partei, da sie 1997 als Teil der *Wahlaktion Solidarność* (AWS) antrat. Ihre größte Bedeutung hatte die ZChN in der Wahlperiode von 1991-1993; bei den Wahlen von 1991 hatte der katholische Klerus größtenteils zu ihrer Wahl aufgerufen (Ziemer 1997: 75). Zum anderen wirkt die Unterstützung der *Solidarność* durch die Kirche während der achtziger Jahre bis in die neunziger Jahre nach. Bestimmte Positionen der Kirche sind aus Sicht des gesamten rechten Lagers tabu. Als wichtigste Bereiche können Fragen des Kircheneigentums, des staatlichen Religionsunterrichts und der Abtreibungsgesetzgebung gelten. Obwohl z.B. die große Mehrheit der Bevölkerung die liberale Abtreibungsregelung aus dem Jahre 1956 bevorzugte, wurde diese bereits im Jahre 1990 stark verschärft. Nach dem Wahlsieg der Linken (1993) wurde die Abtreibungsgesetzgebung wieder gelockert. Sofort nach dem Wahlsieg der Rechten im Jahre 1997 wurden die Lockerungen wieder rückgängig gemacht. Insgesamt bewirkt also der Charakter der Kirche als nationales Symbol, dass Positionen der katholischen Kirche im politischen Prozess eine größere Rolle spielen, als die Einstellungen der Bevölkerung zu den konkreten Themen implizieren würden (East/Pontin 1997: 27, vgl. Bingen 1996).

Parteien der ethnischen Minderheiten

Auf der Konfliktlinie um auf nationalen Identitäten fußende Gegensätze – hier vereinfachend ethnische Konfliktlinie genannt – haben sich im postsozialistischen Europa fast in jedem Land politische Parteien positioniert. Im Sozialismus hatte die Koexistenz unterschiedlicher Nationalitäten, Mentalitäten und Lebensgewohnheiten innerhalb der staatlicher Gemeinwesen lange Zeit überwiegend einvernehmliche Züge getragen (vgl. allerdings Carrère d'Encausse 1978). In vielen Parlamenten waren die Minderheiten vertreten gewesen, kulturelle Autonomie wurde gewährt, solange sie sich nicht gegen vorherrschende Ideologien wandte. Auf der anderen Seite waren die Türken in Bulgarien, die Ungarn in Rumänien und verschiedene Nationalitäten in der Sowjetunion strukturell benachteiligt. Bei der Aufnahme in die Universitäten, der Besetzung von Leitungspositionen sowie der Besetzung politischer Führungsämter galten latente Quoten, und eine explizite Betonung der Minderheitenidentität galt mit Sicherheit nicht als Qualifikation für den gesellschaftlichen Aufstieg (vgl. Beyme 1994: 148-165).

Im Kontext des sich anbahnenden Regimewechsels – also etwa seit der Mitte der achtziger Jahre – formierte sich daher vor allem in den Republiken der Sowjetunion ethnisch-nationaler Widerstand gegen das sozialistische Regime. Die politischen Kräfte, die z.B. im Baltikum für die Kristallisierung des latenten vorhandenen Oppositionsgeistes an nationalen *issues* verantwortlich waren, zerfielen in der Regel in verschiedene Lager, nachdem der Regimewechsel vollzogen war und (gegebenenfalls) die staatliche Unabhängigkeit hatten erreicht werden können. Fast überall trennten sich dadurch die politischen Minderheitenvertreter von den Kräften der ehemals vereinten Regimeopposition. In Bulgarien, Makedonien, Rumänien und der Slowakei[149] bildeten sich Parteien der ethnischen Minderheit, die Stimmenanteile in etwa im Umfang des Bevölkerungsanteils der jeweiligen Minderheiten auf sich vereinen konnten. In Lettland und Estland wurde die Bildung politischer

---

149 In der Slowakei noch im föderalen Verbund der Tschechoslowakei, als 1990 mehrere ethnisch ungarische Parteien insgesamt 9.3% der Mandate bei den Nationalratswahlen erringen konnte.

Parteien der russischen Minderheit vor allem durch die zunächst sehr zurückhaltende Einbürgerungspraxis beider Länder behindert (vgl. Ansbach 1996, Dreifelds 1997: 142-169).[150]

Damit hat in den ersten Jahren der demokratischen Konsolidierung die ethnische Konfliktlinie auf der Seite der nationalen Minderheiten in einigen Staaten des postsozialistischen Europa eine starke parteibildende Kraft gehabt. In Bulgarien z.B. hatte die *Bewegung für Rechte und Freiheiten* (DPS) bereits bei den ersten Wahlen die Stimmen der meisten Türken und Bulgaren islamischer Glaubensrichtung auf sich vereinen können. Gerade in den ersten postsozialistischen Jahren trugen einige diskriminierende Entscheidungen in der bulgarischen Politik dazu bei, die Rolle der DPS als alleinige politische Vertretung der Minderheit zu stärken. Verfassung und Parteiengesetz im Jahre 1990 verboten gegen den lautstarken Prozess der DPS die Bildung politischer Parteien auf ethnischer Grundlage. Bei der frühen Privatisierungsgesetzgebung wurden die Türken „vergessen" (Schliewenz 1997: 253). Der Existenzkampf der DPS wurde damit gleichzeitig ein Ringen um die Anerkennung des politischen Gewichts der etwa zehn Prozent der Bevölkerung umfassenden Minderheit.

In anderen Staaten sind die politischen Parteien der Minderheiten weniger gefestigt. In Makedonien bestanden seit den Vorgründungswahlen des Jahres 1990 zwei parlamentarisch vertretene albanische Parteien, die *Partei der Demokratischen Prosperität* (PDP) und die ebenfalls albanische *National-Demokratische Volkspartei* (NDP). Im Jahre 1995 spaltete sich eine Gruppe von Abgeordneten um Arben Xhefari und Menduh Taçi ab. Die neue Partei nannte sich – zur Verwechslung einladend – *Partei der Demokratischen Prosperität der Albaner in Makedonien* (PDP-A, auch abgekürzt PDSh). Die PDP-A galt lange Zeit als radikalste albanische Partei,[151] ging aber für viele Beobachter überraschend im Jahre 1998 ein Bündnis mit der bis dahin als nationalistisch eingeschätzten *Inneren Makedonischen Revolutionären Organisation – Demokratische Makedonische Nationale Einheit* (VRMO-DPMNE) ein. Weiterhin erschwert wird die Positionierung der albanischen Parteien in Makedonien im Übrigen dadurch, dass bei den Wahlen von 1998 alle drei auf einer gemeinsamen Liste, in den Einpersonenwahlkreisen jedoch gegeneinander antraten. Trotz dieser gemeinsamen Liste trat später die PDSh in die Regierung ein, während PDP und NDP die Rolle von Oppositionsparteien übernahmen.

In Rumänien und der Slowakei bilden nicht eigentliche Parteien, sondern Dachorganisationen die politische Vertretung der ungarischen Minderheit.

---

150 Siehe Kapitel 1.3 und 2.6.
151 Vgl. auch ein Interview mit Menduh Taçi in der FAZ, 28.5.1998.

Die rumänische *Ungarische Demokratische Union* (UDMR) vereint mehrere politische und gesellschaftliche Organisationen. Vielleicht entschiedener als andere Minderheitenparteien sprach sich die UDMR für die Erreichung grundsätzlicher Ziele wie der Errichtung eines Rechtstaates, dem Aufbau transparenter demokratischer Institutionen sowie dem raschen Übergang zur sozialen Marktwirtschaft aus (vgl. Gabanyi 1997: 233). Seit dem Machtwechsel von 1996 ist die Organisation Mitglied der CDR-geführten Regierungskoalition, wobei Minderheitenthemen wie z.B. die Errichtung einer ungarischen Universität in Cluj in Siebenbürgen immer wieder Anlaß von Konflikten sind (vgl. Mato 1998).

Die slowakische *Ungarische Koalitionspartei* (SMK) wurde erst 1998 aus den drei wichtigsten Parteien der ethnischen Minderheiten gebildet.[152] Allerdings war man auch vorher schon auf gemeinsamen Wahllisten angetreten. Mit der Vereinigung der drei Parteien deckt die SMK ein breites von bürgerlichen, konservativen und – im Falle von *Koexistenz* – nationalistischen Positionen ab und präsentiert als kleinsten programmatischen Nenner: „Keine einzige ungarische Stimme soll verloren gehen" (Szomolányi/Meseznikov 1997: 145).

In den baltischen Staaten spielen ethnische Parteien trotz des hohen Bevölkerungsanteils russischer und anderer Minderheiten eine vergleichsweise geringe Rolle. Durch die geringe Einbürgerungsquote hat sich in Lettland der Trend aus der Regimewechselphase gehalten, dass die politische Betätigung ethnischer Russen mit lettischer Staatsbürgerschaft in sowjetnostalgischen Programmen niederschlägt. Dies war bei der *Interfront* der späten achtziger Jahre der Fall und zeigte sich erneut Mitte der neunziger Jahre, als die Nachfolgeorganisation *Gleichberechtigung* (LT) verboten wurde.

In Estland haben sich dagegen auch gemäßigtere russische Kräfte einen Rückhalt schaffen können. Die Wahlallianz *Unser Heim ist Estland* (MKOE), die 1995 mit sechs Abgeordneten Einzug in den Riigikogu gehalten hatte, bestand etwa zur Hälfte aus Parlamentariern, die eine Integration der Bevölkerungsminderheit befürworteten. Bald nach den Wahlen zerfiel die Parlamentsfraktion, um sich jedoch 1998 mit den selben Mitgliedern zur *Russischen Fraktion* wieder zu vereinen. 1999 gelang es dann schließlich der *Vereinten Volkspartei* (EÜRP) unter ihrem als gemäßigt geltenden Vorsitzenden Viktor Andreev der Einzug in den Riigikogu und distanzierte damit die populistisch argumentierende *Russische Partei* deutlich (Baltic Times, 11.-17.3.1999). Wegen des ständig wachsenden russischen Bevölkerungsan-

---

152 Die *Ungarische Christdemokratische Bewegung* (MKDH), die *Ungarische Bürgerpartei* (MOS) und *Koexistenz* (Együttélés).

teils könnte sich hier die politische Landschaft in den kommenden Jahren noch stark verändern (vgl. auch Evans 1998).

Alles in allem scheinen die parlamentarisch vertretenen Parteien oder politischen Bewegungen der ethnischen Minderheiten im postsozialistischen Europa keine irredentistischen Gefühle zu hegen. Der einzige unklare Fall ist Makedonien. Die Durchsetzung des im Ansatz diskriminierenden Art. 48 VerfMak, der den Gebrauch anderer Sprachen nur in Grund- und Hauptschulen vorsieht, sorgte bei der Räumung der Mala Recica Universität in Tetovo sogar schon für Tote bei ethnischen Auseinandersetzungen (vgl. Wieland 1997: 703). Im März 1998 wurde gegen die Führer dreier albanischer Parteien Anklage erhoben, weil sie auf Demonstrationen „die öffentliche Ordnung gestört" und außerdem die albanische Flagge gezeigt und die albanische Nationalhymne gesungen hatten (RFE/RL-Newsline, 10.3.1998). Durch die Einbeziehung der PDSh – die die Proteste gegen das Verbot der Universität Tetovo maßgeblich angeführt hatte – in Regierungsverantwortung scheint den latent vorhandenen separatistischen Gefühlen vorerst wieder die Spitze genommen zu haben. Letztlich kann damit den postsozialistischen Minderheitenparteien zugebilligt werden, dass sie ihre Interessen auf dem normativen Boden der jeweils gültigen Verfassungen vertreten.

Nationalistische Parteien

Wie in westlichen Demokratien auch stößt die Klassifizierung rechtskonservativer, nationaler, z.T. fremdenfeindlicher und rechtsextremer Parteien auf Abgrenzungsprobleme (vgl. Winkler/Jaschke/Falter 1996). Ab wann wird aus einer konservativen Partei mit nationalen Programmbezügen eine nationalistische, d.h. vorrangig „ethnozentristische" (Gabriel 1996: 346) Partei? Im Kontext dieser Arbeit soll der Begriff für solche Parteien reserviert sein, die sich zumindest in einem Teil ihrer Programmatik auf die Ausgrenzung von Minderheiten stützen oder ein offen fremdenfeindliches Bild von sich verbreiten. In gewisser Weise wird der Nationalismusbegriff damit einseitig belegt. Konkurrierende Begriffe wie Extremismus, radikale Rechte, Rechtsextremismus oder Rechtsradikalismus (respektive Backes/Jesse (Hrsg.) 1989, Kitschelt 1995b, Falter/Jaschke/Winkler (Hrsg.) 1996, Minkenberg 1999) erscheinen jedoch für unsere Zwecke als zu eng gefasst, da in den z.T. jungen Nationalstaaten die Orientierung politischer Kräfte an „Angelegenheiten der Nation" (Schmidt 1995: 635) nicht automatisch mit radikalen oder extremistischen Bestrebungen gleichzusetzen sind. Empirisch gemeint sind mit nationalistischen Parteien die *Innere Makedonische Revolutionäre Organisation – Demokratische Makedonische Nationale Einheit* (VRMO-DPMNE) in Makedonien, die *Bewegung für den Wiederaufbau Polens* (ROP) in Polen, die *Partei der Nationalen Einheit* (PUNR) sowie die *Partei für Großrumäni-*

en (PRM) in Rumänien, die *Liberaldemokratische Partei* (LDPR) in Russland, die *Slowakische Nationalpartei* (SNS) sowie die *Slowenische Nationalpartei* (SNS), die *Vereinigung für die Republik – Republikanische Partei* (SPR-RSC) in Tschechien und die *Ungarische Wahrheits- und Lebenspartei* (MIÉP) in Ungarn.[153]

In den meisten Parteiensystemen ohne eigene nationalistische Partei – Estland, Lettland, Moldova und der Ukraine – ist dabei die anhaltend hohe Fluidität des parteipolitischen Spektrums auffällig. In Lettland und Moldova stellen neu gegründete Parteien jeweils mehr als die Hälfte[154] der Abgeordneten (Wahlen jeweils im Jahre 1998). In Estland und der Ukraine verfügten im Jahre 1998 neun bzw. zehn Parteien über mindestens zwei Prozent der Mandate – im estnischen Fall hat sich die Situation seit den Wahlen im März 1999 gebessert. Nationalistische Einstellungen lassen sich in allen vier Ländern sowohl auf Wähler- als auch auf Elitenebene leicht nachweisen. Da jedoch auch die „großen" Parteien insgesamt über ein mangelhaft ausgeprägtes politisches Profil verfügen, treten die inneren Widersprüche nationalistischer Programme weniger deutlich zu Tage. In Estland und Lettland gelingt es beispielsweise rechtsnationalen Parteien wie *Pro Patria* sowie *Vaterland und Freiheit* (TB), minderheitenrestriktive Politiken mit einem starken Hang zur europäischen Integration zu verbinden. Weiterhin lassen sich nationalistische Komponenten auch im Erscheinungsbild der slowakischen *Bewegung für eine Demokratische Slowakei* (HZDS), im Programm der moldauischen *Partei der Demokratischen Kräfte* (PFD) finden.

Übereinstimmend kann wohl für alle postsozialistischen Staaten argumentiert werden, dass Modernisierungsprozesse der Bildung nationalistischer Parteien Vorschub leisten. Für die Bildung rechtsradikaler Parteien in der westlichen Welt werden Modernisierungsschübe auf den drei Ebenen Wirtschaft, Kultur und demokratischen Institutionen verantwortlich gemacht (Minkenberg 1998: 69). Wenn das Ausmaß gesellschaftlichen Wandels auf diesen Ebenen allein für die Ausbildung nationalistisch geprägter politischer Deutungsmuster verantwortlich wäre, müsste man sich im postsozialistischen Europa über jedes Parteiensystem ohne nationalistische Komponente wundern: die wirtschaftlichen Umstrukturierungsprozesse haben zu massiven sozialen Umwälzungen geführt, die Differenz zwischen den Lebensstilen von „Gewinnern" und „Verlierern" des Transformationsprozesses könnte kaum

---

153 Innerhalb dieser Gruppe gibt es bedeutende Unterschiede. Auch existieren weitere Parteien, die auch, aber nicht vorrangig auf dem Nationalismus-*cleavage* agieren. Auf beide Aspekte wird unten eingegangen.
154 In Moldova sogar 100%, da es sich bei allen vier im Parlament vertretenen Parteien um Neugründungen handelt (im Falle der Kommunistischen Partei um eine Wiederzulassung nach zwischenzeitlichem Verbot).

größer sein, und die Akzeptanz der neu geschaffenen demokratischen Institutionen hält sich – offenbar mit Ausnahme des tschechischen Falles – in engen Grenzen (vgl. Gert Pickel 1997: 127).

Ob damit *alle* „politischen Auseinandersetzungen in den postsozialistischen Parteiensystemen im Wesentlichen wertgebundene Modernisierungskonflikte darstellen" (Stöss/Segert 1997: 400), mag dahingestellt sein. Schließlich hat sich nicht einmal die besonders sensible nationale Konfliktlinie in allen postsozialistischen Staaten parteibildend wirken können. Neben Modernisierungsprozessen als einer notwendigen Bedingung ziehe ich daher für die Erklärung der Bildung nationalistischer Parteien länderspezifische Kontextfaktoren heran, die die Mobilisierung des latent vorhandenen nationalistischen Wählerpotenzials erst ermöglichen.[155] Hier setzen wichtige Unterschiede bei der Einordnung der nationalistischen Parteien ein:

- *Aktualität der nationalen Frage*: In den neuen Staaten Makedonien, der Slowakei und Slowenien fußt die nationalistische Rhetorik der einschlägigen Parteien noch heute auf der Betonung der nationalen Eigenständigkeit, sei es gegenüber den untergegangenen Föderationen oder gegenüber anderen Nationalitäten im ehemaligen Staatsverband. So setzte im Jahre 1997 die slowakische *Nationalpartei* (SNS) die Untertitelung tschechischer Spielfilme mit dem sprachlich eng verwandten Slowakischen durch. Radikaler, aber im Ansatz ähnlich profilierte sich Zmago Jelinčič, der Führer der slowenischen *Nationalpartei* (SNS), als er im April 1992 in Ljubljana den Gebrauch des Slowenischen mit vorgehaltener Pistole zu erzwingen versuchte. In Makedonien richtete sich die Rhetorik der mittlerweile regierenden *Inneren Makedonischen Revolutionären Organisation – Demokratische Makedonische Nationale Einheit* (VRMO-DPMNE) bis zum Jahre 1998 gleichermaßen gegen Albaner und Serben (Weckbecker/Hoffmeister 1997: 115).

- In einem gewissen Zusammenhang mit der Frage der nationalen Unabhängigkeit steht die Frage der faktischen *inneren Struktur der nationalistischen Parteien*. Der Drang nach nationalstaatlicher Souveränität hatte in den drei oben genannten Staaten, darüber hinaus aber auch in Staaten wie Estland, Lettland, Litauen, Moldova oder der Ukraine zu einer Besetzung des Themas durch weite Teile der politischen Eliten geführt, die der alleinigen Besetzung des *issues* durch eine charismatische Figur ten-

---

155 Diese Argumentation folgt dem Vorgehen Minkenbergs, der „Modernisierungsschübe" aufgrund sozialen und kulturellen Wandels in Beziehung setzt zu „Mobilisierungsphasen, die sich aus dem in den jeweiligen Ländern vorhandenen politischen und gesellschaftlichen Kontext ergeben" (Minkenberg 1998: 14).

denziell entgegenwirkte. Selbst nach der Erreichung der Unabhängigkeit lassen sich so bei der *Slowakischen Nationalpartei* und der makedonischen VRMO-DPMNE Führungsstrukturen ausmachen, welche die politische Verantwortung auf mehrere Schultern verteilen. Im Gegensatz dazu lassen sich die *Partei der Nationalen Einheit Rumäniens* (PUNR) bis zum Austritt von Parteichef Gheorghe Funar im Jahre 1998,[156] die russischen *Liberaldemokraten* (LDPR), die ungarische MIÉP und vielleicht auch die tschechischen *Republikaner* als Einpersonenveranstaltungen charakterisieren. Die jeweiligen politischen Führer Vladimir Žirinovskij, István Csurka und Miroslav Sladek verfügen dabei allesamt über einen starken Hang zur Demagogie, während sich die positiven Führungseigenschaften charismatischer Führer im Sinne der Herrschaftstypologie Max Webers in Grenzen halten.

- *Existenz einer ethnischen Minderheit*: In Makedonien, Rumänien und der Slowakei auf der einen Seite richtet sich die Rhetorik der nationalistischen Parteien auch und vor allem gegen die Interessen einer kompakt siedelnden ethnischen Minderheit.[157] Wenn man so will, bestehen in dieser Arena also reale, nicht allein ethnozentristisch überhöhte Interessengegensätze. Häufig dreht es sich um Konflikte um das Ausmaß, in dem die Minderheiten ihre sprachliche Autonomie ausdehnen dürfen. In Makedonien und Rumänien kristallisieren sich Konflikte bis heute um die Errichtung einer albanischen Universität in Tetovo und einer ungarischen oder „internationalen" Hochschule in Cluj in Siebenbürgen; Vertreter der VRMO-DPMNE sowie der PUNR und PRM gehören zu den jeweils härtesten Gegnern der Gewährung von Autonomie im Bereich der höheren Bildung. Russland sticht wegen der Vielzahl seiner Ethnien, die zwar häufig kompakt siedeln, aber dennoch eher selten Bevölkerungsmehrheiten bilden, als Sonderfall heraus. Der nationalistische Diskurs gegen die sogenannten „Schwarzen", d.h. die ehemaligen Sowjetbürger kaukasischer Abstammung, richtet sich jedenfalls auch gegen die vermeintlich mafiösen Clanstrukturen einer in manchen Sektoren marktbeherrschenden Minderheit.[158] Parteibildend hat dieser Diskurs in der

---

156 Gheorghe Funar gründet nach seinem Hinauswurf aus der PUNR am 25.4. eine eigene Partei, die *Allianz für die Einheit der Rumänen* (AUR). Drei Abgeordnete der PUNR wechseln in die AUR (RFE/RL-Newsline, 27.4.1998).
157 In Makedonien die Albaner im westlichen Landesteil, in Rumänien und der Slowakei die Ungarn jeweils in der Nähe zu den heutigen Landesgrenzen zur Ungarischen Republik.
158 Die Mechanismen der Minderheitendiskriminierungen reichen hier bis weit in der staatliche Bürokratie hinein: selbst auf ein entsprechendes Urteil des Verfassungsgerichtes erklärte sich die Moskauer Stadtverwaltung nicht bereit, einzelnen Kaukasiern das nach der russischen Verfassung verbriefte Wohnrecht zu gewähren (RFE/RL Newsline, 28.5.1998).

Russischen Föderation in vielfältiger Weise gewirkt (vgl. auch Ivanov 1996, Gnauck 1997). Die *Liberaldemokratische Partei* (LDPR) Žirinovskijs wird eher als Spitze des Eisberges gesehen. In Polen, Slowenien und Ungarn auf der anderen Seite ist der Begriff der Xenophobie für die fremdenfeindliche Rhetorik von ROP, SNS und MIÉP in viel stärkerem Maße angebracht, da der Anteil der jeweiligen ethnischen Mehrheit jeweils bei über 90% liegt, wobei die noch vorhandenen Minderheiten aus verschiedenen Gründen[159] relativiert assimiliert sind. In Tschechien – wo die *Republikaner* seit 1998 nicht mehr im Parlament vertreten sind – und Ungarn sehen die nationalistischen Parteien in Sinti und Roma eine willkommene Projektionsfläche ihrer fremdenfeindlichen Programme. In Polen zeigen die nationalistischen Parolen von ROP und Teilen der AWS hingegen eher ein antisemitisches Profil, das u.a. von dem berühmt-berüchtigten Radiosender *Radio Maryja* verbreitet wird (vgl. Gluchowski 1999). Von István Csurka, dem Vorsitzenden der ungarischen MIÉP, sind Ausfälle gegen „Juden, IMF, Liberale und die ehemals kommunistische Elite" (East/Pontin 1997: 66) bekannt.

- Ein letzte, wenn auch nicht so markante Unterscheidung der nationalistischen Parteien muss hinsichtlich ihrer *wirtschaftspolitischen Vorstellungen* getroffen werden. Die makedonische VRMO-PDMNE und die russische LDPR führen ihre antikommunistische Programmatik auch im sozio-ökonomischen Bereich fort. Die VRMO-DPMNE muss die entsprechende im Wahlkampf 1998 aufgebaute Position erst noch unter Beweis stellen – die Partei war ja in der vorherigen Legislaturperiode wegen ihres Wahlboykotts von 1994 nicht vertreten gewesen. Die LDPR hingegen hat sich ihren eher reformfreudigen Ruf in Wirtschaftsfragen durch ihr Abstimmungsverhalten in der Staatsduma erworben. Demgegenüber propagieren die polnische ROP, die rumänischen Nationalisten und die ungarische MIÉP in ökonomischen Fragen eine stark regulierende staatliche Hand, die natürlich in erster Linie den Einfluss westlicher Unternehmen und Organisationen begrenzen soll (für die MIÉP vgl. Tóka 1998: 254). Soweit erkennbar, verfügen die slowakische SNS sowie die slowenische SNS nicht über ein besonders profiliertes wirtschaftspolitisches Programm. Während ihrer Regierungsbeteiligung zeigte die slowakische *Nationalpartei* (SNS) jedoch erhöhtes Interesse an der Privatisierung, da das Insider-Verfahren mit individueller Vorteilnahme gepaart war. In Verbindung mit der Privatisierung großer Versicherungen und Banken kam es im Frühsommer 1996 und im Frühjahr 1997 zu rein ma-

---

159 Mögliche Gründe: Minderheiten unter starkem Anpassungsdruck (insbesondere Deutsche), sehr kleine Anteile von Minderheitenethnien, gemischte Ehen.

teriell bedingten Regierungskrisen, als sich die Juniorpartner der HZDS bei Privatisierungsverkäufen übergangen fühlte (vgl. Szomolányi/Meseznikov 1997: 147, Cramer-Langer 1997: 52).

4.3 Parteienfamilien und Typen von Parteiensystemen

Der Blick über die Parteiensysteme des postsozialistischen Europa ergibt ein komplexes Bild und verweist auf die Heterogenität des geographischen und gesellschaftlichen Raumes. Die gesellschaftliche Schichtung der betrachteten Staaten ist alles andere als einheitlich und lässt sich daher auch kaum mit einem Begriff charakterisieren. Der Bogen spannt sich vom Vielvölkerreich Russland bis zu den echten Nationalstaaten Polen und Ungarn, reicht von den Agrarstaaten Ost- und Südosteuropas über die handelsorientierten baltischen Staaten bis zu einem weitgehend industrialisierten Staat wie Tschechien, umfasst weitgehend atheistische und religiös geprägte Länder mit unterschiedlichen Spielarten des Christentums. Weltanschaulich wenig differenzierte Gesellschaften stehen hoch fragmentierten und polarisierten Ad-hoc-Staatsgemeinschaften gegenüber. Eine Reise von einem gagausischen Dorf in Moldova über Kiev und Pskov nach Tallinn mit Weiterfahrt nach Warschau zeigt eine Spannbreite an wirtschaftlichen Prosperitätsniveaus, die für das westliche Europa mittlerweile ohne Beispiel ist.

Da die Grundstruktur gesellschaftlicher Interessen nach der herrschenden Lehre der Parteienforschung die Gestalt von Parteiensystemen prägen, ergeben sich angesichts dieser Disparitäten ernsthafte Schwierigkeiten für eine generalisierte Überschau. Im deutschsprachigen Raum gibt es hier mehrere Angebote. Herbert Kitschelt unterscheidet zunächst die postsozialistischen Parteien nach Kriterien der Organisationsform und kommt so zu charismatischen Führerorganisationen, klientelistischen Patronageverbänden und politischen Programmparteien (Kitschelt 1995a: 477). Die generell für die Konsolidierung von Parteiensystem und Demokratie als günstiger angesehenen Programmparteien (vgl. Kitschelt 1995: 450) sind dabei das, was bei Tocqueville (1986: 267) „große Parteien" waren: sie fußen auf Prinzipien anstelle von variablen Präferenzen, stehen für allgemeine und nicht partikulare Interessen, orientieren sich an Ideen anstelle von Persönlichkeiten. Kitschelt, der diese Unterscheidung in erster Linie zur Erklärung unterschiedlicher Strategien parteipolitischer Akteure trifft, sieht weiterhin in einem „Minimalmodell politischer Konfliktlinien" politische Lager, die sich in ihrer inhaltlichen Programmatik unterscheiden; er nennt dabei ein neo-

sozialdemokratisches, ein liberal-demokratisches sowie ein national-populistisches Lager (Kitschelt 1995a: 494).[160]
Die beiden deutschen Parteienforscher Richard Stöss und Dieter Segert unternehmen eine Bestandsaufnahme, die inhaltlich-programmatische Gesichtspunkte mit den Eigenarten der Entstehung der Parteien kombiniert. So sehen die Autoren die Genese der postsozialistischen Partien mit (1) wieder gegründeten, (2) in Fortführung der Opposition gegen den Staatssozialismus oder (3) während der Wende neu gegründeten Parteien sowie (4) kommunistischen Nachfolgeparteien und (5) ehemaligen Blockparteien abgedeckt. Die inhaltliche Orientierung decken die Autoren mit 15 verschiedenen Attributen von neokommunistisch über sozialdemokratisch, liberal, konservativ und antikommunistisch ab. Weiterhin sind ihnen sektorale Parteien wie Mittelstands-/Unternehmerparteien, Bauern- und Frauenparteien von Bedeutung (Stöss/Segert 1997: 403). Da Stöss und Segert darüber hinaus weitere Dimensionen wie der relative Stärke der Parteien sowie Grunddeterminanten der Parteiensysteme mit in ihre Analyse aufnehmen, gelingt ihnen der Schritt zu einer übersichtlichen Klassifikation der Parteiensysteme des postsozialistischen Europa nicht.

Nahe an dem in Kapitel 4.2 vertretenen Ansatz, die postsozialistischen Parteien über länderspezifische Strukturen und Interessenlagen zu begreifen, bewegt sich Dieter Klingemann (1994). Mit der groben Unterscheidung zwischen sozio-kulturellen Parteien, neuen Programmparteien und reformierten kommunistischen Parteien identifiziert Klingemann neun Parteienfamilien (Tabelle 4.6). Mögliche „familles spirituelles" der Parteien unterscheiden sich damit vor allem nach dem Kriterium der Identifizierbarkeit ihrer politischen Programme. Dabei ist zwar der eindeutige empirische Zusammenhang zwischen Parteiprogramm und entsprechenden Handlungen der parteipolitischen Akteure nicht überall gegeben (vgl. Beyme 1997: 43). Bei allen – von Klingemann selbst teilweise eingeräumten – Unsicherheiten über die programmatische Zuordnung scheint jedoch mit der Fokussierung auf das Phänomen der Parteienfamilien der Zugriff auf die Wechselwirkung zwischen gesellschaftlichen Interessenlagen und deren parteiorganisatorischen Entsprechungen am besten gewährleistet zu sein. Zusätzliche Unterscheidungskriterien wie Organisationsform (Kitschelt) sowie die Genese der Parteien und deren Position im Parteiensystem (Segert/Stöss) sind für Einzelaspekte der Analyse von fundamentaler Bedeutung, müssen aber im Kontext der

---

[160] In einer späteren Publikation (Kitschelt u.a. 1999: 73) werden diese Begriffe leicht modifiziert (post-communist camp, market-liberal camp, national-authoritarian camp) und bevorzugt solchen Ländern mit ehemals „national-akkomodierendem Kommunismus" zugeschrieben.

Frage nach dem Einfluss der Parteiensysteme auf die demokratische Konsolidierung wohl eher als intervenierende Variablen gewertet werden.

Tabelle 4.6: Parteienfamilien im postsozialistischen Europa nach Klingemann (1994: 19)

Sozio-kulturelle Parteien	*Reformierte kommunistische Parteien*	*Neue Programmparteien*
Ethnische Parteien	Reformierte kommunistische Parteien	Konservative Parteien
Konfessionelle Parteien		Liberale Parteien
Bauernparteien		Ökologische Parteien
Nationale / nationalistische Parteien		Sozial-demokratische Parteien

Dennoch legen die Ausführungen in Kapitel 4.2 nahe, die Einteilung der Parteienfamilien von Klingemann (Tabelle 4.6) nicht vorbehaltlos zu übernehmen. Erstens lässt sich im Rückblick auf zehn Jahre Systemtransformation feststellen, dass sich „historische" wie neu gegründete Bauernparteien in erster Linie auf dem sozio-ökonomischen, nicht auf dem sozio-kulturellen *cleavage* bewegen. Zweitens ergeben sich besonders bei den christdemokratischen Parteien Probleme, da der programmatische Charakter von Parteien durch die nominelle Zuordnung verdeckt werden kann. Die christdemokratischen Parteien in einigen mitteleuropäischen Staaten sind zwar konfessionsgebundener als ihre konservativen oder liberalen Schwesterparteien, deswegen aber noch keine „konfessionellen" Parteien. Außerdem irritiert unter diesem Aspekt auch der Ausschluss der christdemokratischen Parteien von den „neuen Programmparteien"; eigentlich handelt sich hier um die einzige Parteienfamilie, die eine feste Weltanschauung mit umfassenden politischen Programmaussagen verknüpfen konnte (vgl. die entsprechenden Beiträge in Segert/Stöss/Niedermeyer (Hrsg.) 1997).

Drittens wird die Klassifizierung der „neuen Programmparteien" zum Problem, wenn sich die Gewichte der – faktisch vertretenen – Parteiprogramme verschieben. Konservative, liberale und selbst sozialdemokratische Parteien lassen sich in den verschiedenen Phasen des Systemwechsels nicht umstandslos voneinander trennen. Beispiele für das Auseinanderfallen von Programm und Aktion wurden oben mehrfach genannt. Als strukturelle Gründe hierfür kommen äußere Handlungszwänge etwa bei der Austeritätspolitik der ungarischen MSZP, aber auch die programmatische Heterogenität von Sammlungsbewegungen in Frage. Hier können als Beispiele die polnische AWS und die rumänische CDR genannt werden. In beiden Ländern lässt sich eine eindeutige Zuordnung zum „konservativen", „liberalen" oder „christdemokratischen" Lager nicht zuverlässig treffen. Bis 1995 war übrigens die *Rumänische Sozialdemokratische Partei* (PSDR, nicht zu verwechseln mit der PDSR Ion Iliescus) ein Bestandteil der *Demokratischen Konvention* (vgl. Gabanyi 1997: 228).

Aufgrund dieser Probleme erscheint für die Analyse des Einflusses von Parteiensystemen auf die demokratische Konsolidierung eine vereinfachte Klassifikation der postsozialistischen Parteien angemessener. Im hoch kontingenten Kontext der Systemtransformation mit der entsprechenden Fluidität auf der Ebene des Parteiensystems bieten Klassifikationen anhand von Kriterien, die sich auf möglichst wenige Dimensionen verteilen, eine Reihe von Vorteilen; dazu zählen in erster Linie robustere Zuordnungen sowie eine höhere Übersichtlichkeit. Tabelle 4.7 bietet eine solche vereinfachte Klassifikation.

Grundlegend ist die Unterscheidung von sozio-ökonomisch und soziokulturell orientierten Parteien. Sozio-ökonomische Parteien sind solche Parteien, die auf der in den Parteiensystemen Westeuropas wichtigsten Konfliktlinie um „rechte" und „linke" Wirtschaftspolitik über einen Programmschwerpunkt verfügen.[161] Für sozio-kulturelle Parteien hingegen ist zunächst prägend, dass sie ihren Schwerpunkt nicht auf dem sozio-ökonomischen *Cleavage* haben. Die Empirie der postsozialistischen Parteiensysteme legt dann nahe, diese Parteien mit dem Oberbegriff der sozio-kulturellen Parteien zu belegen. Die einzigen Parteien, die nämlich mittlerweile noch mit nicht sozio-ökonomischem Schwerpunkt ernsthaft auf der nationalen Ebene konkurrieren, sind die ethnischen und nationalistischen Parteien. Frauenparteien und ökologische Parteien sind von der Bühne verschwunden, und konfessionelle Parteien haben außer in Polen – und auch dort letztlich in begrenzter Weise – keine Rolle gespielt. Die Zuordnungsschwierigkeiten bei Parteien mit programmatischen Schwerpunkten auf mehreren Konfliktlinien werden also im Zweifelsfall durch eine Bewertung zugunsten der sozioökonomischen Sphäre gelöst.

---

161 „Rechte" Wirtschaftspolitik betont dabei den Vorrang von Prinzipien des freien Marktes, „linke" Wirtschaftspolitik den Anspruch der Politik zur Umverteilung, mithin zur Korrektur der Marktmechanismen.

Tabelle 4.7: Sozio-ökonomische Programmschwerpunkte von Parteienfamilien im postsozialistischen Europa während der Konsolidierungsphase

	Parteienfamilie	Programmschwerpunkte
Sozio-ökonomisch basierte Parteien	Liberale Parteien	***Sozio-ökonomische Programmatik: Marktwirtschaft mit einigen sozialen Elementen*** • Befürwortung einer schnellen und umfassenden Privatisierung • Befürwortung der wirtschaftlichen Westintegration unter Inkaufnahme von Strukturwandel der Binnenwirtschaft • Reduzierung des Wohlfahrtsstaates auf minimale Sicherungsfunktionen
	Sozialliberale Parteien	***Sozio-ökonomische Programmatik: Marktwirtschaft mit starken sozialen Elementen*** • Befürwortung einer schnellen und umfassenden Privatisierung • Befürwortung der wirtschaftlichen Westintegration bei Versuch des Erhalts vorübergehend nicht konkurrenzfähiger Unternehmen und Industrien • Erhalt bzw. Aufbau eines Wohlfahrtsstaates mit Absicherung von Lebensrisiken
	Zentristische Parteien	***Sozio-ökonomische Programmatik: Marktwirtschaft mit starkem staatlichen Sektor*** • Befürwortung einer schnellen Privatisierung; Vorbehalte gegen Privatisierung „strategischer" Unternehmen • Befürwortung einer mittel- bis langfristigen wirtschaftlichen Westintegration bei starker Stützung vorübergehend nicht konkurrenzfähiger Unternehmen und Industrien • Wohlfahrtsstaatlicher Schutz großer Bevölkerungsgruppen weitgehend unabhängig von individuellen Risiken
	Postsozialistische Parteien	***Sozio-ökonomische Programmatik: Nebeneinander verschiedener Eigentumsformen*** • Zurückhaltende Einstellung gegenüber der Privatisierung; Verbleib „strategischer" Unternehmen in Staatshand • Eher ablehnend gegenüber der wirtschaftlichen Öffnung zum Westen; Sicherung des Überlebens nicht konkurrenzfähiger Unternehmen • Zugehörigkeit des Wohlfahrtsstaates zum staatlichen Sektor
Sozio-kulturelle Parteien	Nationalistische Parteien	
	Parteien der ethn. Minderheit	
	Konfessionelle Parteien	***Programmschwerpunkt abseits der sozio-ökonomischen Konfliktlinie***
	Frauenparteien	
	Ökologische Parteien	

Dies gilt insbesondere für die Parteienunterfamilie der Christdemokraten, die wegen ihrer wirtschaftspolitischen Programmatik als sozialliberale Parteien geführt werden. Wiederum mit Blick auf die Empirie des ersten Konsolidierungsjahrzehnts scheint dies trotz einer nur eingeschränkt aussagefähigen Forschungsliteratur gerechtfertigt zu sein. Die einschlägigen Überblickswerke diskutieren die Programme der christdemokratischen Parteien überwiegend im Hinblick auf den sozio-ökonomischen Standort der Parteien. Spezifischere Themen wie die Restitution kirchlichen Eigentums oder die Revitalisierung der Rolle der Kirche etwa im Bildungssektor schärfen zwar das Profil der christdemokratischen Parteien bei der Wählerschaft, gelten aber letztlich als Randthemen (vgl. die entsprechenden Länderkapitel in East/Pontin 1997, Segert/Stöss/Niedermayer (Hrsg.) 1997, z.T. Berglund/Hellén/Aarebrot (Hrsg.) 1998).

Mit dem Niedergang der nichtökonomischen Interessengruppen in Parteienform – z.B. der *Frauen Russlands* (ŽR), der *Polnischen Partei der Bierfreunde* (PPPP) oder der Spaßtruppe der estnischen *Unabhängigen Royalisten* – sind solche Parteien aus dem parlamentarischen Spektrum verschwunden, die über ein weder auf dem sozio-ökonomischen noch auf dem sozio-kulturellen *cleavage* ausgeprägtes Programmprofil verfügten. Zusammenfassend ist damit in den meisten Fällen das entscheidende Kriterium für die Unterscheidung der postsozialistischen Parteienfamilien der ideologische Standpunkt der wirtschaftspolitischen Programmaussagen. Die wirtschaftspolitische Programmatik, die sich nicht allein über Parteiprogramme, sondern sogar zu einem größeren Teil über die Analyse des konkreten Handelns erschließt, lässt sich dabei mit den *issues* Privatisierung, Befürwortung der (wirtschaftlichen) Westintegration sowie allgemeinen Aussagen über die Rolle des Wohlfahrtsstaates aufzeigen:

- Liberale Parteien befürworten eine schnelle Privatisierung in Wort und Tat und sind weiterhin an einer umfassenden Öffnung der Binnenmärkte für ausländische Konkurrenzprodukte interessiert. Über diese transformationsbezogenen Themen hinaus stehen liberale Parteien auf dem Standpunkt, dass der Wohlfahrtsstaat auf elementare Sicherheitsfunktionen begrenzt werden soll. Da dies im nachsozialistischen Kontext kein Ziel mit einer besonders populären Breitenwirkung ist, sind „echte" liberale Parteien im postsozialistischen Europa auch selten: lediglich in Estland, Polen und Lettland sind sie in Fraktionsstärke im Parlament vertreten (vgl. unten die zusammenfassende Tabelle 4.9).

- Sozialliberale Parteien sind demgegenüber in den postsozialistischen Parteiensystemen am weitesten verbreitet. In ihnen vereinen sich in abgeschwächter Form die marktfreundliche Position liberaler Parteien mit der Bevorzugung des Wohlfahrtsstaates westlicher Prägung. Damit ist der Sozialliberalismus ein sehr weiter Oberbegriff; er umfasst Christ- und Sozialdemokraten sowie die ganze Phalanx ähnlich ausgerichteter Parteien, die im postsozialistischen Europa die Wählerschaft der „Mitte" anzusprechen versucht.[162]

- Zentristische Parteien sind durch die Befürwortung einer stärkeren Rolle des Staates in der Wirtschaft charakterisiert. Sie befürworten in der Transformation zwar ebenfalls grundsätzlich die Privatisierung, sehen jedoch bestimmte Sektoren z.B. im Energiebereich als Domäne staatlichen Wirtschaftens an. Ebenso sind zentristische Parteien charakteristischerweise dafür, defizitäre ehemalige Staatsunternehmen mit entlastender Wirkung auf den Arbeitsmarkt auch um den Preis fehlender volkswirtschaftlicher Konkurrenzfähigkeit am Leben zu erhalten. Dieser Position wird durch den sektoralen Vertretungscharakter einiger Parteien Vorschub geleistet; daher sind auch einige Agrarparteien dieser Gruppe zuzurechnen. Allgemein sehen die zentristischen Parteien den Zweck des Wohlfahrtsstaates darin, insbesondere benachteiligte Bevölkerungsgruppen eher unabhängig von individuellen Risiken zu schützen; im postsozialistischen Kontext lässt sich dies durch blockierende Positionen am Umbau des bestehenden Wohlfahrtsstaates ohne großen programmatischen Aufwand erreichen (vgl. Götting 1998).

- Die postsozialistischen Parteien lassen sich in wirtschaftspolitischer Hinsicht vielleicht mit dem Schlagwort vom „Nebeneinander verschiedener Eigentumsformen" einfassen. Damit signalisieren diese Parteien, dass sie die Gesetze des Marktes der Logik der Politik in möglichst starkem Umfang nachzuordnen versuchen. Der Privatisierung stehen sie weitgehend zurückhaltend gegenüber, die Öffnung der Volkswirtschaft wird generell mit dem Vorbehalt des Schutzes eigener Industrien gesehen. Ein wohlfahrtsstaatliches Konzept, das den Gegebenheiten der Systemtransformation Rechnung tragen würde, ist eigentlich bei keiner der postsozialistischen Parteien des postsozialistischen Europa zu erkennen; im Grunde geht es um die Fortführung der rein staatlichen Gesundheits-, Alters- und Sozialversorgung, wie sie in der staatssozialistischen Zeit ja

---

162 Um die oben ausführlich diskutierten Gründe für die Bündelung eines solch weiten politischen Spektrums zu einer Parteienfamilie noch einmal zu wiederholen: (a) im Transformationskontext ändern Parteien ihre Programme, so dass spezifischere Klassifikationen die Wirklichkeit pseudogenau abbilden, (b) im Transformationskontext können parteipolitische Akteure in Handlungszwänge eingebettet sein, die die nominelle Einordnung der Partei hinfällig werden lassen, (c) die Frage nach dem Einfluss der Parteiensysteme auf die demokratische Konsolidierung erfordert bei den gemäßigten Parteien nicht unbedingt eine stärkere Differenzierung.

auch vergleichsweise gut funktioniert hatte. Im übrigen ist einzuräumen, dass eine Bezeichnung als „postsozialistische" Partei u.U. zu Missverständnissen führen kann. Gemeint sind nicht alle Nachfolgeorganisationen der ehemaligen Hegemonialparteien, sondern lediglich solche Nachfolgeparteien mit einem stark reformfeindlichen Einschlag.

Tabelle 4.8: Modifizierte Übersicht über die Parteienfamilien des postsozialistischen Europa während der Konsolidierungsphase

(Vorrangig) Sozio-ökonomische Parteien	*(Vorrangig) Sozio-kulturelle Parteien*
Auf einem Kontinuum marktorientiert – umverteilungsorientiert	*Parteien mit Schwerpunkt auf werte- und identitätsbezogenen Themen*
Liberale Parteien, i.d.R. Wirtschaftsliberale Parteien	Ethnische Parteien
	Nationalistische Parteien
Sozialliberale Parteien, darunter Christdemokratische Parteien	Ökologische Parteien*
Sozialdemokratische Parteien Gemäßigt konservative Parteien	Frauenparteien*
Zentristische Parteien, häufig Agrarparteien Gruppen sektoraler Interessen	Konfessionelle Parteien*
Postsozialistische Parteien, i.d.R. Kommunistische Nachfolgeparteien	

* Spielen auf Parlamentsebene gegenwärtig (fast) keine Rolle.

Mit den in Tabelle 4.8 angezeigten Familien verfügen wir nun über ein einigermaßen übersichtliches Instrumentarium, um die Parteiensysteme des postsozialistischen Europa so zu erfassen, dass der eingangs dieses Unterkapitels erörterten Diversität der gesellschaftlichen Spektren Rechnung getragen wird. Die Frage der Genese der Parteien ist dabei gegenüber bestehenden Klassifikationen in den Hintergrund gerückt. Die postsozialistischen Parteien werden zwar de facto von der selben Gruppe gestellt, die bei Klingemann (1994) noch einen dritten Typ neben „sozio-kulturellen" und „neuen Programmparteien" ausgemacht hatte. Nach inzwischen drei, in vielen Ländern bereits vier Parlamentswahlen der neuen Zeitrechnung ist jedoch erkennbar, dass die postsozialistischen Parteien Programme erarbeitet haben, die sie von den meisten Parteien auch des sonstigen „linken" Spektrums unterscheiden.

Dadurch bleibt die Parteienfamilie als eigener Typ ausgewiesen; genau dies war Kitschelt (1995a: 494a) mit seiner Dreiteilung in neo-sozialdemokratische, liberal-demokratische und national-populistische Lager nicht gelungen. Die russische *Kommunistische Partei* (KPRF) würde sich selbst wohl eher als neo-sozialdemokratische Kraft sehen; in der parlamentarischen Praxis können der Partei wohl eher national-populistische Züge zugeschrieben werden. Dass die KPRF in keinem der beiden Fälle besonders glücklich eingeordnet wäre, zeigt der Vergleich mit anderen zweifelsfrei zuzuordnenden Parteien. Die KPRF in einer Gruppe mit der polnischen SLD, der litauischen LDDP, der ungarischen MSZP, selbst der slowakischen SDL? Oder typenähnlich der slowenischen SNS, der ungarischen MIÉP, der makedonischen VRMO-DPMNE, der russischen LDPR?

Empirisch verteilen sich die Parteienfamilien im postsozialistischen Raum recht unterschiedlich (vgl. Tabelle 4.9). In Tschechien, Ungarn, Polen, Slowenien und Litauen spielen nicht sozio-ökonomische Parteien keine oder eine ganz klar nachgeordnete Rolle. Die meisten der Parteien sind als sozial-liberal einzuordnen: auf ökonomischer Ebene befürworten sie das Gelten der Marktkräfte weitgehend, sprechen sich aber für gleichzeitig für einen Sozialstaat aus, der mehr bedeutet als lediglich die Absicherung sozialer Notlagen. Die in den fünf genannten Ländern nicht unter die Rubrik „sozial-liberal" fallenden Parteien heben sich denn auch deutlich von einer „sozial-liberalen" Linie ab. Die polnische *Freiheitsunion* (UW) steht für eine liberale Wirtschaftspolitik, die sie bei ihren Regierungsbeteiligungen auch umzusetzen versuchten. Die polnische *Bauernpartei* (PSL) steht ebenso wie die ungarischen *Kleinen Landwirte* (FKGP) für eine klientelistische Umverteilungspolitik. Etwas anders liegt der Fall bei den drei zentristischen Parteien Sloweniens. Dort kann die vergleichsweise starke Wurzel der wichtigsten Parteien im *ancien régime* (vgl. Fink-Hafner 1997) als Erklärungsfaktor dafür herangezogen werden, dass es einen „linkeren" Basiskonsens gibt als in den übrigen Ländern Mitteleuropas.

In Estland ist das liberale Spektrum ungewöhnlich stark besetzt. In Bulgarien, Rumänien und den europäischen GUS-Staaten wird hingegen die postkommunistische Linke stärker. In Bulgarien, Estland, Rumänien, der Slowakei und Slowenien kommen Parteien der ethnischen Minderheiten ins Spiel. In Rumänien, Russland, der Slowakei und Makedonien verfügen nationalistische Parteien über mindestens zehn Prozent der Mandatsanteile. Schließlich fallen in einer Reihe von Ländern Parteien auf, die über ein so unklares politisches Profil verfügen, dass eine Zuordnung nicht möglich erscheint. Je nach den Eigenarten des Wahlsystems sind dies entweder unabhängige Abgeordnete oder neu gegründete Parteien, die bis in die jüngere Zeit der Sprung in die Parlamente schafften.

Tabelle 4.9: Anteile von Parteienfamilien in den Parlamenten des postsozialistischen Europa, Ende 1998; Mandate in %.

	Sozio-ökonomisch ausgerichtete Parteien(auf dem Kontinuum marktorientiert – umverteilungsorientiert)					
	Liberale Parteien		Sozialliberale Parteien		Zentristische Parteien	
	Parteien	%	Parteien	%	Parteien	%
Tschechien			ČSSD → KDU-ČSL ← ODS, US	89		
Ungarn			← FIDESZ-MPP, MDF, MSZP, SZDSZ	84	FKGP**	12
Polen	UW	13	AWS SLD	76	PSL	6
Slowenien			LDS, SDS SKD	57	DeSUS, ZLSD, ← SLS	37
Litauen			LDDP, LKDP, LSDP, TS – LK LCS →	88		
Bulgarien			SDS	57	Eurolinke (KE)	6
Estland	Pro Patria Reformpartei (RE)	26	KMÜ Zentrumspartei → Gemäßigte (M)	52		
Rumänien			CDR PD	51		
Russland	DVR	2	Jabloko	10	Unser Haus Russland (NDR)	14
Ukraine			Ruch	10	Grüne, Hromada, SDPU[o], NPD, weitere Parteien	24
Lettland	TB	17	LC	21	Volkseintracht	16
Slowakei			SDK SOP**	37	SDL	15
Moldova						
Makedonien					SDSM	23

* Mögliche Gründe: unklares politisches Profil, unabhängige oder fraktionell ungebundene Abgeordnete.
** Tentative Einordnung, da derzeit genaue programmatische Ausrichtung unklar: Neugründungen und/oder neues Programmprofil.

Postsozialistische Parteien		Σ	Sozio-kulturell ausgerichtete Parteien				Nicht eindeutig zuzuordnen*	
			Nationalistische Parteien		Minderheitenparteien			
Parteien	%	%	Parteien	%	Parteien	%	Parteien	%
KPČM	12	100						
		96	MIEP	4				
		95	ROP Defektierte	5				
		94	SNS	4			Minderheitenvertreter	2
		88					Unabh. Kleinparteien	12
BSP	24	87			DPS	8	BBB	5
		78			Unser Heim ist Estland	6	Fraktionslose	17
PDSR	27	78	PRM PUNR	11	UDMR	7	Minderheitenvertreter	4
APR, KPRF Macht d. Volke!	46	72	LDPR	11			Russische Regionen Unabh.	17
KPU SPU / SelPU PSP	38	72					Unabhängige	27
		54					Neue Partei** Volkspartei** Sozialdem. Allianz**	46
		52	HZDS** SNS	38	SMK	10		
PCM	40	40					CDM** PFD** PMDP**	60
DPM SPM	4	27	VRMO-DPMNE	41	NDP PDP PDSh	20	DA	11

Die unterschiedliche Verteilung der Parteienfamilien führt zu weitreichenden Urteilen über die Parteiensysteme im postsozialistischen Europa. Zunächst lässt sich feststellen, dass die Dominanz der sozio-kulturellen Konfliktlinie nur in einigen wenigen Parteiensystemen gegeben ist. Die Parteiensysteme, in denen der sozio-ökonomische Konflikt grundlegend für den Parteienwettbewerb ist,[163] müssen ihrerseits nach dem Regimekonfliktkriterium unterschieden werden. Ist das im *ancien régime* wurzelnde antagonistische Verhältnis zwischen alten Eliten und Regimeopposition aufgelöst worden, oder bestehen die alten Blöcke nach wie vor? Zuletzt lassen sich einige Parteiensysteme identifizieren, in denen die Beständigkeit der im einzelnen vertretenen Parteien so gering ist, dass die Fluidität des Parteiensystems selbst das herausragende Merkmal ist.

Parteiensysteme mit einer Dominanz sozio-kultureller Konfliktlagen finden sich in Makedonien und der Slowakei.[164] Die beiden Fälle sind allerdings unterschiedlich gelagert. In Makedonien handelt es sich um einen soziokulturellen Konflikt auf ethnisch-nationaler Grundlage. Die zweifelhafte staatliche Konsolidierung Makedoniens ließ bei den bisherigen Wahlen die Zusammensetzung und – daraus folgend – die Identität des Staatsvolkes zur wichtigsten politischen Frage werden. Auch in der Slowakei birgt der sozio-kulturelle Konflikt eine nationalistische Komponente. Darüber hinaus weist das slowakische Parteiensystem jedoch Elemente eines nicht überwundenen Regimekonflikts auf. Wegen des Loslösungsprozesses der Slowakei von der ČSFR, aber auch wegen der Entfremdung reformkommunistischer Kräfte nach der Niederschlagung des Prager Frühlings, weist der Regimekonflikt andere Formen auf als in Bulgarien, Rumänien oder den GUS-Staaten. Während dort KP-Nachfolgeparteien die Eliten und Transferzahlungsempfänger des *ancien régime* an sich binden konnten, ging der Erfolgsweg der *Öffentlichkeit gegen Gewalt* (PVN) und später der *Bewegung für eine demokratische Slowakei* (HZDS) über die Propagierung nationaler Themen und Interessen. Der Konflikt, der sich dadurch zwischen einem nationalpopulistischen Lager und HZDS, SNS und zeitweise die link(sextrem)e *Vereinigung der Arbeiter der Slowakei* (ZRS) auf der einen sowie einem „demokratischen" Lager auf der anderen Seite entwickelte, entsprach jedoch in seiner Struktur einem echten Regimekonflikt: Die politischen Auseinandersetzungen nahmen in der Phase von 1994-1998 weitgehend den Charakter von Glaubenskämpfen an (vgl. Carpenter 1997).

---

163 D.h.: Parteiensysteme, in denen die Parteienfamilien aus dem sozio-ökonomischen Spektrum deutlich überwiegen.
164 Da nach dem Machtwechsel von 1998 die politische Entwicklung in der Slowakei nicht recht absehbar ist, könnte sich mit der Zeit auch die Zuordnung des Falles ändern.

Sowohl in Makedonien und der Slowakei sind daher wichtige Parteien eher auf dem sozio-kulturellen als auf dem sozio-ökonomischen *cleavage* positioniert. In Makedonien können die albanischen Parteien, aber auch die *Innere Revolutionäre Makedonische Organisation* (VRMO-DPMNE) zumindest bis zum Jahre 1998 primär als Parteien des nationalen Anteils ihrer eigenen Volksgruppe gelten. In der Slowakei stellt die SMK eine Minderheitenpartei, die SNS eine nationalistische und die HZDS eine national-populistische Partei dar. In beiden Ländern lassen sich allerdings auch Tendenzen finden, die für eine allmählich geringer werdende Relevanz soziokultureller Konflikte sprechen. In Makedonien könnte die Allianz zwischen den einstigen Radikalparteien VRMO-DPMNE und PDSh in eine solche Richtung deuten. In der Slowakei dagegen könnte der Wahlsieg der Anti-Mečiar-Koalition aus SDK, SDL, SOP und SMK einen Wendepunkt markieren, falls sich innerhalb der HZDS im Laufe der weiteren Legislaturperiode moderate Kräfte durchsetzen.

Während die Parteiensysteme dieser beiden Länder also in attributiver Verkürzung als sozio-kulturelle Parteiensysteme bezeichnet werden können, hat sich in allen weiteren Demokratien des postsozialistischen Europa die Konkurrenz verschiedener wirtschaftspolitischer Entwürfe als wichtigstes Thema des Parteienkonflikts etabliert. Zur Typisierung dieser in sich wenig heterogenen Parteiensysteme muss jedoch die weiter oben (vgl. u.a. Tabelle 4.2) festgehaltene Überlegung herangezogen werden, dass die Überwindung des Regimekonflikts die Gesamtstruktur des Parteiensystems in entscheidender Weise konditioniert. Ist der Regimekonflikt nicht überwunden, spielen wenig reformierte KP-Nachfolgeparteien auch im demokratischen Regime eine starke Rolle; die übrigen Kräfte des politischen Spektrums begreifen sich großteils wie zu Zeiten des Sozialismus als Opposition zu den Exponenten des alten Regimes. Konnte der Regimekonflikt jedoch überwunden – oder vielleicht besser: entschärft – werden, gruppieren sich die politischen Kräfte um eher sachpolitische Konflikte, die in der Empirie überwiegend auf der sozio-ökonomischen Konfliktlinie liegen.

Die sozio-ökonomischen Parteiensysteme müssen also ihrerseits nach dem Kriterium des Regimekonflikts noch einmal unterschieden werden. In Bulgarien, Moldova, Rumänien, Russland und der Ukraine richtet sich der Parteienwettbewerb auch acht bis zehn Jahre nach dem Regimewechsel in allererster Linie an den wirtschafts- und sozialpolitischen Vorstellungen der politischen Kräfte des *ancien régime* aus. In den südosteuropäischen Staaten Bulgarien und Rumänien haben die *Sozialistische Partei* (BSP) und die *Partei der Sozialen Demokratie* (PDSR) allerdings ein im Vergleich zu den GUS-Staaten etwas fortgeschrittenes Reformprofil erarbeiten können. Wie vielleicht nicht zu erwarten war, haben sich mäßigende Tendenzen bei diesen Parteien vor allem in der Oppositionszeit ergeben, während die Perioden der

Machtteilhabe[165] von wirtschaftspolitischer Stagnation und erbittertem politischen Streit begleitet waren. Die *Kommunistischen Parteien* Moldovas (CPM), Russlands (KPRF) und der Ukraine (KPU) fielen dagegen seit ihrer jeweiligen Wiederzulassung durch eine außen-, wirtschafts- und sozialpolitische Opposition auf, die sie in vielen Fällen sicherlich in die Nähe von Antiregimeparteien rücken ließ.

Auf der programmatischen Ebene schlug sich das Fortdauern des Regimekonflikts in der Existenz antagonistischer politischer Lager sowie einem fehlenden Grundkonsens hinsichtlich der Wirtschafts- und Sozialordnung nieder. Folgen sind jedoch auch auf der organisatorischen Ebene sichtbar. So erschwerte das Weiterbestehen des postautokratischen Parteiblocks die Ausdifferenzierung und Verfestigung des ehemals „demokratischen" Lagers. In Bulgarien und Rumänien weisen die *Union der Demokratischen Kräfte* (SDS) und die *Demokratische Konvention* (CDR) im Grunde bis heute Ähnlichkeiten zu den mitteleuropäischen Forumsparteien auf. Dieser Umstand ist womöglich nicht nur negativ zu bewerten, da – den Fortbestand von SDS und CDR vorausgesetzt – den Mitte-Rechts-Kräften in beiden Staaten schmerzhafte und langwierige Konzentrationsprozesse erspart bleiben. In den ersten Jahren des Regimewechsels hat die Fortexistenz einer Sammlungspartei heterogener politischer Zusammensetzung jedoch die Differenzierung der zivilgesellschaftlichen Kräfte eher erschwert (so auch theoretische Überlegungen von Lauth/Merkel 1997).

In Moldova, Russland und der Ukraine prägen die Nachfolgeparteien das gesamte Parteiensystem in noch stärkerem Maße. Besonders die KPRF und die KPU stellen lediglich *eine* Partei des (post)sozialistischen Spektrums; daneben konkurrieren noch eine Reihe manchmal radikalerer, manchmal jedoch auch lediglich in Nuancen von der Programmatik der KPs abweichender Parteien.[166] Das nichtkommunistische politische Spektrum ist in den drei GUS-Staaten davon geprägt, dass ein klares Ende des *ancien régime* im Grunde nicht vollzogen wurde. Die Propaganda der nationalen Erneuerung ersetzte die grundsätzliche Auseinandersetzung um die Ausgestaltung des nachsozialistischen Regimes. Nicht zuletzt aus diesem Grunde ist die programmatische Kohärenz der allermeisten Parteien in den drei Staaten als sehr gering anzusehen – mit den Ausnahmen der nationalistischen und dezidiert

---

165 In Bulgarien 1990-1992 (Regierungen Lukanov und Popov) sowie 1994-1996 (Regierung Videnov). In Rumänien 1990-1996 (Regierungen Roman, Stolojan, Vacaroiu). In Rumänien ist weiterhin die Amtszeit von Präsident Iliescu (1990-1996) in Betracht zu ziehen.

166 In der Russischen Föderation bei den Parlamentswahlen von 1995 etwa die Gruppierungen *Macht dem Volke!* und *Kommunisten – Arbeitendes Russland – Pro Sowjetunion*, bei den Radawahlen 1998 u.a. die *Sozialistische Partei / Bauernpartei* und die *Progressive Sozialistische Partei*.

„reformerischen" Parteien. Parteien wie *Hromada, Ruch* oder die *Demokratische Volkspartei* (NPD) in der Ukraine, *Für ein Demokratisches und Wohlhabendes Moldova* (PMDP) in Moldova oder *Unser Haus Russland* weisen eine programmatische Fluidität auf, die im sonstigen Europa kaum übertroffen werden dürfte. Damit bestehen in Bulgarien und Rumänien auf der einen und den GUS-Staaten auf der anderen Seite verschiedene Ursachen für ein vergleichsweise schwach ausgeprägtes parteipolitisches Spektrum. Die Nachfolgeparteien der ehemaligen KPs bilden den Angelpunkt der Parteiensysteme – nur deren relative Stärke kann die Kräfteverteilung im restlichen Teil des Parteiensystems erklären. Aus diesem Grund rechtfertigt sich die Charakterisierung der Parteiensysteme Bulgariens, Moldovas, Rumäniens, Russlands und der Ukraine als „postkommunistisch".

Die zweite Untergruppe der sozio-ökonomischen Parteiensysteme umfasst Litauen, Polen, Tschechien, Slowenien und Ungarn. Hier ist der sozio-ökonomische Konflikt nicht, oder doch in viel geringerem Ausmaß als in den zuletzt diskutierten Ländern, mit dem Regimekonflikt verknüpft. Vielmehr vertreten (fast) alle parlamentarisch vertretenen Parteien wirtschaftspolitische Programme auf dem Boden der Marktwirtschaft. Strittig sind – wie in den Parteiensystemen Westeuropas – der Umfang der sozialen Sicherungssysteme sowie das Ausmaß staatlichen Mitteleinsatzes zur Verhinderung marktinduzierter Härten. Wie oben bereits angedeutet, soll damit natürlich nicht impliziert werden, sozio-kulturelle oder andere Konflikte spielten in allen Bereichen des Parteienwettbewerbs eine nachgeordnete oder gar keine Rolle. Vielmehr zeigen Wahlkämpfe und Wahlen in den angesprochenen Ländern die u.a. ungebrochene Relevanz der Konfliktlinie Einstellung zum alten Regime (Krickus 1997, Juchler 1998, Mateju/Vlachová 1998, Dieringer 1998).

Der entscheidende Unterschied zu den postkommunistischen Parteiensystemen besteht jedoch in diesen fünf mitteleuropäischen Ländern im ideologischen Abstand zwischen den jeweils stärksten „linken" und „rechten" Kräften. Gerade weil in Litauen, Polen und Ungarn die Nachfolgeparteien eine eher dem Markt zugewandte Wirtschaftspolitik betreiben, bieten sich einschlägige postkommunistische Konflikte wie etwa um die Lustrationspolitik zur lautstarken Austragung an: Nur hier können den Wählern überhaupt noch deutliche Unterschiede zwischen den Parteien vermittelt werden. Das entscheidende Merkmal dieser Gruppe von Parteiensystemen ist also die Verpflichtung der großen Mehrzahl der parlamentarisch vertretenen Parteien, sozial-liberale wirtschaftspolitische Grundsätze[167] zu vertreten; daher kann man von sozial-liberalen Parteiensystemen sprechen.

---

167 Im Sinne der Definition sozial-liberaler Parteien (siehe Kap. 4.3).

Die intermediären Systeme dieser Länder sind damit nach zehn Jahren Postsozialismus einigen prominenten Vergleichsfällen aus früheren Transformationswellen voraus. In der Bundesrepublik stellte erst das Godesberger Programm der SPD aus dem Jahre 1959 eine größere Nähe der wichtigsten Alternativen im Parteiensystem her. In Italien dauerte der ähnlich gelagerte Konflikt zwischen der PCI und den Christdemokraten gar bis in die siebziger Jahre. Durch die Verbindung, die die EU, aber auch Internationale Organisationen wie die Weltbank oder die OECD zwischen politischen Beitrittswünschen und wirtschaftlichen Strukturreformen ziehen, wird der Spielraum für alternative Wirtschaftspolitiken in der Ära des Postsozialismus offensichtlich stark eingeschränkt.

Bei aller strukturellen Ähnlichkeit weisen die sozial-liberalen Parteiensysteme auch länderspezifische Besonderheiten auf. Vor allem Tschechien darf in gewisser Hinsicht als Sonderfall gelten, da mit den *Kommunisten* (KSČM) eine postkommunistische Partei bei mehreren Wahlen Mandate erringen konnte. Angesichts der weit größeren Relevanz der *Sozialdemokratischen Partei* (ČSSD) als der zweiten „linken" politischen Kraft wäre es jedoch verfehlt, allein die Existenz einer postkommunistischen Partei zum Kriterium für ein Abweichen Tschechiens vom sozial-liberalen Muster der Nachbarstaaten zu erheben. Eine weitere Besonderheit ist die starke programmatische Nähe aller litauischen Parteien im wirtschaftspolitischen Bereich. Hier ähneln sich alle baltischen Parteiensysteme in auffallender Weise. Ein wichtiger Grund hierfür mag die negative Folie der sowjetischen Erfahrungen sein: Mit einer radikalen Option auf die Einführung der Marktwirtschaft verband und verbindet sich der Versuch, sich der historischen russischen Dominanz zu entziehen.

Betrachtet man allerdings die Parteiensysteme insgesamt, weisen Lettland und Estland in vielerlei Hinsicht andere Spezifika auf. Vor allem in Lettland brachten noch die dritten Parlamentswahlen im Jahre 1998 drei gänzlich neue Parteien mit insgesamt immerhin etwa 46% der Mandate in den Saeimas. Zwar waren einzelne Akteure bereits in früherer Zeit im Parlament vertreten gewesen, so Andris Skēle aus der *Volkspartei* oder Juris Bojars von der *Allianz der Sozialen Demokraten Lettlands* (vgl. Bungs 1998: 9-12). Der Erfolg der neuen Parteien ist daher nicht mit einer totalen Umstrukturierung des Parteiensystems gleichzusetzen. Die Fluidität des lettischen Parteiensystems kann dennoch als dessen herausragendes Merkmal bezeichnet werden. Ähnlich sieht es im Nachbarstaat Estland aus. Ein guter Teil der 1995 neu in den Riigikogu gewählten Parteien war Ende 1998 bereits wieder zerfallen. Eine hohe Zahl unabhängiger Abgeordneter und vor allem die Zersplitterung – neun Parlamentsfraktionen mit jeweils mehr als fünf Prozent der Mandate – ließen das Parlament als in hohem Maße fluide erscheinen. Ähnlich auch wie in Lettland werden für die hohe Parteienfluktuation trotz nahe beieinander liegender Programme vor allem persönliche Affinitäten verantwortlich gemacht (Taagepera 1995: 329).[168]

Tabelle 4.10: Typen von Parteiensystemen im postsozialistischen Europa, Ende 1998

		Wesentliche Merkmale	Länder
Sozio-kulturelle Parteiensysteme		• Überlagerung der sozio-ökonomischen Konfliktlinie durch wertgebundene Konflikte • Latentes Fortdauern des Regimekonflikts • M.o.w. stabiles und strukturiertes Parteiensystem	Makedonien
			Slowakei
Sozio-ökonomische Parteiensysteme	*Postkommunistische Parteiensysteme*	• Fortdauern des Regimekonflikt in antagonistischen politischen Lagern • Kein Grundkonsens hinsichtlich der Wirtschafts- und Sozialordnung zwischen den wichtigsten politischen Blöcken • Parteiensysteme mit Ausdifferenzierungspotenzial und teilweise hoher Fluidität	Bulgarien
			Moldova
			Rumänien
			Russland
			Ukraine
	Sozial-iberale Parteiensysteme	• Entschärfter Regimekonflikt • Grundkonsens über Grundfragen der Wirtschafts- und Sozialordnung • M.o.w. stabiles und strukturiertes Parteiensystem	Litauen
			Polen
			Tschechien
			Slowenien
			Ungarn
(Programmatisch) fluide Parteiensysteme		• Entschärfter Regimekonflikt • Konsens über Grundfragen der Wirtschafts- und Sozialordnung • Schwache Stabilisierung und Strukturierung des Parteiensystems	Estland
			Lettland

Unter den postsozialistischen Parteiensystemen sind also im Jahre 1998 die postsowjetischen die am wenigsten konsolidierten gewesen. Dennoch muss zwischen Estland und Lettland auf der einen sowie Moldova, Russland und

---

168 Aus den Ergebnissen der Parlamentswahlen von 1999 lassen sich dann allerdings Stabilisierungstendenzen herauslesen.

der Ukraine auf der anderen Seite eine Trennlinie gezogen werden. Während sich in den beiden baltischen Staaten in vielen Politikbereichen ein faktischer politischer Konsens etabliert hat (u.a. Außen-, Sicherheits-, Wirtschaftspolitik), ist die politische Landschaft der drei GUS-Staaten tief gespalten. Anders als in den mitteleuropäischen Staaten verläuft in Estland und Lettland der Parteienstreit jedoch nicht zwischen gefestigten Parteien, sondern in fluiden Parteiensystemen (vgl. zusammenfassende Tabelle 4.10).[169]

Mit dieser Typologie scheinen nun zunächst die Grundlagen dafür gelegt zu sein, die institutionellen Bestimmungen zur Strukturierung des Parteiensystems auf die programmatischen Wurzeln der postsozialistischen Wirtschaftssysteme zurück beziehen zu können. Die Parteienfamilien und Parteiensysteme der einzelnen Staaten gehen auf „politische Organisationskerne neuer und alter Eliten auf der Suche nach Wählern und einer sozialen Basis" (Glaeßner 1994: 252) zurück, die sich zehn Jahre nach der ersten institutionellen Vertretung unabhängiger Parteien in vielen Staaten bereits in bemerkenswerter Weise verfestigt haben. Die Verankerung der Parteien und Parteiensysteme in der Gesellschaft ist dabei insgesamt deutlich schwächer als in Westeuropa. Angesichts vielfältiger Prognosen zum allgemeinen Bedeutungsverlust der Parteien liegt deren geringeres institutionelles Gewicht allerdings im Trend (Beyme 1997: 51). Im Kontext der Systemtransformation kann daher kaum verwundern, dass die aus den westlichen Demokratien vergangener Jahrzehnte bekannten hohen Organisationsgrade, stabilen Parteiidentifikationsmuster und klaren Programmprofile sich im postsozialistischen Europa nicht wiederfinden (Merkel 1997: 14).

Insgesamt hat die Parteienlandschaft im postsozialistischen Europa in programmatischer Hinsicht keine vollkommen unerwartete Entwicklung genommen. Der Einfluss der programmatischen Verfestigung auf die demokratische Konsolidierung kann jedoch ohne die zusätzliche Betrachtung des institutionellen Kontextes, in dem sich die Konkurrenz zwischen den Parteien abspielt, nicht hinreichend beurteilt werden. Von theoretisch ausgerichteten Schriften (Kiss 1996, Beyme 1997, Merkel 1997, Mainwaring 1998) wird daher eine Analyse der Stabilität der Parteiensysteme (Volatilität) sowie der Vielfalt im Parteiensystem (Fragmentierung) eingefordert. Da diese Punkte im Zusammenhang mit der von Wahlsystemen ausgehenden strukturierenden Wirkung zu sehen sind, werden sie im folgenden Kapitel gemeinsam diskutiert.

---

169 Die von David Arter (1995: 252) vorgeschlagene Charakterisierung als „Anti-Parteien-System" erscheint inzwischen überholt, da zum einen die Parteizugehörigkeit der einzelnen Kandidaten bei der Wahlentscheidung durchaus eine Rolle spielt und zum anderen weder in Estland noch in Lettland Antiregimeparteien im Parlament vertreten sind.

5. Parteiensysteme und demokratische Konsolidierung

Das Verhältnis von Parteiensystemen und demokratischer Konsolidierung wird in noch geringerem Maße unter Bezug auf eine geschlossene Theorie diskutiert, als dies bei den Regierungssystemen der Fall ist. Die zu diesem Thema erschienenen Schriften ziehen theoretische Versatzstücke heran, um dann zu plausibilitätsgestützten Aussagen über den Einfluss bestimmter parteienbezogener Faktoren auf den Transformationsprozess zu gelangen. Deren Erfassung erfolgte auch im deutschsprachigen Raum „eher induktiv" (Beyme 1997: 34). Als günstig für die Konsolidierung der Demokratie werden bei Beyme (a) ein Minimum an Extremismus, (b) eine klare *Cleavage*-Struktur, (c) die Trennung von territorialer und funktionaler Interessenrepräsentation, (d) der Rückgang des Faktionalismus, (e) ein geringes Maß an Wählerfluktuation (Volatilität) und (f) bestimmte Regierungs- und Koalitionsmuster genannt.

Vom Muster dieser Herangehensweise sind auch weitere Veröffentlichungen geprägt. Scott Mainwaring (1998) unterzieht zum Zwecke der Charakterisierung der Parteiensysteme die Variablen der Volatilität, der Verwurzelung der Parteien in den jeweiligen Gesellschaften, die Legitimität von Parteien und Wahlen sowie die Organisationsform der Parteien einer überblicksartigen Analyse. Nach Elisabeth Kiss (1996) können (a) exklusive oder nicht repräsentative Parteiensysteme, (b) ein „vorgetäuschter" Parlamentarismus („sham parliamentarism") wie etwa in Belarus, (c) illiberale Praktiken im Parlament, (d) die Kolonisierung der Zivilgesellschaft durch die Parteien sowie (e) unzivile Verhaltensweisen der Parlamentarier die Entwicklung der Demokratie behindern und so die demokratische Konsolidierung hemmen. Ein Artikel über die allgemeine Bedeutung von Parteien und Parteiensystemen für die Konsolidierung der Demokratie (Merkel 1997) nimmt sich der Entstehung der Parteiensysteme, der Konsolidierung des Parteiensystems und im Bereich der demokratischen Konsolidierung der Fragmentierung, Polarisierung und Wählerfluktuation innerhalb der Parteiensysteme an.

Damit fällt auf, dass sich ein Großteil der postsozialistischen Parteien- und Parlamentarismusforschung mit den Zusammenhängen zwischen Parteien, Parteiensystemen und demokratischer Konsolidierung nicht oder nur am Rande beschäftigt (vgl. Remington (Hrsg.) 1994, Ágh/Ilonszki 1996, Lewis 1996, Olson/Norton 1996, Segert/Stöss/Niedermayer 1997). Die gewichtige Studie von Kitschelt u.a. (1999) zielt nicht auf die Konsolidierung der Demokratie, sondern auf den verwandten Bereich der Performanz. Wichtige institutionentheoretische Schriften der frühen neunziger Jahre (Lijphart

(Hrsg.) 1992, Linz/Valenzuela 1994, Sartori 1994) diskutieren zwar in ausgiebiger Weise die Parlamente, in weit geringerem Umfang jedoch die politischen Kräfte innerhalb derselben. In wichtigen transformationstheoretischen Schriften (z.B. Huntington 1991, Przeworski 1991, Linz/Stepan 1996, Elster/Offe/Preuss u.a. 1998) werden Parteien und Parteiensysteme ebenfalls mit einer relativ geringeren Aufmerksamkeit bedacht; eine wichtige Ausnahme stellt hier die Schrift zum Systemwechsel in Osteuropa von Beyme (1994) dar.

Implizit gilt in der zum Thema vorliegenden Literatur folgendes Theorem: ein wenig fragmentiertes, stabiles und in geringem Umfang polarisiertes Parteiensystem trägt zur Konsolidierung der Demokratie bei. Voraussetzungen sind dabei allerdings die Konsolidierung nationaler Grenzen, etablierte Regierungs- und Wahlsysteme, eine von halbwegs zivilen Umständen geprägte Gründungsphase und zu einem gewissen Grade auch die Konsolidierung der Parteiensysteme selbst (Beyme 1997, Merkel 1997). Wenn im Folgenden Fragmentierung, Stabilität und Polarisierung der postsozialistischen Parteiensysteme untersucht werden, sollen in erster Linie diese wichtigen Hypothesen der parteienbezogenen Konsolidierungsforschung für den postsozialistischen Raum verifiziert werden. Für die Fragmentierung und die Stabilität von Parteiensystemen erweisen sich allerdings von Wahlsystemen ausgehende Wirkungen von starker Bedeutung. Daher soll dieser Komplex als erstes betrachtet werden.

5.1 Institutionelle Einbettung durch Wahlsysteme

In der Frühphase der Transformationsforschung wurde den Wahlsystemen als unabhängiger Variable eine starke Bedeutung im Demokratisierungs- und Konsolidierungsprozess zugemessen (Babst 1992, Lijphart 1992, Sartori 1994). In der Auswahl bestimmter Wahlsysteme wurde eine wichtige, wenn nicht die wichtigste institutionelle Entscheidung im Prozess des *constitutional engineering* gesehen.[170] Inzwischen setzt sich jedoch mehr und mehr die (nicht neue) Einsicht durch, dass Wahlsysteme – wenn überhaupt – in erster Linie auf Parteiensysteme wirken, und dass somit bestenfalls von einer mittelbaren und ihrerseits sehr komplexen Wirkungskette ausgegangen werden kann.

---

[170] So formulierte beispielsweise Lijphart (1992: 207): "Among the most important – and, arguably, *the* most important – of all constitutional choices that have to be made in democracies is the choice of electoral system".

Selbst für die datenmäßig gut erfassten und mehr oder weniger stabilen westlichen Demokratien bleibt das Verhältnis zwischen Wahl- und Parteiensystem Gegenstand wissenschaftlicher Kontroversen (vgl. Nohlen 1990, Lijphart 1994, Sartori 1994). Um so schwerer wirkt das Urteil der wichtigsten einschlägigen Studie, die Wahlsysteme der Staaten im östlichen Europa erlangten „nicht den Grad politischer Gestaltungskraft (...) wie in den Demokratien westlicher Industriegesellschaften" (Nohlen/Kasapovic 1996: 197). Demzufolge steht nicht mehr die Bedeutung der Wahlsysteme für die jungen Demokratien insgesamt ins Zentrum des Interesses, sondern weniger normativ belastete Fragen nach der Funktionalität der Wahlsysteme: erfüllen die Wahlsysteme die Funktionsanforderungen, die im Hinblick auf Parameter wie Repräsentation, Konzentration des Parteiensystems und Partizipationsbreite der Bevölkerung an sie gestellt werden? Fortlaufende Analysen belegen dabei, dass die Einschätzung verschiedener Wahlsystemtypen dabei stritig sein kann; u.a. da die theoretisch fundierten Erwartungen an ein Wahlsystem und die faktisch eintretenden Wirkungen im Transformationskontext nicht zwingend übereinstimmen (vgl. Beichelt 1998).

Bevor wir uns Fragen der Typisierung, der Repräsentationskraft und der Mehrheitsbildung durch die postsozialistischen Wahlsysteme zuwenden, soll der Begriff des Wahlsystems definiert werden als „Modus, nach welchem die Wähler ihre Partei- und/oder Kandidatenpräferenz in Stimmen ausdrücken und diese in Mandate übertragen werden" (Nohlen 1990: 43). Damit verkörpern Wahlsysteme zugleich eine Entscheidungsregel und ein Repräsentationsprinzip zur Umsetzung abgegebener Wählerstimmen in Mandate oder Mandatsanteile.[171]

Als Repräsentationsprinzip stehen Wahlsysteme vor dem Zielkonflikt, auf der einen Seite eine (aus demokratietheoretischer Sicht wünschenswerte) in etwa dem Wählerwillen entsprechende Sitzverteilung zu generieren, auf der anderen Seite jedoch die Bildung einer stabilen (Mehrheits)Regierung zu ermöglichen. In grundlegenden Alternativen gesprochen, verbindet sich die Zielvorstellung der möglichst genauen Wiedergabe der Kräfteverhältnisse auf Wählerebene mit dem Repräsentationsprinzip Verhältniswahl, während das Ziel der Hervorbringung einer Regierung mit der Mehrheitswahl in Verbindung gebracht wird (Nohlen 1990: 18-22).

Die Einordnung von Wahlsystemen kann damit auf drei Ebenen erfolgen.[172] Erstens eröffnen die Repräsentationsprinzipien ein Kontinuum, an dessen einem Ende sich die relative Mehrheitswahl und am anderen die reine

---

171 Dieser und einige Absätze auf den folgenden Seiten werden übernommen oder paraphrasiert nach Beichelt 1998.
172 Die folgende Unterscheidung verdanke ich Florian Grotz.

Verhältniswahl befindet. Zweitens gründen die empirischen Typen von Wahlsystemen auf realtypisch angelegten Analysen der technischen Elemente von Wahlsystemen. Die Zuordnung auf dem Kontinuum Mehrheitswahl / Verhältniswahl erfolgt demzufolge nach durch systematische Wahlsystemforschung erwartbaren Wirkungen. Drittens kann jedoch die reale Wirkung von Wahlsystemen von den erwartbaren Wirkungen abweichen. Zum einen lassen sich die Wechselwirkungen von Teilelementen von Wahlsystemen nicht immer sicher prognostizieren. Zum anderen aber können durch andersartige Kontextbedingungen zwei identische Wahlsysteme in unterschiedlichen Ländern unterschiedliche Ergebnisse hervorbringen.

Die im Wesentlichen von Dieter Nohlen vorgelegten Analysen (Nohlen 1996, Nohlen/Kasapovic 1996, Kasapovic/Nohlen 1996) sehen im postsozialistischen Raum vier Typen von Wahlsystemen verwirklicht: die absolute Mehrheitswahl, Verhältniswahl, Grabensysteme und kompensatorische Wahlsysteme. Demgegenüber erscheint mir – durch die Unterteilung der Verhältniswahl – eine Erweiterung auf fünf Wahlsystemtypen angebracht (vgl. Beichelt 1998, siehe Tabelle 5.1).

Tabelle 5.1: Wahlsystemtypen in den Demokratien des postsozialistischen Europa, bis 1998

Wahlsystem	Fälle
Absolute Mehrheitswahl	Makedonien (1994) Ukraine (1994)
Grabensysteme	Litauen (1992, 1996) Makedonien (1998) Russland (1993, 1995) Ukraine (1998)
Verhältniswahl in kleinen Mehrpersonenwahlkreisen (MPWK)	Polen (1991, 1993, 1997) Rumänien (1992, 1996) Slowenien (1992, 1996)
Verhältniswahl in großen Mehrpersonenwahlkreisen (MPWK)	Bulgarien (1991, 1994, 1997) Estland (1992, 1995) Lettland (1992, 1995, 1998) Moldova (1994, 1998) Slowakei (1992, 1994, 1998) Tschechien (1992, 1996, 1998)
Kompensatorische Wahlsysteme	Ungarn (1990, 1994, 1998)

Quelle: Nohlen/Kasapovic 1996, Beichelt 1998.

Zunächst ist mit dieser Erweiterung gewährleistet, dass alle postsozialistischen Länder einbezogen werden – Nohlen und Kasapovic hatten Bulgarien und Moldova nicht berücksichtigt. Die dortigen Verhältniswahlsysteme mit landesweitem Wahlkreis und Sperrklausel stellen offensichtlich eine postsozialistische Besonderheit dar, deren typologische Einordnung zumindest im Rahmen der Publikationsserie im Jahre 1996 nicht möglich war. Dann wird mit der Unterscheidung zwischen Verhältniswahlsystemen in kleinen und großen Mehrpersonenwahlkreisen der Tatsache Rechnung getragen, dass im postsozialistischen Europa innerhalb des Typs „Verhältniswahlsystem" beträchtliche Unterschiede existieren. Besonders von der Wahlkreisgröße sind jedoch Unterschiede bei der Proportionalitätswirkung zu erwarten (Nohlen 1990: 65-72, vgl. auch Gallagher 1991: 48). Und der von Wahlsystemen hergestellte Proportionalitätsgrad erscheint in der Etablierungsphase von demokratischen Herrschaftsregimes von starker Bedeutung.

Die Unterscheidung zwischen kleinen und großen Mehrpersonenwahlkreisen (MPWK) liegt bei 11 Mandaten pro Wahlkreis (Slowenien). Diese Grenze ist bis zu einem gewissen Grad willkürlich, folgt aber bestehenden Einteilungen der Wahlsystemforschung (Nohlen 1990: 65) mit der Einschränkung, dass kleine und mittlere zu „kleinen" Wahlkreisen zusammen gefasst werden. Die Empirie der postsozialistischen Wahlsysteme erleichtert die Einteilung, da alle Verhältniswahlsysteme mit „großen" Mehrpersonenwahlkreisen eine Durchschnittsgröße von mindestens 20 Mandaten (in Lettland) aufweisen.

In Polen und Rumänien wird in unterschiedlich großen Wahlkreisen gewählt. Die Zuordnung zu „kleinen MPWK" kommt aufgrund des zahlenmäßigen Überwiegens kleiner Mehrpersonenwahlkreise (durchschnittliche Mandatsgröße jeweils knapp unter 8) zustande. Moldova verfügt über einen landesweiten Wahlkreis und wird als großer Mehrpersonenwahlkreis eingestuft. Auch in Bulgarien erfolgt die Mandatszuteilung nach der Aggregierung der kleinen und mittleren Wahlkreise auf nationaler Ebene, so dass ein großer Mehrpersonenwahlkreis besteht. Anders als in Moldova ist diese Einordnung hier nicht ganz unproblematisch, weil u.a. durch das cleavage Stadt/Land und die regionale Besiedlung durch die türkische Minderheit kein national einheitliches Parteiensystem besteht (vgl. Kapitel 4). Hier geht es jedoch nicht zuletzt um die Einbeziehung aller postsozialistischen Fälle; das bulgarische System ist noch am ehesten den Verhältniswahlsystemen in großen Mehrpersonenwahlkreisen zuzurechnen.

Trotz seiner Einordnung als „personalisierte Verhältniswahl" bei Nohlen/Kasapovic kann das slowenische Wahlsystem als Verhältniswahl in kleinen Mehrpersonenwahlkreisen eingestuft werden.[173] Dies lässt sich mit den Ausführungen von Nohlen/Kasapovic (1996: 84-86) auch in Übereinklang bringen: Die Mandatszuteilung erfolgt in Slowenien auf Grundlage der Listenergebnisse in den acht Elferwahlkreisen (ibid.), und nicht jeder Sieger in einem Einpersonenwahlkreis erhält ein Mandat.

Das Wahlsystem Estlands lässt sich nur schwer eindeutig zuordnen, da neben den Mehrpersonenwahlkreisen (Durchschnittsgröße 9.2) eine nationale Liste mit kompensatorischem Ziel besteht. Ausschlaggebend für die Einteilung als Verhältniswahlsystem in großen Mehrpersonenwahlkreisen ist die Empirie der Wahlen von 1992 und 1995, als die Mehrzahl der Mandate jeweils über die nationale Liste vergeben wurde (ibid.: 62).[174] Die Ukraine und Makedonien sind schließlich (neben Albanien) die einzigen postsozialistischen Länder, die seit den Gründungswahlen den Wahlsystemtyp gewechselt haben und somit in Tabelle 5.1 zweimal auftauchen.

Nach der Theorie müssten die Verhältniswahlsysteme mit großen Mehrpersonenwahlkreisen die besten Repräsentierungsleistungen erbringen. Ein einfacher Indikator[175] w_{rep} (für $WAHLEN_{Repräsentativität}$), der die Proportionalität der jeweils letzten Wahlen angibt, bestätigt diese Erwartung im Großen und Ganzen (Tabelle 5.2). Bis auf Moldova weisen die Parlamente aller entsprechenden Länder bei den jeweils letzten Wahlen die höchsten Repräsentationsgrade auf. Dort sorgten ein wenig strukturiertes Parteiensystem[176] und

---

173 Die im Vergleich zu Nohlen/Kasapovic (1996) abweichende Einordnung lässt sich vor allem mit der von mir im folgenden eingenommen Perspektive auf die Aspekte der Proportionalität und Mehrheitsbildung rechtfertigen. Die typenbildende Eigenart personalisierter Verhältniswahlsysteme – die höhere Legitimationsgrad der Abgeordneten durch die Stärkung des Wähler-Abgeordneten-Verhältnisses – liegt auf einer von mir nicht betrachteten Ebene.
174 Dies gilt auch für die hier nicht mehr ausführlich betrachteten Wahlen vom März 1999.
175 Ursprünglich nach Mackie/Rose 1982; vgl. Rose (1996: 156-172). Die Proportionalität wird dabei durch die Summierung der Differenz zwischen den Mandats- und Stimmenanteilen jeder einzelnen Partei gemessen. Diese Summe wird durch 2 geteilt (um Über- und Unterrepräsentierung gegeneinander abzugleichen) und von 100 abgezogen. Obwohl der dem Mackie/Rose-Indikator verwandte Indikator der "kleinsten Quadrate" von der Forschung als der geeignetere Indikator vorschlagen wird (vgl. Gallagher 1991, Lijphart 1994a), verwende ich wegen des Charakters der vorliegenden Wahldaten wrep. Der Indikator der kleinsten Quadrate hat gegenüber dem Mackie/Rose-Indikator Vorteile vor allem bei der besseren Veranschaulichung nichtrepräsentierter Parteien (Gallagher 1991: 48). Mir liegen aber nicht für alle betrachteten Länder bis in die unteren Ränge genaue Wahlergebnisse vor, so dass der wichtigste Vorteil entfallen würde.
176 Verwendung des Begriffs des strukturierten Parteiensystems erneut nach Sartori (1994: 37), siehe Kapitel 4. Demnach ist ein Parteiensystem dann strukturiert, wenn die Wähler von Images von Parteien ausgehen und aufgrund solcher Parteiimages ihre Wahlentscheidung treffen. Ein Parteiensystem ist demnach als unstrukturiert anzusehen, wenn sich die Wahlentscheidung hauptsächlich am Ansehen (lokaler) Persönlichkeiten orientiert, ohne dass die sachprogrammatische Ausrichtung eine Rolle spielt.

eine Sperrklausel von 4% für die relativ starke Überrepräsentierung aller Parteien sowie einen Anteil von fast 24% verschenkter Stimmen. Dieser hohe Anteil ist auch dadurch zu erklären, dass in Moldova noch am Wahltag des 22.3.1998 unklar war, ob für Einzelkandidaten entgegen den Bestimmungen des Wahlgesetzes die Sperrklausel aufgehoben würde oder nicht (ein Urteil des Verfassungsgerichtes wies eine entsprechende Klage erst einige Wochen nach den Wahlen zurück). Die entsprechende Verunsicherung der Wähler hat sicherlich zum vergleichsweise hohen Stimmenanteil für die an sich aussichtslosen Einzelkandidaten beigetragen. Die Staaten mit der höchsten Übereinstimmung zwischen Stimmen- und Mandatsverteilung – Bulgarien und die Slowakei – können diesen Erfolg demgegenüber auch auf den Charakter der Wahlen von 1997 und 1998 als Richtungswahlen zurückführen. Die Präsentation klarer Alternativen im Wahlkampf[177] führte zu einem geringen Anteil verschenkter Stimmen.

Tabelle 5.2: Proportionalitätsgrad in den Parlamenten des postsozialistischen Europa bei den jeweils letzten Wahlen (bis 1998)

	w_{rep}	Wahlsystemtyp
Bulgarien (1997)	92.5	Verhältniswahl in großen MPWK
Slowakei (1998)	89.65	Verhältniswahl in großen MPWK
Slowenien (1996)	88.65	Verhältniswahl in kleinen MPWK
Tschechien (1998)	88.55	Verhältniswahl in großen MPWK
Lettland (1998)	88.1	Verhältniswahl in großen MPWK
Estland (1995)	87.15	Verhältniswahl in großen MPWK
Ungarn (1998)	86.6	Kompensatorisches Wahlsystem
Makedonien (1998)[178]	85.6	Grabensystem
Rumänien (1996)[179]	81.58	Verhältniswahl in kleinen MPWK
Polen (1997)	81.5	Verhältniswahl in kleinen MPWK
Moldova (1998)	76.3	Verhältniswahl in großen MPWK
Litauen (1996)	75.5	Grabensystem
Russland (1995)	74.8	Grabensystem
Ukraine (1998)	67.2	Grabensystem

---

177 Zwischen der *Union der Demokratischen Kräfte* (SDS) und der *Sozialistischen Partei* (BSP) in Bulgarien, zwischen der *Demokratischen Koalition* (SDK) und der *Bewegung für eine Demokratische Slowakei* (HZDS) in der Slowakei.
178 Wert von wrep wegen der gemeinsamen Liste der albanischen Parteien (vgl. Kapitel 4) nur näherungsweise.
179 Da in Rumänien beide parlamentarischen Kammern fast über gleichlautende Kompetenzen verfügen, sind die Wahlergebnisse für den Senat hier und im folgenden eingerechnet.

Recht hohe Repräsentationswerte weisen – ebenfalls erwartungsgemäß – die Verhältniswahlsysteme mit kleinen Mehrpersonenwahlkreisen auf. Hier spielt allerdings der Charakter des Parteiensystems in stärkerem Maße eine intervenierende Rolle. Bei einem homogenen Parteiensystem mit landesweit ähnlichen Parteineigungen auf Wählerebene wirkt sich die mittlere Größe (acht Elfpersonenwahlkreise) der Wahlkreise kaum verzerrend auf die Mandatsverteilung aus. In Flächenstaaten mit regionalen Disparitäten bei den Parteiensystemen lassen sich hingegen größere Abweichungen erwarten. In Rumänien mit der regional siedelnden ungarischen Minderheit sowie in Polen mit dem starken Stadt/Land-Gefälle bestätigt sich im Wesentlichen die verzerrende Wirkung kleiner und mittlerer Wahlkreise; hinzu kommt die Existenz von Sperrklauseln in beiden Ländern.

Die Grabensysteme weisen als Typ die geringste Proportionalität auf. Die drei Systeme mit etwa gleichem Anteil von Listen- und Mehrheitswahlanteil[180], nämlich Litauen, Russland und die Ukraine, liegen am unteren Ende der Proportionalitätsskala. Dies ist unter zwei Aspekten bemerkenswert. Zum einen bestätigt sich besonders im Falle Russlands und der Ukraine die Hypothese Sartoris (1994: 38), in nicht strukturierten Parteiensystemen bewirke das System relativer Mehrheitswahl keinen Konzentrationseffekt. Anders als die *conventional wisdom* der Wahlsystemforschung nahelegen würde, dienen in den beiden GUS-Staaten die jeweils 225 Einpersonenwahlkreise als Einfallstor für unabhängige Abgeordnete, die die Mehrheitsverhältnisse in beiden Parlamenten äußerst unübersichtlich machen.[181]

Zum anderen fällt auf, dass das Grabenwahlsystem mit dem relativ kleinsten Listenwahlanteil – Makedonien[182] – den höchsten Proportionalitätsgrad aufweist. Auch hier zieht das Argument von Sartori. Neben dem wichtigen ethnischen *cleavage* spielte bei den Wahlen von 1998 der Konflikt zwischen den Kräften des *ancien régime* in der *Sozialdemokratischen Allianz für Makedonien* (SDSM) und der nationalistischen VRMO-DPMNE die wichtigste Rolle; in diesem Fall kann man also von einem sehr stark strukturierten Parteiensystem sprechen, in dem der Anteil des *absoluten* Mehrheitswahlrechts noch zusätzlich zur Konzentration beigetragen hat. Im ungarischen Fall schließlich haben sich die bei den ersten Wahlen nicht erreichten, aber seit

---

180 In Russland (seit 1993) und der Ukraine (1998) mit jeweils 225 Mandaten in Einpersonenwahlkreisen mit relativem Mehrheitswahlrecht und in einem landesweiten Listenanteil. In Litauen 71 Einpersohnenwahlkreise mit absolutem Mehrheitswahlrecht und 70 Mandate per landesweiter Liste.
181 Den nominell über 100 unabhängigen in der Verchovna Rada stehen in Russland die Abgeordneten der überaus heterogenen Fraktion *Russische Regionen* entgegen, die zu den über 30 Unabhängigen hinzugerechnet werden dürfen.
182 Seit 1998 werden 35 der 120 Mandate in einem landesweiten Wahlkreis vergeben, der Rest in Einpersonenwahlkreisen mit absolutem Mehrheitswahlrecht.

längerem vorhergesagten Kompensationseffekte des kompensatorischen Wahlsystems eingestellt (vgl. Grotz 1998). Der Proportionalitätsgrad reicht an den der Verhältniswahlsysteme mit großen Mehrpersonenwahlkreisen heran.

Nun ein Blick auf die mehrheitsbildende Wirkung der Wahlsysteme und Wahlsystemtypen. Außer in den entsprechenden Teilen der Grabensysteme Russlands und der Ukraine wird in keinem der Vergleichsländer Gebrauch von einem relativen Mehrheitswahlrecht gemacht. Die nach absolutem Mehrheitswahlrecht durchgeführten Wahlen (Belarus 1994, Makedonien 1994, Ukraine 1994) sind ausgesprochen schlecht dokumentiert. Ihre Analyse wird vor allem in Belarus und der Ukraine von der Existenz eines hoch fluiden und unstrukturierten Parteiensystem unmöglich gemacht, da sich für die einzelnen Parteien keine repräsentativen Stimmenanteile bestimmen lassen (vgl. entsprechend Birch 1995, Ott 1995, Sahm 1995, Lindner 1998).

Der für die Messung der Mehrheitsbildung geeignete Indikator der Überrepräsentierung steht also nicht in allen Ländern zu Verfügung. Zieht man den – weniger aussagekräftigen – Indikator einer nominalem Mehrheitsbildung zu Rate, scheint das Erreichen absoluter Mehrheiten tatsächlich in gewissem Maße mit der Existenz von Mehrheitswahlsystemen zusammenzuhängen. In Makedonien hat sich unter absolutem Mehrheitswahlrecht im Jahre 1994 eine absolute Mehrheit für eine Partei – die *Sozialdemokratische Allianz* (SDSM) – ergeben. Die Erringung der absoluten Mehrheit war allerdings durch den Rückzug des stärksten Konkurrenten, der VRMO-DPMNE, im zweiten Wahlgang begünstigt.

Das Erreichen absoluter Mehrheiten war mit *verschiedenen* Wahlsystemtypen verbunden: mit Verhältniswahlsystemen mit kleinen (Bulgarien 1994, 1997) und großen (Moldova 1994) Mehrpersonenwahlkreisen, mit Grabensystemen (Litauen 1992) und dem kompensatorischen Wahlsystem Ungarns (1994). Zu *manufactured majorities* kam es dabei in Bulgarien (1994), Moldova (1994), Litauen (1992) und Ungarn (1994); zudem wurden solche künstliche Mehrheiten einige Male knapp verfehlt (Slowakei 1992, Litauen 1996). Insgesamt hat also in Litauen, Makedonien und Ungarn der überproportionale Gewinn von Mandaten in Einpersonenwahlkreisen das Erringen natürlicher oder künstlicher Mehrheiten befördert. In Bulgarien und Moldova können die absoluten Mehrheiten hingegen weniger mit Eigenarten der Wahlsysteme erklärt werden (auch wenn die Sperrklauseln von jeweils 4% eine gewisse Rolle spielten). In Moldova im Jahre 1994 war der starke *swing* zugunsten der *Demokratischen Agrarpartei* (PDAM) in erster Linie mit deren Versprechungen zur Überwindung des Transnistrienkonfliktes verbunden. Ähnlich waren in Bulgarien die Wahlen der Jahre 1994 und 1997 Richtungswahlen, welche die großen Parteien – und damit auch die Nähe zu absoluten Mehrheiten – begünstigte.

Tabelle 5.3: Repräsentationsgrad und Mehrheitsbildung der bei Parlamentswahlen in Mittel- und Postsozialistischen Europa

W_{rep}	Wahlsystemtyp	W_{rep1}	$W_{rep1}-W_{rep}$ jeweils letzte Wahl	$W_{rep1}-W_{rep}$ Durchschnitt seit Gründungswahlen
Ungarn (1998) 86.6	Kompensatorisches Wahlsystem	91.65	5.05	8.17
Litauen (1996) 75.5	Grabensystem	85.4	9.9	7.25
Polen (1997) 81.5	Verhältniswahl in kleinen MPWK	86.45	4.95	6.68[183]
Makedonien (1998) 85.6	Grabensystem	91.95	6.35	n.a.
Moldova (1998) 76.3	Verhältniswahl in großen MPWK	81.05	4.75	4.75
Slowakei (1994) 86.9	Verhältniswahl in großen MPWK	89.4	2.5	4.25
Bulgarien (1997) 92.5	Verhältniswahl in großen MPWK	94.9	2.4	4.13
Estland (1995) 87.15	Verhältniswahl in großen MPWK	91.35	4.2	3.12
Rumänien (1996) 81.58	Verhältniswahl in kleinen MPWK	84.53	2.95	3.05
Tschechien (1998) 88.55	Verhältniswahl in großen MPWK	90.9	2.35	2.9
Lettland (1998) 88.1	Verhältniswahl in großen MPWK	89.5	1.4	1.18
Russland (1995) 74.8	Grabensystem	80.9	6.1	0.9
Slowenien (1996) 88.65	Verhältniswahl in kleinen MPWK	89.05	0.4	0.43
Ukraine (1998) 67.2	Grabensystem	68.4	1.2	n.a.

Betrachtet man in den Fällen, in denen dies von der Datenlage her möglich ist, die aufgrund von Wahlsystemen verursachten Überrepräsentierungen der jeweils stärksten Partei, gelangt man zu überraschend eindeutigen Ergebnissen. Eine hohe Überrepräsentierung der jeweils stärksten Partei, gemessen mit dem Indikator mit w_{rep1},[184] korreliert in auffälliger Weise mit der Fähig-

---

183 In Polen werden nur die Wahlen von 1993 und 1997 betrachtet.
184 wrep1 (WAHLENRepräsentativität + 1. Stärkste Partei) berechnet sich im Anschluss an wrep (siehe oben) durch die Addition der durch zwei geteilten Differenz zwischen Stim-

keit von Parteiensystemen zur Hervorbringung stabiler Regierungsmehrheiten (Tabelle 5.3). Der durchschnittliche Wert der Überrepräsentierung (W_{rep} – W_{rep1}) seit den jeweiligen Gründungswahlen zeigt, dass insbesondere in Ungarn und Litauen, in geringerem Maße jedoch auch in Polen (seit 1993) und Makedonien, die stabilen Mehrheitsverhältnisse in kleinen Koalitionen offensichtlich durch deren starke parlamentarische Stellung mit begünstigt war. In Lettland, Russland und der Ukraine wirkten sich geringe Überrepräsentierungen der stärksten Parteien zusätzlich negativ auf die Fähigkeit zur Regierungsbildung aus. Das russische Grabensystem führte bei den Wahlen 1993 sogar zu einer *Unter*repräsentierung der nach Listenanteilen stärksten Partei (der *Liberaldemokraten*). Für die Wahlen von 1995 und 1998 weisen Russland und die Ukraine den niedrigsten Wert für w_{rep1} auf, was erneut auf das geringe mehrheitsbildende Potenzial der Parteien- und Wahlsysteme beider Länder hinweist.

Ein letztes im Rahmen der Wahlsysteme zu diskutierendes Element besteht in der Sperrklausel. Insgesamt sind die Reduzierungsleistungen vieler Wahlsysteme im postsozialistischen Europa durch Sperrklauseln beträchtlich. Wie in Tabelle 5.4 (siehe unten) zu sehen ist, sind Nichtrepräsentierungen – durch das „Verlorengehen" von Stimmen – von weniger als 10 Prozentpunkten auch in Verhältniswahlsystemen eine große Ausnahme. In vielen Ländern, so z.B. Bulgarien, Litauen und Polen, hat die Kombination einer vergleichsweise übersichtlichen *Cleavage*-Struktur (vgl. Kapitel 4) in Verbindung mit Zugangsrestriktionen für Kleinparteien ein moderates Mehrparteiensystem geschaffen.

Die wichtigsten Unterschiede in den einzelnen Ländern lassen sich hinsichtlich der Adaption von Wählern und Parteien an die Restriktionen durch Sperrklauseln sehen. In Bulgarien, Polen (seit 1993), der Slowakei und Slowenien ist der Prozentsatz verloren gegangener Stimmen in den letzten Jahren kontinuierlich zurückgegangen. In Bulgarien, Polen und Slowenien lag dies hauptsächlich an der Bildung von Sammlungsbewegungen ehemaliger Oppositionskräfte (SDS in Bulgarien, AWS in Polen). Am anderen Ende der Skala rangieren die Grabensysteme Litauens, Russlands und mittlerweile auch der Ukraine. Deren Listenwahlanteil förderte höchst disproprtionale Ergebnisse zu Tage. Das Scheitern von 39 der angetretenen 43 Parteien bei den russischen Parlamentswahlen von 1995 und der Anteil von 49.5% verschenkter Stimmen stehen international ohne Vergleich da.

Kritisch anzumerken ist, dass die Grabensysteme in Russland und der Ukraine den Führern kleinerer politischer Parteien die Möglichkeit einräumen, trotz fehlenden Willens zur Kooperation über die Einpersonenwahlkrei-

---

men- und Mandatsanteilen der stärksten Partei. Die Differenz von wrep1-wrep gibt damit die „halbierte" Sitzprämie für die stärkste Partei an.

se doch noch ein parlamentarisches Mandat zu erhalten. Verstärkt wird in Russland das Streben zweitrangiger Politiker nach Direktmandaten durch eine Bestimmung des Wahlgesetzes, die nur eine begrenzte Anzahl von Kandidaten aus Moskau auf den Parteilisten zulässt. Auf der anderen Seite sind jedoch Kandidaturen für Einpersonenwahlkreise mit einem Zweitwohnsitz im jeweiligen Wahlkreis möglich.

Trotz der hohen Exklusionsraten kann dem Grabensystem in Russland und der Ukraine damit kein positiver Effekt auf die Konzentrierung des Parteiensystems zugeschrieben werden. In Litauen hingegen ist dieses Problem nicht so gravierend, weil hier der mehrheitswahlrechtliche Teil des Wahlsystems eine stark mehrheitsbildende Funktion hatte. Die starke Polarisierung hauptsächlich durch *Sąjūdis* und später den *Vaterlandsbund – Litauische Konservative* (TS-LK) schaffte in den Augen der Wähler genau jene *images*, die auch aus den Wahlen in den Einpersonenwahlkreisen Richtungswahlen machte (Krickus 1997, Krupavicius 1997). Zusätzlich hat in Litauen die Verwendung des absoluten Mehrheitswahlrechts (in Russland und der Ukraine: relatives Mehrheitswahlrecht) zur Mehrheitsbildung beigetragen, da sich die Wähler der kleinen Parteien in den meisten Wahlkreisen spätestens zum zweiten Wahlgang einer der beiden „großen" Alternativen – TS-LK oder LDDP – zuwenden mussten.

Nach dieser Diskussion verschiedener Elemente von Wahlsystemen wird deutlich, dass ein direkter Einfluss der Wahlsysteme auf den Stand der demokratischen Konsolidierung kaum unterstellt werden kann. Im Kontext der sich herausbildenden Parteiensysteme wirken die schon bei stabilen Demokratien schwer einzuschätzenden einzelnen Elemente der Wahlsysteme häufig auf unvorhersehbare Weise. Die Wirkung gesamter Wahlsysteme kann daher kaum von den Wirkungen getrennt werden, die von den dynamischen Parteiensystemen ausgehen.

Allerdings lassen sich hinsichtlich einzelner Wahlsystemelemente durchaus Aussagen treffen. So erscheinen insbesondere die Anteile des relativen Mehrheitswahlrechts in den Grabensystemen Russlands und der Ukraine kontraproduktiv, da der in diesen Ländern ohnehin vorhandene Drang zu politischer Fragmentierung unterstützt wird. Demgegenüber haben sich die unterschiedlichen Typen zugehörigen Wahlsysteme in Ungarn, Litauen und Polen (seit 1993) verdient gemacht, da sie in der Lage gewesen sind, dem Wählerwunsch nach Machtwechsel durch hohe Sitzprämien Nachdruck zu verleihen.[185]

---

[185] In Ungarn insbesondere im Jahre 1994, in Polen in den Jahren 1993 und 1997, in Litauen im Jahre 1996.

Tabelle 5.4: Anteil der durch Sperrklauseln nicht repräsentierten Wähler im postsozialistischen Europa, jeweils untere Kammer, 1990-1998

	Wahljahre	Nicht repräsentiert*, in Prozent	Gewählte Parteien**	Höhe der Sperrklausel***
Bulgarien	1991	25.0	4	4%
	1994	15.7	5	4%
	1997	7.4	5	4%
Estland	1992	14.6	7	5% oder 3 Wahlkreise
	1995	12.7	7	5% oder 3 Wahlkreise
Lettland	1993	10.6	8	4%
	1995	12.6	9	5%
	1998	11.8	6	5%
Litauen	1992	16.2	4	4%
	1996	36.0	5	5%
Moldova	1994	18.1	4	4%
	1998	23.7	4	4%
Polen	1991	6.2	10 ++	5% oder 5 Wahlkreise
	1993	34.3	6	1993 und 1997: 5%/8% (Wahlkreis), 7% (nationale Liste)
	1997	11.8	5	
Rumänien	1992	20.0	7	3%/8%
	1996	19.6	6	3%/8%
Russland	1993	13.3	8	5%
	1995	49.5	7	5%
Slowakei	1992	23.8	5	5%/7%/11%
	1994	13.1	7	5%
	1998	5.8	6	5%/10%/15%
Slowenien	1992	17.7	8	Drei Direktmandate
	1996	11.3	7	Drei Direktmandate
Tschechien	1992	19.2	8	5%/7%/11%
	1996	11.2	6	5%/7%/9%/11%
	1998	11.5	5	5%/7%/9%/11%
Ukraine	1998	27.8	10	4%
Ungarn	1990	15.8	6	4%
	1994	12.9	6	5%/10%/15%
	1998	9.1	6	5%/10%/15%

* Bezugspunkt: Stimmenverteilung nach Listenwahl bzw. Listenwahlanteil des Wahlsystems.
** Mit mindestens zwei Prozent der Stimmen *sowie* zwei Prozent der Mandate.
*** I.d.R. auf der nationalen Ebene; häufig nur für einen Teil der zu vergebenden Mandate relevant. Hohe Sperrklauseln können irreführend sein, wenn in größeren Wahlkreisen unterhalb der nationalen Ebene keine Barrieren bestehen (z.B. Polen 1991). Ein weiterer Hinweis: durch Schrägstriche getrennte Angaben (z.B. 5%/8%) bedeuten unterschiedliche Angaben für Parteien und Listenverbindungen.

In allen drei Fällen kamen Wahlen damit ihrer Katalysatorfunktion für die Bildung des Parteiensystems nach und schafften gleichzeitig eine Grundlage für das Regieren in stabilen Mehrheitskoalitionen. Am Beispiel Moldovas lässt sich nachvollziehen, dass innerhalb ungefestigter Parteiensysteme auch konzentrierende und mehrheitsbildende Wahlsysteme nur eine begrenzte Wirkung entfalten können. Das vermeintliche Vierparteiensystem – mit jeweils gänzlich unterschiedlichen Parteien – nach den Wahlen von 1994 und 1998 bestand nämlich jeweils nur kurz vor und kurz nach den Wahlen. Das Instrument der Vierprozenthürde wurde von den politischen Kräften durch Wahllisten umgangen; anstelle der vom Wahlsystem angestrebten Parteienkonzentration kam es zu zwischenzeitlichen Allianzen in einem nach wie vor fluiden politischen Spektrum.

In ihrer Bedeutung nicht zu unterschätzen sind die von den Wahlsystemen ausgehenden Konzentrationseffekte. Die Ausschließungseffekte von Sperrklauseln variieren ebenso wie Verringerung der Anzahl von Parteien mit bestimmten Wahlsystemtypen. Entgegen der *conventional wisdom* der Wahlsystemforschung und in Kontrast zu bekannten Thesen von Duverger (1954) und Sartori (1994) scheinen Verhältniswahlsysteme mit Sperrklauseln über die gesamte Region hinweg recht passable Ergebnisse hervorzubringen.[186]

So bewegen sich Proportionalitätsgrade und der Anteil verschenkter Stimmen zwar augenscheinlich oberhalb des in etablierten Demokratien üblichen Durchschnitts (vgl. Rose 1996: 163), selbst wenn der Sonderfall Moldova mit 23.7% verschenkten Stimmen nicht berücksichtigt wird (siehe Tabelle 5.5). In den jungen Parteiensystemen des postsozialistischen Raumes ist es jedoch kein großes Problem, wenn eine größere Anzahl von Parteien an Sperrklauseln scheitert. Die Geburt der Regimeopposition aus dem Geist der Zivilgesellschaft (vgl. Beyme 1994: 1001-123) ließ in den frühen Jahren des Systemwechsels eine Vielzahl von partikularistisch ausgerichteten Gruppen zu Wahlen antreten. Parteifusionen und Konzentrationsprozesse sind dabei am ehesten bei einem Scheitern bei Wahlen zu erwarten – die Bildung der *Wahlaktion Solidarność* (AWS) nach dem Fiasko des rechten Lagers im Jahre 1993 ist hier wohl das eindringlichste Beispiel.

Zu einem Problem werden verschenkte Stimmen erst dann, wenn sie ein legitimitätsbedrohendes Ausmaß annehmen. Dies war bei den letzten Wahlen am stärksten in den Grabensystemen Litauens, Russlands und der Ukraine

---

186 Diese Argumentation bezieht sich in erster Linie auf die Kriterien Repräsentation, Konzentration und Effektivität. Weitere Funktionen von Wahlsystemen wie Partizipation, Einfachheit und Legitimität (vgl. Nohlen/Kasapovic 1996: 183-194) werden hier vernachlässigt. Daher wurde auch kein umfassendes Urteil über die Funktionalität von Wahlsystemen im postsozialistischen Kontext abgelegt (vgl. hierzu Beichelt 1998).

der Fall. In allen drei Ländern gingen mindestens ein Viertel der Stimmen im Listenwahlanteil verloren. Zusätzlich führte offenbar weder in Litauen (1996) noch in Russland (1995) die Sperrklausel zu einem Lerneffekt bei den Wählern. Der Anteil verschenkter Stimmen erhöhte sich zuletzt in beiden Ländern dramatisch, in Litauen unterstützt durch die Anhebung der Sperrklausel von vier auf fünf Prozent.

Tabelle 5.5: Wahlsystemtypen und Konzentrationseffekte im postsozialistischen Europa (bis 1998)

		Sperrklausel			
		Anteil verschenkter Stimmen*	*Zu- bzw. Abnahme verschenkter Stimmen***	*Zu- bzw. Abnahme parlamentarisch vertretener Parteien***	*Durchschnittliche Sitzprämien für die jeweils stärkste Partei*
Grabensysteme	Litauen (1992, 1996)	36.0	+19.8	0	+14.5
	Makedonien (1998)	n.a.	n.a.	+1	n.a.
	Russland (1993, 1995)	49.5	+36.2	−1	+1.8
	Ukraine (1998)	27.8	n.a.	+1	n.a.
Verhältniswahl in kleinen MPWK	Slovenien (1992, 1996)	11.3	−6.4	−1	+0.9
	Polen (1993, 1997)	11.8	−22.5	−2	+13.4
	Rumänien (1992, 1996)	19.6	−0.4	0	+6.1
Verhältniswahl in großen MPWK	Bulgarien (1991, 94, 97)	7.4	−8.3	0	+8.3
	Estland (1992, 1995)	12.7	−1.9	−1	+6.2
	Lettland (1992, 95, 98)	11.8	−0.8	−3	+2.4
	Moldova (1994, 1998)	23.7	+5.6	0	+9.5
	Slowakei (1992, 94, 98)	5.8	−7.3	−1	+8.5
	Tschechien (92, 96, 98)	11.5	+0.3	−1	+5.8
Kompensatorisches Wahlsystem	Ungarn (1990, 94, 98)	9.1	−2.2	0	+16.3

* Bei den jeweils letzten Wahlen.
** Zwischen den jeweils letzten und vorletzten Wahlen.

Insgesamt bestechen die Verhältniswahlsysteme durch Lerneffekte im Zusammenhang mit den Sperrklauseln. Bis auf Moldova (1998) und Tschechien (1998) lässt sich in allen Verhältniswahlsystemen eine Tendenz zur Abnahme verschenkter Stimmen feststellen. Dies geht einher mit einer Stagnation oder Reduzierung der Anzahl parlamentarischer Parteien. In keinem Land mit

Verhältniswahlrecht kam es bei jüngeren Wahlen zu einer Zunahme der Parteienzahl. Kamen – wie etwa in Lettland und Tschechien – neu gegründete Parteien ins Parlament, waren diese in der Lage, etablierte Parteien zu verdrängen und trugen somit letztlich zur Konzentration des Parteiensystems bei. Das gute Abschneiden der Verhältniswahlsysteme mit großen Mehrpersonenwahlkreisen im Hinblick auf die Sitzprämien für die jeweils stärksten Parteien – gemessen am in Kapitel 5.1 eingeführten Indikator für Mehrheitsbildung w_{repl} – kann jedoch nicht auf wahlsystematische Gesichtspunkte zurückgeführt werden. Entscheidend für die hohen absoluten Werte bei der Überrepräsentierung in Bulgarien, Moldova, Polen und der Slowakei sind vor allem die vergleichsweise hohen Stimmanteile der jeweils stärksten Partei in Verbindung mit der Exklusionswirkung der Sperrklauseln.

Zur Beantwortung der Frage, welche dieser Effekte dem Wahl-, welche dem Parteiensystem zuzuschreiben sind, bietet sich ein kurzer Vergleich zwischen Litauen, Russland und der Ukraine an. In allen drei Staaten besteht eine Wahlliste, an deren Sperrklausel von vier (Litauen 1992, Ukraine 1998) bzw. fünf Prozent (Litauen 1996, Russland 1993 und 1995) eine vergleichsweise hohe Zahl von Wählerstimmen hängenblieb. Mit den Grabenwahlsystemen lassen sich die Effekte der einzelnen Wahlsystemteile auf das Parteiensystem ablesen (für das Vorgehen vgl. Moser 1999: 366).

Bei relativ konstanter Umgebung – gleiches Land, gleiches Wahldatum, ähnlicher Personenkreis an der Wahlurne, gleiches Parteiensystem auf Wählerebene etc. – ergeben sich dabei in den drei Ländern höchst unterschiedliche Parteiensysteme auf Parlamentsebene. Während in Russland vier, in Litauen fünf und in der Ukraine acht Parteien per Liste ins Parlament gelangten, generierte der mehrheitswahlrechtliche Teil des Grabensystems in allen Fällen weit fragmentiertere Teilparlamente. Zumindest im Falle Russlands und der Ukraine nicht gerade eine Bestätigung für Duvergers „soziologisches Gesetz", ein relatives Mehrheitswahlrecht führe zwingend zu einem Zweiparteiensystem!

Interessant ist jedoch nicht nur dieser Befund. In Litauen mit seinem *absoluten* Mehrheitswahlrecht wurden nämlich nicht nur die Stimmen in den Einpersonenwahlkreisen so kanalisiert, dass lediglich ein Anteil von unter 20% an Unabhängige bzw. Kleinparteien ging (in Russland etwa ein Drittel, in der Ukraine mindestens die Hälfte). Darüber hinaus war in Litauen der Mandatsanteil der stärksten Partei, des *Vaterlandsbundes* (TS-LK) im Listenwahlanteil sogar noch stärker als im mehrheitswahlrechtlichen Teil des Wahlsystems. Anders in Russland und der Ukraine, wo die stärksten Parteien KPRF und KPU jeweils zu einem wesentlich geringeren Anteil Einpersonenwahlkreise gewinnen konnten. Damit wirkte das Grabensystem Litauens mehrheitsbildend, das Grabensystem in Russland und der Ukraine jedoch mehrheitsverwischend.

Dies lässt sich wohl am ehesten mit dem Charakter der jeweils stärksten Partei erklären. Die Kommunistischen Parteien in Russland und der Ukraine sind nicht gerade für ihre systemloyale Haltung berühmt. Wie die Ergebnisse der Präsidentenwahlen (Russland 1996 und Ukraine 1999) zeigen, besitzen sie einen relativen, aber keinen absoluten Mehrheitsrückhalt in der Bevölkerung. Berücksichtigt man zusätzlich noch den zweimaligen Wahlerfolg der *Liberaldemokratischen Partei* (LDPR), fällt ins Auge, dass sich damit in Russland und der Ukraine die bestorganisierten Parteien an den extremen Enden des parteilichen Spektrums befinden (vgl. Moser 1999: 373).

Die positiven und negativen Auswirkungen der Grabensysteme – die Überrepräsentierung starker Parteien im Listenwahlanteil und die z.T. ergebnisverwischenden Auswirkungen im mehrheitsrechtlichen Anteil – lassen sich also tatsächlich nicht vom Charakter der Parteiensysteme trennen. Der polarisierende Charakter der „großen" Parteien in Russland und der Ukraine dominiert bislang alle möglichen Auswirkungen der Wahlsysteme. Ein Verhältniswahlrecht mit Sperrklausel würde zur Überrepräsentierung von Antiregimeparteien, ein relatives Mehrheitswahlrecht zu fragmentierten Parlamenten mit Versammlungscharakter führen. Eine Zurückdrängung der polarisierenden Parteien wäre wahrscheinlich nur mit einem absoluten Mehrheitswahlrecht möglich, wenn sich gleichzeitig die moderaten Kräfte zu Wahlbündnissen insbesondere gegen die postkommunistischen Kräfte entschließen könnten (was in beiden Ländern aufgrund der Erfahrungen in den ersten acht Jahren seit dem Regimewechsel als unwahrscheinlich gelten kann). In Litauen hingegen hat das Grabensystem letztlich stabilisierende Wirkung entfalten können, weil durch die Herausbildung politischer Lager im mehrheitswahlrechtlichen Teil des Wahlsystems die *swings* auf Wählerebene mehrheitsbildend auf die Mandatsebene durchschlugen. Dieses positive Urteil ist allerdings nur möglich, weil das Parteiensystem Litauens eben überwiegend aus regimestützenden und nicht regimekritischen Parteien besteht.

Daher komme ich zu dem Schluss, dass den Wahlsystemen zwar ein strukturierender Einfluss auf einzelne Parteiensysteme nachgesagt werden kann. Dies geschieht vor allem durch die konzentrierende Wirkung, die insbesondere von den meisten Verhältniswahlsystemen mit Sperrklausel ausgehen. Diese beeinflussen die Stabilitäts- und Fragmentierungsgrade der Parteiensysteme in beträchtlichem Maße. Die weitergehende Wirkung auf die demokratische Konsolidierung bleibt jedoch beschränkt; zumindest lassen sich diese Effekte kaum isolieren. Es scheint, als ob sich der Charakter der Parteiensysteme und der Polarisierungsgrad als entscheidende Variablen erweisen. Wie der kurze Vergleich zwischen Litauen, Russland und der Ukraine gezeigt hat, schlagen diese unabhängig vom Wahlsystemtyp durch.

Der Blick auf den moldauischen Fall legt in anderer Perspektive offen, dass die Wahl verschiedener Wahlsysteme bei ähnlichen parteisystematischen Voraussetzungen nur beschränkte Wirkung entfalten kann. Das Verhältniswahlsystem mit großen Mehrpersonenwahlkreisen entfaltet zwar wegen seiner Sperrklausel ebenfalls beträchtliche Konzentrationseffekte. Der überhastete Zusammenschluss relativ disparater politischer Kräfte in der *Demokratischen Konvention* (CDM) und der Wahlliste *Für ein Demokratisches und Wohlhabendes Moldova* (PMDP) diente nämlich nicht zuletzt der Überwindung der Sperrklausel. Ob sich mit der Konzentration auf dem Papier auch eine Konvergenz der Programme hin zu einer Herausbildung strukturierter politischer Blöcke ergibt, bleibt abzuwarten und kann im Lichte früherer Entwicklungen bezweifelt werden. Und wie in Russland und der Ukraine erlangte 1998 mit der *Kommunistischen Partei* (CPM) ausgerechnet eine Partei mit Loyalitätsproblemen und starkem polarisierenden Potenzial die stärkste Sitzprämie. Das in den übrigen Staaten der Region eher erfolgreiche Verhältniswahlsystem mit Sperrklausel birgt also in Moldova ähnlich wie in Russland und der Ukraine eine eher neutrale Komponente: entscheidend für die Konsolidierung ist der Charakter der stärksten Partei und nicht die Art und Weise, wie sie zu ihrem Mandatsanteil kommt.

5.2 Fragmentierung der Parteiensysteme

Zwischen der Anzahl der gewählten Parteien, dem Wahlsystemtyp und der Höhe der Sperrklausel bestehen also augenscheinlich keine systematischen Zusammenhänge. Länder mit Vielparteiensystemen (mindestens sieben Parteien oder parteiähnliche Gruppierungen auf Parlamentsebene: Estland, Russland, Slowenien, Ukraine) verfügen über unterschiedliche Wahlsysteme und allesamt über Sperrklauseln. Länder mit vergleichsweise wenigen relevanten Parteien wie Bulgarien, Litauen, Polen oder Tschechien weisen unterschiedliche Wahlsysteme auf. Mit den Verhältniswahlsystemen in großen Mehrpersonenwahlkreisen taucht ausgerechnet hier – in Bulgarien, Tschechien, Moldova – ein Wahlsystemtyp auf, dem nach der *conventional wisdom* der Wahlsystemforschung eher Vielparteiensysteme zugeschrieben werden.

Mit welchen Faktoren lässt sich also der Fragmentierungsgrad der Parteiensysteme im postsozialistischen Europa erfassen? Zunächst eignet sich hier nach wie vor die von Giovanni Sartori (1976: 125-129) getroffene Unterscheidung zwischen moderatem und polarisierten Pluralismus. Sartoris Anliegen war in erster Linie die Abkehr von einer rein numerischen Auszählung von Parteien in Ein-, Zwei- oder Mehrparteiensystemen gewesen. Er führte dazu „relevante" Parteien an, die an ihrem Koalitions- oder Blockadepotenzial zu erkennen seien; dies diente vor allem der analytischen Ausblendung von Kleinparteien im Parlament.

Die Berücksichtigung dieser Neuerung stellte jedoch, wie Sartori (1976: 126) anmerkte, kein Kriterium zur Unterscheidung von moderatem („limited") und starkem („extreme") Pluralismus zur Verfügung. Daher führte der italienisch-amerikanische Politikwissenschaftler zusätzlich die bereits diskutierte (vgl. Kapitel 4) Dimension der ideologischen Distanz zwischen den vertretenen Parteien ein. Diese führte ihn zur Unterscheidung von ideologisch moderatem und ideologisch polarisiertem Pluralismus (Sartori 1976: 126-127). Bei Beyme (1984: 311-314) wurden diese beiden in der Realität westlicher Demokratien am häufigsten vorkommenden Parteiensystemtypen mit Untertypen ausgestattet: gemäßigter Pluralismus in alternierenden Regierungen mit kleinen, großen oder ohne Koalitionen, polarisierter Pluralismus mit Fundamentalopposition oder regierungsfähigen Mitteparteien.

Für die Erfassung der Parteiensysteme in den sich entwickelnden Demokratien des postsozialistischen Europa erweist sich die Verbindung des Fragmentierungsgrades – bei Sartori: „Segmentierung" – mit der Dimension der ideologischen Distanz jedoch als nur begrenzt tauglich. Die Annahme, eine größere Anzahl der Parteien ginge mehr oder weniger automatisch mit einer größeren Polarisierung des Parteienspektrums einher, sieht sich nicht bestätigt. In Estland, Lettland und Slowenien kann man nicht wirklich von polarisierten Parteiensystemen sprechen. Zwar vertreten *Pro Patria* in Estland, *Vaterland und Freiheit* (TB) in Lettland und die *Slowenische Nationalpartei* (SNS) Anliegen der nationalen Mehrheit in polarisierender Absicht. Anders als etwa in der Weimarer Republik, aber auch anders als in Italien oder Frankreich seit 1945 finden sich keine Parteien, die an den Grundfesten des Regimes rütteln und damit als Antiregimeparteien zu bezeichnen wären.

Dieser Umstand lässt sich teilweise mit der Übermacht von Personen gegenüber Programmen während des Regimewechsels erklären. Trotz nahe beieinander liegender Programme sind wichtige Protagonisten der Liberalisierungs- und Demokratisierungsphasen nicht zu organisatorischen Zugeständnissen bereit, solange ihr individueller Bekanntheitsgrad den Wahlerfolg garantiert. Ein anderer Teil der Erklärung liegt in der geringen gesellschaftlichen Verankerung der Parteien in Demokratisierungsstaaten. Dadurch können sich funktionale Minderheiten leichter dem Parteienwettbewerb entziehen und mit Partialprogrammen zu Wahlerfolgen gelangen.[187]

---

[187] Beispiele: *Frauen Russlands* (ŽR) in Russland (1993), *Demokratische Partei der Pensionäre* (DeSUS) in Slowenien (1996).

Tabelle 5.6: Effektive Parteien (nach Laakso/Taagepera 1979) in den Parla-

Land	Effektive Parteien	Mandatsanteile der einzelnen Parteien	
Bulgarien	2.5	BSP	24.2
		SDS	57.1
		DPS	7.9
		BBB	5.0
		Eurolinke	5.8
Estland	5.4	Zentrumspartei (K)	9.9
		Gemäßigte (M)	5.9
		Pro Patria (Isamaa)	6.9
		Reformpartei (RE)	18.8
		KMÜ	35.6
		Russische Fraktion	5.9
Lettland	5.5	Lettlands Weg (LC)	21.0
		TB	17.0
		Volkseintracht	16.0
		Volkspartei	24.0
		Neue Partei	8.0
		Sozialdemokraten	14.0
Litauen	2.8	TS-LK	49.6
		LDDP	8.5
		LKDP	11.3
		LCS	10.0
		LSDP	8.5
		Andere*	12.1
Makedonien	3.9	VRMO-DPMNE	40.8
		DA	10.8
		SDSM	23.3
		LDP-DPM	3.3
		PDP	10.8
		PDP-A	9.2
		Andere	1.6
Moldova	3.4	PCM	39.6
		CDM	25.7
		PMDP	23.8
		PFD	10.9
Polen	3.1	UW	13.0
		SLD	35.7
		PSL	5.9
		AWS	40.4
		ROP	1.3
		Andere* (vgl. Text)	3.7
Rumänien	4.3	PDSR	26.5
		PD	15.5
		CDR	35.6
		UDMR	7.3
		PUNR	5.2
		PRM	5.5
		Andere*	4.4

menten des postsozialistischen Europa, 1998

Land	Effektive Parteien	Mandatsanteile der einzelnen Parteien	
Russland	6.0	Jabloko	9.8
		NDR	14.4
		KPRF	30.9
		Agrarpartei	7.8
		LDPR	11.1
		Macht dem Volke!	9.1
		Russische Regionen	9.8
		Andere	7.1
Slowakei	4.8	HZDS	28.7
		SDK	28.0
		SDL	15.3
		SNS	9.3
		SMK	10.0
		SOP	8.7
Slowenien	5.5	LS/LDS	27.8
		SKD	11.1
		SDSS	17.8
		ZLSD	10.0
		SNS	4.4
		SLS	21.1
		DeSUS	5.6
		Andere*	2.2
Tschechien	3.7	ODS	31.5
		ČSSD	37.0
		KDU-ČSL	10.0
		US	9.5
		KSČM	12.0
Ukraine	7.0	KPU	27.1
		Sozialisten/Bauernpartei	7.6
		PSP	3.6
		Agrarier	2.0
		Grüne	4.2
		Hromada	5.3
		Vereinigte Soz.-demokr.	3.8
		Dem. Volkspartei	6.2
		Ukraine Voran	2.0
		Ruch	10.4
		Andere*	27.7
Ungarn	3.5	MDF	4.4
		SZDSZ	6.2
		FKGP	12.4
		MSZP	34.7
		FIDESZ-MPP	38.3
		MIÉP	3.6
		Andere*	0.3

* „Andere" bzw. Kleinparteien werden wie einzelne Unabhängige gezählt.

Auf der anderen Seite kann auch starke Polarisierung herrschen, ohne dass sich dies in einer starken Fragmentierung des Parteiensystems niederschlägt. Sozusagen im Schlepptau des Konflikts um das *ancien régime* verbleiben die Sammelbewegungen der „demokratischen Kräfte" bestehen, um sich auch in der postsozialistischen Phase den Hegemonialbestrebungen der alten Eliten zu entziehen. Beispiele in dieser Hinsicht sind vor allem Bulgarien und Rumänien, wo die ideologische Distanz zwischen den kommunistischen Nachfolgeparteien und dem „demokratischen Block" nach wie vor groß ist.[188] Diese Überlegung führen mich zu einer analytischen Trennung der Dimensionen Fragmentierung und Polarisierung zurück – gewissermaßen ein Rückfall in die Zeiten vor Sartori (1976). Die Niederschlagung der Interessen der postsozialistischen Gesellschaften führt damit im postsozialistischen Europa zu Staaten mit moderatem, starkem und extremen Pluralismus (vgl. Tabelle 5.7, erstellt mit den in Tabelle 5.6 präsentierten Daten).

Hierfür wird der bereits oben ermittelten Anzahl der im Parlament vertretenen Parteien – wie in Tabelle 5.4 gemessen an der Zahl der Parteien oder Wählerlisten, die Einzug ins Parlament gehalten haben und/oder als Fraktionen über mindestens zwei Prozent der Mandate verfügen – der Indikator der „effektiven" Parteien nach Laakso/Taagepera (1979)[189] beigefügt. Die gleichzeitige Betrachtung beider Indikatoren ist recht einfach darauf zurückzuführen, dass bei der Beurteilung des Fragmentierungsgrades sowohl der absoluten Anzahl als auch dem Gewicht der einzelnen Parteien Bedeutung zukommt. Zum einen müssen Regierungskoalitionen mit einer größeren Anzahl vertretener Parteien ceteris paribus mit einer größeren ideologischen Distanz der Partner zurechtkommen. Zum anderen können unter bestimmten politischen Konstellationen – insbesondere in der polarisierten Atmosphäre des nicht überwundenen Regimekonflikts – „kleine" Parteien zur Anlehnung an „große" Partner gezwungen werden, die Relevanz „kleiner" Parteien bleibt dann auch wirklich gering.

---

188 In Bulgarien: *Union der Demokratischen Kräfte* (SDS) gegen *Sozialistische Partei* (BSP). In Rumänien: *Demokratische Konvention* (CDR) gegen *Partei der Sozialen Demokratie* (PDSR).
189 Der Index der effektiven Parteien nach Laakso/Taagepera wird nach der Formel $1 / pi^2$ berechnet, wobei pi den Mandatsanteil der Partei i darstellt. Bei zwei gleich starken Parteien mit je 50% der Sitze ergibt sich ein Wert von 2.0, während bei einer Verteilung von 30% und 70% einen Wert von etwa 1.7 effektiven Parteien ergibt – in Übereinstimmung mit dem intuitiven Effekt, dass wir uns von einem Zweiparteiensystem in Richtung eines Einparteiensystems bewegen (vgl. Lijphart 1984: 120-121).

Tabelle 5.7: Pluralismus in den Parteiensystemen des postsozialistischen Europa, Ende 1998

	Land	Effektive Parteien nach Laakso / Taagepera (1979)	Anzahl der im Parlament vertretenen Parteien*	Durchschnitt der beiden Werte	Multiplikand der beiden Werte
Moderater Pluralismus	Bulgarien	2.5	5	3.8	12.5
	Litauen	2.8	5	3.9	14.0
	Moldova	3.4	4	3.8	15.2
	Polen	3.1	4	3.6	14.4
Grenzfall	Tschechien	3.7	5	4.4	22.0
Starker Pluralismus	Lettland	5.5	6	5.8	34.8
	Makedonien	3.9	6	5.0	30.0
	Rumänien	4.3	6	5.2	31.2
	Slowakei	4.8	6	5.4	32.4
	Ungarn	3.5	6	4.8	28.8
Grenzfall	Slowenien	5.5	7	6.3	44.1
Extremer Pluralismus	Estland	5.4	9	7.2	64.8
	Russland	6.0	7	6.5	45.5
	Ukraine	7.0	10	8.5	85.0

* Parteien mit mind. zwei Prozent der Stimmen *sowie* zwei Prozent der Mandate.

Die Unterteilungen von Tabelle 5.7 geben einen heuristischen Überblick über die Fragmentierung der Parteiensysteme. Da das gegenseitige Verhältnis der Indikatoren „effektive Parteien" und „Anzahl der Parteien" theoretisch nicht geklärt ist, werden die Indikatoren einzeln, in ihrem Durchschnittswert und in multiplizierter Form betrachtet;[190] dabei entstehen überall unterschiedliche Rangfolgen. Diese Tatsache lässt es sinnvoll erscheinen, ausschließlich eindeutige Fälle zu klassifizieren und zwei Ländern den Status als Grenzfälle zuzugestehen.

Moderater Pluralismus auf Parteiensystemebene kann in Bulgarien, Moldova, Litauen und Polen verzeichnet werden. Wie bereits mehrmals ange-

---

[190] Der Durchschnittswert gewährt dem Indikator der effektiven Parteien eine stärkere Relevanz, da sich hier Differenzen zwischen den beiden Indikatoren stärker widerspiegeln. Die Multiplikation lässt hingegen die Anzahl der Parteien stärker ins Licht treten, da der Wert der größeren Variable dominiert.

deutet, dürfte in Bulgarien und Moldova die geringe Zahl der Parteien die Bündelung der politischen Kräfte überbewerten. In Bulgarien bleibt abzuwarten, ob die *Union der Demokratischen Kräfte* (SDS) sich aus einer Sammelbewegung der rechten Mitte zu einer homogenen Partei entwickeln wird. In den Wahlkämpfen von 1996 und 1997 war auf jeden Fall die Ablösung der postkommunistischen *Sozialistischen Partei* (BSP) das einende politische Ziel gewesen (vgl. Deimel 1997, Venkova-Wolff 1997). Zwei Jahre nach den Parlamentswahlen sieht es eher nach einer Festigung der SDS als nach einem baldigen Zerfall aus; eine robuste Prognose lässt sich aus diesem Sachverhalt nicht ableiten.

In Moldova war keine der gegenwärtig im Parlament vertretenen Parteien in dieser Form bereits in der vorherigen Legislaturperiode vertreten. Die *Demokratische Konvention Moldovas* (CDM – 25.7% der Mandate) und die Bewegung *Für ein Demokratisches und Wohlhabendes Moldova* (PMDP – 23.8% der Mandate) stellen Wahlzweckgemeinschaften dar, deren dauerhaftes Überleben zweifelhaft ist (vgl. Hanne 1998). Beiden Gruppierung könnte dasselbe Schicksal blühen wie der *Demokratischen Agrarpartei* (PDAM) in der vergangenen Legislaturperiode – der langsame aber stetige Zerfall durch wechselnde und meist persönlich motivierte Loyalitätslinien.

In Litauen, Polen und mit Abstrichen auch Tschechien scheinen sich dagegen mehr oder weniger stabile Parteiensysteme mit einem moderaten Pluralismus etabliert zu haben. Wenig fragmentiert erscheint das polnische Parteiensystem mit gemäßigten Mitte-Rechts- und Mitte-Links-Blöcken, flankiert von einer liberalen sowie einer – der ländlichen Struktur des Landes geschuldeten – Bauernpartei. Am rechten Rand franst das Spektrum allerdings aus, seit die *Bewegung für den Wiederaufbau Polens* (ROP) den Sprung ins Parlament schaffte[191] und zudem etwa 15 national-konservative Abgeordnete aus der AWS austraten. In Litauen bilden seit 1996 eine „große" – der *Vaterlandsbund – Litauische Konservative* (TS-LK) mit fast 50% der Mandate –, vier kleine Parteien und eine Reihe von Kleinparteien oder Unabhängigen den Seimas. Nicht nur die Unabhängigen, sondern auch die starke Überrepräsentierung des TS-LK im Grabensystem geben Anlaß zum Zweifel, ob der moderate Pluralismus in Litauen bereits seinen Ausdruck in einem fest konsolidierten Parteiensystem gefunden hat.

In Tschechien hat der Zerfall der *Demokratischen Bürgerpartei* (ODS) im Winter 1997 nicht zu einer größeren Fragmentierung des Parteiensystems geführt, da die neu entstandene *Freiheitsunion* (US) Wähler und Personal einer weiteren rechtsliberalen Partei, der *Demokratischen Bürgerallianz*

---

191 Da die ROP mit 5.6% der Stimmen nur 1.6% der Mandate erzielen konnte, wird sie in den Tabellen 5.4 bis 5.6 nicht berücksichtigt.

(ODA) aufsaugen konnte (vgl. O'Rourke 1997). Da gleichzeitig seit 1998 die *Republikaner* (SPR-RSČ) nicht mehr in der Abgeordnetenkammer vertreten sind, kam es sogar zu einer Konzentrierung des Parteiensystems. Die feste Etablierung von fünf Parteien bei gleichzeitiger Existenz der *Kommunistischen Partei* (KSČM) lassen den tschechischen Fall etwas weniger „moderat" erscheinen als die Fälle Polens und Litauens. Die Einordnung in diese Gruppe scheint dennoch gerechtfertigt.

In allen übrigen Parlamenten des postsozialistischen Europa sind mindestens sechs Parteien vertreten. In Lettland, Makedonien, Rumänien, der Slowakei und Ungarn variiert dabei der Wert der effektiven Parteien stark. In Makedonien stehen sich die *Innere Revolutionäre Makedonische Organisation – Demokratische Partei der Makedonischen nationalen Einheit* (VRMO-DPMNE) und die *Demokratische Alternative* (DA) nahe. Zudem bilden die albanischen Parteien, die *Partei der Demokratischen Prosperität* (PDP) und die *Demokratische Partei* (PDSh) in vielen Fragen einen gemeinsamen Block, obwohl eine Partei der Regierung, die andere der Opposition angehört.[192] Trotz der nominell sechs Parteien ist das makedonische Parteiensystem damit recht übersichtlich, da zu den genannten Blöcken nur noch die bis 1998 regierende *Sozialdemokratische Allianz* (SDSM) von eigenständiger politischer Relevanz ist.

In Lettland, Rumänien, der Slowakei und Ungarn haben dagegen alle sechs Parteien ihr eigenes programmatisches Gewicht. In Ungarn richtet sich das Parteiensystem im Wesentlichen am Konkurrenzkampf zwischen den „großen" Alternativen der *Sozialistischen Partei* (MSZP) und *Jungdemokraten* (FIDESZ-MPP) aus. Mit Ausnahme der *Wahrheits- und Lebenspartei* (MIEP) erschienen zumindest im letzten Wahlkampf die übrigen, eher „kleinen" Parteien", als potenzielle Regierungspartner von MSZP und FIDESZ-MPP (Dieringer 1998).

In Rumänien und der Slowakei wird eine solche Konstellation durch die Existenz der ungarischen Minderheiten und deren jeweilige Parteien – die *Ungarische Koalitionspartei* (SMK) in der Slowakei und die *Ungarische Demokratische Union* (UDMR) in Rumänien – erschwert. Da gleichzeitig nationalistische Parteien eine vergleichsweise starke Rolle spielen und sich sowohl die *Partei der Sozialen Demokratie* (PDSR) in Rumänien als auch die *Bewegung für eine Demokratische Slowakei* (HZDS) national-populistischen Elementen durchaus aufgeschlossen zeigen, sind Teile des Parteiensystems faktisch nicht koalitionsfähig. Die Minderheitenparteien zeigen sich im übrigen durchaus selbstbewußt und können nicht als natürliche Partner der „de-

---

192 Von 1994 bis 1998 war die *Partei der Demokratischen Prosperität* (PDP) an der Regierung beteiligt, seit 1998 ist dies bei der *Demokratischen Partei* (PDSh) der Fall.

mokratischen" Kräfte von rumänischer *Demokratischer Konvention* (CDR) und slowakischer *Demokratischer Koalition* (SDK) gelten. Zusätzlich kommen in beiden Ländern noch Linksparteien ins Spiel, in der Slowakei die *Partei der Demokratischen Linken* (SDL) und in Rumänien die mittlerweile aus dem Parlament *Sozialistische Arbeiterpartei* (PSM).

In beiden Ländern lässt sich die Einordnung „starker Pluralismus" (immer noch Tabelle 5.7) also sicherlich ebenso rechtfertigen wie beim lettischen Fall. Im Gegensatz zu den konturierten Parteiensystemen Ungarns und der Slowakei herrscht in Lettland bei den parlamentarisch vertretenen Parteien allerdings eine eher diffuse Programmatik vor. Dies ist nicht zuletzt den drei seit 1998 neu vertretenen Parteien – der *Volkspartei*, der *Neuen Partei* und der *Sozial-Demokratischen Allianz* – zu verdanken (vgl. Bungs 1998). Immerhin konnte zwar bei den letzten Wahlen die Zahl der Parlamentsparteien von neun auf sechs reduziert werden. Entsprechende wissenschaftliche Darstellungen, aber auch die Presseberichterstattung[193] erwecken im Beobachtungszeitraum den Eindruck, die Existenz der meisten Parteien ginge auf persönliche Differenzen zwischen den Führungsfiguren sowie konkurrierende wirtschaftliche – also nicht politisch-territoriale, sondern funktional-sektorale – Interessen zurück.

Slowenien und Estland weisen eine Diffusität der Parteiensysteme auf.[194] Die sieben Parteien im slowenischen und neun Parteien im estnischen Parlament zeichnen sich im Vergleich mit anderen Staaten der Region dadurch aus, dass sie besonders im wirtschaftspolitischen Bereich alles in allem ähnliche programmatische Positionen vertreten. Natürlich vertreten zwar einzelne Parteien durchaus konkurrierende Programme, so etwa die estnische *Reformpartei* (RE) und die *Zentrumspartei* (K) oder die slowenischen *Liberaldemokraten* (LS/LDS) und die *Vereinigte Liste der Sozialdemokraten* (ZLSD). Vergleicht man die Spanne allerdings mit den übrigen mitteleuropäischen Staaten, scheint die Existenz derart vieler Parteien in diesen Staaten nicht programmatisch gerechtfertigt.

Während damit in Slowenien und Estland ein extremer und zugleich diffuser Pluralismus diagnostiziert werden kann, geht der extreme Pluralismus in Russland und der Ukraine tatsächlich mit der bei Sartori (1976) unterstellten Polarisierung eines Teils der politischen Kräfte einher. In Russland war bei den Wahlen sowohl von 1995 vor allem der mehrheitswahlrechtliche Teil des Wahlsystems für das Einsickern parteiungebundener Kräfte in die Staatsduma verantwortlich. Drei der sieben „Parteien", die Tabelle 5.6 für

---

193 Zum Beispiel in der politisch informierten Wochenzeitung *The Baltic Times*.
194 Im Falle Estlands ist hier allerdings zu beachten, dass mit den Wahlen von 1999 – die in der Arbeit nicht mehr systematisch berücksichtigt werden – eine Konzentration des Parteiensystems eingesetzt hat.

Russland angibt, bestehen ja aus Parlamentariergruppen, deren nominelle Parteien entweder an der Fünfprozenthürde gescheitert waren (*Agrarpartei, Macht dem Volke!*) oder die sich gänzlich neu als Fraktionen konstituiert haben (*Russische Regionen*, vgl. Kapitel 4). Die extremen, d.h. polarisierenden Kräfte bestehen in der rechtsextremen *Liberaldemokratischen Partei* (LDPR) und der als Antiregimepartei auftretenden *Kommunistischen Partei* (KPRF). Außerdem sind in der Fraktion *Macht dem Volke!* Akteure vertreten, die dem demokratischen Regime eher skeptisch gegenüberstehen (vgl. Schwieren 1997, Bos/Steinsdorff 1997, Sakwa 1998: 138-142).

Im russischen wie im ukrainischen Fall schlägt zusätzlich zu Buche, dass Parteien als Einheiten politischer Gestaltung eine letztlich marginale Rolle spielen. Demzufolge sind Parlamentsfraktionen wie *Unser Haus Russland, Russische Regionen, Demokratische Volkspartei* oder *Hromada* nur als Sammelbecken unterschiedlichster politischer Persönlichkeiten zu sehen. Eine programmatisch einheitliche Politik geht von diesen und anderen Parlamentariergruppen, die den Fraktionsstatus nicht zuletzt wegen der damit verbundenen (parlamentarischen) Privilegien in Anspruch nehmen, nicht aus.

Insgesamt, so das Fazit dieses Abschnittes, kann die Fragmentierung der Parteiensysteme nur in der Zusammenschau mehrerer Indikatoren eingeordnet werden. Die absolute Anzahl der in den einzelnen Parlamenten vertretenen Parteien fällt ebenso ins Gewicht wie der Indikator der „effektiven" Parteien, der die relative Stärke einzelner Parteien mit einbezieht. Von diesen Maßzahlen zu trennen ist im postsozialistischen Kontext die Polarisierung des Parteiensystems. Zwar lassen sich die Aussagen zur Fragmentierung durch qualitative Betrachtungen hinsichtlich der Polarisierung in einzelnen Fällen – Russland, Ukraine – gewinnbringend qualifizieren. Insgesamt sind Aspekte der Polarisierung jedoch eher mit der Verwurzelung von Parteien aus bestimmten *familles spirituelles* in der Gesellschaft verbunden und werden daher in Kapitel 5.4 gesondert behandelt.

5.3 Stabilität der Parteiensysteme

Häufig werden mit der Stabilisierung der Parteiensysteme bessere Aussichten auf die demokratische Konsolidierung verbunden. Das dieser Ansicht zugrunde liegende Argument besteht in der größeren Erwartungssicherheit für politische Akteure und Wähler, falls sich die Gestalt der repräsentierten Parteien nicht und ihr relatives Gewicht nur in geringem Umfang ändern

(Mainwaring 1998: 71). Allerdings muss eine hohe Volatilität[195] nicht zwingend mit der Instabilität des politischen Systems oder gar der Demokratie einher gehen. Gerade in der Transformationsphase kann der numerische Wert der Volatilität über die Stabilität der Parteiensysteme hinwegtäuschen, wenn politische Kräfte „unter hochtrabendem Namen kooperieren" (Beyme 1997: 46), ohne über einen gemeinsamen programmatischen Kern zu verfügen.

Nach den Daten von Tabelle 5.8 haben sich die Parteiensysteme des postsozialistischen Europa in höchst unterschiedlichem Maße stabilisiert. Lediglich in Tschechien und der Slowakei hat bei den letzten Wahlen keine einzige Partei Einbußen oder Zugewinne in der Größenordnung von über zehn Prozentpunkten für sich verbuchen können. Anders herum gesagt: in fast allen Parteiensystemen hat bei der letzten Wahl mindestens eine Partei starke Gewichtsveränderungen erfahren müssen. In vielen Ländern hat es allerdings nicht nur Verschiebungen, sondern erdrutschartige Gewinne und Verluste gegeben. So gewann bei den bulgarischen Wahlen von 1997 die *Union der Demokratischen Kräfte* (SDS) 28.1 Prozentpunkte an Stimmen hinzu, während die *Sozialistische Partei* (BSP) 21.4 Prozentpunkte verlor. In anderen Staaten betrafen die Veränderungen nur eine Partei. In Litauen verlor die *Demokratische Arbeitspartei* (LDDP) 1996 über dreißig Prozentpunkte. In Polen 1997 gewann die *Wahlaktion Solidarność* (AWS) knapp dreißig, in Ungarn die legten die *Jungdemokraten* (FIDESZ-MPP) um deutlich über zwanzig Prozentpunkte zu (1998).

Bezieht man nicht nur die nominalen Volatilitätswerte – jeweils von der vorletzten auf die letzte Wahl bis einschließlich 1998 – ein, sondern beachtet auch deren innere Struktur, ergeben sich drei nach Stabilitätsmerkmalen einzuordnende Gruppen.

a) Eine Teilstabilisierung hat sich in den Parteiensystemen Rumäniens, Tschechiens, der Slowakei und Sloweniens eingespielt. In Rumänien und der Slowakei hat sich die Stabilisierung unter der erschwerenden Bedingung eines vergleichsweise polarisierten Parteienwettbewerbs ergeben. Bei den in beiden Ländern als Richtungswahlen empfundenen Wahlgängen von 1996 und 1998 konnten die jeweiligen Wahlverlierer ihre Stellung in einem erstaunlichen Umfang halten. Dies spricht für eine beträchtliche Verankerung sowohl der *Partei der Sozialen Demokratie* (PDSR) als auch der *Bewegung für eine Demokratische Slowakei* (HZDS). In beiden Ländern fällt allerdings

---

[195] Gemessen als Summe aller Abweichungen von Stimmenergebnissen von Parteien im Vergleich zu den jeweils vorhergehenden Wahlen. Die entstehende Summe wird durch zwei geteilt, um die Gewinne und Verluste der unterschiedlichen Parteien gegeneinander aufzurechnen. Wegen des häufig hohen Anteils „verschenkter" Stimmen – i.d.R. durch das Scheitern an Sperrklauseln – werden Stimmanteile für unter „Andere" subsumierte Parteien nicht miteinberechnet.

auch auf, dass die Stimmen etwa eines Sechstels aller Wähler an den Sperrklauseln von 3% bzw. 5% (vgl. Kapitel 5.1) scheiterten. Demgegenüber verfielen in Slowenien bei den Wahlen von 1996 weniger als 10% der Stimmen, in Tschechien im Jahre 1998 sogar nur 4.5%. Da in Slowenien jedoch die Gesamtvolatilität relativ hoch war und in Tschechien eine wenige Wochen vor den Wahlen gegründete Partei – die *Freiheitsunion* (US) – einen Stimmenanteil von über 8% an sich binden konnte, können auch diese beiden Parteiensysteme nicht als umfassend, sondern höchstens als teilweise stabilisiert gelten.

b) In Bulgarien, Litauen, Makedonien, Polen und Ungarn ist die Alternation zwischen politischen Lagern bei der Existenz starker Wählerbewegungen insgesamt zu beobachten. In allen fünf Ländern schwanken die Volatilitätswerte zwischen 25% und 31% und bewegen sich damit etwa auf slowenischem Niveau. Anders aber als in Slowenien haben vergleichsweise klar strukturierte Parteiensysteme und z.T. polarisierte Wahlkämpfe erdrutschartige Verluste und Gewinne zu Tage gebracht. In allen fünf Ländern war dies übrigens auch bei den jeweils vorhergehenden Wahlen der Fall gewesen; daher ist die erdrutschartige Alternation kein punktuelles Phänomen gewesen. Gewisse Sonderfälle bilden Polen und Makedonien. Bei den Wahlen von 1993 hatte die schlechte Adaption der politischen Akteure an das Wahlgesetz zu einem sehr hohen Anteil verschenkter Stimmen vor allem im rechten Spektrum geführt. Der hohe Zugewinn der AWS im Jahre 1997 war deshalb kein echter *swing*, sondern lediglich eine Folge der Konzentrierung der Mitte-Rechts-Kräfte in einer gemeinsamen Listenverbindung. In Makedonien, wo sich genaue Volatilitätsraten wegen der lausigen Informationspolitik der Zentralen Wahlkommission nicht bestimmen lassen,[196] ist der große Zugewinn für die VRMO-DPMNE nicht zuletzt dem Rücktritt der Partei vor dem zweiten Wahlgang der Wahlen von 1994 zu verdanken (die Wahlchancen der Partei für diesen zweiten Wahlgang waren unterschiedlich eingeschätzt worden, vgl. Hoppe 1995).

---

196 Für die Wahlen von 1994 liegen gar keine landesweiten Wahlstatistiken vor. 1998 wurden keine landesweiten Daten für den mehrheitswahlrechtlichen Teil des Wahlsystems veröffentlicht. Ebensowenig liegen offizielle Endergebnisse (sondern nur vorläufige) für den Listenwahlanteil vor.

Tabelle 5.8: Volatilität im postsozialistischen Europa, 1998

		Volatilität auf Stimmenebene	Volatilität auf Mandatsebene	Anteil verschenkter Stimmen im Listenanteil in %-Punkten	Parteien mit der höchsten Einzelvolatilität auf Stimmenebene (in %-Punkten)	
(Teilweise) Stabilisierung	Rumänien (1996)	13.25	15.8	16.5	PDSR CDR	-6.2 10.2
	Tschechien (1998)	15.8	18.0	4.5	US ODA	8.6 -6.4
	Slowakei (1998)	19.4	22.0	17.6	HZDS SOP	-8.0 8.0
	Slowenien (1996)	27.2	32.4	9.3	SDSS SLS	12.8 10.7
	Gruppendurchschnitt	18.9	22.1	9.7		
Erdrutschartige Alternation zwischen politischen Lagern	Bulgarien (1997)	32.0	35.8	23.1	BSP SDS	-21.4 28.1
	Litauen (1996)	25.5	48.3	36.0	LDDP TS-LK	-33.1 9.3
	Makedonien (98)	1)	62.5	5.6	n.a.	n.a.
	Polen (1997)	31.9	45.1	7.1	AWS PSL	28.9 -8.1
	Ungarn (1998)	28.7	42.2	5.1	FIDESZ-MPP SZDSZ	21.2 -11.8
	Gruppendurchschnitt	29.5	46.8	15.4		
Embryonales Stadium der Parteiensystembildung	Estland (1995)	58.0	66.3	8.3	Pro Patria RE KMÜ	-14.1 16.2 32.2
	Lettland (1998)	48.1	58.0	6.0	Volkspartei Saimnieks Volksbewegung	21.2 -13.7 -13.4
	Moldova (1998)	77.0	100.0	20.0	PDAM PCM	-39.5 30.1
	Russland (1995)	31.8	65.6	36.8	DVR NDR LDPR	-11.5 10.1 -11.6
	Ukraine (1998)	1)	2)	27.8	n.a.	n.a.
	Gruppendurchschnitt	53.7	72.5	19.8		

1) Makedonien und Ukraine: Absolutes Mehrheitswahlrecht 1994 ohne Veröffentlichung wahlkreisübergreifender Parteianteile

2) Nicht meßbar: Fraktionszusammensetzung 1994-1998 weicht zu stark von Wahlergebnissen ab

c) In Estland, Lettland, Moldova, Russland und der Ukraine gehen sehr hohe Volatilitätsraten mit starken bis sehr starken Gewichtsveränderungen bei den meisten großen Parteien einher. Auf der Ebene der Verankerung des Parteiensystems in der Gesellschaft muss daher auch acht Jahre nach dem Regimewechsel von einer embryonalen Phase der Parteiensystembildung gesprochen werden. In den Verhältniswahlsystemen Estland, Lettlands und Moldovas spiegeln die Volatilitätsraten auf Wählerebene das Ausmaß der Instabilität wieder. Da in den Grabensystemen Russlands und der Ukraine je die Hälfte der Abgeordneten in Einpersonenwahlkreisen mit relativem Mehrheitswahlrecht gewählt wird, ist hier die Betrachtung der Volatilitätsraten auf Mandatsebene der verläßlichere Indikator für die Stabilität des Parteiensystems.

In weiten Teilen der Parteiensysteme des postsozialistischen Europa herrscht also letztlich Instabilität. Dem Rückschluss, damit seien auch generell nicht konsolidierte Gesamtregimes verbunden, stehen jedoch mehrere Einwände entgegen. Zunächst ist die Instabilität im Vergleich mit früheren Systemwechselphasen zwar insgesamt hoch. Allerdings gab es auch in heute konsolidierten Demokratien in der Konsolidierungsphase hohe Volatilitätsraten. In der IV. Französischen Republik brachten die vierten Wahlen im neuen Regime (1951) eine Volatilität von 21.3%; in Portugal belief sich derselbe Wert (1987) auf 25.7% (Beyme 1997: 47).

Dann erfassen die Volatilitätsraten natürlich nur Wechsel von einem Wahltermin zum nächsten. In Demokratien jedoch, in denen vielleicht erst eine oder zwei Wahlen stattgefunden haben, sind Fraktionswechsel während einer Wahlperiode als Ausdruck von Instabilität nicht unbedingt negativ zu bewerten. Parteispaltungen und Neugründungen von Fraktionen können auch eine Begleiterscheinung von unerläßlichen Konzentrationsprozessen sein. Ein gutes Beispiel ist Estland. Dort hatten zwischen den Wahlen von 1995 und Ende 1998 gut ein Sechstel der Abgeordneten ihre Fraktionen verlassen, wobei zusätzlich noch die russische Fraktion *Unser Heim ist Estland* zwischenzeitlich auseinandergebrochen war.

Bei den Wahlen von 1999 zeigte sich dann jedoch, dass der Zerfall im Riigikogu eine Entsprechung auf Wählerebene hatte. Die in Einzelfraktionen zerbrochene KMÜ kam nur noch mit der *Koalitionspartei* (KE) und der *Landleutepartei* (EME – auch übersetzt als *Ländliche Partei*) ins Parlament zurück. Die von verschiedenen Fraktionen abgespaltenen Abgeordneten konnten sich anders als in Lettland in keiner neuen Partei konsolidieren. Die *Rechtspartei* verschwand ganz von der Bildfläche. Die im Riigikogu von 1999 vertretenen sieben Parteien stellen damit die natürliche Folge eines Konzentrationsprozesses dar, der bereits während der vorangegangenen Legislaturperiode begonnen hatte.

Ähnliches lässt sich auch aus anderen Ländern der Region berichten. In Ungarn zerfiel während der Legislaturperiode 1994-1998 das rechte Lager. Im Juli 1997 spaltete sich die Fraktion der *Christ-Demokratischen Volkspartei* (KDNP); die Abspalter traten im September des gleichen Jahres der Fraktion von FIDESZ-MPP bei. Aus dem *Demokratischen Forum* (MDF) hatte es im Laufe der Legislaturperiode Austritte gegeben, die später zur Gründung der *Demokratischen Volkspartei* (MDNP) führten (vgl. Keresztes 1998, Schopflin 1998). Auch hier vollzogen die Wahlen von 1998 diese Prozesse nach. Die KDNP verschwand aus dem Parlament, die MDNP konnte sich nicht dauerhaft etablieren. Auch das *Demokratische Forum* scheiterte an der Sperrklausel, konnte aber mit einigen Direktmandaten ins Parlament einziehen. Nutznießer bei den Wählern war mit den *Jungdemokraten* (FIDESZ-MPP) diejenige Partei, die auch für die Mandatsträger im rechten Lager eine integrierende Funktion gespielt hatte.

Auch in Tschechien zerfiel zwischen 1996 und 1998 das rechte Lager. Hier ereilte das Schicksal der Spaltung die bis dato regierende *Demokratische Bürgerpartei* (ODS), nachdem man sich in der Parteispitze nicht über den Umgang mit einer Parteispendenaffäre hatte einigen können. Die Wähler vollzogen diese Teilung mit, indem sie bei den angesetzten Neuwahlen im Sommer 1998 die *Freiheitsunion* (US) ins Parlament wählten, gleichzeitig aber der ODS vergleichsweise geringe Stimmeneinbußen bescherten. Eigentlich Leidtragende der Spaltung der ODS war die *Demokratische Bürgerallianz* (ODA), die nach dem Rückzug aus der Regierung im Winter 1997 zwischen ODS und US kaum noch als eigenständige politische Kraft wahrgenommen wurde.

In Estland, Tschechien und Ungarn lässt sich die relative Instabilität der Parteiensysteme innerhalb laufender Legislaturperioden also auch als Ausdruck von Umstrukturierungsprozessen interpretieren, im Laufe dessen sich Parteien und Fraktionen an die Präferenzen der Wähler anpassen.[197] Die programmatischen Elemente des Parteienwettbewerbs haben sich so trotz der Verschiebungen im Parteiensystem letztlich verfestigt.

Für die Kontrastfälle Moldova und Ukraine lässt sich dies jedoch nur in stark eingeschränktem Maße behaupten. Der Zerfall der *Demokratischen Agrarpartei Moldovas* (PDAM) führte eben nicht in eine programmatisch gestärkte neue Partei, sondern in das Wahlbündnis *Für ein Demokratisches und Wohlhabendes Moldova* (PMDP) mit einer ähnlich heterogenen Ausrichtung. Gewisse Konzentrationseffekte lassen sich allenfalls bei der *Demo-*

---

197 In den ersten Legislaturperioden nach dem Regimewechsel waren ähnlich zu interpretierende Fluktuationen in den Parlamenten eher die Regel als die Ausnahme (Beichelt 1998: 618).

kratischen Konvention Moldovas (CDM) ausmachen, die nicht nur Rudimente der *Allianz der Christdemokratischen Volksfront* (FPCD), sondern auch andere „christdemokratische" und konservativ-nationale Kräfte an sich binden konnte. Presseberichte zur Regierungskrise im Winter 1999 lassen jedoch Zweifel daran aufkommen, ob es sich bei der CDM um eine tragfähige Gruppierung zur Integration des rechten Spektrums handelt. So bleibt der Zugewinn der erst nach den Wahlen von 1994 wieder zugelassenen *Kommunistischen Partei* (PCM) der einzige sicher zu interpretierende Konzentrationsschub im moldauischen Parteiensystem – eine Antiregimepartei unter der Führerschaft des Sowjetnostalgikers Voronin als Hoffnungsschimmer für Stabilisierungsprozesse im Parteiensystem?

Konkurrenzlos fragmentiert, fluide und unübersichtlich präsentiert sich das Parteiensystem der Ukraine. Zwar ist die Situation nicht mehr so wie im Jahre 1992, als sich bei einer Umfrage nur 38 von 421 befragten Abgeordneten der Verchovna Rada offen zu einer Parteizugehörigkeit bekannten (Sahm 1998: 122).[198] Einschlägige Publikationen erwähnten jedoch auch im Jahre 1995 so viele unabhängige Abgeordnete, dass eine genaue Zählung offenbar wenig Sinn machte (vgl. Ott 1995, Birch 1995, siehe auch Lindner 1998). Auch nach den Wahlen von 1998 blieb die Fraktionszugehörigkeit von mindestens 123 Deputierten zunächst ungeklärt (vgl. u.a. Grotz/Haiduk/ Yahnyshchak 1998). Unter diesen Umständen sind Fluktuationen zwischen den Fraktionen der Verchovna Rada letztlich für die Stabilität des Parteiensystems irrelevant.

Zuletzt gilt es, dem von Mainwaring (1998) und anderen unterstellten Zusammenhang zwischen Stabilität des Parteiensystems und der Qualität demokratischen Regierens noch einmal nachzugehen. Die Empirie der postsozialistischen Konsolidierungsstaaten spricht nämlich gegen die unmittelbare Gültigkeit eines solchen Zusammenhangs. Die stabilisierten Parteiensysteme Rumänien, Slowakei, Slowenien und Tschechien erstrecken sich ebenso über das ganze Spektrum demokratischer Regimes wie die im embryonalen Stadium steckengebliebenen Parteiensysteme Estlands, Lettlands, Moldovas, Russlands und der Ukraine. Ebenfalls als problematische Fälle gelten müssten Litauen, Polen und Ungarn, in denen die hohe Volatilität aufgrund erdrutschartiger Machtwechsel kaum mit der Hypothese übereinstimmt, in weitgehend demokratisierten Staaten sei mit eher stabilen Parteiensystemen zu rechnen.

Auch wenn man die Überwindung des Regimekonflikts (vgl. Kapitel 4.2) als Indikator für den Fortschritt des Demokratisierungsprozesses heran-

---

198 Interessanterweise gaben dieselben Abgeordneten zur gleichen Zeit an, innerhalb des Parlaments 47 verschiedene Gruppierungen zu bilden (Bach 1996: 216).

zieht, ergeben sich keine sichtbaren Zusammenhänge zwischen Parteiensystemstabilität und demokratischer Qualität. Die Existenz unreformierter Nachfolgeparteien der alten KPs hat keinen Einfluss auf die den Stabilitätsgrad der Parteisysteme (vgl. Tabelle 5.9). In Rumänien und Bulgarien hat die Polarisierung zwischen den Quasi-Forumsparteien CDR und SDS auf der einen sowie den Nachfolgeparteien PDSR und BSP auf der anderen Seite tendenziell zu einer Strukturierung von Wahlkämpfen und Wahlergebnissen geführt. In Moldova, Russland und der Ukraine war der jeweils vorhersehbare Erfolg der *Kommunistischen Parteien* (CPM, KPRF, KPU) dagegen eher Anlaß für eine Vertiefung der politischen Gräben. Nicht nur gewann die Konfliktlinie der Einstellung zum *ancien régime* eine zusätzliche Bedeutung, weil damit automatisch die Frage der Koalitionsfähigkeit mit den Kommunisten relevant wurde. Vor allem auch ließen sich in Russland und der Ukraine zusätzliche kommunistisch/sozialistische Kräfte ausmachen, die sowohl zu den Nachfolgeparteien als auch zu den antikommunistischen Kräften zumindest solange scharfe Trennlinien zogen, solange es nicht um das Abschöpfen von Parlamentarierprivilegien – etwa durch die Bildung gemeinsamer Parlamentsfraktionen – ging.

Tabelle 5.9: Stabilitätsmerkmale und Regimekonflikt in den Parteiensystemen des postsozialistischen Europa

	Fortdauernder Einfluss weitgehend unreformierter Nachfolgeparteien	Überwundener Regimekonflikt
(Teilweise) Stabilisierung	Rumänien (Slowakei)*	Slowenien (Tschechien)***
Erdrutschartige Alternation zwischen politischen Lagern	Bulgarien (Makedonien)**	Litauen Polen Ungarn
Embryonales Stadium der Parteiensystembildung	Moldova Russland Ukraine	Estland Lettland

* *Bewegung für eine slowakische Partei* (HZDS) als Partei, von der die Interessen der alten Nomenklatura vertreten werden.

** *Sozialdemokratische Allianz* (SDSM) mit programmatisch schwacher, klientelistisch jedoch starker Kontinuität zum alten Regime.

*** *Kommunistische Partei Böhmens und Mährens* (KSM) als Relikt des Regimekonflikts.

Aber auch in den Staaten mit überwundenem Regimekonflikt scheint die Fluidität des Parteiensystems keine Rolle für die Stabilität der Demokratie zu spielen. Es finden sich ein stabilisiertes Parteiensystem in Tschechien, mittelhohe Volatilitätsraten in Litauen, Polen, Slowenien und Ungarn, durch Alternation hervorgerufene Verschiebungen in Litauen, Polen und Ungarn sowie die noch im Entstehen begriffenen Parteiensysteme Estlands und Lettlands.

Erklärungsfaktoren lassen sich somit eher individuell finden. In Slowenien, Estland und Lettland hat die geographische Nähe zu den vereinnahmenden Nachbarn Jugoslawien und Russland zu einem weitgehenden Konsens der politischen Eliten zur Westintegration geführt. Diesbezüglich sind daher die „großen" Parteien in diesen kleinen Ländern kaum voneinander zu unterscheiden (vgl. Kapitel 4.3).

Die Kompatibilität der wirtschaftlichen Entwicklung mit dem Wunsch nach Mitgliedschaft in der Europäischen Union steht ganz oben auf der Prioritätenliste. Analog verhält es sich mit den außenpolitischen Konzeptionen, wo alle dieser drei Staaten in wichtigen Fragen bereits Zugeständnisse gemacht haben, um dem Kopenhagener Anforderungskatalog der EU (vgl. Kapitel 2.3) zu entsprechen.[199] Die relative Konvergenz der Parteiprogramme verhindert die Herausbildung klar unterscheidbarer Sachalternativen, so dass kleine Parteien auch nicht leicht in den Sog ihrer Konkurrenten geraten.

Weiterhin können Estland und Lettland ähnlich wie Slowenien die kommunistische Periode mit der Okkupation durch eine auswärtige Macht verbinden.[200] Die während der sozialistischen Epoche als Belastung empfundene Besetzung wichtiger Schaltstellen mit „hauptstadttreuen" Gefolgsleuten hat Auswirkungen bis in die Gegenwart. Anders als etwa in Polen, Tschechien oder Ungarn zählt der Umgang mit Persönlichkeiten, die noch aus der Epoche des alten Regimes in mit Machtressourcen ausgestatteten Positionen sitzen, nicht zu den herausragenden Themen der politischen Auseinandersetzung, da mit der Unabhängigkeit ein großer Teil der Machthaber des *ancien régime* nach Moskau oder Belgrad abwandern konnte.

Zudem gab es im Baltikum und in Slowenien für kommunistische Politiker die Möglichkeit, mit dem frühzeitigen Eintreten für die staatliche Unabhängigkeit die Verstrickung ins alte Regime gewissermaßen zu übertünchen; eine solche Gestalt wäre etwa Anatolijs Gorbunovs, der noch im Juni 1999

---

199 Slowenien bei Grenzstreitigkeiten und Differenzen über Fragen des Alteigentums; Estland und Lettland bei Grenzkonflikten mit der Russischen Föderation und den im Jahre 1998 letztlich von der OSZE forcierten Staatsbürgerschafts- und Sprachengesetzen.
200 Dies gilt natürlich in stärkerem Maße für die in der Zwischenkriegszeit unabhängigen baltischen Staaten. Slowenien war dagegen bereits seit 1918 im Königreich der Serben, Kroaten und Slowenen mit Serbien verbunden.

als Präsidentschaftskandidat eine wichtige Rolle im politischen Leben Lettlands einnehmen konnte.

Während also – vielleicht ähnlich wie etwa in Dänemark oder den Niederlanden – im Baltikum ein bestimmter Grundkonsens der politischen Eliten zum Nebeneinander programmatisch verwandter Parteien beiträgt, befördert das breitere Spektrum der politischen Eliten in Polen und Ungarn strukturiertere politische Auseinandersetzungen. Wo in der Bundesrepublik der fünfziger Jahre in der Frage des Wirtschaftssystems die politischen Eliten in zwei Lager zerfielen, übernimmt in den Flächenstaaten Mitteleuropas die Haltung zum kommunistischen Regime diese Funktion. Für Litauen, Polen, Tschechien und Ungarn weisen eine Reihe von Autoren nach, dass nicht wirtschaftliche Fragen, sondern Fragen des Umgangs mit der Vergangenheit und damit verbundene sozio-kulturelle Einstellungen das Bild der wichtigen Parteien prägen (vgl. Kapitel 4, siehe Segert/Stöss/Niedermayer (Hrsg.) 1997, Berglund/Hellén/Aarebrot (Hrsg.) 1998).

Somit stehen in Litauen TS-LK und LDDP, in Polen AWS und SLD, in Ungarn FIDESZ-MPP und MSZP als Blöcke gegeneinander, die sowohl von Wählern als auch von den übrigen politischen Kräften als führende Kräfte angesehen werden. Die Wähler haben trotz der in ihrer Wirkung ähnlichen wirtschaftspolitischen Programme klare Vorstellungen über ihre Unterscheidbarkeit, und die übrigen Parteien definieren sich in Wahlkämpfen als mögliche Mehrheitsbeschaffer, als Koalitionspartner des „rechten" oder „linken" Lagers.

Im Umfeld der Systemtransformation werden in solchermaßen strukturierten Parteiensystemen alle Wahlen leicht zu Richtungswahlen. Wirtschaftspolitisch noch so erfolgreiche Linksregierungen können sich ihrer Wahlerfolge nicht sicher sein, solange ihnen noch das Etikett postkommunistischer Parteien anhaftet. Auf der anderen Seite haben die *hardships* der Transformationskrise gerade in den frühen Jahren dazu geführt, dass die Nachfolgeparteien trotz ihres weitgehenden Bruchs mit der kommunistischen Vergangenheit ein Wählerpotenzial mobilisieren konnten, welchem die (relativen) sozialen und Modernisierungsleistungen der kommunistischen Regimes noch im Gedächtnis war. Sowohl die stärkere Strukturierung als auch die Tendenz zu Stimmungsumschwüngen in den Parteiensystemen Litauens, Polens und Ungarns können so mit der Überlagerung der sozioökonomischen Konfliktlinie durch das *cleavage* „Einstellung zum alten Regime" erklärt werden.

In dieses Bild passt auch, dass in der Tschechischen Republik geringere Volatilitätsraten herrschen und gleichzeitig eine geringere Anzahl an Stimmen aufgrund der Sperrklauseln verloren gehen. Hier, und eigentlich nur hier, sind sozio-ökonomische Konflikte von der von der Regimefrage abgekoppelt, weil sich auf dem „linken" Spektrum zwei Parteien etabliert haben:

die sozio-ökonomisch orientierten *Sozialdemokraten* (ČSSD) und die sozialismusnostalgischen *Kommunisten* (KSČM). Das Polarisierungspotenzial der beiden „großen" Parteien ODS und ČSSD erscheint somit wesentlich geringer; entsprechend schaffte es die ČSSD weder 1996 noch 1998, ihre eigenen Zugewinne auch in Verluste der *Demokratischen Bürgerpartei* (ODS) umzumünzen.

Die Stabilität der Parteiensysteme, gemessen an der Volatilität und – in einzelfallorientierter Betrachtung – an der Beständigkeit der Mandatsverteilung im Laufe einzelner Legislaturperioden, hat also insgesamt einen weniger eindeutigen Einfluss auf die demokratische Konsolidierung als häufig angenommen. Wenn hohe Volatilitätsraten durch einseitige *swings* zwischen den „großen" Parteien zustande kommen, kann dies durchaus Ausdruck eines regimestabilisierenden Wählerwillens sein. Insbesondere wenn wie in Litauen, Polen und Ungarn vormals antagonistische Parteien einen umstandslosen Machtwechsel mit vollziehen, geht gerade mit hohen Volatilitätsraten ein Demokratisierungsschub einher; von Demokratieabträglichkeit kann keine Rede sein.

Bedenklich werden hohe Volatilitätsraten allerdings, wenn sie mit unstrukturierten Parteiensystemen wie vor allem in Russland und der Ukraine einher gehen. Zum einen entsteht für die Wähler mit den sukzessiven Wahlen keine höhere Erwartungssicherheit über die Positionen, die von den gewählten Abgeordneten dann auch vertreten werden. Zum anderen verfügen die wenigen etablierten Parteien über geringere anteilige Ressourcen, sich als Organisationszentren für konkurrierende politische Programme unverzichtbar zu machen. Die für die Entwicklung strukturierter Parteiensysteme unverzichtbare Transformation von personenorientierten zu Programmparteien wird mindestens verlangsamt, vielleicht sogar in entscheidender Weise blockiert.

5.4 Polarisierung der Parteiensysteme

Die vergleichende Politikwissenschaft hat in unterschiedlicher Ausprägung herausgearbeitet, dass die Effektivität der Regelung von Konflikten nicht nur von Institutionen, sondern auch vom Kontext abhängen. Mögliche Lösungsvorschläge für ethnisch oder weltanschaulich gespaltene Gesellschaften bestehen zum einen in akkomodierend wirkenden Institutionensystemen wie der Konkordanzdemokratie (Lehmbruch 1967) oder der Konsensusdemokratie (Lijphart 1968, 1977). Darüber hinaus werden einzelne institutionelle Elemente wie föderale Strukturen oder das Verhältniswahlrecht empfohlen, um den Problemen der unbeschränkten Mehrheitsherrschaft entgegenzutreten (vgl. Lijphart 1984).

Tabelle 5.10: Parlamentarisch vertretene Parteien mit starken Programmelementen auf der sozio-kulturellen Konfliktlinie, Mandatsanteile in %, Ende 1998

	Parteien der ethnischen Minderheit*		Nationalistische Parteien		Christdemokratische Parteien	
	Name	Σ	Name	Σ	Name	Σ
Bulgarien	DPS	8				
Estland	Russische Fraktion	6	Pro Patria***	7		
Lettland			TB***	17		
Litauen					LKDP	11
Makedonien	NDP PDP PDSh	20	VRMO-DPMNE***	41		
Moldova					CDM***	26
Polen	Anteil der Titularnation > 90%		ROP AWS-defekt.	5	AWS***	40
Rumänien	UDMR	7	PRM PUNR	11	PNȚCD als Teil der CDR	26**
Russland			LDPR	11		
Slowakei	SMK	10	HZDS*** SNS	38	KDH als Teil der SKD	10**
Slowenien	Anteil der Titularnation > 90%		SNS	6	SKD	11
Tschechien	Anteil der Titularnation > 90%				KDU-ČSL	10
Ukraine			Ruch***	10		
Ungarn	Anteil der Titularnation > 90%		MIÉP	4		

* Ohne gesetzlich oder verfassungsrechtlich *garantierte* Parlamentssitze für Vertreter von ethnischen Minderheiten.

** Anteil der christdemokratischen Abgeordneten nicht genau ermittelbar: die PNCD stellt mit den *Bürgerlichen* und den *Grünen* eine Fraktionsgemeinschaft, die slowakische SKD verfügt nur noch über einen nicht eigens ausgewiesenen christdemokratischen Flügel.

*** Zuordnung unter Vorbehalten: (a) unklare Programmatik infolge von Neugründungen oder *policy-shifts*, (b) konkurrierende Flügel innerhalb größerer Sammlungsbewegungen.

Die Konfliktlösungsmechanismen, die sich in den Parteiensystemen junger Demokratien in der Regel erst entwickeln, sind demgegenüber auf einer noch tieferen Ebene anzusetzen. Da sich die Parteiensysteme und die ihnen agierenden Akteure erst herausbilden, agieren sie in einem institutionell vergleichsweise wenig vorgeformten Gelände. Dies gilt um so mehr, je größer der den Parlamenten zustehende Souveränitätsspielraum verfassungsrechtlich abgesichert ist. In der Russischen Föderation als dem Staat mit dem weitaus größten Machtpotenzialen bei nichtparlamentarischen Kräften haben sich die Parteien an starken – formellen und informellen – Institutionen zu orientieren. Ja, diese Institutionen sind so stark, dass vielen parlamentarischen Kräften eine feste Organisation in Parteiform gar nicht erst lohnend erscheint (vgl. Bos/Steinsdorff 1997).

In den parlamentarisch dominierten Regierungssystemen des postsozialistischen Europa hingegen ist den Mechanismen, auf die sich die um Machtanteile kämpfenden Parteien bei der Austragung ihrer Konflikte einlassen, eine hohe Relevanz zuzuschreiben. Die Austragung von Konflikten wirkt nämlich nur unter Beachtung der sozialer Normen und gegenseitig anerkannter (sozialer) Institutionen grundsätzlich sozialintegrativ (vgl. Lankenau/Zimmermann 1998: 183). Die gemeinsame Identifizierung konfligierender Parteien mit einem Gemeinwesen ist eine Grundlage für die Entwicklung konfliktentschärfender Institutionen des Parteiensystems.

Die Etablierung akkomodierender Mechanismen zur Beilegung (partei)politischer Konflikte scheint nun unter bestimmten Bedingungen im sozio-kulturellen Bereich problematischer als in der sozio-ökonomischen Sphäre (vgl. Klingemann 1994). Viele Werte, die sozio-kulturellen Konflikten zugrunde liegen, sind für die Konfliktparteien nur in geringem Umfang verhandelbar: religiöse und ethnische Konflikte berühren fundamentale Fragen der Einfügung von Individuen und Gruppen in das staatliche und gesellschaftliche Gemeinwesen. In diesbezüglich heterogenen Gesellschaften ist also auch die Wahrscheinlichkeit größer, dass sich zwischen unterschiedlichen Gruppen schwerwiegende, da an den Grundfesten des Selbstverständnisses rührende Konflikte auftun können.

Tabelle 5.10 greift im Wesentlichen die Ausführungen von Kapitel 4.2.2 wieder auf. Allerdings werden die christdemokratischen Parteien, die oben den Parteien mit sozio-ökonomischem Schwerpunkt zugerechnet wurden, mit betrachtet. Dies lässt sich mit der sozio-kulturellen Relevanz religiöser Fragen begründen, ohne dass von der These abgewichen werden muss, die christdemokratischen Parteien bewegten sich überwiegend auf der sozio-ökonomischen Konfliktlinie. Die Verteilung von Parteien mit sozio-kulturellem Schwerpunkt ist im postsozialistischen Europa ganz unterschiedlich:

- „Religiöse" Parteien, d.h. Parteien mit einer christdemokratischen Programmatik, sind relativ weit verbreitet. In Estland (*Pro Patria*), Litauen (LKDP), Slowenien (SKD) und Tschechien (KDU-ČSL) lassen sich die christdemokratischen Parteien – oder im Falle Polens (AWS) oder der Slowakei (SKD) einzelne Parteiflügel – dabei als Verwandte der westeuropäischen Christdemokraten sehen. Diese mitteleuropäische Variante der Christdemokratie steht der südosteuropäischen entgegen: die charakteristischen Eigenschaften und Gemeinsamkeiten der orthodoxen christdemokratischen Parteien in Moldova und Rumänien liegen noch im Dunkeln; eine entsprechende Analyse brächte u.U. eine im Vergleich stärkere Stützung auf die Bauernschaft, eine stärkere nationalistische Komponente sowie vermutlich eine weniger starke Anlehnung an die Amtskirche zutage.

- Die Parteien der ethnischen Minderheit haben sich naheliegenderweise nur dort etablieren können, wo ethnische Minderheiten über einen Bevölkerungsanteil verfügen, der zur Überwindung diverser Sperrklauseln nötigen ist. In Lettland, Litauen, Moldova, Russland und der Ukraine haben sich die ethnischen Minderheiten nicht auf nationaler parlamentarischer Ebene durchsetzen können. Dies weist auf den gering ausgeprägten politischen Organisationsdrang russischer Minderheiten hin – eine gewisse Passivität, die vielen mittel- oder südeuropäischen Minoritäten abgeht. So kann (vgl. Kapitel 1.3) übrigens auch im Hinblick auf Lettland argumentiert werden, denn trotz der restriktiven Staatsbürgerschaftspolitik stellt die russische Minderheit inzwischen deutlich mehr als 10% der Wahlbevölkerung. Etabliert sind Minderheitenparteien in Bulgarien, Estland, Makedonien, Rumänien und der Slowakei (vgl. Kapitel 4.2.2).

- Die nationalistischen Parteien schließlich unterscheiden sich u.a. im Hinblick auf ihre innere Struktur und ihre Programmatik. Die Existenz einer politisch relevanten Minderheit im eigenen Lande ist bei ihrer Bildung von nachrangiger Bedeutung, nicht allerdings bei ihrer Programmatik und dem politischen Auftreten. Parlamentarisch etabliert haben sich nationalistisch orientierte Parteien in Estland, Lettland, Makedonien, Polen, Rumänien, Russland, der Slowakei, Slowenien, der Ukraine und Ungarn. In diese Liste sind auch Parteien aufgenommen worden (mit *** gekennzeichnete), die nationalistische Positionen mit vertreten, in ihrer ganzen Anlage jedoch nicht einfach als nationalistisch – im Sinne der Definition in Kapitel 4.2.2 – bezeichnet werden können.

Mit der Existenz von Parteien, die auf der sozio-kulturellen Konfliktlinie agieren, ist jedoch noch kein endgültiges Urteil über den Polarisierungsgrad eines Parteiensystems gefällt. Zunächst impliziert – zumindest wenn man den Ausführungen der oben genannten Autoren folgt – gesellschaftliche Heterogenität lediglich ein erhöhtes Konflikt*potenzial*. Hier scheint es angeraten, empirisch zwischen polarisierenden und nicht polarisierenden Kräften zu unterscheiden; zwischen Parteien also, die die von Ihnen repräsentierten sozio-kulturellen Interessen aggressiv vertreten und solchen, die ihre soziokulturellen Programmelemente dem politischen Wettbewerb anheimstellen.

Bei einer solchen Unterscheidung fällt sofort ins Auge, dass die Mitglieder christdemokratischen Parteienfamilie fast durchgängig als moderate Kräfte einzustufen sind. Die überwiegend katholischen christdemokratischen Parteien in Litauen (LKDP), der Slowakei (KDH, mittlerweile als Teil der SKD), Slowenien (SKD) und Tschechien (KDU-ČSL) erheben sicher keinen Anspruch auf Messianisierung der Gesellschaft, wenn auch in einigen Fragen wie der Rückübertragung von Kircheneigentum in all diesen Staaten Klientelpolitik betrieben wird. Als Parteien, die einen weltanschaulich begründeten Ausgleich zwischen gesellschaftlicher Reform und Sozialverträglichkeit des Transformationsprozesses anstreben, wird man den genuin christdemokratischen Parteien vielfach sogar eine mäßigende Funktion im politischen Prozess zuschreiben können.

Etwas anders sieht es in Polen aus. Die stärkere Stützung der Kirche auf nationale und antiwestliche Werte, aber auch die dezidiert antikommunistische Haltung von Teilen des Klerus begünstigten die Etablierung unversöhnlicher Akteure im christdemokratischen Spektrum. Die *Christlich-Nationale Vereinigung* (ZChN), zwischenzeitlich eine selbständige politische Kraft, wurde vor den Wahlen von 1997 ins Boot der *Wahlaktion Solidarność* (AWS) zurückgeholt. Ähnliches galt für weitere marginale Gruppen wie etwa die klerikale Gruppierung *Polnische Familie*, die allerdings inzwischen die Parlamentsfraktion der AWS verlassen hat (RFE/RL-Newsline, 23.7.1998). Der polnischen Christdemokratie kann damit nicht generell die konfliktmäßigende Wirkung wie in einigen Nachbarstaaten attestiert werden. Wirklich polarisierend treten jedoch letztlich nur die etwa 15 aus der AWS ausgetretenen Parlamentarier sowie die sechs Abgeordneten der *Bewegung für den Wiederaufbau Polens* (ROP) auf.

Die christdemokratischen Teile der *Demokratischen Konventionen* in Moldova (CDM) und Rumänien (CDR) können – nicht zuletzt wegen der weiter oben angesprochenen Forschungsdefizite – nur mit Vorbehalten beurteilt werden. Der Augenschein spricht eher dagegen, dass es sich bei der *Christ-Demokratischen Bauernpartei* (PNŢCD) und den entsprechenden Kräften innerhalb der CDM um polarisierende Kräfte handelt. Das milde Urteil, das damit die „religiösen" Parteien trifft, lässt sich für die nationalistischen Parteien nicht wiederholen. Auf jeden Fall in Polen (ROP), Rumänien (PRM und PUNR), Russland (LDPR), der Slowakei (SNS), Slowenien (SNS) und Ungarn (MIÉP) existieren entsprechende Gruppierungen mit polarisierendem Auftreten.

Darüber hinaus gibt es jedoch noch einige weniger eindeutige Fälle. In Estland und Lettland verkörpern zwei Parteien, *Pro Patria* und *Vaterland und Freiheit* (TB), die in der Gesellschaft weit verbreiteten Ressentiments gegen die russische Bevölkerungsminderheit. Dementsprechend versuch(t)en beide Parteien z.T. vehement, eine restriktive Sprachen- und Staatsbürgerschaftspolitik durchzusetzen. In Lettland verzögerte TB beispielsweise mit einem Referendumsprojekt den ganzen Sommer 1998 das Inkrafttreten liberalerer Minderheitengesetze. Für Estland mag die Weigerung des *Pro Patria*-Vorsitzenden Mart Laar, im Wahlkampf 1999 den Minderheitenkommissar der OSZE Max von der Stoel zu empfangen, als Indiz für den Groll der nationalen Kräfte gelten. Die OSZE hatte im Winter 1998 mit Hilfe des Staatspräsidenten permissivere Staatsbürgerschaftsgesetze durchgedrückt. Im Gegensatz zu den nationalistisch-demagogischen Parteien Mittel- und Südosteuropas weisen *Pro Patria* und TB zwar auch eine Programmatik unabhängig von der nationalen Konfliktlinie auf. Über polarisierendes Potenzial verfügen sie jedoch allemal.

Gleichfalls etwas differenzierter zu behandeln sind die nationalistisch angehauchten „großen", also nicht marginalen, Parteien *Innere Revolutionäre Makedonische Organisation – Demokratische Partei der Makedonischen Nationalen Einheit* (VRMO-DPMNE) und die *Bewegung für eine Demokratische Slowakei* (HZDS). Beide Parteien sind in der Vergangenheit mit nationalistischen Parolen aufgetreten, die zum einen auf Parteiwurzeln in der Unabhängigkeitsbewegung der frühen neunziger Jahre, zum anderen auf Ressentiments gegen die jeweilige nationale Minderheit zurückgingen. Im Gegensatz etwa zu Estland und Lettland führte in diesen Staaten jedoch das Erreichen des Unabhängigkeitsziels in geringerem Maße zu einer Ausdifferenzierung des politischen Spektrums. Das Spielen der nationalen Karte durch Politiker der VRMO-DPMNE und der HZDS war daher stets nur ein Aspekt neben anderen. Dementsprechend werden beide Parteien als nationalistische Parteien mit der Qualifizierung zusätzlicher – freilich in beiden Fällen ebenfalls populistisch angehauchter – Programmdimensionen eingeordnet.

Etwas unscharf bleibt die Beurteilung der ukrainischen *Ruch*. In früheren Zeiten trat *Ruch* als starke Verfechterin einer ukrainischen Eigenständigkeit auf. Seit einigen Jahren ist der Stil von *Ruch* jedoch moderater geworden. Zumindest ist das Bild der Partei nicht mehr überwiegend von antirussischer Rhetorik geprägt (Lindner 1998: 42).

Die bulgarische Bewegung für Rechte und Freiheiten (DPS), die makedonische Demokratische Partei (PDSh) samt ihren Vorgängerorganisationen sowie die Partei der Demokratischen Prosperität der Albaner in Makedonien

(PDP), die rumänische Ungarische Demokratische Union (UDMR) und die Einzelbestandteile der heutigen Ungarischen Koalitionspartei (SMK) in der Slowakei haben sich im Verlaufe der letzten Jahre für ein Bildungsangebot in der Muttersprache eingesetzt. Nicht alle Forderungen der Minderheitenparteien sind also populistisch. Wegen des existenziellen Charakters ihrer Interessen wohnt den Minderheitenparteien jedoch ein polarisierendes Potenzial inne. Dies wird auch dadurch unterstrichen, dass die Minderheitenparteien in allen genannten Staaten etwa Stimmengewinne in Höhe ihres Bevölkerungsanteils einstreichen konnten, also offenkundig innerhalb der Minderheiten kaum zusätzliche Konfliktlinien zum Tragen kommen.

Als letzte polarisierend wirkende Parteienfamilie müssen die unreformierten Nachfolgeparteien genannt werden. Nicht nur in Jugoslawien, sondern auch in Bulgarien (BSP), Rumänien (PDSR), Russland (KPRF) und der Ukraine (KPU und *Progressive Sozialistische Partei*, PSP) versuchten Postkommunisten, die mit dem alten Regime untergegangene Ideologie durch Mobilisierung nationaler bzw. nationalistischer Gegensätze zu ersetzen (vgl. Beyme 1994: 124-174). Die aus dem Marxismus-Leninismus abzuleitende internationalistische Programmatik wurde dabei kühn übergangen. Im Zweifelsfall wurden – in Rumänien und der Slowakei – lieber Koalitionsbündnisse mit rechtsextremen Parteien geschlossen als auf die (Wieder)Erringung der Macht verzichtet (vgl. Ishiyama 1998).

Die unreformierten Nachfolgeparteien wirken jedoch nicht nur wegen ihres Hangs zu nationalistischen Positionen polarisierend. In Fällen wie Moldova und der Ukraine wirken die *Kommunistischen Parteien* sogar wie ehemals internationalistisch, indem sie sich auch und vor allem an die russische oder russifizierte Bevölkerung wenden. Hier verschmelzen russischer Hegemonialanspruch und Sowjetnostalgie zu einer untrennbaren Gemengelage. Auf der einen Seite bestreiten KPU (sowie in der Ukraine weitere postkommunistische Kräfte) und CPM zwar nicht explizit, doch aber latent das Recht beider ehemaliger Sowjetrepubliken auf nationale Eigenständigkeit. Flankiert werden sie dabei von der Schwesterpartei in Moskau, die in der Staatsduma u.a. in Sachen Schwarzmeerflotte und Transnistrien russische Vorbehalte durchzusetzen entschlossen ist.

Unmittelbare Ansprüche der Russischen Föderation in diesen und anderen Bereichen werden zwar von KPU und CPM bestritten. Beide Parteien betonen jedoch, aufgrund der russischen Vorbehalte sei eine Verständigung mit Russland als eines der obersten Ziele der jeweiligen nationalen Politik anzusehen. Damit werden auf der anderen Seite innenpolitisch Gräben auf der Konfliktlinie der Einstellung zum *ancien régime* aufgeworfen. Nicht nur die Exponenten der früheren Unabhängigkeitsbewegungen, sondern alle politischen Kräfte sehen sich damit letztlich immer auch der Regimefrage ausgesetzt.

Tabelle 5.11: Polarisierendes Potenzial in den Parteiensystemen des postsozialistischen Europa, 1998

	Land	Parteien mit polarisierendem Potenzial	Summe der Mandatsanteile (%)
Parteiensysteme mit marginalisierten polarisierenden Kräften	Litauen		0
	Ungarn	MIEP	4
	Polen	ROP AWS-Defektierte	5
	Slowenien	SNS	6
Parteiensysteme mit polarisierendem Potenzial	Tschechien	KPČM*	12
	Estland	Unser Heim ist Estland Pro Patria*	13
	Lettland	TB*	17
Grenzfälle	Moldova	PCM	26
	Bulgarien	BSP* DPS	32
Parteiensysteme mit einer faktischen Dominanz polarisierender Kräfte	Ukraine	KPU PSP Ruch*	45
	Rumänien	PDSR* UDMR PRM PUNR	45
	Slowakei	HZDS* SNK SNS	48
	Russland	KPRF Macht dem Volke! LDPR	51
	Makedonien	NDP PDP PDSh VRMO-DPMNE*	72

* Parteien mit *teilweise* vorhandenem Polarisierungspotenzial: nationalistische Programmelemente nicht allein determinierend für politischen Kurs (*Pro Patria*, TB, HZDS) oder vergleichsweise gemäßigterer politischer Kurs in den letzten Jahren (KPČM, BSP, PDSR, VRMO-DPMNE).

Die Parteiensysteme des postsozialistischen Europa lassen sich demnach, was das Polarisierungspotenzial angeht, in drei Gruppen unterscheiden (Tabelle 5.11). In Litauen, Polen, Slowenien und Ungarn sind polarisierende politische Kräfte weitgehend marginalisiert. Zwar sorgen rechtsextreme Politiker wie István Csurka (MIEP) oder Zmago Jelinčič (slowenische SNS) immer wieder für Aufregung im politischen Tagesgeschäft. Sowohl vom rein zahlenmäßigen Umfang der parlamentarischen Vertretung als auch vom ideologisch-programmatischen Einfluss auf politische Entscheidungsprozesse wird man jedoch in den vier Ländern keine der nationalistischen Parteien als Schwergewicht bezeichnen können.

In den Parteiensystemen Estlands, Lettlands und Tschechiens als der nächsten Gruppe lässt sich ein gewisses polarisierendes Potenzial ausmachen. In Tschechien könnte die mehrheitsbeschaffende Zustimmung der *Kommunistischen Partei* (KPČM) zum Haushalt des Jahres 1999 als Indiz für eine stärkere Identifikation mit dem neuen Regime bewertet werden. In Estland und Lettland stellen *Pro Patria* sowie *Vaterland und Freiheit* (TB) gewissermaßen die Speerspitze einer weitverbreiteten gesellschaftlichen Ablehnungshaltung gegenüber der Integration der russischen Minderheit dar. Dieses polarisierende Potenzial ist u.U. schnell mobilisierungsfähig und könnte dann auch von anderen Parteien aufgegriffen werden; je nach politischer Entwicklung könnten sich antirussische Sentiments wahrscheinlich auf breiter Basis entwickeln.

In Estland trägt zusätzlich die Existenz einer Minderheitenvertretung zum polarisierenden Potenzial bei. In der Legislaturperiode 1995-1999 war diese in sich zerstritten, formierte sich aber im Juni 1998 wenigstens wieder zu einer einheitlichen *Russischen Fraktion*. Auch deshalb wurden die Interessen der russischen Minderheit wenig konsistent und lediglich in Form einer wenig konstruktiven Abwehrhaltung zu wahren versucht (vgl. Lagerspetz/Vogt 1998). Die 1999 ins Parlament gewählte *Estnische Vereinte Volkspartei* (EÜRP) wird als gemäßigte Minderheitenvertretung eingeschätzt (vgl. Baltic Times, 25.2.-3.3.1999).

In allen übrigen Staaten des östlichen Europa spielen polarisierende parteipolitische Kräfte eine maßgebliche Rolle. Grenzfälle sind lediglich noch Bulgarien und Moldova. Hier könnten – Stand: Ende 1998 – Regierungen noch unter Ausschluss polarisierender sozio-kultureller Parteien gebildet werden. Die *Bulgarische Sozialistische Partei* (BSP) und die *Bewegung für Rechte und Freiheiten* (DPS), die in den vergangenen Jahren untereinander meist ein recht gespanntes Verhältnis unterhielten, sind gemeinsam ebensowenig zur Bildung einer Regierung in der Lage wie die vereinten Kräfte der *Kommunistischen Partei Moldovas* (CPM). Dahingegen sind Regierungsmehrheiten in Makedonien, Rumänien, Russland, der Slowakei und der Ukraine nur unter Einschluss entweder kommunistischer bzw. nationalistischer Parteien oder der Vertretung der ethnischen Minderheiten möglich.

Daher käme es, folgt man der Grundaussage der oben zitierten Schriften von Lehmbruch, Lijphart und anderen gerade in diesen Ländern darauf an, die gegensätzlichen politischen Akteure in akkomodierende Arrangements einzubinden. Und tatsächlich zeigt der Blick auf die Empirie, dass die Beteiligung ethnischer Minderheiten an Regierungen in allen betroffenen Ländern in der Regel zu Konsolidierungsschüben geführt hat. In Bulgarien folgten die schweren Verfassungskonflikte bis hin zum Beinaheverbot der DPS nach dem Bröckeln der *Union der Demokratischen Kräfte* (SDS) im Laufe des Jahres 1991. In Rumänien hat die Regierungsbeteiligung der UDMR seit 1997 zu einer zwar nach wie vor konfliktreichen, sich aber doch innerhalb der verfassungsmäßig vorgeschriebenen Grenzen bewegenden Kräftekonstellation geführt.

In der Slowakei war zu Zeiten der Koalition unter Beteiligung von HZDS und SNS die Minderheitenfrage ein dauerhaftes Streitthema, das in schöner Regelmäßigkeit den Minderheitenkommissar der OSZE auf den Plan rief. Seit der Regierungsbeteiligung der *Ungarischen Koalitionspartei* (SMK) ist eine ähnliche Entwicklung wie in Rumänien zu beobachten. Die Konflikte um Sprachen- und Bildungspolitik in der Minderheitenregion bestehen nach wie vor; allein werden sie unter Berücksichtigung der essenziellen Interessen der ungarischen Minderheit ausgetragen.

Als klarster Fall in dieser Richtung ist Makedonien anzusehen. Die numerische Stärke der albanischen Minderheit führte bei der Gespaltenheit des makedonischen Bevölkerungsanteils zwischen Unabhängigkeit und wirtschaftlichen Reformen dazu, dass die *Sozialdemokratische Allianz für Makedonien* (SDSM) in ihrer Regierungszeit auf die Mitwirkung der Albaner angewiesen war. Mit den Wahlen von 1998 wurde jedoch die *Demokratische Partei der Albaner* (PDSh) von VRMO-DPMNE und der neu gegründeten *Demokratischen Alternative* (DA) ohne eine rechnerische Notwendigkeit ins Kabinett geholt. Von Bedeutung ist hier weniger, dass ohne diese Beteiligung die Krise um den Kosovo-Krieg im Frühjahr 1999 wahrscheinlich an die Grundfesten des makedonischen Staates gegangen wäre. Entscheidender ist eine quasi-akkomodierende Politik aller bisherigen makedonischen Regierungen, die sich mangels gewachsener konkordanzpolitischer Institutionen in einer inklusiven Praxis der Bündnisbildung niederschlägt.

Demgegenüber hat sich das in der Region ebenfalls praktizierte postkommunistisch-nationalistische Modell nicht als Erfolg erwiesen. Die weniger aus ideologischen oder programmatischen, sondern eher aus machtpragmatischen Motiven geknüpften Bündnisse zwischen Kräften der populistischen Postnomenklatura und nationalistischen Parteien in Rumänien und der Slowakei haben vielmehr dazu beigetragen, die beiden Staaten in politischer und auch wirtschaftlicher Hinsicht weit hinter ihren Möglichkeiten zurück zu lassen.

Betrachten wir abschließend das Verhältnis zwischen dem in den Parteiensystemen anzutreffenden Polarisierungspotenzial und dem Stand der demokratischen Konsolidierung, ergibt sich ein deutlicher Zusammenhang (Tabelle 5.12). Kein Staat mit dominanten polarisierenden Kräften im Parteiensystem hat sich acht bis zehn Jahre nach dem Regimewechsel als formaldemokratisches Regime etablieren können. Auf der anderen Seite sind alle Länder, in denen die polarisierenden Kräfte marginal oder mit begrenztem Potenzial vertreten sind, als vergleichsweise fortgeschrittene Demokratien etabliert.

Dieser Befund ist allerdings nicht so grundlegend, wie er zunächst erscheinen könnte. Die rein empirisch begründete Deklarierung der unreformierten kommunistischen Nachfolgeparteien als Parteien mit „polarisierendem Potenzial" schafft hier vielleicht eine überdeutliche Beziehung. Zwar sind der KPRF (Russland), der KPU (Ukraine) und der CPM (Moldova) sicherlich eine polarisierende Programmatik und auch ein spaltender politischer Stil leicht nachzuweisen. Allerdings darf nicht vergessen werden, dass bei einer zu einseitigen Sicht einige Erklärungsfaktoren für die Stärke der ehemaligen Hegemonialparteien übersehen werden können. Die *Kommunistischen Parteien* verfügen nicht nur deshalb über parlamentarische Stärke, weil sie nationale Ressentiments schüren oder auf andere Weise populistische Neigungen ausleben. Vielmehr besteht in der Parteinahme für die Verlierer des Transformationsprozesses eine starke programmatische Komponente, die angesichts der faktischen Benachteiligung bestimmter Bevölkerungsgruppen auch ohne populistisch-nationalistische Beigaben in starke politische Konflikte gemündet wäre.

Tabelle 5.12: Polarisierungspotenzial im Parteiensystem und demokratische Konsolidierung im postsozialistischen Europa, 1998

	Formal-demokratisches Regime	*Transitionsregime*	*Minimal-demokratisches Regime*
Parteiensysteme mit marginalisierten polarisierenden Kräften	Litauen Polen Slowenien Ungarn		
Parteiensysteme mit polarisierendem Potenzial	Estland Lettland Tschechien		
Grenzfälle		Bulgarien Moldova	
Parteiensysteme mit dominanten polarisierenden Kräften		Makedonien Rumänien	Russland Slowakei Ukraine

Berücksichtigt man diesen Punkt, kommt zu Tage, dass die Stärke des polarisierenden Potenzials im Parteiensystem offensichtlich mit der Existenz ethnischer Minderheiten in Verbindung zu bringen ist. Die ungarischen Minderheiten in Rumänien und der Slowakei sowie die türkische Minderheit in Bulgarien verstehen es dabei offenbar besser als die Russen etwa in Litauen oder der Ukraine, ihre Interessen organisatorisch zu bündeln und auf diese Weise korporativ am politischen Prozess teilzunehmen. In Bulgarien, Rumänien und der Slowakei konnten demokratierelevante Fortschritte im Transformationsprozess dann erzielt werden, wenn die Interessen der Minderheiten inkludiert werden konnten. Die Einbeziehung der ethnischen Minderheiten oszillierte damit in diesen Ländern immerhin mit den Legislaturperioden.

In Moldova und der Ukraine führte der schwache Organisationsgrad der russischen Minderheit hingegen zu einer unseligen Vermengung russischer und „postsowjetischer" Interessen. Die Kommunistischen Parteien KPU und CPM verstanden es hier zumindest bei den letzten Wahlen (jeweils 1998), sich ein *image* als alleinige Wahrer der russischen Minderheitsinteressen aufzubauen. Den wichtigsten Interessen der Russen in den jeweiligen Staaten – nämlich der Wahrung der Identität bei größtmöglicher Offenheit der Grenzen für Waren und Menschen – ist damit auf lange Sicht wahrscheinlich nicht besonders gedient: Der eher protektionistische und antidynamische Impetus der *Kommunistischen Parteien* behindert den Freihandel, und die Anbiederungen an die nach wie vor hegemonistisch denkende KPRF rufen in den Heimatstaaten eher eine Abgrenzung zu den russischen Volksgruppen auf den Plan.

Einen Schlag für die normativ orientierte Demokratietheorie stellt somit das Vorgehen Estlands und Lettlands dar. Hier sieht es nämlich so aus, als ob gerade die Exklusion der russischen Minderheit maßgeblich zur programmatischen Festigung der Parteiensysteme beigetragen habe. Angesichts der starken russischen Minderheit wäre bei einer großzügigen Gewährung der Staatsbürgerschaftsrechte die Bildung einer irredentistischen und/oder sowjetnostalgischen politischen Partei wohl kaum vermeidbar gewesen – zumindest, wenn man die Tendenzen der russischen Selbstorganisation in der Ukraine oder Moldova zum Maßstab nimmt und die ungleich stärkeren antirussischen Ressentiments in den baltischen Bevölkerungen berücksichtigt.

Falls in einigen Jahren die liberaleren Staatsbürgerschaftsgesetze des Jahres 1998 zu greifen beginnen sollten – dies ist allerdings angesichts der bisherigen Erfahrungen insbesondere in Lettland durchaus offen –, müsste der vorübergehenden Verletzung grundlegender demokratietheoretischer Prinzipien wohl eine stabilisierende Funktion zugeschrieben werden. Gegenwärtig erscheinen in beiden Ländern die Aussichten, die zukünftigen Staatsbürger in die bestehenden parteipolitischen Strukturen einzubinden, nicht schlecht. Nach der ultraliberalen Phase Mitte der neunziger Jahre haben sich mit der estnischen *Zentrumspartei* (K) und der lettischen *Sozialdemokratischen Allianz* Parteien fest etablieren können, die die Interessen der tendenziell zu den benachteiligten Bevölkerungsgruppen zählenden Russen aufnehmen und verarbeiten. Im historischen Rückblick könnte die Strategie der beiden baltischen Staaten damit eine mittelfristige Integrationswirkung zugeschrieben werden. Eine wichtige Hypothese von Juan Linz und Alfred Stepan (1996), die Unverträglichkeit der Exklusion größerer Bevölkerungsgruppen vom Wahlprozess mit der Existenz einer Demokratie, müsste unter den Vorbehalt langfristiger Strukturvorteile bei der nachträglichen Gewährung politischer Rechte gestellt werden.

5.5 Fazit: Parteiensysteme und demokratische Konsolidierung

Fassen wir die Ergebnisse der Kapitel 4 und 5 zusammen. Aus den zum Gegenstand vorliegenden Schriften lassen sich zwei Arten von Erklärungsansätzen herausfiltern. Zum einen wird versucht, allgemeine Ergebnisse aus der Demokratieforschung auf die *area* des postsozialistischen Europa zu applizieren. Nicht zuletzt dienen dabei die Erfahrungen mit den Parteiensystemen Lateinamerikas als Referenz. In Kombination mit den areatypischen präsidentiellen Regierungssystemen scheinen Fragmentierung und mangelhafte Institutionalisierung der Parteien schlecht für die Konsolidierung der Demokratie zu sein (Ziemer/Hanisch/Werz/Bendel 1997: 442-443, vgl. auch Mainwaring 1993, Bendel 1996, Thibaut 1996). Eher aus den westeuropäischen Vergleichsländern stammt die Hypothese, hohe Polarisierungsgrade im Parteiensystem übten einen störenden Einfluss auf die Entwicklung der Demokratie aus (zuerst Sartori 1976).

Zum anderen existiert eine Reihe von Schriften, die den postsozialistischen Raum mit deduktiven Mitteln zu erfassen versuchen. Wichtige Unterscheidungen der Parteiensystemlehre – charismatische Führerorganisation, klientelistischer Patronageverband, politische Programmpartei (Kitschelt 1995a) oder sozio-ökonomische versus sozio-kulturelle Parteien (Klingemann 1994) – werden auf den Kontext der postsozialistischen Systemtransformation übertragen, um anschließend zu überprüfbaren Plausibilitätshypothesen zu gelangen.

In den Kapiteln 4 und 5 wurde der Versuch unternommen, beide Perspektiven zu vereinen. In einer dem Vorgehen von Beyme (1994: 278-327) ähnlichen Herangehensweise wurden in Kapitel 4 zunächst Blicke auf die Herausbildung der Parteiensysteme sowie deren Verankerung in der Gesellschaft geworfen. Der Konfliktlinienansatz erwies sich dabei als günstigstes

Konstrukt, um einerseits der strukturellen Vielfalt des postsozialistischen Raumes gerecht zu werden und andererseits die Dynamik der Parteienentwicklung nicht zu vernachlässigen. Bei der Bildung von Parteienfamilien und Gruppen von Parteiensystemen wurden anschließend an bestehenden Einteilungen Modifizierungen vorgenommen, die zum einen auf vertiefte empirische Analysen zurückgehen, zum anderen dem hoch dynamischen Gegenstand geschuldet sind. Einordnungen und Einschätzungen, die vor fünf Jahren Gültigkeit beanspruchen konnten, müssen angesichts unerwarteter Parteientwicklungen, institutioneller Innovationen und dem klarer zu Tage getretenen Gewicht einzelner Kontextfaktoren im Laufe der Zeit revidiert oder ergänzt werden.

Die Überprüfung der von der Forschung unterstellten konsolidierungsrelevanten Faktoren in Kapitel 5 kam daher auch deshalb in Teilbereichen zu neuen Hypothesen, weil die Grundlegung in Kapitel 4 anders gerichtete Grundlegungen getroffen hatte. Solche Hypothesen lauten: a) „Religiöse", also in der Empirie vor allem der christdemokratischen Parteien, zählen zu den eher moderaten, nicht zu den polarisierenden Kräften. b) *Swings* aufgrund bestimmter Konfliktsituationen müssen nicht unbedingt als Zeichen für eine mangelnde Verankerung der Demokratie gesehen werden, denn hohe Volatilitätsraten können auch ein Ergebnis dynamischer Entwicklungen auf Parlaments- und Wählerebene sein. c) Somit kann auch die abgeschlossene Konsolidierung der Parteiensysteme nicht unbedingt als Voraussetzung für die Konsolidierung der Demokratie gelten.

Wichtig für die Entwicklung einer Wettbewerbsdemokratie scheint allerdings die Konsolidierung der Parteien selbst, und zwar sowohl auf Wähler- als auch auf organisatorischer Ebene. Nur wenn die „großen" politischen Kräfte – so wie in den mitteleuropäischen, aber anders als in vielen postsowjetischen Staaten – eine gewisse programmatische Konstanz aufweisen, können sie die Funktion erfüllen, der Wahlbevölkerung verschiedene Sachalternativen zur Wahl zu stellen. Nur dann ist überhaupt erkennbar, ob eine oder mehrere Parteien Programme anbieten, die den individuellen Präferenzen der Wähler entsprechen oder wenigstens nahe kommen (vgl. Mainwaring 1998: 70). Dies ist in einer Reihe von Parteiensystemen im embryonalen Stadium der Parteisystembildung noch nicht gegeben.

Hinsichtlich der Fragmentierung und Stabilität der Parteiensysteme sind allgemeine Hypothesen daher problematisch. In vielen Fällen unterstreichen erst zusätzliche qualitative Betrachtungen deren Gültigkeit. Fragmentierung wird erst dann zum Problem, wenn bei den einzelnen Parteien auch starke Divergenzen über die Grundsätze der politischen Programme bestehen. Verfolgen jedoch wie in Estland, Lettland und Slowenien die politischen Eliten ähnliche innen- und außenpolitische Ziele, übt die Existenz vieler verschiedener Parteien keinen negativen Einfluss auf die Konsolidierung der Demokratie aus.

Auch Stabilität im Parteiensystem erwies sich nicht zwingend als hilfreich. In einem Transformationsprozess, der zumindest teilweise nach dem *trial-and-error*-Prinzip gesteuert wird, erlangt nicht jede erdrutschartige Stimmenverschiebung einen bedenklichen Beigeschmack. Ein Problem besteht allerdings, wenn im Parteiensystem eine solche Fluidität herrscht, dass nicht einmal ein Mindestmaß an programmatischer und organisatorischer Kontinuität gewahrt ist.

Die wichtigsten Ergebnisse der Kapitel 4 und 5 lauten somit: (1) die Überwindung des Regimekonflikts, (2) der Typ des Parteiensystems und (3) die Polarisierung im Parteiensystem sind Aspekte, die mit der demokratischen Konsolidierung im postsozialistischen Europa in enger Verbindung stehen.

(1) Der Regimekonflikt wurde in Kapitel 4.1.2 als Fortdauern antagonistischer Grundhaltungen bei den jeweils wichtigsten parteipolitischen Kräften eines Landes in zentralen Politikfeldern definiert. Zwar tauchten – z.B. wegen der parlamentarischen Präsenz der *Kommunistischen Partei* (KSČM) im tschechischen Fall – einige Klassifikationsprobleme auf. Letztendlich ließ sich jedoch mit dem Kriterium, in welchem Maße sich weitgehend unreformierte Nachfolgeparteien der ehemaligen KPs einer Massenunterstützung in der Bevölkerung erfreuen, eine brauchbare Trennlinie ziehen. Die weitgehend unreformierten Kommunistischen Parteien Moldovas (CPM), Russlands (KPRF) und der Ukraine (UKP) sowie die teilweise reformierten *Bulgarische Sozialistische Partei* (BSP) und die *Partei der Sozialen Demokratie Rumäniens* (PDSR) stellen klare Fälle dar. In Makedonien und der Slowakei haben sich die *Sozialdemokratische Allianz* (SDSM) und die *Bewegung für eine Demokratische Slowakei* (HZDS) – aus genetischer Perspektive keine Nachfolgepartei – zu Sammelbecken für Kader und Interessen des *ancien régime* entwickelt und dienen daher auch acht bis zehn Jahre nach dem Regimewechsel als Gegenpol zu den „demokratischen" Kräften, diese meist mit Wurzeln in der ehemaligen Regimeopposition. Eine solche „nostalgische" Partei fehlt in den Parteiensystemen Estlands, Lettlands, Litauens, Polens, Sloweniens und Ungarns.

(2) Vom Argument her eng verbunden, und daher an dieser Stelle nur der Vollständigkeit halber noch einmal aufgeführt, lässt sich daraus auch eine Prädisposition der postkommunistischen Parteiensysteme zu einer verzögerten Konsolidierung ableiten. Postkommunistische Parteiensysteme sind durch dadurch gekennzeichnet, dass die ehemaligen Kommunistischen Parteien den Angelpunkt der Parteiensysteme bilden. Ihre relative Stärke erklärt eine verzögerte Ausdifferenzierung der übrigen po-

litischen Kräfte bei gleichzeitiger Fortdauer eines antagonistischen Konflikts zwischen einem großen „postkommunistischen" Lager und den restlichen Parteien (vgl. Kapitel 4.4).

(3) Zwar ebenfalls mit der Existenz unreformierter Nachfolgeparteien verbunden, aber doch in stärkerem Maße unabhängig vom Phänomen postkommunistischer politischer Kräfte ist der Polarisierungsgrad im Parteiensystem zu sehen. Hierbei agieren insbesondere in Bulgarien, Makedonien, Moldova, Rumänien, Russland, der Slowakei und der Ukraine neben den Postkommunisten nationalistische Parteien und Parteien ethnischer Minderheiten (vgl. Kapitel 5.4).

Tabelle 5.13: Konsolidierungsrelevante Aspekte der Parteiensysteme des postsozialistischen Europa, 1998

	Konfliktlinie Einstellung zum alten Regime	*Parteiensystemtyp**	*Polarisierungsgrad im Parteiensystem*
Formaldemokratisches Regime	Überwindung des Regimekonflikts: Estland Lettland Litauen Polen Slowenien Tschechien Ungarn	Sozial-liberale Parteiensysteme: Litauen Polen Tschechien Slowenien Ungarn	Parteiensystem mit marginalisierten politischen Kräften: Litauen Polen Slowenien Ungarn Parteiensystem mit polarisierendem Potenzial: Estland Lettland Tschechien
Transitionsregime	Fortdauern des Regimekonflikts: Bulgarien Makedonien Moldova Rumänien	Postkommunistische Parteiensysteme: Bulgarien Moldova Rumänien	Parteiensysteme mit dominanten polarisierenden Kräften: Bulgarien** Makedonien Moldova** Rumänien
Minimaldemokratisches Regime	Russland Slowakei Ukraine	Russland Ukraine	Russland Slowakei Ukraine

* Nicht berücksichtigt werden Estland und Lettland (fluide Parteiensysteme) sowie Makedonien und die Slowakei (sozio-kulturelle Parteiensysteme), vgl. Kapitel 4.4.

** Grenzfälle (siehe Tabelle 5.11).

Aus der Zusammenschau dieser drei Aspekte (Tabelle 5.13) wird deutlich, dass auf der analytischen Ebene der Parteiensysteme nicht die Dreiteilung zwischen formal-demokratischen, transitionellen und minimaldemokratischen Regimes maßgeblich ist. Vielmehr gibt es einen klaren Unterschied zwischen formal-demokratischen und solchen Regimes, in deren Konsolidierungsprozess die Kriterien formal-demokratischer Regimes bislang nicht erfüllt werden konnten.

Damit ist das Fortdauern des Regimekonflikts und die Dominanz polarisierender Kräfte im Parteisystem weniger mit bestimmten Regime*typen* in Verbindung zu bringen. Eher wirken bestimmte Regime*elemente* als Hindernisse auf dem Weg zum formal-demokratischen Regime. Mit Blick auf Kapitel 1 scheint dies auch plausibel. Erstens ging das Fortdauern des Regimekonflikts in allen hier relevanten Ländern mit Verfassungskonflikten einher, als nämlich Nachfolgeparteien und „demokratische" Kräfte um politische Kompetenzen und Entscheidungsgewalt rangen. Zweitens waren mindestens in Russland und der Ukraine die Unregelmäßigkeiten bei verschiedenen Wahlgängen mit Bestrebungen verbunden, „alte Kräfte" nicht wieder an die Macht kommen zu lassen. Und drittens können in einer Reihe von Staaten – u.a. Bulgarien, Makedonien, Rumänien, Slowakei – Wahl- und Verfassungsverstöße an Auseinandersetzungen zwischen Nationalisten einerseits und den politischen Armen der ethnischen Minderheiten festgemacht werden. Aus alldem ergibt sich folgende These: In allererster Linie erweisen sich a) die gescheiterte Entschärfung des Regimekonflikts und b) die Existenz polarisierender Parteien im Parteiensystem als Hemmschuhe bei der Verfestigung der demokratischen Herrschaft.

Das Zusammenspiel dieser Konsolidierungshemmnisse mit den in Kapitel 3 diskutierten Eigenarten der Regierungssysteme soll nun im Schlusskapitel diskutiert werden, um zum einen ein Gesamtbild des Einflusses politischer Institutionen auf die demokratische Konsolidierung zu erstellen und zum anderen anhand einer nochmaligen Betrachtung der einzelnen Länder institutionenbedingte Brüche im Prozess der demokratischen Konsolidierung herauszuarbeiten.

6. Kontext, politische Institutionen und demokratische Konsolidierung im postsozialistischen Europa

Die vorliegende Arbeit baut auf mehreren Säulen auf. Vermeintlich relevante Kontextbedingungen, Institutionentypen und das Zusammenwirken einzelner Elemente von Institutionensystemen werden jeweils systematisch analysiert, um den überaus komplexen Auswirkungen politischer Institutionen auf die Spur zu kommen. Im abschließenden Kapitel sollen diese verschiedenen Perspektiven nun zusammenschauend integriert werden. Zunächst wird dabei ein Modell erstellt, welches die Ergebnisse der Untersuchungen in den Bereichen Kontext, Regierungssystem und Parteiensystem zusammenfasst. Anschließend wird die Erklärungskraft des Modells im Hinblick auf die einzelnen Ländern (und Ländergruppen) diskutiert. Zum Abschluss wird versucht, den Stellenwert der wichtigsten erarbeiteten Thesen und Ergebnisse zu bestimmen.

6.1 Der Einfluss der politischen Institutionen auf die demokratische Konsolidierung: Modell

In Kapitel 1 wurde demokratische Konsolidierung definiert als ein Prozess, im Laufe dessen sich die in einem politischen System relevanten Akteure an die Lösung von Konflikten innerhalb der normierten demokratischen Institutionen gewöhnen. Gemäß der Einbettung in das Regimeabfolgemodell (Tabelle 1.1) ereignet sich dieser Gewöhnungsprozess auf dem Wege vom minimal-demokratischen zum formal-demokratischen Regime. In Kapitel 2 wurden eine Reihe von Kontextfaktoren vorgestellt und im Hinblick auf ihre Relevanz für die demokratische Konsolidierung untersucht. Kapitel 3 bis 5 nahmen sich dann verschiedener politischer Institutionen an, wobei neben einer Reihe konzeptioneller Überlegungen die Frage nach den Auswirkungen von Institutionen, Parteien und Wahlsystemen auf die Konsolidierung der Demokratie im Zentrum stand.

Hinsichtlich der Kontextbedingungen lässt sich zunächst eine Unterscheidung zwischen eher strukturellen und politisch kontingenten Kontextfaktoren treffen. Die vorautokratische Demokratieerfahrung (Kapitel 2.1), die ethnische Zusammensetzung der Bevölkerung (Kapitel 2.6) sowie der sozio-ökonomische Entwicklungsstand (Kapitel 2.4) liegen mittelfristig außerhalb der Verfügungsgewalt der politischen Sphäre. Sie sind gewissermaßen „echte" Umweltbedingungen. Näher am politischen Prozess sind die Aspekte der wirtschaftlichen Transformation (Kapitel 2.5) zu verorten. Auch hier erfolgt die Wirkung auf die demokratische Konsolidierung jedoch über einen Umweg, nämlich über höhere Zustimmungsraten zum politischen Regime.

Tabelle 6.1: Kontextbedingungen, institutionelle Struktur und Regimetypen in Osteuropa

		Strukturelle Einbettung • *Vorautokratische Demokratieerfahrung* • *Ethnische Homogenität* • *Sozio-ökonomischer Entwicklungsstand* • *Wirtschaftliche Entwicklung*	*Politische Einbettung* • *Regimewechseltyp* • *Internationale Einbettung*
Formaldemokratische Regimes	Estland	O	+
	Lettland	O	+ / O
	Litauen	O	+ / O
	Polen	+	+
	Slowenien	+	+ / O
	Tschechien	+	+
	Ungarn	+	+
Transitionelle Regimes	Bulgarien	–	O / –
	Makedonien	O / –	–
	Moldova	–	–
	Rumänien	–	O / –
Minimaldemokratische Regimes	Russland	O / –	–
	Slowakei	+ / O	O / –
	Ukraine	–	–

Legende: + = positiver, O = ambivalenter, – = negativer Einfluss auf die demokratische Konsolidierung (entsprechend den Ausführungen in Kapitel 2).

Demgegenüber sind Regimewechseltyp (Kapitel 2.2) und internationale Einbettung (Kapitel 2.3) unmittelbar mit der jeweiligen innenpolitischen Kräftekonstellation verbunden. Die politische Ausrichtung derjenigen Akteure, die Vorgründungs- oder Gründungswahlen gewonnen hatten, prägte den weiteren Prozess der demokratischen Konsolidierung auf entscheidende Weise. Der Ausgang der Wahlen war hingegen eng mit Kräfteverteilungen in der Phase vor dem Regimewechsel verbunden: In der gesamten Region war die Existenz einer deutlich erkennbaren und artikulierten Regimeopposition Voraussetzung für den Wahlerfolg „demokratischer" Kräfte. Das endgültige Umschwenken der meisten Länder auf den Kurs der Westintegration vollzog sich dann in den meisten mitteleuropäischen Ländern mit der Anpassung einer kräftemäßig unterlegenen postkommunistischen Linken an das in seiner Attraktivität vermeintlich nicht zu überbietende westeuropäisch-wohlfahrtsstaatliche Modell.

Die Zusammenfassung in Tabelle 6.1 gibt einen Überblick über die Wirkung struktureller und politischer Kontextvariablen. Die strukturellen Kontextvariablen geben zwar Hinweise auf den Stand der demokratischen Konsolidierung, reichen aber offensichtlich zu einer hinreichenden Erklärung nicht aus. Die Berücksichtigung politischer Kontextfaktoren führt zu folgendem Ergebnis: Das Ziel der demokratischen Konsolidierung konnte in solchen Ländern besser verwirklicht werden, in denen sich gegen das *ancien régime* gerichtete politische Akteure früher und umfassender im Zentrum der politischen Macht etablieren konnten. Indem Einflussfaktoren mit unterschiedlichem zeitlichen Abstand zur Konsolidierungsphase auf der gleichen Ebene in das Erklärungsmodell einfließen, ergeben sich zwei Gefahren:

- Bei einer *Verkettung* von Erklärungsfaktoren ist der Weg zu pseudodeterministischen Hypothesen nicht weit. Zum Beispiel: Der höhere Entwicklungsstand der Staaten Mitteleuropas hat das Fortbestehen einer bürgerlichen Schicht begünstigt. Diese investierte ihr intellektuelles Potenzial in regimekritisches Dissidententum, was dann beim Zusammenbruch des autokratischen Regimes die Bildung einer aktionsfähigen Regimeopposition ermöglichte. Wegen der Diskreditierung der alten Eliten konnten die entsprechenden Kräfte die ersten demokratischen Wahlen gewinnen, was ihnen einen entscheidenden Vorteil bei der Ausstaffierung des neuen Regimes nach ihren Vorstellungen verschaffte. Das Ausmaß der demokratischen Konsolidierung nähme also bei einem einzigen Faktor – hier dem sozio-ökonomischen Entwicklungsniveau – ihren Ausgang. Ein solches Erklärungsmodell würde in sträflicher Weise die Vielschichtigkeit der Transitionsprozesse im postsozialistischen Europa verkennen. Vor allem fänden sich eine Reihe von wechselhaften Transitionsprozessen in demokratischen Schwellenstaaten wie etwa Bulgarien, Moldova, Rumänien und der Slowakei, die auch ein komplizierteres als das hier skizzierte Entwicklungsmodell falsifizieren würden.

- Bei einer Anerkennung des *synchronen* Wirkens verschiedener Wirkungsfaktoren besteht hingegen die Gefahr zirkulärer Erklärungshypothesen. Beispiel: Nur beim Regimewechseltyp „Durchmarsch der Demokratisierer" (vgl. Kapitel 2.2) kommen wirtschaftsreformerische Kräfte an die Macht. Nur die Durchführung substanzieller ökonomischer Reformen lassen ein mittelfristiges Einverständnis der Bevölkerung mit den *Output*-Leistungen des Regimes erwarten. „Demokratische" Kräfte sind also Voraussetzung für wirtschaftliche Erfolge, während wirtschaftliche Erfolge die Verfestigung der Demokratie maßgeblich mit bewirken. In analoger Weise ließen sich gegenseitige Abhängigkeiten weiterer Kontextfaktoren konstruieren.

Beiden Gefahren lässt sich nur schwer ausweichen, wenn ein „hartes" Erklärungsmodell angestrebt wird. Ein solches lässt sich damit aus dem in dieser Arbeit zusammengetragenen Material nicht konzipieren. Das Ansinnen geht daher in Richtung eines „weichen" Modells; ein Modell, das von einem nicht hinreichenden Charakter aller eingebrachten unabhängigen Variablen ausgeht. Nicht ein Gleichungssystem, sondern ein topographisches Vorkonstrukt ist am ehesten in der Lage, die Konsolidierungsaussichten eines bestimmten demokratischen Regimes wiederzugeben. Angesichts der Komplexität der Interaktion struktureller, politisch-endogener und institutioneller Faktoren verbieten sich Hoffnungen, mittels einer induktiv vorgehenden Methode ließen sich wenige Wirkungsfaktoren zur Erklärung der Gesamtkonstitution demokratischer Regimes herausfiltern.

6.1.1 Strukturelle Kontextbedingungen

Lassen wir die strukturelle Einbettung der postsozialistischen Konsolidierungsstaaten noch einmal kurz Revue passieren.

Die *vorautokratische Demokratieerfahrung* hat – vgl. Kapitel 2.1 – in den postsozialistischen Staaten lediglich bei der Orientierung an historischen Institutionen einen gewissen symbolischen Wert gehabt. Da außerdem für die Zwischenkriegszeit nur in der Tschechoslowakei von einem einigermaßen stabilen demokratischen Regime gesprochen werden kann und sich der politische Stil in den beiden Nachfolgestaaten sicherlich nicht positiv von den Nachbarstaaten abhebt, erklärt das Vorhandensein einer demokratischen Vergangenheit wenig.

Zur *ethnischen Heterogenität*: Lediglich in den vier mitteleuropäischen Staaten Polen, Slowenien, Tschechien und Ungarn machen die Titularnationen über jeweils 90% der Gesamtbevölkerung aus. In den baltischen Staaten – den übrigen drei formal-demokratischen Regimes – stellt dagegen die ethnische Bevölkerungsverteilung den wichtigsten Hemmstein zur Ausbildung rundum liberaler Demokratien dar. Litauen, das der russischen Bevölkerung im Gegensatz zu Estland und Lettland den Erwerb der Staatsbürgerschaft bereits kurz nach der Unabhängigkeit gestattete, hat hier mit Abstand den weitesten Weg zurückgelegt. Die gesamte Minderheitengesetzgebung in den Bereichen Sprache, Bildung und Kultur wirbelt hier weit weniger Staub auf als in den beiden baltischen Nachbarstaaten; und das trotz der bisweilen offen nationalistischen Rhetorik von *Sajūdis* (später *Vaterlandsbund*), die immerhin bis 1992 und seit 1996 den Premierminister stellt. In Estland und Lettland hingegen sind die Exklusion der russischen Minderheiten von bestimmten politischen Rechten sowie die allgemeine Diskriminierung bis ins Jahr 1999 so stark, dass die Frage nach dem demokratischen Charakter des Gemeinwesens immer wieder gestellt werden muss (vgl. Kapitel 1.3 und 2.6). In vielen transitionellen und minimal-demokratischen Regimes haben zahlenmäßig starke und gemeinsam siedelnde ethnische Minderheiten das Aufkommen nationalistischer Parteien befördert. Diese haben insbesondere in machtpolitischen Pattsituationen zwischen „demokratischen" Kräften und linkspopulistischen Parteien (Rumänien, Slowakei) einen negativen Einfluss auf die Verfestigung der Demokratie ausüben können. Darüber hinaus traten konsolidierungsrelevante Probleme mit den Minderheiten mindestens in Bulgarien, Makedonien, Moldova und der Ukraine auf.

Weiterhin läßt sich ein einigermaßen starker Zusammenhang zwischen dem *sozio-ökonomischen Entwicklungsstand*, dem *wirtschaftlichen Werdegang* seit dem Regimewechsel und dem Stand der demokratischen Konsolidierung konstatieren; dies allerdings mit abweichenden Fällen. Generell gilt, dass sich in Ländern mit vergleichsweise hohem sozio-ökonomischen Entwicklungsniveau und einer einigermaßen passablen Bewältigung der Transformationskrise formal-demokratische Regimes haben etablieren können (Polen, Slowenien, Tschechien, Ungarn). Ebenso erscheint die Kombination eines vergleichsweise niedrigen sozio-ökonomischen Entwicklungsstand sowie wirtschaftspolitischer Misserfolgen seit 1989/91 mit minimal-demokratischen oder transitionellen Regimes einher zu gehen (Bulgarien, Moldova, Rumänien, Russland, Ukraine).

Nicht ganz in dieses Bild passen die baltischen Staaten. Zum einen hinken diese bei den Referenzdaten zum BIP/Kopf um einiges hinter den übrigen Staaten Mitteleuropas her (vgl. Kapitel 2.4). Zum anderen verbuchen sie etwa seit 1994/95, dem Ende der Transformationskrise, hohe Wachstumsraten.[201] Der Einbruch der gesamtwirtschaftlichen Produktion – obwohl kaum

---

201 Die Russlandkrise vom August 1998 schränkt allerdings die Wachstumsaussichten derzeit

verlässlich zu quantifizieren – scheint in Estland, Lettland und Litauen ebenfalls präzedenzlos stark gewesen zu sein. Verantwortlich hierfür waren die vorherige Verankerung im arbeitsteiligen sowjetischen Wirtschaftsraum, der Wirtschaftsboykott Moskaus nach den ersten Souveränitätsbestrebungen sowie die rigoros liberalistische Politik aller Regierungen seit der Unabhängigkeit. Den stärksten abweichenden Fall stellt freilich die Slowakei. Nach grundlegenden Hypothesen der Demokratisierungsforschung wäre hier aufgrund des vergleichsweise hohen sozio-ökonomischen Entwicklungsniveaus und der günstigen wirtschaftlichen Entwicklung ein demokratisches Regime zu erwarten gewesen.

Zusammenfassen prognostizieren also die strukturellen Kontextbedingungen bei einigen Abweichungen den Konsolidierungsstand der Demokratien im östlichen Europa bereits recht gut (vgl. nochmals Tabelle 6.1). Dieser Befund würde sich bei der Betrachtung der gesamten Region wohl noch verstärken. Schließlich weisen nicht demokratische Staaten wie Belarus oder Albanien nur teilweise demokratieförderliche Strukturbedingungen auf. Weiterhin für die Relevanz struktureller Kontextbedingungen spricht, dass die abweichenden Fälle insgesamt plausibel begründet werden können.

6.1.2 Politische Kontextbedingungen

Ähnliche Ergebnisse ergeben sich bei der Kreuztabellierung von Regimetyp und politischen Kontextbedingungen. Wird die Art des Regimewechsels nicht nur auf die unmittelbare Regimewechselphase bezogen, sondern auf den Ausgang der ersten demokratischen Wahlen ausgedehnt, ergeben sich recht klare Zusammenhänge (vgl. Tabelle 2.3): In Ländern mit einem „Durchmarsch der Demokratisierer" bestand eine starke Tendenz zum formal-demokratischen Regime, in Ländern mit fortdauerndem Einfluss der alten Eliten setzten sich transitionelle oder minimal-demokratische Regimes durch. Lediglich die Slowakei und Slowenien folgten nicht diesem Muster. In beiden Fällen ist dies auf einen Gesinnungswandel der Eliten zurückzuführen. In der Slowakei wurde aus der regimeoppositionellen *Öffentlichkeit gegen Gewalt* (PVN) keine „demokratische" Kraft, sondern mit der *Bewegung für eine Demokratische Slowakei* (HZDS) eine eher illiberale und seilschaftorientierte Partei. In Slowenien hingegen wurden aus kommunistischen Jungfunktionären Demokraten, die in verschiedenen Parteien auf mehr oder minder faire Weise miteinander konkurrieren und somit eine wichtige Bedingung für die Konsolidierung der Demokratie erfüllen.

---

wieder etwas ein.

Die jüngere Entwicklung in Bulgarien, Rumänien und vielleicht der Slowakei liefert im übrigen Anhaltspunkte für die These, dass das Ende der Regimewechselphase vielleicht erst mit dem ersten deutlichen Wahlerfolg der Gegner des ehemaligen *ancien régime* zu terminieren ist. In Rumänien war das erst 1996, in Bulgarien 1997[202], in der Slowakei letztlich erst 1998 der Fall. Zwar verliefen in keinem der drei Staaten die ersten Jahre unter einer echten nachsozialistischen Regierung problemlos. Die Spannungen mit Vertretern der jeweiligen ethnischen Minderheit hielten trotz deren Regierungsbeteiligung in Rumänien und der Slowakei an. Infolge der stärker als zuvor in Angriff genommenen Transformationsschritte im wirtschaftlichen Sektor schrumpfte die Wirtschaftsleistung in Bulgarien und Rumänien nochmals. Dennoch sind bei den Indikatoren des Regimeabfolgemodells (Kapitel 1.2) fraglos in allen drei Ländern Fortschritte zu erkennen. *Freedomhouse* sieht Fortschritte bei der materiellen und politischen Freiheit der Medien. Und vor allem werden die politischen Konflikte seit den Amtsantritten von Emil Constantiniescu, Viktor Ciorbea bzw. Radu Vasile, Petar Stojanov, Ivan Kostov sowie Mikulas Dzurinda unterhalb der Verfassungsebene ausgeführt.

Bulgarien und Rumänien sind gute Belege für die innere Verbindung der Kontextvariablen „Regimewechseltyp" und „internationale Einbettung". In der ersten Hälfte der neunziger Jahre konnten die postsozialistischen Regierungen oder Präsidenten in Bulgarien und Rumänien vor allem mit protektionistischen und strukturkonservierenden Schritten innenpolitische Renditen einfahren. Entsprechend zurückhaltend war die Position westlich dominierter internationaler Organisationen wie Weltbank/IWF, NATO oder EU, wenn es um die Unterstützung konkreter Integrationsschritte ging. Mit den Regierungswechseln waren dann in Bulgarien, Rumänien und der Slowakei die Voraussetzungen für einen verstärkten Kurs der Westintegration gegeben.

6.1.3 Institutionelle Strukturen

Bei der Untersuchung des spezifischen Einflusses institutioneller Strukturen auf die demokratische Konsolidierung muss zwischen Regierungs-, Parteien- und Wahlsystemen unterschieden werden. Entsprechend der Kapiteleinteilung der vorliegenden Arbeit werden dabei die Wahlsysteme im Verbund mit den Parteiensystemen behandelt, da sich ihre Konsolidierungswirkung kaum isolieren lässt (vgl. Kapitel 5.1).

---

202 Zwar siegte 1991 in Bulgarien die *Union der Demokratischen Kräfte* (SDS), doch hielt die Regierung nur wenige Monate und machte dann einer "Expertenregierung" Platz.

Regierungssysteme

Die Analyse in Kapitel 3 hat im Kern erbracht, dass die Gestalt von Regierungssystemen nur unter bestimmten Bedingungen Auswirkungen auf die Konsolidierung von demokratischen Regimes hat. Bestehen in einem bestimmten Land eher demokratiebegünstigende Kontextbedingungen, tendieren inklusive parlamentarische Systeme zur Regelung von Konflikten innerhalb der demokratischen Normen. Es wurden verschiedene Faktoren isoliert, die die Anzahl von Verfassungskonflikten mit bestimmen. Eine aus den Erfahrungen der entsprechenden Regimes im postsozialistischen Europa gewonnene Erkenntnis lautete demnach, dass semipräsidentielle[203] Regierungssysteme unter den Bedingungen (a) einer klaren Ausformulierung der verfassungsmäßigen Kompetenzverteilung, (b) betont „gemäßigter" politischer Akteure und (c) einem geringen Polarisierungsgrad im politischen System durchaus auch konsolidierungsfördernde Funktionen erfüllen können. Balancierte und präsidentiell dominierte Regierungssysteme sind damit, so das in Tabelle 3.8 abgebildete Fazit, in expliziter Abhängigkeit „exogener" Kontextbedingungen und „endogener" Funktionsmerkmale als konsolidierungsrelevant anzusehen (vgl. Kapitel 3.4).

Die Verteilung der Regierungssystemtypen variiert in nicht unbeträchtlichem Maße mit den Regimewechseltypen. In aller Regel erweist sich die Akteurskonstellation in der unmittelbaren Regimewechselphase als entscheidend. Befand sich die Regimeopposition nach dem Ende des sozialistischen Regimes (vorübergehend) in einer hegemonieähnlichen Position, setzte sich das parlamentarische Prinzip durch.[204] Bestand während einer ganz bestimmten Phase der Aushandlung des neuen Regime eine Art Kräftegleichgewicht zwischen Vertretern der Regimeopposition und den Vertretern des alten Regimes, kam es durch politische Kompromisse zu balancierten Regierungssystemen[205] (vgl. hierzu Lijphart 1991 und 1992, Przeworski 1991 und 1992, Rüb 1994a, Linz/Stepan/Gunther 1995).

Deutete sich hingegen in (pseudo)föderalistischen Staaten die Dämmerung des sozialistischen Regimes an, setzten nationale Führer die Einführung eines Präsidentenamtes durch, welches dann von ihnen nach plebiszitähnlichen Wahlen selbst eingenommen wurde.[206] Auf dem Gebiet der ehemaligen

---

203 Nach der Terminologie von Kapitel 3 umfassen semipräsidentielle Regierungssysteme (nach Duverger) sowohl „balancierte" als auch „präsidentiell dominierte" Regierungssysteme.
204 So geschehen in: Estland, Lettland, Polen, Slowenien, der Tschechoslowakei, Ungarn. Ausnahmefall: Litauen mit einem Wechsel zum balancierten Regierungssystem nach einem Verfassungsreferendum Ende 1992.
205 Beispiele: Bulgarien, Polen, Rumänien.
206 In den meisten postsowjetischen Republiken – hier insbesondere Moldova, Russland,

Sowjetunion konnten dann jedoch traditionalistische Kräfte in den – i.d.R. nicht neu gewählten – Obersten Sowjets Kompetenzen für das Parlament zurückerobern; am stärksten in Moldova, am schwächsten in der Russischen Föderation. Insofern ist die Ausgestaltung der Regierungssysteme im postsozialistischen Europa bereits als Ausfluss der Machtverteilung zugunsten oder zuungunsten „demokratischer" Kräfte in der Frühphase des Systemwechsels zu begreifen. Diese Machtkonstellation geht nicht zuletzt die gesellschaftliche Struktur zurück und lässt sich u.a. an der relativen Stärke des Bildungsbürgertums, antikommunistisch denkender Arbeiter und intellektueller Eliten (vgl. Eyal/Szelenyi 1998, Mateju/Hanley 1998) ablesen.

Bei der Beurteilung der Konsolidierungsrelevanz der parlamentarisch dominierten Regierungssysteme stellen sich mit Ausnahme des slowakischen Falles keine Probleme. Dem tendenziell günstigeren Regierungssystemtyp gesellen sich nämlich in der Regel günstige „exogene" und „endogene" Kontextfaktoren zu. Bei den balancierten Regierungssystemen müssen hingegen die einzelnen Fälle diskutiert werden. Auf der konsolidierungshemmenden Seite lässt sich beim bulgarischen Fall das Fehlen von institutionalisierten Mechanismen bei der Nichtübereinstimmung von Präsident und Regierungschef (Art. 98, 99, 100 VerfBul) verbuchen. Dadurch mündeten die zunächst auf der atmosphärischen Ebene bestehenden Konflikte in Verfassungsauseinandersetzungen; die Grundlagen des bestehenden Regimes wurden mehrmals und von verschiedenen Seiten in Frage gestellt. Im rumänischen Fall wirkte dagegen eher die Ausfüllung der politischen Institutionen durch bestimmte politische Akteure konsolidierungshemmend. Präsident Iliescu spielte seine präsidentiellen Kompetenzen mehrfach just dann aus, wenn das politische Potenzial seiner Regierungspartei erschöpft war. Damit agierte Iliescu nicht als „Vermittler zwischen den staatlichen Gewalten" (Art. 80 VerfRum), sondern wirkte mit der Autorität seines Amtes als Stifter von Verfassungskonflikten.

In Makedonien und Moldova hingegen war es gerade das Präsidentenamt, das sich als Zentrum eines stabilen und mithin eher konsolidierungsförderlichen Institutionensystems bewährte. In Makedonien wurde die „Vaterfigur" Gligorov zum vielleicht wichtigsten Symbol der nationalen Einheit. Unter seiner maßgeblichen Integrationskraft gelang es, alle bisherigen Regierungen mit Vertretern der albanischen Minderheit zu bestücken und so ein über Erwarten stabiles ethnisch-konkordantes Regime zu errichten.

Ähnlich wie in Litauen kam es damit der politischen Institution des Präsidenten zu, die potenziell konsolidierungsabträgliche Konfliktlinie der ethnischen Beziehungen weitgehend aus dem politischen Tagesgeschäft zu halten. Im Fall Moldova besteht hingegen ein balanciertes Regierungssystem mit

---

Ukraine – sowie in einigen Nachfolgerepubliken Jugoslawiens (Kroatien, Serbien).

überaus eindeutigen Verfassungsbestimmungen (die die meisten Kompetenzen dem Parlament, nicht dem Präsidenten zusprechen, vgl. Tabelle 3.4). Sich anbahnende Verfassungskonflikte konnten daher verschiedenfach mit Hilfe des Verfassungsgerichts erstickt werden. Damit weist Moldova trotz der kürzlich wieder aufgeflackerten Diskussion um die Einführung eines Präsidialregimes (vgl. RFE/RL Newsline, 25.5., 7.6., 30.7.1999) als wohl einziges GUS-Mitglied einen einigermaßen funktionierenden Verfassungsstaat auf.

Genau dies kann von Russland und der Ukraine nicht behauptet werden. Zurückzuführen ist dies auf volontaristisch auftretende politische Akteure auf allen Ebenen des politischen Systems. Präsident Jelzin und die ihn umsorgende Präsidialadministration scheuen sich nicht, Dekrete auch in solchen Bereichen zu erlassen, wo dies nach der Verfassung nicht gestattet ist.[207] Mit besonderer Vorliebe Generalstaatsanwälte, aber auch andere staatliche Funktionsträger werden ohne Beachtung der von der Verfassung vorgeschriebenen Verfahren eingesetzt und entlassen. In beiden Staaten haben die Präsidenten bzw. ihre Administrationen in unfaire Wahlkampfpraktiken involviert. Auch die „Medienkriege" in beiden Ländern werden mit den präsidentiellen Apparaten als den zentralen Akteuren geführt (vgl. u.a. FAZ, 30.7.1999). Insgesamt sind in beiden Staaten die Exponenten des Regierungssystems an zahlreichen Stellen damit beschäftigt, das Land auf dem Status eines minimal-demokratischen Regimes zu halten.

Damit kommt zu Tage, dass institutionelle Elemente im postsozialistischen Europa nicht in einheitlicher Form auf die demokratische Konsolidierung eingewirkt haben. Entscheidend sind weniger strukturelle Kontextbedingungen als die politischen Kontextfaktoren. In Staaten mit einem starken Gewicht demokratiebefürwortender Gesellschaftsschichten und entsprechender parteilicher Agenten sowie vergleichsweise gemäßigten politischen Akteuren können auch vermeintlich ungünstige institutionelle Arrangements die Verfestigung der Demokratie nicht aufhalten.[208] In Staaten ohne rechtsstaatliche Traditionen, in denen die politischen Akteure sich an die Geltung einer verfassungsstaatlichen Ordnung nicht gewöhnen können, garantiert allein die Ausgestaltung des Regierungssystems ebenfalls keinen großen Unterschied.[209]

Interessant werden die Eigenarten der Regierungssysteme allerdings, wenn die Dinge weniger eindeutig stehen. Insbesondere in Bulgarien, aber auch in Rumänien hat die regierungssystembedingte Verlagerung von politi-

---

207 Nämlich überall dort, wo bereits Föderale Gesetze vorliegen (Art. 90 VerfRF).
208 Beispiele: Litauen, Polen.
209 Beispiele: Russland, Ukraine.

schen Konflikten auf die Verfassungsebene bedenkliche Auswirkungen auf die Konsolidierung des gesamten Regimes gehabt. Auf der anderen Seite scheint es so, als ob gerade die Einrichtung eines mit verstärkter Reservefunktion ausgestatteten Präsidentenamtes den ansonsten eher wenig begünstigten Jungstaaten Makedonien und Moldova einen kräftigen Schub gegeben habe. So ist es in diesen beiden Staaten nicht zuletzt mit institutionellen Gegebenheiten zu erklären, dass die Kriterien für demokratische Konsolidierung zu einem höheren Grade erfüllt werden als in den minimal-demokratischen Regimes.

Parteiensysteme

Beim Zusammenhang zwischen verschiedenen Charakteristika der Parteiensysteme und der demokratischen Konsolidierung wurde den Aspekten der Fragmentierung, der Stabilität sowie der Polarisierung besondere Aufmerksamkeit geschenkt (Kapitel 5.1 bis 5.3). Eine hohe Fragmentierung sowie eine starke Instabilität der Parteiensysteme können die Konsolidierung belasten, allerdings nur unter bestimmten Bedingungen.

Fragmentierung wird erst dann zum Problem, wenn zwischen wichtigen Parteien Konflikte bestehen, die an den Grundfesten des Gemeinwesens rühren. Anders ausgedrückt: Wenn bei der überwiegenden Mehrheit der politischen Eliten Konsens über die wirtschafts- und außenpolitische Ausrichtung herrscht, erschwert eine Vielzahl von politischen Parteien zwar die Koalitionsbildung, beeinflusst jedoch nicht den Stand der demokratischen Konsolidierung.[210] Hinsichtlich der Stabilität im Parteiensystem wurde zu bedenken gegeben, dass in einem dynamischen Transformationsprozess nur flexible politische Akteure auf die schwierigen Anforderungen an das politische System reagieren können. Daher kann eine zu große Stabilität im Parteiensystem u.U. sogar problematisch sein. Auf der anderen Seite wurde u.a. am Beispiel der Ukraine festgestellt, dass eine gewisse programmatische und organisatorische Kontinuität unerlässlich ist, um den politischen Wettbewerb auf eine rationale Grundlage zu stellen.

Das wichtigste Ergebnis der beiden Kapitel zu den Parteiensystemen lautete, dass sich die Entschärfung des Regimekonflikts und eine geringe Polarisierung im Parteiensystem im postsozialistischen Europa fördernd auf die Konsolidierung der Demokratie ausgewirkt haben. Beide Aspekte sind eng miteinander verbunden, aber nicht identisch. Die Entschärfung des Regimekonflikts unterstellt, dass sich die wichtigste Konfliktlinie des sozialistischen Regimes – nämlich der Antagonismus zwischen einer in allen Berei-

---

210 Beispiele: Estland, Lettland, Slowenien.

chen des öffentlichen Lebens herrschenden und autoritären politischen Elite sowie solchen Kräften, die den Herrschaftsanspruch dieser Elite anzweifeln – in einer dem demokratischen Regime angemessenen Weise transformieren konnte. Der Antagonismus früherer Zeiten konnte einem Konsens über die Grundlagen des Regimes i.d.R. nur dann weichen, wenn die politischen Vertreter der alten Eliten entweder von der politischen Bühne verschwanden (wie in Estland und Lettland) oder sich programmatisch stark wandelten (wie in Litauen, Polen, Slowenien und Ungarn). Damit stellte im bisherigen Lauf des Demokratisierungs- und Konsolidierungsprozesses die Existenz weitgehend unreformierter kommunistischer Parteien in Bulgarien, Moldova, Rumänien, Russland und der Ukraine eine entscheidende Konsolidierungshürde dar.

Bei der Polarisierung des Parteiensystems spielen unreformierte postkommunistische Parteien jedoch nicht die einzige Rolle. Nationalistische Parteien in Bulgarien, Makedonien, Moldova, Rumänien, Russland, der Slowakei und der Ukraine haben zum hysterischen Stil mancher politischer Debatten in diesen Ländern beigetragen. Über die nationalistischen Parteien hinaus vertreten Parteien ethnischer Minderheiten in einer Reihe dieser und weiterer Staaten nicht verhandelbare Interessen. Insgesamt problematisch für die demokratische Konsolidierung erwiesen sich dabei Parteiensysteme, in denen postkommunistische, nationalistische und/oder ethnische Minderheitenparteien zusammen über eine Mehrheit der Mandate verfügen.

6.1.4 Zusammenfassung zum Modell

In einer Zusammenschau lassen sich damit strukturelle und politische Kontextfaktoren sowie der Charakter der politischen Institutionen in Beziehung zum Typus des demokratischen Regimes setzen (vgl. Tabelle 6.2). Das Verhältnis zwischen Kontextbedingungen exogener und endogener Art, den einzelnen Elementen von politischen Institutionensystemen und den in den Institutionen agierenden politischen Akteuren ist im Modell *nicht* im Sinne einer Verkettung von Variablen geklärt. Es handelt sich eher um einen topographischen Wegweiser. So wie das Wandern bergauf beschwerlicher ist als in der Ebene, so wird der Prozess der demokratischen Konsolidierung von bestimmten Kontextfaktoren erschwert. Dennoch können bestimmte politische Akteure den Konsolidierungsprozess in zerklüftetem Gelände voran bringen, und bestimmte institutionelle Muster bieten ein günstigeres Wegenetz zur Erreichung des jeweils nächsten Etappenziels.

Die Anwendung des Modells auf die Region des postsozialistischen Europa entspricht somit nicht etwa einem „booleschen Test wichtiger Hypothesen" (vgl. Berg-Schlosser/DeMeur 1994) der Transformationsforschung.

Vielmehr soll durch das Nebeneinander möglicher Wirkungsfaktoren ein Bild entstehen, welches die in Indikatoren und Kriterien übersetzte Komplexität des Systemwechsels veranschaulichen soll. Staaten, die den Erwartungen der diskutierten Modelle oder Theorien nicht entsprechen, dienen dabei als Anschauungsmaterial dafür, dass die Unübersichtlichkeit des Transformationsgeländes bislang die Formulierung adäquater Hypothesen verhindert hat. Gerade die Länder, deren Regimestatus der *conventional wisdom* der Demokratieforschung widerspricht, bieten Ansatzpunkte für die Wirkungsmacht unvorhersehbarer Handlungen politischer Akteure. Sie sind nicht einfach abweichende Fälle, sondern für die Erforschung des Wesens demokratischer Konsolidierung besonders aufschlussreich.

Will man den Einfluss von Institutionen auf die demokratische Konsolidierung bestimmen, gilt es also zunächst strukturelle und politische Kontextbedingungen zu beachten. Treten dann die politischen Institutionen ins Bild, müssen analog zur Argumentation in Kapitel 5.1 drei Ebenen voneinander getrennt werden:

1. Regierungs- und Parteiensysteme werden zunächst typologisiert, wobei charakteristische Ähnlichkeiten als Grundlage dienen. Bei den Regierungssystemen wurde die Reichweite der Souveränitätsrechte des Parlaments gegenüber den anderen Institutionen untersucht und entsprechende Typen gebildet (Kapitel 3). Bei den Parteiensystemtypen war die relative Stärke bestimmter Parteien oder Parteienfamilien in den Parlamenten der einzelnen Staaten verantwortlich für eine Unterteilung nach sozio-ökonomischen, sozio-kulturellen und postsozialistischen Parteiensystemen (vgl. Kapitel 4).

2. Die Demokratie- und Konsolidierungsforschung sowie die Vergleichende Regierungslehre verfügen über ein ansehnliches Arsenal von Hypothesen zu der Frage, nach welcher Funktionslogik Elemente von Institutionen- und Parteiensystemen aufeinander einwirken. Im Hinblick auf die demokratische Konsolidierung werden den vorher gebildeten Typen *erwartbare* Wirkungen zugeschrieben.

3. Die *reale* Wirkung der Regierungs- und Parteiensysteme (bzw. derer einzelnen Elemente) muss dagegen mit den erwartbaren Wirkungen nicht übereinstimmen. Bei den Regierungssystemen ist hier besonders der Ebene der politischen Akteure Bedeutung zuzumessen: Gerade im Transformationsprozess ist es nicht unerheblich, *wer* ein bestimmtes politisches Amt innehat. Bei den Parteiensystemen hingegen sind es zum Teil die Kräfteverhältnisse selbst, vor allem jedoch die Wirksamkeit schwer verdaulicher gesellschaftlicher Konflikte, die für Geschwindigkeit und Tiefe der demokratischen Konsolidierung eine wichtige Rolle spielen.

Tabelle 6.2: Einfluss der politischen Institutionen auf den Prozess der demokratischen Konsolidierung im postsozialistischen Europa, 1998

	Konsolidierungsrelevante Kontextfaktoren			
	Strukturelle Einbettung Ethnische Homogenität Sozio-ökonomischer Entwicklungsstand Wirtschaftliche Entwicklung	*Politische Einbettung* Regimewechseltyp Internationale Einbettung	*Fallspezifische Kontextfaktoren (Auswahl)*	
Estland	O	+	Leitbild Westeuropa	
Lettland	O	+ / O	Leitbild Westeuropa	
Litauen	O	+ / O	Leitbild Westeuropa	→
Polen	+	+		
Slowenien	+	+ / O		→
Tschechien	+	+		
Ungarn	+	+		→
Bulgarien	−	O / −	Jugoslawienkriege (−)	→
Makedonien	O / −	−	Handelsblockaden, Jugoslawienkriege (−)	
Moldova	−	−	Transnistrienkonflikt (−)	→
Rumänien	−	O / −	Jugoslawienkriege (−)	→
Russland	O / −	−	Sezessionstendenzen im Kaukasus (−)	
Slowakei	+ / O	O / −		
Ukraine	−	−		

Legende: + = günstiger Einfluss; O = kein eindeutiger Einfluss; − = negativer Einfluss. Alle Einordnungen aufgrund der Ergebnisse in den entsprechenden Kapiteln und Unterkapiteln.

Konfiguration der politischen Institutionen		Institutionenimmanente Konsolidierungsfaktoren (Auswahl)	Konsolidierungsstand
Regierungssystem	Parteiensystem		
Parlamentarisch dominiert	Programmatisch fluide		
Parlamentarisch dominiert	Programmatisch fluide		
Balanciert	Sozial-liberal	→ **Regierungssystem:** • Eindeutigkeit von Verfassungsbestimmungen • Stabilität parlamentarischer Mehrheiten • Persönliche Konflikte von Inhabern konkurrierender politischer Ämter →	→ *Formaldemokratische Regimes* →
Balanciert	Sozial-liberal		
Parlamentarisch dominiert	Sozial-liberal	→	→
Parlamentarisch dominiert	Sozial-liberal		
Parlamentarisch dominiert	Sozial-liberal	→	→
Balanciert	Postsozialistisch	→ **Parteiensystem:** • Anzahl der relevanten Parteien • Stabilität der gewählten Parteien • Volatilität • Polarisierungspotenzial einzelner Parteien • Existenz von Antiregimeparteien →	→ *Transitionelle Regimes* →
Balanciert	Sozio-kulturell		
Balanciert	Postsozialistisch	→	→
Balanciert	Postsozialistisch		
Präsidentiell dominiert	Postsozialistisch	→	→
Parlamentarisch dominiert	Sozio-kulturell		*Minimaldemokratische Regimes*
Präsidentiell dominiert	Postsozialistisch		

Die Konfiguration der politischen Institutionen (Spalten 6 und 7 in Tabelle 6.2) unterstellt also für die unterschiedlichen Typen von Regierungs- und Parteiensystemen jeweils bestimmte Funktionslogiken. Von parlamentarisch dominierten Regierungssystemen ist z.b. zu erwarten, dass sich politische Konflikte weniger leicht auf die Verfassungsebene übertragen. Im Gegenzug neigen balancierte Regierungssysteme – wie zu sehen war: unter bestimmten Bedingungen – zu institutionellen Konflikten zwischen den Armen der Exekutive. In präsidentiell dominierten Regierungssystems besteht dagegen die Gefahr eines unkontrollierten Einflusses auf den wichtigsten Entscheidungsträger; dieser Einfluss kann dann mit den verfassungsgemäß garantierten Souveränitätsrechten des Parlaments oder der Regierung kollidieren.

Auch die vier in Kapitel 4.3 entwickelten Parteiensystemtypen sind von Funktionslogiken geprägt. In den „fluiden" Parteiensystemen der Region ist der politische Wettbewerb noch nicht in stabilen Parteien etabliert. In den „sozio-kulturellen" Parteiensystemen dominieren wertgebundene und für einzelne Gruppen z.T. essenzielle Interessenkonflikte. In den „sozialliberalen" Parteiensystemen treten die wichtigsten Parteien mit überwiegend wirtschafts- und sozialpolitisch ausgerichteten Programmen auf. Dies ist zwar auch in den „postkommunistischen" Parteiensystemen der Fall. Wegen des nicht überwundenen Regimekonflikts nehmen sich hier jedoch die Konflikte um den grundsätzlichen Kurs der Wirtschafts- und Sozialpolitik als Kämpfe in tiefen Gräben aus. Während also die postkommunistischen ähnlich wie die sozio-kulturellen Parteiensysteme zur Bildung antagonistischer Lager neigen, liegen in den sozial-liberalen Parteiensystemen die Programme der Parteien näher aneinander. In der Wirtschafts- und Sozialpolitik sind daher die wichtigen bzw. „großen" Parteien programmatisch kompatibel, was sich auf Konstanz und Stringenz der Politik insgesamt positiv auswirkt.

Zusammengefasst drücken die Spalten 6 und 7 von Tabelle 6.2 also eine auf der Basis von Typen *erwartbare*, Spalte 9 die aufgrund von Einzelfallbetrachtung analysierte *reale* Wirkungsweise von politischen Institutionen im Hinblick auf die demokratische Konsolidierung aus. Beachtet man nun beide dieser Perspektiven und bezieht zusätzlich die in den Spalten 2 bis 4 dargelegten Kontextbedinungen mit ein, lassen sich mit Hilfe des Modells für jedes einzelne betrachtete Land Aussagen über die spezifischen Zusammenhänge zwischen Institutionen und dem Stand der demokratischen Konsolidierung treffen.

6.2 Anwendung des Modells

6.2.1 Formal-demokratische Regimes

In allen Staaten mit formal-demokratischen Regimes bestehen nach Analyse der Kontextfaktoren im Großen und Ganzen gute Voraussetzungen für die Konsolidierung der Demokratie. Die in der Gruppe überwiegenden parlamentarisch dominierten Regierungssysteme können ebenso wie sozialliberalen Parteiensysteme als tendenziell günstig für die demokratische Konsolidierung gelten (vgl. Kapitel 3 und 4).

Estland und *Lettland* verfügen durch den hohen Anteil der russischen Bevölkerung sowie den für etablierte Demokratien vergleichsweise niedrigen sozio-ökonomischen Entwicklungsstand nur über mäßig gute strukturelle Voraussetzungen für die Konsolidierung der Demokratie. Aufgewogen wird dies jedoch dadurch, dass bereits kurz nach dem Regimewechsel ein weitgehender Elitenkonsens über den Charakter des anzustrebenden politischen Regimes und dem Leitbild der Integration ins westliche Europa bestand. Die parlamentarisch dominierten Regierungssysteme boten wenig Raum für Gewaltenkonflikte. In den fluiden Parteiensystemen beider Staaten erwies sich zwar die Regierungsbildung immer wieder als schwierig. Insgesamt standen sich jedoch keine polarisierten Parteien gegenüber. Und im Bereich der Minderheitenpolitik, wo zweifellos ein großes Polarisierungspotenzial bestand, übte der Druck europäischer Organisationen immer wieder einen Zwang zur Kompromissbildung aus. Für beide Länder gilt deshalb: In der Frühphase des Regimewechsels wurde die Option einer liberalen, an westliche Strukturen angebundenen Demokratie zum Ziel erklärt, und weder aus dem Institutionen- noch aus dem Parteiensystem erwuchsen unüberwindbare Probleme bei der Errichtung und Festigung des formal-demokratischen Regimes.

Litauen und *Polen* sind wegen ihrer Ähnlichkeit im Hinblick auf Regierungs- und Parteiensystem die Fälle aus der Gruppe der formal-demokratischen Regimes, bei denen die doppelte Perspektive der erwartbaren und realen Wirkungen besondere Erkenntnisgewinne verspricht. In Polen konnte – besonders während der Gültigkeit der Kleinen Verfassung – der Präsident auf ausgeprägtere Machtressourcen zurückgreifen als sein litauischer Kollege. Für die Rückschläge, die Polen Mitte der neunziger Jahre beim Prozess der demokratischen Konsolidierung hinnehmen musste, war jedoch etwas anderes verantwortlich. Der polnische Verfassungstext hielt nämlich einige Unklarheiten auf Lager, und als Präsident amtierte mit Lech Wałęsa ein Politiker, der die mangelhaften Formulierungen konsequent zu seinem (kurzfristigen) Vorteil auszuschlachten bereit war. Der unterschiedliche politische Stil der Staatspräsidenten beider Staaten lässt sich an ihrem Abtreten zeigen: Algirdas Brazauskas kündigte 1997 trotz guter Wiederwahlchancen seinen Rücktritt an, um einem von der Vergangenheit unbelasteten Kandidaten zum Zuge kommen zu lassen. Lech Wałęsa hingegen zeigte sich 1995 nicht einmal bereit, zur Zeremonie der Amtsübergabe überhaupt zu erscheinen. Verantwortlich ist also nicht allein das balancierte Regierungssystem. Vielmehr ließen erst weitere Faktoren die potenziell konfliktträchtige Funktionslogik des Regierungssystems zur Entfaltung kommen.

Dass sich heute dennoch beide Staaten als formal-demokratische Regimes etabliert haben, hat demnach unterschiedliche Gründe. Polen hat aufgrund seiner guten kontextualen Voraussetzungen die Torpedierung des Konsolidierungsprozesses durch das Wałęsa-Regime verkraften können, Litauen hingegen hat die Chancen der Machtverteilung innerhalb des balancierten Regierungssystems genutzt.

In Polen waren sich viele politische Akteure der Belastungen durch die Polarisierung des politischen Lebens bewusst, so dass die sowieso anstehende Verfassungsrevision zur Schwächung des Präsidentenamtes und vor allem zur Präzisierung der vorher umstrittenen Verfassungsartikel genutzt wurde. Die wirtschaftlichen Erfolge sowie die auch von den Postkommunisten weiter betriebene Annäherung an westliche Organisationen verhinderte nach Wałęsas Abtreten eine weitere Polarisierung, zumindest was die zentralen Politikfelder Wirtschaft und Äußeres anging. Wałęsa hätte also wohl nicht nur zur Rhetorik, sondern auch zu den politischen Mitteln seines erklärten Vorbildes Jozef Piłsudski greifen müssen, um eine Verfestigung der Demokratie auf breiter Ebene zu verhindern.

In Litauen dagegen war dieser Weg nicht so klar vorgezeichnet. Der zunächst angespannte Umgang mit der ethnischen Minderheit, die russischen Großmachtsvorbehalte und auch der tiefe Produktionseinbruch in den ersten postsowjetischen Jahren schienen keine optimale Voraussetzung für die Konsolidierung zu sein. Die konsequente Orientierung der politischen Akteure am Verfassungstext von 1992 und einige im Rückblick kluge politische Entscheidungen ließen jedoch die in der Phase der *cohabitation* denkbaren politischen Konflikte nicht aufkommen.

Slowenien, *Tschechien* und *Ungarn* verfügen zwar über einen jeweils recht unterschiedlichen Hintergrund, was den Charakter der autokratischen Regimes und den Modus des Regimewechsels angeht. Nach zehn Jahren Postsozialismus stellen die Länder jedoch ähnliche Fälle dar: Es handelt sich um ethnisch homogene Nationalstaaten mit vergleichsweise guten Aussichten auf Aufnahme in die Europäische Union, einem überdurchschnittlichen sozio-ökonomischen Entwicklungsstand und ähnlichen institutionellen Strukturen. Aus den parlamentarisch dominierten Regierungssystemen und den sozial-liberalen Parteiensystemen beider Staaten hat es keine entscheidenden Impulse zur Verzögerung der demokratischen Konsolidierung gegeben. Die günstigen institutionellen Voraussetzungen in allen drei Staaten wurden allerdings in Tschechien, wo zeitweise zwei Antiregimeparteien in der Abgeordnetenkammer vertreten waren, zum Teil konterkariert. Auswirkungen hatte dies primär auf der politisch-programmatischen, weniger jedoch auf der Regimeebene.

Bei Zusammenfassung der formal-demokratischen Regimes lassen sich also zwei Erklärungslinien benennen. Zum einen bestanden bzw. bestehen in Polen, Slowenien, Tschechien und Ungarn überaus günstige strukturelle und politische Kontextbedingungen für die Konsolidierung der Demokratie. Wie am Beispiel Polens kurz nachvollzogen, konnten auch einzelne konsolidierungsabträgliche Details wenig an den guten Konsolidierungsaussichten ändern. Durch die ethnische Homogenität, ein vergleichsweise hohes sozioökonomisches Entwicklungsniveau und die im Großen und Ganzen wohlwollende Haltung des westlichen Europa gegenüber den Integrationsbestrebungen dieser Länder weisen sie Parallelen zu den späten Demokratisierungsstaaten des südlichen Europa auf. Ob die erfolgreichen Transformationsfälle Griechenland, Portugal und Spanien damit als Vorbilder dienen können und „Lektionen" für die Kernstaaten Mitteleuropas bereithalten (vgl. hierzu Pridham 1994, 1995, Morlino 1998), sei dahingestellt. Jedenfalls begibt sich wohl kaum in Gefahr, wer für diese vier Staaten die weitere Entwicklung zu ausdifferenzierten liberal-demokratischen Regimes prognostiziert.

Die baltischen Staaten wiederum verfügen über nicht ganz so günstige Ausgangsbedingungen. In den drei baltischen Staaten ist es nicht die strukturelle, sondern die politische Ebene, von der die wichtigsten Impulse für die demokratische Konsolidierung ausgehen. Dazu zählt der unbedingte Wille der politischen Eliten, mittels der politischen Integration ins westliche Europa dem russischen Herrschaftskreis zu entrinnen. In Anbetracht der ethnischen Spaltung und der großen Einkommensunterschiede in der Bevölkerung bestand und besteht besonders in Estland und Lettland eine reale Gefahr der Polarisierung des politischen Spektrums. Bisher konnte sie jedoch vermieden werden. In strittigen Entscheidungen überließen die politischen Eliten beider Länder internationalen Organisationen faktisch die letzte Entscheidungsgewalt. In Fragen des Staatsbürgerschafts- und Minderheitenrechts blieb keine Intervention von EU oder Europarat ohne Ergebnis, und auch in der Wirtschaftspolitik lassen sich in den frühen Jahren der Systemtransformation – Stichwort *currency board* – internationale Einflüsse nachweisen. Die politischen Eliten delegierten also letztlich einige vermeintlich polarisierende Entscheidungen an äußere Instanzen.

6.2.2 Transitionelle Regimes

Stellt man den formal-demokratischen die transitionellen Regimes entgegen, lassen sich weniger günstige Kontextbedingungen sowie uneinheitliche Konsolidierungssignale aus der institutionellen Sphäre feststellen.

In *Bulgarien* wirkt sich die Existenz der türkischen Minderheit und vor allem die letztlich seit zehn Jahren anhaltende wirtschaftliche Transformationskrise von Seiten der Kontextbedingungen hemmend auf die Konsolidierung der Demokratie aus. Verstärkend hinzu kamen die Instabilität der ehemals jugoslawischen Nachbarregion sowie mehrere Handelsblockaden. Während also die Voraussetzungen für die Konsolidierung bereits nicht glänzend waren, hatte der Regimewechsel ein problematisches institutionelles Arrangement hervorgebracht. Weder die schwache Regimeopposition noch die Gemäßigten des alten Regimes hatten sich entscheidend durchsetzen können; es kam zu einem balancierten Regierungssystem. Als der erste Präsident, der Kommunist bzw. Sozialist Petar Mladenov jedoch kurz nach seiner Wahl zum Rücktritt gezwungen war, konnte sich mit Želju Želev eine Gallionsfigur der Opposition im höchsten Staatsamt installieren.[211] Damit waren Konflikte vorprogrammiert; unerwarteterweise tauchten viele der erbitterten Streitpunkte jedoch auch zwischen dem Präsidenten und einigen seiner ehemaligen Mitstreiter von der *Union der Demokratischen Kräfte* (SDS) auf.

Neben der konkreten Amtsführung von Präsident Želev war in Bulgarien die Polarisierung der politischen Kräfte für das Auftreten von Verfassungskonflikten verantwortlich. Im postsozialistischen Parteiensystem konnten sich die „demokratischen" Kräfte trotz zeitweiliger Mehrheit nicht zu einer geschlossenen Politik durchringen. Einmal war es die Haltung gegenüber der türkischen Minderheit, ein anderes Mal der Kurs der Privatisierung, der die nicht sozialistischen Kräfte spaltete. Da auf der anderen Seite die *Sozialistische Partei* (BSP) als nicht koalitionsfähig galt, befand sich das politische System bei hohem Entscheidungsdruck immer wieder in Blockadesituationen. Deswegen mussten die Präsidenten Želev und Stojanov in einer Weise in Regierungsbildungen eingreifen, die sich hart an den Grenzen des Verfassungstextes bewegte. Und zuletzt rührten die ständigen Ermahnungen von Präsident Želev an die Legislative auch aus der Unentschlossenheit der parlamentarischen Kräfte; Ermahnungen, aufgrund derer es schließlich zur fast vollkommenen Überwerfung mit dem Parlament kommen sollte. Damit lässt sich für die ersten Jahre des bulgarischen Transformationsprozesses eine

---

211 Typischerweise befürwortete die SDS nach diesem Konstellationswechsel eine Stärkung des Präsidentenamtes, während die bis dahin in Richtung einer Präsidialrepublik argumentierende BSP ihre Position revidierte und auf geringen Vollmachten für den Präsidenten bestand (vgl. Verheijen 1995: 121).

vielleicht besonders unglückliche Kombination aus Kontextfaktoren, Regierungs- und Parteiensystem konstatieren.

Das Ende der *cohabitation* nach dem Protestwinter 1997 und die solide Mehrheit der neuen Koalition bescherten dem Land eine gewisse Verschnaufpause, da nun die Austragung politischer Konflikte nicht immer sofort eine Entsprechung auf institutioneller Ebene hatte. Dann leitete die brüske Ablehnung der Beitrittsgesuche des Landes zu NATO und EU im Sommer 1997 wohl ein gewisses Umdenken bei der inzwischen oppositionellen BSP ein. Und nicht zuletzt hatte die katastrophale wirtschaftliche Situation nach drei Jahren sozialistischer Herrschaft die Einsicht genährt, dass ein konsequenterer Umbau des Wirtschaftssystems wohl doch angebracht sei. Insgesamt gibt es also eine Reihe von Gründen für die in den letzten Jahren zu beobachtende Abnahme der Polarisierung sowie für das mittlerweile geräuschlosere Funktionieren der politischen Institutionen.

In *Makedonien* dominiert die Wirkung der Kontextbedingungen den Einfluss der institutionellen Faktoren. Als vorerst letzter der selbständig gewordenen ehemaligen jugoslawischen Teilstaaten sah sich Makedonien von Anfang an mit Vorbehalten aller Nachbarstaaten konfrontiert. Griechenland opponierte mit militanten Mitteln gegen die Namensgebung, Albanien fühlte sich für die albanische Minderheit im Westen des Landes mit verantwortlich, die Bundesrepublik Jugoslawien hatte den ehemaligen Gliedstaat sowieso nur zur Entlastung anderer Fronten in die Unabhängigkeit entlassen, und Bulgarien sah von offiziellen Kontakten ab, weil dies die Anerkennung des Makedonischen als eigene Sprache bedeutet hätte. Die erste Aufgabe der politischen Kräfte lautete daher: Konsolidierung nicht der Demokratie, sondern des Staates selbst. In einem höchst instabilen Umfeld konnten es sich daher selbst die Nationalisten der VRMO-DPMNE im Jahre 1998 nicht leisten, eine Regierung ohne Beteiligung einer albanischen Partei zu führen.

In der Sphäre des Regierungssystems hat es dagegen eher demokratiebegünstigende Entwicklungen gegeben. Staatspräsident Kiro Gligorov kommt eine herausragende Funktion bei der Befriedung politischer und gesellschaftlicher Konflikte zu. Bei innenpolitischen Konflikten verfügte das System so über eine zweite Instanz zum Ausgleich ethnischer Interessen. Die außenpolitische Geradlinigkeit im instabilen internationalen Umfeld hätte ohne die Möglichkeit des Rückgriffs auf einen mit Verhandlungskompetenzen ausgestatteten Präsidenten wahrscheinlich kaum erreicht werden können.

Anders als Bulgarien oder Rumänien wird Makedonien nicht durch eine Verringerung von Verfassungskonflikten den Weg in Richtung eines formaldemokratischen Regimes einschlagen können. Vielmehr kommt es auf die dauerhafte Befriedung gesellschaftlicher Konflikte an. Die fortdauernde Beachtung der konstitutionellen Regeln durch alle wichtigen politischen Akteure könnte im Laufe der Zeit unter günstigen Umständen eine Art Verfassungspatriotismus hervorrufen, der sich seinerseits stützend auf die Existenz des staatlichen Gemeinwesens auswirken würde. In diesem (günstigsten) Falle würde die faktische Konsolidierungswirkung des Regierungssystems die von den Kontextbedingungen ausgehenden Impulse mit der Zeit überdecken. Denkbar ist jedoch auch, dass nach dem Wegfall einiger Probleme an der internationalen Front die innenpolitischen Konflikte eine stärkere Bedeutung bekommen und somit eine weitere Konsolidierung der Demokratie behindern.

Wiederum anders liegen die Dinge im Falle der Republik *Moldova*. Auch hier spielen zunächst die ungünstigen Kontextbedingungen eine Rolle. Durch die Sezession des transnistrischen Landesteils ist das Land de facto geteilt. Die Spaltung belastet auch die ohnehin äußerst schwierige wirtschaftliche Transformation, da sich der größte Teil der verarbeitenden Industrie auf dem Sezessionsgebiet befindet, der Energieverbrauch dieser Unternehmen vom russischen Hauptgläubiger *Gazprom* jedoch in Chișinău in Rechnung gestellt wird.

Die Summe der konsolidierungsabträglichen Kontextfaktoren – katastrophale Wirtschaftslage, Gebietsvorbehalte der Russischen Staatsduma, geringes sozio-ökonomisches Entwicklungsniveau, geringer Handlungsspielraum auf internationaler Ebene – würde auch länger etablierte Demokratien in Legitimitätsschwierigkeiten bringen. Angesichts dieser Tatsache erweist sich die Republik Moldau als erstaunlich stabil. Dies liegt mit daran, dass den möglichen Schwachpunkten des balancierten Regierungssystems durch einen schlüssigen und präzise formulierten Verfassungstext entgegengewirkt wurde. Da bislang alle politischen Akteure dem Verfassungsgericht die abschließende Interpretationshoheit über die Verfassung gewährten, hat es kaum echte Verfassungskonflikte gegeben.

Während sich also das balancierte Regierungssystem unter der Bedingung der klaren Ausformulierung der politischen Regeln eher als konsolidierungsstützend erwiesen hat, stellt das Parteiensystem insbesondere seit den Wahlen von 1998 eine Hypothek für den Konsolidierungsprozess dar. Seitdem stellt die *Kommunistische Partei* im Parlament die stärkste Fraktion, gegen die die übrigen politischen Kräfte wegen ihrer programmatischen Divergenz keine Mehrheit mehr bilden können. Prompt bildete sich der aus anderen GUS-Staaten bekannte Konflikt: ein von einem polarisierten Parlament gehemmter Präsident versucht, sich über die Erweiterung seiner Kompetenzen neuen Handlungsspielraum zu schaffen.

In gewisser Weise ist damit in der Moldau offen, ob die vom Regierungssystem ausgehende Mäßigung oder die vom Parteiensystem ausgestrahlten Polarisierungstendenzen die Oberhand gewinnen werden. Auf lange Sicht erscheint es nach den Erkenntnissen der Theorie politischer Institutionen (vgl. Göhler (Hrsg.) 1987, Peters 1998, Weingast 1998) eher unwahrscheinlich, dass allein über die Institutionen des Regierungssystems ein politisches Regime auf lange Zeit aufrecht erhalten werden kann. Die Verbindung der letztlich regimefeindlichen *Kommunistischen Partei* mit der zu Irredenta-Gefühlen neigenden russischen Bevölkerung birgt hier einige Sprengkraft für das Fortbestehen des Regimes. Auf der anderen Seite lassen sich natürlich Beispiele für stabile Demokratien nennen – Indien, Israel –, in denen die Interessen verschiedener gesellschaftlicher Gruppen vielleicht noch stärker divergieren als in Moldova. Der Fortbestand des transitionellen Regimes wird auf jeden Fall entscheidend vom Funktionieren der Institutionen des Regierungssystems als dem wichtigsten Aktivum des bisherigen Transformationsprozesses abhängen. Hier lässt sich der oben angesprochene Unterschied zwischen erwartbaren und realen Konsolidierungswirkungen besonders deutlich zeigen: Das vermeintlich konsolidierungsabträgliche balancierte Regierungssystem ist genau jener Faktor, mit dem die realen Fortschritte im Konsolidierungsprozess erklärt werden können.

In *Rumänien* bestehen ähnliche Kontextbedingungen wie in Bulgarien: Existenz einer geschlossen siedelnden und politisch artikulierten Minderheit, ein vergleichsweise niedriges sozio-ökonomisches Entwicklungsniveau, eine mäßige wirtschaftliche Entwicklung, der Gewinn der ersten freien Wahlen durch halb reformierte politische Kräfte des *ancien régime*, das Zurückfallen des Landes bei den Bemühungen um Integration in westliche Bündnisse. Darüber hinaus weist die institutionelle Grundkonfiguration beider Länder, ein balanciertes Regierungssystem sowie ein postsozialistisches Parteiensystem, Parallelen auf.

Dennoch lassen sich die Länder wegen des Verlaufs der ersten Transformationsjahre nicht gemeinsam behandeln. Während in Bulgarien mit Želju Želev unverhoffterweise ein Vertreter der Regimeopposition das Präsidentenamt übernehmen konnte, blieben in Rumänien die zentralen Institutionen in der Hand der *Front der Nationalen Rettung* (FSN). Deren Gallionsfigur, Ion Iliescu, war bereits in den achtziger Jahren in der Partei- und Günstlingshierarchie weit geklettert.[212] Selbst für wohlwollende Betrachter hatte es deshalb nur einen unvollkommenen Regimewechsel gegeben. Es wurde zwar rasch eine neue Verfassung verabschiedet, und oppositionelle Kräfte konnten per Wahl ins Parlament gelangen. Die Herrschaftspraxis jedoch änderte sich nur sehr langsam. Noch im September 1991 ließ Präsident Iliescu zur Disziplinierung der „Technokratenregierung" Roman gewalttätige Bergarbeiter in Bukarests Straßen aufmarschieren.

---

212 In seinen Erinnerungen an die Revolution vom Dezember 1989 spart Iliescu diesen Teil seiner Biographie übrigens aus (vgl. Iliescu 1995)

Der eigentliche Effekt des Verharrens der alten Kräfte in den Sesseln der Macht war jedoch eine organisatorische Aufsplitterung des Parteienspektrums. Wo die bulgarische SDS trotz zahlreicher innerer Divergenzen unter anderem zur Unterstützung „ihres" Präsidenten ein Motiv zum Zusammenhalt hatte, driftete in Rumänien die Opposition gegen das „System Iliescu" auseinander. Bei den Wahlen von 1992 konnten sich neben den FSN-Abspaltern unter Petre Roman eine oppositionelle Sammlungspartei, zwei extreme nationalistische und eine agrarische Partei in einer der beiden parlamentarischen Kammern etablieren. Dazu kamen noch die linksextreme *Sozialistische Arbeiterpartei* (PSM) und die *Ungarische Demokratische Union* (UDMR). Nach wenigen Jahren Demokratie hatte sich damit in Rumänien eines der polarisiertesten Parteiensysteme der ganzen Region gebildet. Auffällig war, dass selbst die programmatisch gemäßigteren Kräfte wie CDR oder die *Demokratische Partei* (PD) aus verschiedenen Gründen nicht zu einer konstruktiven Zusammenarbeit finden konnten. So bildete die PDSR eine Regierung, die auf die Unterstützung von links- und rechtsextremen Parteien angewiesen war.

Diese Mischung aus nationalistischen und antireformerischen Kräften übte wiederum einen destabilisierenden Einfluss auf das Regierungssystem aus. Hier stellte sich nämlich heraus, dass der Machtanspruch der verschiedenen Regierungen und des Präsidenten mit einigen liberalen Grundsätzen der Verfassung in Widerspruch stand. Unliebige lokale Mandatsträger wurden ohne gesetzliche Grundlage entlassen, die Institutionen der inneren Sicherheit operierten ohne Kontrolle durch die parlamentarische Opposition, die Privatisierung ließ sich nur über unfaire Insiderpraktiken und auch dann nur im Schneckentempo vorantreiben. Stärker als in vielen Nachbarstaaten muss damit ein guter Teil der Verantwortung für die Stagnation der ersten Transformationsjahre den politischen Akteuren zugeschrieben werden. Erst die Uneinigkeit der „demokratischen" Opposition in Verbindung mit der unversöhnliche Haltung der politischen Kräfte des *ancien régime* trug zu der starken Stellung der extremen Parteien bei.

Der Konstruktion des balancierten Regierungssystems kann daher im bisherigen Transformationsverlauf nur ein begrenzter Einfluss auf die demokratische Konsolidierung zugesprochen werden. Anders als in Sofia oder Warschau wurden kaum Konflikte von der politischen auf die institutionelle Sphäre übertragen. Wenn man so will, haben damit zum einen die Polarisierung des Parteiensystems, zum anderen die illiberalen Praktiken wichtiger Amtsträger die Verfestigung der rumänischen Demokratie verhindert.

In der Zusammenschau lässt sich also auch für die Gruppe der transitionellen Regimes kein gemeinsames Erklärungsmuster finden. Für alle Staaten der Gruppe gilt, dass die kontextualen Voraussetzungen für die Konsolidierung der Demokratie schlechter sind als bei den formal-demokratischen Regimes. Besonders die weniger klaren Kräfteverhältnisse in der unmittelbaren Umbruchphase haben nach der Logik der Machtteilung dazu geführt, dass in allen vier Staaten balancierte Regierungssysteme mit einem politisch potenten Präsidenten etabliert wurden. Die selben Kräfteverhältnisse haben den Nachfolgeparteien in drei der vier Staaten zu einer dauerhaft starken Stellung verholfen und so zu postsozialistischen Parteiensystemen geführt. Damit hatte in Bulgarien, Moldova und Rumänien das entscheidende Polarisierungspotenzial Einzug ins politische System gehalten. Letztendlich haben sich in den Ländern keine formal-demokratischen Regimes durchsetzen können, weil regimekritische Kräfte starke Minderheiten – und mitunter auch Mehrheiten – in den Parteiensystemen stellen.

Einzelne Facetten in der Ausgestaltung der Regierungssysteme haben jedoch zu einer durchaus unterschiedlichen Lagerung der Fälle geführt. In Bulgarien hat die starke Polarisierung aus der Regierungszeit der BSP einer gewissen Annäherung der wichtigsten politischen Kräfte Platz gemacht. Die Hauptquelle der konsolidierungsabträglichen Konflikte, die politische Konkurrenz zwischen institutionellen Polen des Regierungssystems, konnte zunächst in ein geregeltes Verhältnis zwischen Regierung und Opposition überführt werden. Bei aller Vorsicht steht daher in Bulgarien vielleicht eine Vertiefung und Verfestigung der Demokratie ins Haus.

Dem moldauischen Regime stehen mit dem im Jahre 1998 erfolgten Wiedereinzug der Kommunisten ins Parlament die größten Zerreißproben vielleicht noch bevor. Mit der nunmehr stärkeren Polarisierung des politischen Spektrums ist auch das Regierungssystem, bis dato wichtigster Hort der institutionellen Stabilität, zum Gegenstand politischer Diskussionen geworden. Eine Entwicklung zum formal-demokratischen Regime in näherer Zukunft darf bezweifelt werden.

In Rumänien ist seit dem Machtwechsel von 1996 kaum zu erkennen, dass sich die Polarisierungsschere zwischen der Nachfolgepartei und den Regierungsparteien CDR und PD schließen würde. In erster Linie liegt dies wohl an der nationalistischen Linie der PDSR, die sie zudem gegen rechtsextreme Parteien verteidigen muss. Da auf der anderen Seite die UDMR, die Partei der ungarischen Minderheit, Mitglied der Regierungskoalition ist und dort auch einige Anliegen (zunächst) durchsetzen konnte, liegt die Aufrechterhaltung der nationalistischen Rhetorik zumindest im kurzfristigen Interesse der PDSR. Außerdem sind in Rumänien noch Nachwehen des sultanistischen Regimes spürbar. Die fast außergesetzliche Stellung einzelner protegierter Gruppen wie der Bergarbeiter sowie insgesamt die kategorische Art der politischen Auseinandersetzungen erschweren die Kompromissbildung. Insgesamt erscheinen die Tendenzen der Weiterentwicklung zum formaldemokratischen Regime deutlich schwächer als beim bulgarischen Fall.

Im Falle Makedoniens hingegen spielt die Ausprägung der politischen Institutionen keine dominante Rolle. Allerdings hat es das balancierte Regierungssystem vermocht, der wichtigsten Integrationsfigur des Landes mit dem Präsidentenamt ein wirksames Instrument zur Verfügung zu stellen. Die potenziell desintegrativen Wirkungen des sozio-kulturellen Parteiensystems wurden von dem integrierend agierenden Teil der politischen Elite aufgehoben. Voraussetzung für die weitere Regimeentwicklung bleibt in Makedonien allerdings die Festigung der Eigenstaatlichkeit.

6.2.3 Minimal-demokratische Regimes

Damit verbleibt noch der Versuch, die Stagnation der minimaldemokratischen Regimes – Russland, der Slowakei und der Ukraine – mit Hilfe des Modells aus Tabelle 6.2 zu erklären.

Die *Slowakei* nimmt innerhalb des gesamten Ländersamples einen Sonderstatus ein. Der niedrige Konsolidierungsstand im Jahre 1998 geht mit vergleichsweise guten strukturellen Kontextbedingungen einher: Das Land kann auf eine demokratische Zwischenkriegsvergangenheit zurückblicken, der sozio-ökonomische Entwicklungsstand unterscheidet sich kaum von dem der übrigen Vyšegrad-Staaten, und vor allem kann das Land trotz vieler Unkenrufe auf eine anständige wirtschaftliche Entwicklung zurückblicken.

Im Bereich der politischen Kontextbedingungen allerdings wurden die anfangs positiven Entwicklungen mit dem Einschwenken auf den nationalpopulistischen Kurs größtenteils rückgängig gemacht. Für den Status der Demokratie war die Spaltung des tschechoslowakischen Staates dabei wohl weniger entscheidend. Einen wirklichen Bruch mit dem ČSFR-Regime stellte erst das neue Herrschaftsverständnis der Handlungsträger in der *Bewegung für eine demokratische Slowakei* (HZDS) dar. Das vom Typ her eher als konsolidierungsbegünstigend anzusehende parlamentarisch dominierte Regierungssystem wurde durch Spannungen zwischen Staatspräsident Kováč und Premierminister Mečiar belastet. Einige unklare Verfassungsbestimmungen sowie die nicht auf Ausgleich bedachte Amtsführung beider Politiker ließen konsolidierungshemmende Signale vom Regierungssystem ausgehen.

Das Parteiensystem hingegen hatte sich offensichtlich mit der rumänischen Krankheit angesteckt: die nach den Wahlen von 1994 nur mit einer relativen Mehrheit ausgestattete HZDS paktierte mit der nationalistischen SNS und der linksextremen *Vereinigung der Arbeiter der Slowakei* (ZRS), um die „Verräter" der Zwischenregierung des Sommers 1994 von der Macht fernzuhalten. In Verbindung mit dem weiten Machtanspruch der HZDS waren damit die vielfältigen Verfassungskonflikte der Periode von 1994 bis 1998 vorprogrammiert.

Negative Konsolidierungsimpulse sind damit auch hier auf das Agieren der politischen Akteure zurückzuführen. Der slowakische Fall zeigt, dass gute Konsolidierungsvoraussetzungen in struktureller und selbst in institutioneller Hinsicht keine Gewähr für die Weiterentwicklung der Demokratie bieten. Ohne Akteure, die an der Aufrechterhaltung der liberaler Grundsätze interessiert sind, ist die slowakische Demokratie damit bis 1998 zu einem Mechanismus verkommen, mit dem die Spaltung zwischen unversöhnlichen politischen Kräften nur mühsam überbrückt werden kann. Da seit dem Machtwechsel einige der Protagonisten der HZDS gerichtlich zur Rechenschaft gezogen werden sollen, ist eine Befriedung des politischen Spektrums wohl auch in der nächsten Zeit kaum zu erwarten. Soweit die seit den Wahlen von 1998 vergangene kurze Zeit ein Urteil zulässt, ist die Polarisierung im slowakischen Parteiensystem kaum zurückgegangen. Im Lichte des hier angewandten Modells muss daher daran gezweifelt werden, dass in der Slowakei eine Weiterentwicklung zum formal-demokratischen Regime unmittelbar bevorsteht. Da die nunmehr oppositionellen Kräfte sich auch bestenfalls zögerlich für einen Kurs der Westintegration ausgesprochen haben, dürfte u.U. nicht einmal das Beitrittsangebot der Europäischen Union Entscheidendes an diesem Befund ändern.

In der *Russischen Föderation* gehen relativ ungünstige Kontextbedingungen mit mehreren Besorgnis erregenden Entwicklungen in der institutionellen Sphäre einher. Dabei hellen das Energie- und Rohstoffpotenzial des Landes sowie der hohe Bildungsgrad der Bevölkerung die Bilanz der strukturellen Kontextfaktoren etwas auf – nominell ist das sozio-ökonomische Entwicklungsniveau nach wie vor höher als das aller Nachbarstaaten mit der Ausnahme von Polen und Finnland (vgl. Kapitel 2.4). Die wirtschaftliche Entwicklung nicht erst seit dem Systemwechsel, sondern spätestens seit den achtziger Jahren ist jedoch als äußerst negativ zu beurteilen. Im Bereich der politischen Kontextbedingungen weist das Land ebenfalls kaum Anhaltspunkte für eine günstige Beurteilung der Konsolidierungschancen auf. Ein klarer Wechsel zu einem neuen Regime hatte bis 1993 gar nicht stattgefunden. Mit der gewaltsamen Auflösung des Obersten Sowjet im Herbst eben jenes Jahres waren dann fast ausschließlich negative Assoziationen verbunden, was das nunmehr demokratisch legitimierte Regime[213] von Anfang an aufs Schwerste belastete.

Wie in Kapitel 3.3.3 diskutiert, weist die russische Verfassung den machtvollsten Präsidenten der gesamten Region aus. Das präsidial dominierte Regierungssystem enthält jedoch trotz der vermeintlich klaren Kompentenz-

---

213 An der Manipulationsfreiheit des Verfassungsreferendums vom 12.12.1993 bestehen allerdings erhebliche Zweifel (Sobjanin/Suchovolskij 1995, vgl. Beichelt 1997).

zuweisungen Fallstricke. So steht vor allem die Regierung im Spannungsfeld präsidentieller Vorgaben und der Unterstützung durch das Parlament. Um so schwerer wiegt, dass Präsident Jelzin trotz seiner Machtfülle immer wieder auf konstitutionell zweifelhafte Herrschaftsmethoden angewiesen war. Der Anspruch des Präsidenten, nicht nur die Grundlinien der Innen- und Außenpolitik (Art. 80 VerfRus), sondern darüber hinaus die gesetzgeberische Tagespolitik gewissermaßen in Alleinverantwortung zu tragen, setzte die fragilen Säulen des Regierungssystems in den ersten fünf Jahren seines Bestehens unter erheblichen Druck.

Das Motiv für Jelzins weiten Herrschaftsanspruch verweist auf eine weitere Hypothek des Konsolidierungsprozesses. Das postkommunistische Parteiensystem[214] weist neben dem fast 50% ausmachenden Anteil kommunistischer Parlamentarier weitere 10-15% regimekritischer Kräfte auf. Die Dekrete und Vetos Jelzins waren deshalb häufig als Widerstand gegen „antireformerische" Beschlüsse des Parlaments zu interpretieren. Wahrscheinlich werden in keinem der Parteiensysteme des demokratischen postsozialistischen Europa so viele Parlamentssitze von Antiregimeparteien besetzt wie in Russland. Da gleichzeitig die Begeisterung der Bevölkerung für die eindeutig „demokratischen" Parteien nicht gerade ausgeprägt ist, scheint das Parteiensystem auch die gesellschaftlichen Präferenzen nicht in großem Umfang zu verzerren.

Für den vergleichsweise schwachen Konsolidierungsstand in der Russischen Föderation ist daher eine Kombination aller im Modell als ungünstig erachteten Faktoren gegeben: konsolidierungsabträgliche Kontextbedingungen, ein konfliktanregendes präsidentiell dominiertes Regierungssystem, ein hoch polarisiertes Parteiensystem und zu alledem eine politische Klasse, der das Kultivieren grundsätzlichen Streits sowie das Florieren der privaten Schweizer Bankkonten wichtiger erscheint als das Gemeinwohl. Unter diesen Umständen kann es fast als Erfolg gewertet werden, dass wenigstens die Merkmale eines minimal-demokratischen Regimes über die ersten fünf Jahre seines Bestehens gerettet werden konnten. Immerhin gibt es anders als bis 1993 einen verfassungsmäßigen Mechanismus, mit dessen Hilfe politischer Streit ausgetragen wird. Ob das Regime jedoch das Abdanken seines Gründers Jelzin wird überleben können, muss angesichts der Dysfunktionalität des Regierungssystems und der Polarisierung des Parteiensystems ungewiss bleiben.

---

214 Wegen der hohen Rate der Nichtrepräsentation bei den Wahlen von 1995 (vgl. Kapitel 5.1) scheint der nochmalige Hinweis angebracht, dass – wie bei allen der hier diskutierten Fälle – ausschließlich das Parteiensystem auf der Ebene des nationalen Parlaments betrachtet wird.

Die Umstände in der *Ukraine* weisen Parallelen zum russischen Fall auf. Im Regierungssystem besitzt der Präsident zwar keine ganz so starke Position wie sein russischer Amtskollege. Insbesondere das qualifizierte Vetorecht und das – bis Mitte 1999 befristete – Dekretrecht in wirtschaftlichen Fragen begründeten die Zuordnung zu den präsidentiell dominierten Regierungssystemen. Die Handhabung ihrer Kompetenzen gelang den Präsidenten Kravčuk und Kučma insgesamt etwas lautloser als dies in Moskau der Fall war, allerdings um den Preis eines noch größeren Problemstaus in den Fragen des wirtschaftlichen Umbaus.

Beim Parteiensystem beschränken sich die Ähnlichkeiten auf die relative Stärke unreformierter kommunistischer Nachfolgeparteien und die Schwäche liberaler Kräfte. Im übrigen Parteienspektrum herrscht in der Ukraine eine heillose Zersplitterung, die im europäischen Ausland ihresgleichen sucht. Durch die Abwesenheit eines extrem nationalistischen Lagers ist daher zwar der Polarisierungsgrad des ukrainischen Parteiensystems geringer als beim russischen Nachbarn. Indes wirkt sich die extreme Fragmentierung als beinahe genauso schädlich für die Formulierung einer halbwegs stringenten politischen Strategie zur Überwindung der Transformationskrise aus.

Angesichts des Dahindriftens von Regierungs- und Parteiensystem kommen im ukrainischen Fall die Kontextbedingungen besonders stark zum Tragen. Fast alle weisen eine konsolidierungsabträgliche Tendenz auf. Das sozio-ökonomische Entwicklungsniveau bleibt weit unter dem Durchschnitt fast aller übrigen postsozialistischen Staaten. Die Wirtschaft steht seit mehreren Jahren hart am Abgrund. Konstruktiver Druck von den Staatengemeinschaften der westlichen Welt kann keine rechte Wirkung erzeugen, weil Russland einer echten Westintegration wohl auf die eine oder andere Art einen Riegel vorschieben würde. Und der Regimewechsel vollzog sich ähnlich wie in Moldova vor allem auf der Ebene der nationalen Erneuerung, weniger auf der Umgestaltung des politischen Systems nach formaldemokratischen Gesichtspunkten (vgl. Kapitel 2.2).

Wie bei den anderen Regimetypen ist damit der Status der minimaldemokratischen Regimes nicht auf ein einheitliches Erklärungsmuster zurückzuführen. In der Slowakei haben die politischen Eliten die eigentlich nicht schlechten Voraussetzungen für die Verfestigung der Demokratie zunächst verspielt. In Russland und der Ukraine dagegen haben die politischen Akteure als Ganzes zwar auch kein besonders rühmliches Bild abgegeben. Angesichts der konsolidierungsabträglichen Kontextbedingungen und der vergleichsweise ungünstigen institutionellen Gegebenheiten wäre es jedoch wohl auch bei verantwortungsvolleren politischen Eliten schwierig gewesen, die Pfade des minimal-demokratischen Regimes zu verlassen.

6.3 Zusammenfassende Interpretation

Welche Schlüsse lassen sich also aus der Anwendung des Modells ziehen? Zunächst lässt sich feststellen, dass mit der integrierten Betrachtung der konsolidierungsrelevanten Ebenen (a) struktureller Kontext, (b) politischer Kontext, (c) Regierungssysteme und (d) Parteiensysteme der Konsolidierungsstand der Staaten des postsozialistischen Europa einigermaßen gut erklärt werden kann. Die dabei eingenommene Perspektive, neben der Analyse der Funktionslogik bestimmter Regierungs- und Parteiensystemtypen auch das reale Funktionieren einzelner institutioneller Elemente mit einzubeziehen, ist bei der Zurückweisung einiger institutionenorientierter Hypothesen der Transformationsforschung im Hinblick auf das postsozialistische Europa nützlich.

So kann die Hypothese, parlamentarische Regierungssysteme seien im Hinblick auf die Konsolidierung junger Demokratien anderen Regierungssystemtypen in jedem Fall vorzuziehen, im Hinblick auf das postsozialistische Europa spezifiziert werden. Erst die Amtsführung der in den Institutionen agierenden Politiker, die Schlüssigkeit der institutionellen Regeln sowie die vom Parteiensystem ausgehenden Impulse entscheiden darüber, ob die generell etwas günstigeren Eigenschaften parlamentarisch dominierter Regierungssysteme zum Tragen kommen. Demgegenüber können, wie insbesondere die Beispiele Litauen und Moldova gezeigt haben, balancierte bzw. semipräsidentielle Regierungssysteme konsolidierungsfördernd wirken, wenn die – diesem Regierungssystemtyp immanente – verstärkte Reservefunktion des Präsidenten demokratiekompatibel wahrgenommen wird.

Auf dem Gebiet der Parteiensysteme lässt sich schlussfolgern, dass deren Fragmentierung und Stabilität nur in geringem Maße eine unabhängige Wirkung auf den Konsolidierungsprozess gehabt haben. Beide Aspekte sind allerdings als konsolidierungsrelevante Variablen mit intervenierendem Charakter anzusehen. Wenn in einem Parteiensystem der Konflikt zwischen Befürwortern und Gegnern des demokratischen Regimes nicht überwunden ist, und wenn dieser Regimekonflikt noch durch wertgebundene Interessenkonflikte angereichert wird, hat insbesondere eine hohe Fragmentierung zusätzliche konsolidierungsabträgliche Effekte: In einem zersplitterten politischen Spektrum tun sich die gemäßigten politischen Akteure schwerer, gegen die Antiregimeparteien gemeinsame Sache zu machen.

Bedeutender als die Widerlegung bzw. Spezifizierung einzelner Hypothesen erscheint jedoch die Möglichkeit, mit dem Modell den Einfluss politischer Institutionen auf die demokratische Konsolidierung systematisch fassen zu können. Nicht allein die Funktionslogik von Regierungs- und Parteiensystemen, sondern auch strukturelle und politische Kontextbedingungen sowie die Wirkung einzelner institutioneller Elemente werden als Bestandteile eines integrierten Konzepts betrachtet. Die möglichen Wirkungen der institutionellen Einzelelemente sind dabei allerdings so kontingent, dass sich kaum weitere Verallgemeinerungen bezüglich des Einflusses institutioneller Faktoren auf den Konsolidierungsprozess treffen lassen. Auf diese Weise enthält das Modell zwar gleich einer Landkarte die wichtigsten in Betracht zu ziehenden Faktoren bei der Erklärung des Konsolidierungsstandes. Seine Anwendung ist allerdings nur in Verbindung mit der eingehenden Analyse der einzelnen Fälle ertragreich.

Ist dies geschehen (Kapitel 6.2), lassen sich für das postsozialistische Europa trotz der spezifischen Lagerung einzelner Konsolidierungsstaaten durchaus Gemeinsamkeiten feststellen. Zunächst fällt auf, dass auf der Ebene der Kontextbedingungen über die Erfolgsaussichten für die Konsolidierung der Demokratie bereits in starkem Maße vorentschieden wird. Ähnlich klare Zusammenhänge gelten, wie am Ende von Kapitel 5 bereits ausgeführt, für die institutionellen Gegebenheiten auf der Ebene der Parteiensysteme. Wo der Regimekonflikt überwunden ist und gleichzeitig die Festsetzung „großer" polarisierender Parteien im Parlament vermieden werden konnte, herrschen die politischen Akteure wenige Jahre nach dem Systemwechsel in formaldemokratischen Regimes. Weniger eindeutig lässt sich hingegen auf Regimetypen zurückschließen, wenn seitens der Kontextbedingungen oder des intermediären Spektrums eher konsolidierungsabträgliche Verhältnisse herrschen.

Damit wird die institutionelle Sphäre vor allem dann relevant, wenn die kontextualen und gesellschaftlichen Voraussetzungen nicht eindeutig in Richtung Konsolidierung oder Nichtkonsolidierung weisen. Als entscheidend für die Bedeutung politischer Institutionen im Konsolidierungsprozess erweist sich die Bedingung eines offenen Kontextgefüges. Besonders in Moldova und vielleicht in Makedonien, wo die kontextbedingten Voraussetzungen für Demokratisierung und Konsolidierung mäßig sind, waren es Impulse aus dem Regierungssystem, welche die Entwicklung des Verfassungsstaates vorantrieben. Auch in der Slowakei haben Faktoren des Regierungssystems einen starken Einfluss gehabt, hier allerdings in konsolidierungsabträglicher Wirkung.

Wenigstens in einigen Staaten hat also das Regierungssystem den Konsolidierungsverlauf nachhaltig beeinflussen können. Ansonsten haben Faktoren des Regierungssystems zwar auch eine Rolle gespielt. Insgesamt haben sie den Konsolidierungsprozess jedoch nicht in eine Richtung gewendet, die (a) nach der Analyse der Kontextbedingungen und (b) der Kristallisierung der gesellschaftlichen Konflikte im Parteiensystem nicht ohnehin zu erwarten gewesen wäre. In Russland und der Ukraine hätten auch andersartige institutionelle Bedingungen kaum zur Ausbildung formal-demokratischer Regimes geführt. In Rumänien und Bulgarien mit ihrem nicht eindeutigen Kontextgefüge bestünde hingegen für die politischen Akteure die Chance, die Funktionslogik der Regierungs- und Parteiensysteme durch selbstbeschränktes Handeln zu nutzen.

Wie lässt sich der Stellenwert der politischen Akteure im Modell von Tabelle 6.2 umreißen? Akteurstheorien werden immerhin als komplementärer Erklärungsansatz für Transformationsprozesse gesehen (Merkel 1994), und moderne handlungstheoretische Ansätze beziehen heute auch Umweltbedingungen und situative, d.h. institutionengebundene Variablen mit ein (vgl. Pfetsch 1995: 15). Akteure wurden in dieser Arbeit als Exponenten politischer Institutionen mitbehandelt. Das heißt jedoch nicht, dass politische Akteure den Rahmen, der ihnen durch Institutionen gesetzt ist, mit entsprechendem Verhalten nicht sprengen können. Das Handeln einer politischen Persönlichkeit wie Vladimir Mečiar hat sich ja gerade dadurch ausgezeichnet, dass es die erwartbare Funktionslogik eines bestimmten institutionellen Typs außer Kraft gesetzt hat. Auf diese Weise konnten politische Akteure in bestimmten Perioden konsolidierungshemmend oder auch – z.B. in Makedonien – konsolidierungsfördernd handeln.

Allerdings hätte eine *systematische* Einbeziehung politischen Handelns im Grunde nur geringen Erkenntnisfortschritt versprochen. Wie in der Einleitung ausgeführt, orientieren sich die fruchtbaren der in der Transformationsforschung verwendeten Akteursansätze an der Regimewechselphase. Die Entstehung von Institutionensystemen konnte mit einem auf wenige Akteure reduzierten Modell erklärt werden (vgl. u.a. Przeworski 1991, Lijphart 1992, Mainwaring 1992). Charakteristisch waren in dieser Phase geringe Handlungsrestriktionen, ein *window of opportunity* und die Reduzierung gesellschaftlicher Entwicklungsoptionen auf wenige Alternativen.

Diese guten Voraussetzungen für die Anwendung eines handlungstheoretischen Ansatzes waren jedoch später nicht mehr gegeben. In der Konsolidierungsphase begannen vielmehr eine Reihe von kontextuellen, institutionellen und gesellschaftlichen Restriktionen zu greifen. Die Akteure, von denen eine maßgebliche Beeinflussung des Konsolidierungsprozesses ausging, sind zudem in völlig unterschiedlichen Situationen zu verorten: Stabilisierung prekärer Institutionen (Brazauskas, Gligorov), Machterhalt um den Preis institutioneller Instabilität und politischen Problemstaus (Jelzin), Verfassungsbrüche zur Bekämpfung politischer Gegner (Iliescu, Mečiar, Wałęsa).

Das Handeln im Konsolidierungsprozess kann daher nicht über einen Leisten geschlagen werden. Mit Hilfe des – in der konventionellen Handlungstheorie häufig unterstellten (vgl. Braun 1995) – Rationalitätsaxioms kann operiert werden, wenn politische Akteure die eigene Wohlfahrt höher schätzen als die der Allgemeinheit (vgl. Hellman 1998). Nicht alles konsolidierungsrelevante Handeln lässt sich jedoch so erfassen. Erfolgversprechender erscheinen hier Ansätze, die politisches Handeln auf kulturelle Vermächtnisse und darauf aufbauende Kognitionsmuster zurückführen (Rosenbaum 1999). Diskussionen über die Implikationen eines solchen Handlungsmodells finden in der politischen Anthropologie statt (vgl. Handelman 1990, Douglas 1991, Thompson (Hrsg.) 1999). Die Bestimmung eines entsprechenden Handlungsbegriffes in der vorliegenden Arbeit hätte allerdings das Einschlagen eines völlig anders gearteten Weges bedeutet.

Auch wenn das konsolidierungsrelevante Handeln politischer Akteure somit nicht vollständig geerdet werden kann, lässt sich ein Muster nicht übersehen: Als demokratiekompatibel erweist sich solches Elitenhandeln, das sich an der Gültigkeit des Verfassungsstaates, der Relevanz demokratischer Wahlen und den vorhandenen Gemeinsamkeiten mit politischen Konkurrenten orientiert. Akteure und Akteursgruppen hingegen, die auch Jahre nach der Etablierung eines Regimes dessen Verfassungsgrundlage anzweifeln und überhaupt das institutionelle System als Hebel zu Erringung oder Erhalt der Macht begreifen, wirken sich als vielleicht unüberwindbare Barrieren auf dem Konsolidierungsweg aus. Insofern kann die vorliegende Untersuchung auch als Etappe einer tiefer schürfenden Analyse über die Anlässe und Motive politischen Handelns im Transformationskontext gelesen werden: Eine Renaissance akteurstheoretischer Ansätze in der Transformationsforschung kann es nur geben, wenn die systematischen und kontingenten Handlungsrestriktionen im Transitionsprozess erschlossen sind. Frei nach Parsons müssen dann außer den Institutionen der politischen Sphäre wenigstens noch das Rechtssystem sowie die grundlegenden kulturellen Muster für das postsozialistische Europa kartographiert werden.

Für die demokratische Konsolidierung erweist sich als entscheidend, ob die Akteure in den neuen Demokratien des postsozialistischen Europa den Sprung vom Paradigma des Regimewechsels zum Paradigma des repräsentativen Verfassungsstaates schaffen. War der Regimewechsel von restriktionsarmer Herrschaft und von gesellschaftlich kaum rückgebundener Legitimation geprägt, rücken nun normierte Verfahrensweisen und auf Dauer gestellte gesellschaftliche Interessenkonflikte ins Zentrum des politischen Prozesses. Die Fähigkeit der politischen Akteure zur Selbstbeschränkung und ihre Bereitschaft, ihren Herrschaftsanspruch dem Wettbewerb offener Wahlentscheidungen auszusetzen, wird zum vielleicht elementarsten Moment der demokratischen Konsolidierung. Die Mäßigung der Herrschenden gegenüber der Gesellschaft erweist sich als Voraussetzung für die Vollendung der letzten großen europäischen Transformation am Ende des 20. Jahrhunderts. Die politischen Institutionen, die dabei das Handeln der Akteure zugleich strukturieren und ermöglichen, können hierzu in entscheidender Weise beitragen.

Literaturliste

Abrahám, Samuel, 1995: Early Elections in Slovakia: A State of Deadlock. In: Government and Opposition, vol. 30, no. 1, S. 86-100

Adam, Jan, 1995: The Transition to a Market Economy in Hungary. In: Europe-Asia Studies, vol. 47, no. 6, S. 989-1006

Ágh, Attila, 1993: The ‚Comparative Revolution' and the Transition in Central and Southern Europe. In: Journal of Theoretical Politics, vol. 5, no. 2, S. 231-252

Ágh, Attila, 1994: Bumpy Road to Europeanization: Policy Effectiveness and Agenda Concentration in the Hungarian Legislation (1990-93). In: Attila Agh (Hrsg.): The Emergence of East Central European Parliaments: The Fist Steps. Budapest: Hungarian Centre of Democracy Studies, S. 69-86

Ágh, Attila, 1996: Democratic Parliamentarism in Hungary: The First Parliament (1990-94) and the Entry of the Second Parliament. In: David M. Olson / Philip Norton (Hrsg.): The new parliaments of Central and Eastern Europe. London/Portland: Cass, S. 16-39

Ágh, Attila / Ilonszki, Gabriella (Hrsg.), 1996: Parliaments and Organized Interests: The Second Steps. Budapest: Hungarian Centre for Democracy Studies

Alexandrova, Olga, 1996: Die Außenpolitik der Ukraine nach dem Machtwechsel. Berichte des BIOst 3-1996

Alexandrova, Olga, 1997: Die Ukraine und die Staaten Ostmitteleuropas. Berichte des BIOst 9-1997

Alexandrova, Olga / Timmermann, Heinz, 1997: Integration und Desintegration in den Beziehungen Russland - Belarus' - GUS. In: Osteuropa 10/11-1997, vol. 47, S. 1022-1037

Almond, Gabriel A. / Flanagan, Scott C. / Mundt, Robert J., 1973: Crisis, Choice, and Change: Historical Studies of Political Development. Boston: Little Brown

Almond, Gabriel A. / Flanagan, Scott C. / Mundt, Robert J., 1992: Crisis, Choice, and Change in Retrospect. In: Government and Opposition, vol. 27, no. 3, S. 345-367

Almond, Gabriel A. / Powell, G. Bingham / Mundt, Robert J., 1993: Comparative Politics. A Theoretical Framework. New York: Harper Collins

Almond, Gabriel A. / Verba, Sidney, 1963: The Political Culture. Princeton: Princeton University Press

Ansbach, Tatjana, 1996: Der Rechtsstatus der nicht-estnischen Bevölkerung in Estland. In: Recht in Ost und West, vol. 40, 7/1996, S. 217-225

Arat, Zehra, 1988: Democracy and Economic Development. Modernization Theory Revisited. In: Comparative Politics, vol. 21, S. 21-36

Arato, Andrew, 1995: Parliamentary Constitution Making in Hungary. In: East European Constitutional Review, vol. 4, no. 4 (fall 1995), S. 45-51

Arato, Andrew, 1996: The Constitution-Making Endgame in Hungary. In: East European Constitutional Review, vol. 5, no. 4 (fall 1996), S. 31-39

Arter, David, 1995: Estonia after the March 1995 Riigikogu Election. Still an Anti-Party System. In: The Journal of Communist and Transition Politics, vol. 11, no. 3, S. 249-311

Arter, David, 1996: Parties and Democracy in the Post-Soviet Republics. The Case of Estonia. Aldershot: Dartmouth

Babst, Stefanie, 1992: Wahlen in Ungarn, der CSFR und Polen: Erschweren Wahlgesetze die Regierbarkeit. In: Zeitschrift für Parlamentsfragen, vol. 23, no. 1, S. 69-83

Bach, Stanley, 1996: From Soviet to parliament in Ukraine: The Verkhovna Rada During 1992-94. In: David M. Olson / Philip Norton (Hrsg.): The new parliaments of Central and Eastern Europe. London/Portland: Cass, S. 213-230

Backes, Uwe / Jesse, Eckhard, 1989: Politischer Extremismus in Deutschland. Bonn: Bundeszentrale für politische Bildung

Balázs, Magdolna / Enyedi, Zsolt, 1996: Hungarian Case Studies: The Alliance of Free Democrats and the Alliance of Young Democrats. In: Paul G. Lewis (Hrsg.): Party structure and organization in East-Central Europe. Cheltenham: Edward Elgar, S. 43-65

Bankowicz, Marek, 1994: Czechoslovakia: From Masaryk to Havel. In: Sten Berglund / Jan Åke Dellenbrant (Hrsg.): The New Democracies in Eastern Europe. Party Systems and Political Cleavages. Hants: Edward Elgar

Bealey, Frank, 1995: The Slovak Constitution. In: Democratization, vol. 2, no. 2, S. 179-197

Beetham, David (Hrsg.), 1994: Defining and Measuring Democracy. London u.a.: Sage

Beichelt, Timm, 1996: Die Konsolidierungschancen des russischen Regierungssystems. In: Osteuropa 6/1996, S. 597-609

Beichelt, Timm, 1997: Nochmals zu den Wahlen in Russland. Waren sie demokratisch? – eine Nachlese. In: Osteuropa 2/1997, S. 116-128

Beichelt, Timm, 1998: Die Wirkung von Wahlsystemen in Mittel- und Osteuropa. In: Zeitschrift für Parlamentsfragen, vol. 29, no. 4, S. 605-623

Beichelt, Timm, 1998a: Wahlbericht zu den Parlamentswahlen der Ukraine. Unveröffentlichtes Manuskript

Beichelt, Timm, 1999: Parlamentarische Entscheidungsprozesse in Mitteleuropa. Berlin: Manuskript

Beichelt, Timm / Kraatz, Susanne, 1999: Zivilgesellschaft und Transformation in Russland. In: Wolfgang Merkel (Hrsg.): Systemwechsel 5. Die Zivilgesellschaft in Transformationsprozeß. Opladen: Leske + Budrich, S. 115-144

Belina, Pavel / Čornej, Petr / Pokorný, Jirí, 1995: Histoire des Pays tchèques. Paris: Seuil

Bendel, Petra, 1996: Parteiensysteme in Zentralamerika. Typologien und Erklärungsfaktoren. Opladen: Leske + Budrich

Berger, Jürgen, 1996: Was behauptet die Modernisierungstheorie wirklich – und was wird ihr bloß unterstellt? In: Leviathan, 1/1996, S. 45-62

Berglund, Sten / Dellenbrant, Jan Åke (Hrsg.), ²1994: The New Democracies in Eastern Europe. Party Systems and Political Cleavages. Hants: Edward Elgar

Berglund, Sten / Hellén, Tomas / Aarebrot, Frank H. (Hrsg.), 1998: The Handbook of Political Change in Eastern Europe. Cheltenham: Edward Elgar

Berg-Schlosser, Dirk / DeMeur, Gisèle, 1994: Conditions of Democracy in Inter-War Europe. A Boolean Test of Major Hypotheses. In: Comparative Politics, vol. 26, S. 253-279

Bermeo, Nancy, 1997: Myths of Moderation. Confrontation and Conflict during Democratic Transitions. In: Comparative Politics, vol. 29, no. 3, S. 305-322

Bernhard, Michael, 1996: Dilemmas of Post-Communist Democratization in Poland and Beyond. In: Post-Soviet Affairs, vol. 12, S. 309-330

Bernhard, Michael, 1997: Semipresidentialism, Charisma, and Democratic Institutions in Poland. In: Kurt von Mettenheim (Hrsg.): Presidential Institutions and Democratic Politics. Comparing Regional and National Contexts. Baltimore: Johns Hopkins University Press, S. 177-203

Bernholz, Peter / Breyer, Friedrich, ²1984: Grundlagen der Politischen Ökonomie. Tübingen: J.C.B. Mohr

Bernik, Ivan, 1994: Der Übergang von der heroischen in die prosaische Etappe. In: August Pradetto (Hrsg.): Die Rekonstruktion Ostmitteleuropas. Politik, Wirtschaft und Gesellschaft im Umbruch. Opladen: Westdeutscher Verlag, S. 121-142

Beyer, Jürgen / Wielgohs, Jan, 1998: Path-Dependency Approaches and National Differences in Post-Socialist Institution Building. The Case of Large Privatization Policies. Berlin: Manuskript

Beyme, Klaus von, 1970: Die parlamentarischen Regierungssysteme in Europa. München: Piper

Beyme, Klaus von, ²1984: Parteien in westlichen Demokratien. München: Piper

Beyme, Klaus von, ⁷1992: Die politischen Theorien der Gegenwart. Opladen: Westdeutscher Verlag

Beyme, Klaus von, 1994: Systemwechsel in Osteuropa. Frankfurt: Suhrkamp

Beyme, Klaus von, 1996: Theorie im Zeitalter der Transformation. In: Klaus von Beyme / Claus Offe (Hrsg.): Politische Theorien in der Ära der Transformation. Opladen: Westdeutscher Verlag, S. 9-29

Beyme, Klaus von, 1997: Parteien im Prozeß der demokratischen Konsolidierung. In: Wolfgang Merkel / Eberhard Sandschneider (Hrsg.): Systemwechsel 3. Parteien im Transformationsprozeß. Opladen: Leske + Budrich, S. 23-56

Beyme, Klaus von, 1997a: Über Demokratie, Kontinuität und Veränderung in Osteuropa. Funkkolleg „Deutschland im Umbruch", Studienbrief 2. Tübingen: Deutsches Institut für Fernstudienforschung

Beyme , Klaus von / Nohlen, Dieter, 1991: Systemwechsel. In: Dieter Nohlen (Hrsg.): Wörterbuch Staat und Politik. München: Piper, S. 690-700

Beyme, Klaus von / Offe, Claus (Hrsg.), 1996: Politische Theorien in der Ära der Transformation. Opladen: Westdeutscher Verlag

Beyrau, Dietrich, 1993: Intelligenz und Dissens. Die russischen Bildungsschichten in der Sowjetunion 1917-1985. Göttingen: Vandenhoeck & Ruprecht

Bibic, Adolf, 1993: The Emergence of Pluralism in Slovenia. In: Communist and Post-Communist Studies, vol. 26, no. 4, S. 367-386

Bibic, Adolf, 1996: Politics: Power Struggle or Quest for the Common Good? Slovenian Public Opinion on Politics. In: Fritz Plasser / Andreas Pribersky (Hrsg.): Political Culture in East Central Europe. Aldershot u.a.: Avebury, S. 61-70

Bingen, Dieter, 1996: Katholische Kirche und Demokratie in Polen, 1990-1995. Berichte des BIOst 1-1996

Bingen, Dieter, 1997: Die Aufarbeitung der kommunistischen Vergangenheit in Polen. Berichte des BIOst 27-1997

Birch, Sarah, 1995: The Ukrainian Parliamentary and Presidential Elections of 1994. In: Electoral Studies, vol. 14, S. 93-99

Birch, Sarah, 1996: The Ukrainian Repeat Elections of 1995. In: Electoral Studies, vol. 15, S. 281-282

Bleek, Wilhelm, 1989: Demokratischer Zentralismus. In: Klaus Ziemer (Hrsg.): Sozialistische Systeme (Pipers Wörterbuch zur Politik, Band 4). München: Piper, S. 77-82

Bleuel, Hans-H., 1996: Wirtschaftspolitik der Systemtransformation. Wiesbaden: Deutscher Universitätsverlag

Bliznashki, Georgi, 1995: Parliament and its Relations with other institutions. Sofia: Manuskript

Bojars, Juris, 1993: The Citizenship and human Rights Regulation in the Republic of Latvia. In: Osteuropa-Recht, vol. 35, no. 2 (Heft 6/93), S. 132-145

Bollen, Kenneth A. / Jackman, Robert W., 1989: Democracy, Stability and Dichotomies. In: American Sociological Review, vol 54, S. 612-621

Bos, Ellen, 1994: Die Rolle von kollektiven Akteuren in Transitionsprozessen. In: Wolfgang Merkel (Hrsg.): Systemwechsel 1. Opladen: Leske + Budrich, S. 81-109

Bos, Ellen / Steinsdorff, Silvia von, 1997: Zu viele Parteien – zu wenig System: zur verzögerten Entwicklung eines Parteiensystems im postsowjetischen Russland. In: Wolfgang Merkel / Eberhard Sandschneider (Hrsg.): Systemwechsel 3. Parteien im Transformationsprozeß. Opladen: Leske + Budrich, S. 101-142

Brahm, Heinz, 1995: Bulgarien unter sozialistischer Flagge. Berichte des BIOst 62-1995

Braun, Dietmar, 1995: Handlungstheorien. In: Dieter Nohlen / Rainer-Olaf Schultze (Hrsg.): Lexikon der Politik. Band 1. Politische Theorien. München: C.H. Beck, S. 168-174

Brenton, Paul / Gros, Daniel / Vandille, Guy, 1997: Output Decline and recovery in the transition economies: causes and social consequences. In: Economics of Transition, vol. 5, no. 1, S. 113-130

Brezinski, Horst, 1997: Der Stand der wirtschaftlichen Transformation sieben Jahre nach der Wende. In: Georg Brunner (Hrsg.): Politische und ökonomische Transformation in Osteuropa. Berlin: Spitz, S. 143-172

Brudny, Yitzhak M., 1997: In Pursuit of the Russian Presidency: Why and How Yeltsin Won the 1996 Presidential Election. In: Communist and Post-Communist Studies, vol. 30, no. 3, S. 255-275

Brunner, Georg, 1979: Vergleichende Regierungslehre. Paderborn: Schöningh

Brunner, Georg, 1989: Verwaltung. In: Klaus Ziemer (Hrsg.): Sozialistische Systeme (Pipers Wörterbuch zur Politik, Band 4). München: Piper, S. 521-530

Brunner, Georg, 1991: Die neue Verfassung der Republik Ungarn: Entstehungsgeschichte und Grundprobleme. In: Jahrbuch für Politik, vol. 1, S. 297-318

Brunner, Georg, 1993: Zweieinhalb Jahre ungarische Verfassungsgerichtsbarkeit. In: Der Staat, vol. 32, S. 287-315

Brunner, Georg, 1994: Die rechtliche Lage der Minderheiten in Mittel-, Ost- und Südosteuropa. In: Osteuropa-Recht, 1994, S. 157-177

Brunner, Georg, 1995: Verfassungsgebung in Osteuropa. In: Osteuropa-Recht, vol. 41, no. 4, S. 258-279

Brunner, Georg, 1996: Präsident, Regierung und Parlament. Machtverteilung zwischen Exekutive und Legislative. In: Otto Luchterhandt (Hrsg): Neue Regierungssysteme in Osteuropa und der GUS. Probleme der Ausbildung stabiler Machtinstitutionen. Berlin: Arno Spitz, S. 63-114

Brunner, Georg, ^{2}1997: Rechtskultur in Osteuropa: Das Problem der Kulturgrenzen. In: Georg Brunner (Hrsg.): Politische und ökonomische Transformation in Osteuropa. Berlin: Spitz, S. 103-124

Brusis, Martin, 1994: Korporatismus als Transformationskonsens. Der Fall Ungarn im osteuropäischen Vergleich. Berlin: Arbeitspapiere der AG TRAP 94/3

Bruszt, László / Stark, David, 1991: Remaking the Political Field in Hungary: From the Politics of Confrontation to the Politics of Competition. In: Journal of International Affairs, vol. 45, no. 1, S. 201-245

Bunce, Valerie, 1995: Sequencing of Political and Economic Reforms. In: John P. Hardt / Richard Kaufman (Hrsg.): East Central European Economies in Transition. Amonk/London: M.E. Sharpe, S. 49-63

Bunce, Valerie, 1997: Presidents and the Transition in Eastern Europe. In: Kurt von Mettenheim (Hrsg.): Presidential Institutions and Democratic Politics. Comparing Regional and National Contexts. Baltimore/London: Johns Hopkins University Press, S. 161-176

Bungs, Dzintra, 1993: Moderates Win Parliamentary Elections in Latvia. RFE/RL Research Report, vol. 2, no. 28 (9.7.1993), S. 1-6

Bungs, Dzintra, 1998: Referendum and Elections in Latvia: A Step Closer to the EU? Ebenhausen: SWP Arbeitspapier 3090 (Dezember 1998)

Burger, Ulrich, 1997: Sechs Monate nach dem Machtwechsel in Bucharest. In: Osteuropa 8/1997, S. 791-809

Burkhart, Ross E. / Lewis-Beck, Michael S., 1994: Comparative Democracy: The Economic Development Thesis. In: American Political Science Review, vol. 88, S. 903-910

Büscher, Klemens, 1998: Die neue Regierung der Moldovarepublik. Aktuelle Analysen des BIOst 23/1998

Büschenfeld, Herbert, 1997: Der Transofrmationsprozeß in den Nachfolgestaaten Jugoslawiens. In: Osteuropa 5/1997, S. 488-502

Burton, Michael / Gunther, Richard / Higley, John, 1992: Introduction: elite transformations and democratic regimes. In: John Higley / Richard Gunther (Hrsg.): Elites and Democratic Consolidation in Latin America and Southern Europe. Cambridge: Cambridge University Press, S. 1-37

Butenschön, Marianna, 1992: Estland, Lettland, Litauen. Das Baltikum auf dem langen Weg in die Freiheit. München: Piper

Carpenter, Michael, 1997: Slovakia and the Triumph of Nationalist Populism. In: Communist and Post-Communist Studies, vol. 30, no. 2, S. 205-220

Carrère d'Encausse, Hélène, 1978: L'empire eclaté. La révolte des nations en URSS. Paris: Flammarion

Chinn, Jeff / Roper, Steven D., 1998: Territorial Autonomy in Gagauzia. In: Nationalities Papers, vol. 26, no. 1, S. 87-102

CIK 1996: Vestnik Central'noj Izbiratel'noj Komissii Rossijskoj Federacii, no. 1 (21). Moskau

Clark, Terry D., 1995: The Lithuanian Political Party System: A Case Study of Democratic Consolidation. In: East European Politics and Societies, vol. 9, no. 1, S. 41-62

Cleave, Jan, 1998: Averting ‚One State – Two Scoieties" in Estonia. RFE/RL-Newsline, 18.11.1998

Cleave, Jan, 1998a: Latvia to Hold Referendum on Citizenship Law Amendments. RFE/RL-Newsline, 25.8.1998

Cleave, Jan, 1999: A New Leftist ‚Coalition Party' in Latvia? RFE/RL-Newsline, 18.2.1999

Cohen, Jean L. / Arato, Andrew, 1992: Civil Society and Political Theory. Cambridge, Mass: MIT Press

Collier, David / Levitsky, Steven, 1997: Democracy With Adjectives. Conceptual Innnovation in Comparative Research. In: World Politics, vol. 49, no. 3, S. 430-451

Conradt, David P., 1980: The Changing German Political Culture. In: Gabriel Almond / Sidney Verba (Hrsg.): The Civic Culture Revisited. Bosten/Toronto: Little Brown, S. 212-272

Cramer-Langer, Katrin, 1997: Demokratisierung in der Slowakischen Republik. Entstehung und Entwicklung des Parteiensystems seit 1989. Heidelberg: Magisterarbeit

Crampton, Richard J., 1996: The Historical Legacy: The Problem of Political Stability in Bulgaria before 1944. In: Wolfgang Höpken (Hrsg.): Revolution auf Raten. Bulgariens Weg zur Demokratie. München: Oldenbourg, S. 9-26

Crampton, Richard, 1997: The Bulgarian Elections of 19 April 1997. In: Electoral Studies, vol. 16, no. 4, S. 560-563

Crawford, Beverly / Lijphart, Arend, 1997: Old Legacies, New Institutions: Explaining Political and Economic Trajectories in Post-Communist Regimes. In: Beverly Crawford / Arend Lijphart (Hrsg.): Liberalisation and Leninist Legacies: Comparative Perspectives on Democratic Transitions. Berkeley: University of California, S. 1-39

Crowther, William, 1998: Romania. In: Sten Berglund / Tomas Hellén / Frank H. Aarebrot (Hrsg.): The Handbook of Political Change in Eastern Europe. Cheltenham: Edward Elgar, S. 295-334

Crowther, William / Roper, Steven D., 1996: A Comparative Analysis of Institutional Development in the Romanian and Moldovan Legislatures. In: David M. Olson / Philip Norton (Hrsg.): The new parliaments of Central and Eastern Europe. London/Portland: Cass, S. 133-160

Csaba, László, 1995: The Capitalist Revolution in Eastern Europe. A Contribution to the Economic Theory of Systemic Change. Aldershot: Edward Elgar

Cziomer, Erhard, 1997: Polen auf dem Wege zur EU-Mitgliedschaft. In: Zeitschrift für Politikwissenschaft, 1/1997, S. 21-32

Dahl, Robert A., 1971: Polyarchy. Participation and Opposition. New Haven/London: Yale University Press

Dahl, Robert A., 1989: Democracy and its Critics. New Haven: Yale University Press

Dahl, Robert A., 1994: A Democratic Dilemma: System Effectiveness versus Citizen Partizipation. In: Political Science Quarterly, vol. 109, no. 1, S. 23-34

Dahl, Robert, 1996: Thinking about Democratic Constitutions: Conclusions from Democratic Experience. In: Shapiro/Hardin (Hrsg.): Political Order. Baden-Baden: Nomos, S. 175-206

Dahrendorf, Ralf, 1990: Politik, Wirtschaft und Freiheit. In: Transit, vol. 1, S. 35-47

Dalos, György, 1991 (1985): Die Befreiung der Sowjetunion von ihren Satelliten. In: György Dalos: Ungarn. Vom Roten Stern zur Stefanskrone. Frankfurt: Edition Suhrkamp, S. 111-127

Davies, Ph. J. / Ozolins, A. V., 1994: The Latvian Parliamentary Elections. In: Electoral Studies, vol. 13, no. 1, S. 83-86

Davies, Philip J. / Ozolins, Andrejs V., 1996: The Latvian Parliamentary Election of 1995. In: Electoral Studies, vol. 15, S. 124-128

Dawisha, Karen / Parrott, Bruce (Hrsg.), 1997: The consolidation of democracy in East-Central Europe. Cambridge: Cambridge University Press

Deimel, Johanna, 1997: Bulgariens Kampf mit Vergangenheit und Zukunft. In: Südosteuropa, vol. 46, no. 5-6, S. 233-250

Dellenbrant, Jan Åke, [2]1994: The Re-Emergence of Multi-Partyism in the Baltic States. In: Sten Berglund / Jan Åke Deelenbrant (Hrsg.): The New Democracies in Eastern Europe. Party Systems and Political Cleavages. Aldershot: Edward Elgar, S. 74-116

Dembinski, Matthias, 1997: Langer Anlauf – kurzer Sprung. Die Außenpolitik der Europäischen Union nach der Reform von Amsterdam. HASF-Report 7/1997

Diamandouros, Nikiforos / Puhle, Hans-Jürgen / Gunther, Richard, 1995: Conclusion. In: Richard Gunther / P. Nikiforos Diamandouros / Hans-Jürgen Puhle (Hrsg.): The Politics of Democratic Consolidation. Southern Europe in Comparative Perspective. Baltimore: Johns Hopkins University Press, S. 389-414

Diamond, Larry, 1992: Economic Development and Democracy Reconsidered. In: Gary Marks / Larry Diamond (Hrsg.): Reexamining Democracy. Newbury Park, S. 93-139

Diamond, Larry, 1994: Toward Democratic Consolidation. In: Journal of Democracy, vol. 5, no.3, S. 4-17

Diamond, Larry, 1997: Introduction: In Search of Consolidation. In: Larry Diamond / Marc F. Plattner / Yun-han Chu / Hung-mao Tien (Hrsg.): Consolidating the Third Wave Democracies. Regional Challenges. Baltimore/London: Johns Hopkins University Press, S. xiii-xlvii

Dieringer, Jürgen, 1998: Die ungarischen Parlamentswahlen 1998. In: Zeitschrift für Parlamentsfragen, vol. 29, no. 4, S. 648-659

Di Palma, Giuseppe, 1995: Government Performance: An Issue and Three Cases in Search of Theory. In: Geoffrey Pridham (Hrsg.): Transitions to Democracy: Comparative Perspectives from Southern Europe, Latin America and Eastern Europe. Aldershot: Dartmouth, S. 191-206

Dittrich, Eckard J. / Haferkemper, Michael / Schmidt, Gert / Stojanov, Christo (Hrsg.), 1992: Der Wandel industrieller Beziehungen in Osteuropa. Frankfurt: Campus

Dittrich, Eckard J. / Fürstenberg, Friedrich / Schmidt, Gert (Hrsg.), 1997: Kontinuität im Wandel. Betriebe und Gesellschaften in der Transformation. München: Hampp

Douglas, Mary, 1991: Wie Institutionen denken. Frankfurt: Suhrkamp

Dreifelds, Juris, 1997: Latvia in Transition. Cambridge: Cambridge University Press

Duverger, Maurice, 1954: L'influence des systèmes éléctoraux sur la vie politique. Paris: Armand Colin

Duverger, Maurice, ¹¹1970: Institutions politiques et droit constitutionel. Paris: Presses Universitaires de France

Duverger, Maurice, 1980: A New Political System Model: Semi-Presidential Government. In: European Journal of Political Research, vol. 8, S. 165-187

Duverger, Maurice (Hrsg.), 1986: Les régimes semi-présidentiels. Paris: Presses Universitaires de France

East, Roger / Pontin, Jolyon, 1997: Revolution and Change in Central and Eastern Europe. London: Pinter

Easter, Gerald M., 1997: Preference for Presidentialism. Postcommunist Regime Change in Russia and the NIS. In: World Politics, vol. 49, no. 1, S. 184-211

Easton, David, 1965: A Systems Analysis of Political Life. New York u.a.: John Wiley & Sons

EECR, verschiedene Jahrgänge: verweist auf die Rubrik *constitution watch* der vierteljährlich erscheinenden Zeitschrift *East European Constitutional Review*

EBRD, verschiedene Jahre: Verweist auf *Transition Reports* der European Bank for Reconstruction and Development

Ees, Hans van / Garretsen, Harry, 1994: The theoretical foundations of the reforms in Eastern Europe: Big bang versus gradualism and the limitations of neoclassical theory. In: Economic Systems, vol. 18, S. 1-13

Elgie, Robert, 1998: The classification of democratic regime types: Conceptual ambiguity and contestable assumptions. In: European Journal of Political Research, vol. 33, S. 219-238

Elklit, Jorgen / Svensson, Palle, 1997: What Makes Elections Free and Fair? In: Journal of Democracy, vol. 8, no. 3, S. 32-46

Elster, Jon, 1990: The Necessity and Impossibility of Simultaneous Economic and Political Reform. In: Piotr Ploszajski (Hrsg.): Philosophy of Social Choice. Warschau: IFiS Publishers, S. 309-316

Elster, Jon, 1992: Making Sense of Constitution-Making. In: East European Constitutional Review, vol. 1, spring 1992, S. 15-17

Elster, Jon, 1993: Constitution-Making in Central and Eastern Europe: Rebuilding the Boat in Open Sea. In: Public Administration, vol. 71, no. 1+2, S. 169-217

Elster, Jon, 1995: Explaining the breakup of the Czechoslovak Federation. Consenting Adults or the Sorcerer's Apprentice? In: East European Constitutional Review, vol. 4, no. 1, S. 36-41

Elster, Jon / Offe, Claus / Preuss, Ulrich K. u.a., 1998: Institutional Design in Post-Communist Societies. Cambridge: Cambridge University Press

Elster, Jon / Slagstad, Rune (Hrsg.), 1988: Constitutionalism and Democracy. Cambridge: Cambridge University Press

Erhart, Christof, 1998: Transformation in Ungarn und der DDR. Opladen: Westdeutscher Verlag

Evans, Geoffrey / Whitefield, Stephen, 1995: Economic Ideology and Political Success. In: Party Politics, vol. 1, no. 4, S. 565-578

Evans, Geoffrey, 1998: Ethnic Schism and the Consolidation of Post-Communist Democracies. The Case of Estonia. In: Communist and Post-Communist Studies, vol. 31, no. 1, S. 57-74

Evers, Frank, 1998: Verfassungsentwicklung und Rechtssicherheit in der Ukraine. In: Recht in Ost und West, vol. 42, no. 2, S. 41-49

Eyal, Gil / Szelenyi, Ivan, 1998: Das Zweite Bildungsbürgertum: Die Intellektuellen im Übergang vom Sozialismus zu Kapitalismus in Mitteleuropa. In: Magarditsch A. Hatschikjan / Franz-Lothar Altmann (Hrsg.): Eliten im Wandel. Politische Führung, wirtschaftliche Macht und Meinungsbildung im neuen Osteuropa. Paderborn u.a.: Schöningh, S. 63-102

Falk, Martin / Funke, Norbert, 1993: Zur Sequenz von Reformschritten: Erste Erfahrungen aus dem Transformationsprozeß in Mittel- und Osteuropa. In: Die Weltwirtschaft, 2/1993, S. 186-206

Falter, Jürgen / Jaschke, Hans-Gerd / Winkler, Jürgen (Hrsg.), 1996: Rechtsextremismus. Ergebnisse und Perspektiven der Forschung (PVS-Sonderheft 27/1996). Opladen: Westdeutscher Verlag

Farkas, Richard P., 1994: Reinventing the Wheel. The Attendant Costs of Designing Political & Economic Systems from Scratch. Paper Prepared for Presentation at the XVIth World Congress of the IPSA (Berlin)

Fehr, Helmut, 1994: Probleme der Gründung politischer Institutionen in Ost-Mitteleuropa. In: Gerhard Göhler (Hrsg.): Die Eigenart der Institutionen: zum Profil politischer Institutionentheorie. Baden-Baden: Nomos, S. 331-349

Fehr, Helmut, 1998: Von der „Solidarität" zum Kampf um die Macht. In: Aus Politik und Zeitgeschichte, B 8/98, S. 10-20

Fetjö, François, ²1997: La fin des démocraties populaires. Les chemins du postcommunisme. Paris: Seuil

Finifter, Ada W. / Mickiewicz, Ellen, 1992: Redefining the Political System of the USSR: Mass Support for Political Change. In: American Political Science Review, vol. 86, S. 857-874

Fink-Hafner, Danica, 1992: Political Modernization in Slovenia in the 1980s and the Early 1990s. In: The Journal of Communist Studies, vol. 8, no. 4, S. 210-226

Fink-Hafner, Danica, 1994: Slovenia in a Process of Transition to Political Democracy. In: Adolf Bibic / Gigi Graziano (Hrsg.): Civil Society, Political Society, Democracy. Ljubljana: Slovenian Political Science Association, S. 387-408

Fink-Hafner, Danica, 1996: Political Culture in a Context of Democratic Transition. Slovenia in Comparison with other Post-Socialist Countries. In: Fritz Plasser / Andreas Pribersky (Hrsg.): Political Culture in East Central Europe. Aldershot u.a.: Avebury, S. 71-90

Fink-Hafner, Danica, 1997: Development of a Party System. Danica Fink-Hafner / John R. Robbins (Hrsg.): Making a New Nation: The Formation of Slovenia. Aldershot: Dartmouth Publishing, S. 135-155

Fink-Hafner, Danica / Robbins, John R. (Hrsg.), 1997: Making a New Nation: The Formation of Slovenia. Aldershot: Dartmouth Publishing

Fischer, Stanley, 1997: Applied Economics in Action: IMF Programs. In: American Economic Review, vol. 87, no. 2, S. 23-27

Fish, M. Steven, 1998: The Determinants of Economic Reform in the Post-Communist World. In: East European Politics and Societies, vol. 12, no. 1, S. 31-78

Fisher, Sharon, 1996: Making Slovakia More ‚Slovak'. In: Transition, vol. 2, no. 24 (29.11.1996), S. 14-17

Fishman, Robert, 1990: Rethinking State and Regime: Southern Europe's Transition to Democracy. In: World Politics, vol. 3, S. 422-440

Fitzmaurice, John, 1993: The Estonian Elections of 1992. In: Electoral Studies, vol. 12, no. 2, S. 168-173

Fitzmaurice, John, 1995: The Slovak Election of September 1994. In: Electoral Studies, vol. 14, S. 203-206

Friedrich, Carl Joachim, 1953: Der Verfassungsstaat der Neuzeit. Berlin

Friedrich, Carl Joachim / Brzezinski, Zbigniew, ²1965: Totalitarian Dictatorship and Autocracy. Cambridge, Mass.: Harvard University Press

Fromme, Martin / Wolf, Stephan, 1995: Slowakei. In: Werner Weidenfeld (Hrsg.): Demokratie und Marktwirtschaft in Osteuropa. Bonn: Bundeszentrale für politische Bildung, S. 157-169

Frye, Timothy, 1997: A Politics of Institutional Choice. Post-Communist Presidencies. In: Comparative Political Studies, vol. 30, no. 5, S. 523-552

Füle, Erika, 1997: Changes on the Czech Political Scene. In: Electoral Studies, vol. 16, no. 3, S. 341-347

Furtak, Robert K., 1996: Zum Verhältnis von Staatspräsident und Regierung in postsozialistischen Staaten. In: Otto Luchterhandt (Hrsg.): Neue Regierungssysteme in Osteuropa und der GUS. Probleme der Ausbildung stabiler Machtinstitutionen. Berlin: Arno Spitz, S. 115-149

Futey, Bohdan, 1996: Comments on the Constitution of Ukraine. In: East European Constitutional Review, vol. 5, no. 2-3, S. 29-34

Gabanyi, Anneli Ute, 1994: Rumänien. Die unvollendete Revolution. In: Franz-Lothar Altmann / Edgar Hösch (Hrsg.): Reformen und Reformer in Osteuropa. Regensburg: Pustet, S. 154-171

Gabanyi, Anneli Ute, 1994a: Die Parlamentswahlen in Moldova vom 27.2.1994. In: Südosteuropa, vol. 43, no. 8, S. 453-477

Gabanyi, Anneli Ute, 1995: Die politische Entwicklung in Moldova. In: Boris Meissner / Alfred Eisfeld (Hrsg.): Die GUS-Staaten in Europa und Asien. Baden-Baden: Nomos, S. 81-106

Gabanyi, Anneli Ute, 1995a: Politische Parteien in Rumänien nach der Wende. In: Südosteuropa, vol. 44, S. 1-50

Gabanyi, Anneli Ute, 1995b: Systemwandel in Rumänien: Verfassung und neue Institutionen. In: Südosteuropa, vol. 44, S. 533-559

Gabanyi, Anneli Ute, 1996: Kommunalwahlen in Rumänien. In: Südosteuropa, vol. 45, S. 781-814

Gabanyi, Anneli Ute, 1996: Moldova im Spannungsfeld zwischen Russland, Rumänien und der Ukraine. Berichte des BIOst 16/1996

Gabanyi, Anneli Ute, 1997: Das Parteiensystem Rumäniens. In: Dieter Segert / Richard Stöss / Oskar Niedermayer (Hrsg.): Parteisysteme in postkommunistischen Gesellschaften Osteuropas. Opladen: Westdeutscher Verlag, S. 181-236

Gabanyi, Anneli Ute, 1997a: Rumänien: Parlaments- und Präsidentschaftswahlen 1996. In: Südosteuropa, vol. 46, no. 3-4, S. 119-145

Gabanyi, Anneli Ute, 1997b: Rumäniens neue Regierung Ciorbea: Eine Bilanz nach 200 Tagen. In: Südosteuropa, vol. 46, no. 7-8, S. 341-372

Gabanyi, Anneli Ute, 1998: Rumänien: Regierungspolitik in Zeiten der Krise. In: Südosteuropa, vol. 47, no. 9, S. 393-420

Gabanyi, Anneli Ute, 1999: Bergarbeiterstreik in Rumänien: Sozialkonflikt oder politische Krise? In: Südosteuropa, vol. 48, no. 3-4, S. 117-146

Gabanyi, Anneli Ute / Gábor, Hunya, 1994: Vom Regimewechsel zur Systemtransformation. In: August Pradetto (Hrsg.): Die Rekonstruktion Ostmitteleuropas. Politik, Wirtschaft und Gesellschaft im Umbruch. Opladen: Westdeutscher Verlag, S. 77-111

Gabriel, Oscar, 1996: Rechtsextreme Einstellungen in Europa: Struktur, Entwicklung und Verhaltensimplikationen. In: Jürgen Falter / Hans-Gerd Jaschke / Jürgen Winkler (Hrsg.): Rechtsextremismus. Ergebnisse und Perspektiven der Forschung (PVS-Sonderheft 27/1996). Opladen: Westdeutscher Verlag, S. 344-360

Gallagher, Michael, 1991: Proportionality, Disproportionality and Electoral Systems. In: Electoral Studies, vol. 10, no. 1, S. 33-51

Gancev, Petko, 1991: Bulgarien: Wandel - Zwischen Enttäuschung und Hoffnung. In: Südosteuropa, vol. 40, S. 614-636

Ganev, Venelin I., 1997: Bulgaria's Symphony of Hope. In: Journal of Democracy, vol. 8, no. 4, S. 125-139

Garlicki, Leszek Lech, 1997: The Presidency in the New Polish Constitution. In: East European Constitutional Review, vol. 6, no. 2/3, S. 81-89

Gebethner, Stanislaw, 1996: Parliamentary and Electoral Parties in Poland. In: Paul G. Lewis (Hrsg.): Party structure and organization in East-Central Europe. Cheltenham: Edward Elgar, S. 120-132

Gebethner, Stanislaw, 1997: Free Elections and Political Parties in Transition to Democracy in Central and Southeastern Europe. In: International Political Science Review, vol. 18, no. 4, S. 381-399

Gedeon, Péter, 1995: Hungary: Social Policy in Transition. In: East European Politics and Societies, vol. 9, no. 3, S. 433-458

Gellner, Ernest, 1983: Nations and Nationalism. Cornell: Cornell University Press

Gjuzelev, Bojan, 1992: Bulgarien zwischen den Parlaments- und Präsidentenwahlen (Oktober 1991 - Februar 1992), vol. 41, S. 613-632

Glaeßner, Gert-Joachim, 1994: Demokratie nach dem Ende des Kommunismus. Opladen: Leske + Budrich

Glatz, Ferenc, 1995: Ungarn. In: Werner Weidenfeld (Hrsg.): Demokratie und Marktwirtschaft in Osteuropa. Bonn: Bundeszentrale für politische Bildung, S. 171-190

Glinkina, Svetlana, 1998: The Ominous Landscape of Russian Corruption. In: Transitions, vol. 5, no. 3 (march 1998), S. 16-23

Gluchowski, Piotr, 1999: Ave Radio Maryja. In: Transitions, vol. 6, no. 3 (march 1999), S. 70-74

Gnauck, Gerhard, 1994: Parteien und Fraktionen in Russland. Ebenhausen: Stiftung Wissenschaft und Politik

Gnauck, Gerhard, 1997: Parteien und Nationalismus in Russland. Demokratische versus nationalistische Integration nach dem Ende des kommunistischen Systems. Frankfurt: Lang

Göckeritz, Wolfgang, 1995: Zum Gesetzgebungsprozeß in der Russischen Föderation. In: Recht in Ost und West, vol. 39, no. 3, S. 79-84

Göhler, Gerhard (Hrsg.), 1987: Grundfragen der Theorie politischer Institutionen. Forschungsstand, Probleme, Perspektiven. Opladen: Westdeutscher Verlag

Göhler, Gerhard, 1994: Politische Institutionen und ihr Kontext. In: Gerhard Göhler (Hrsg.): Die Eigenart der Institutionen: zum Profil politischer Institutionentheorie. Baden-Baden: Nomos, S. 19-46

Götting, Ulrike, 1998: Transformation der Wohlfahrtsstaaten in Mittel- und Osteuropa. Ein Zwischenbilanz. Opladen: Leske + Budrich

Goldman, Minton F., 1997: Revolution and Change in Central and Eastern Europe. Politcal, Economic, and Socieal Challenges. Armonk/London: M.E. Sharpe

Gorbatschow, Michail, 1989: Perestroika. Die zweite russische Revolution. München: Knaur

Götz, Roland / Halbach, Uwe, 1994: Politisches Lexikon Russland. München: C.H. Beck

Graudin, Andreas, 1997: Die Stellung der nationalen Minderheiten in den Verfassungen der baltischen Republiken. Frankfurt: Lang

Gray, Victor, 1996: Identity and Democracy in the Baltics. In: Democratization, vol. 3, no. 2, S. 69-91

Grizold, Anton, 1997: Slovenia's National Security in an New European Environment. Berichte des BIOst 12-1997

Gros, Daniel / Gonciarz, Andrzej, 1997: Stabilization and Economic Reform in Russia, Ukraine and Belarus. In: Beihefte der Konjunkturpolitik, Heft 54: Transition in Eastern Europe: Current Issues and Perspectives. Berlin: Duncker & Humblot, S. 197-217

Grotz, Florian, 1998: ‚Dauerhafte Strukturprägung' oder ‚akrobatische Wahlarithmetik'? Die Auswirkungen des ungarischen Wahlsystems in den 90er Jahren. In: Zeitschrift für Parlamentsfragen, vol. 29, no. 4, S. 624-647

Grotz, Florain / Haiduk, Joanna / Yahnyshchak, Ihor, 1998: Wahlen in der Ukraine. In: Klaus Ziemer (Hrsg.): Wahlen in postkommunistischen Gesellschaften. Opladen: Leske + Budrich (zitiert nach Manuskript)

Guggenberger, Bernd / Offe, Claus (Hrsg.), 1984: An den Grenzen der Mehrheitsdemokratie. Politik und Soziologie der Mehrheitsregel. Opladen: Westdeutscher Verlag

Guggenberger, Bernd, 1989: Demokratietheorie. In: Dieter Nohlen / Rainer-Olaf Schultze (Hrsg.): Politikwissenschaft. Theorien – Methoden – Begriffe. Band 1, S. 130-139

Gumpel, Werner, 1997: Die bulgarische Wirtschaft – Chaos ohne Ende? In: Südosteuropa, vol. 46, S. 18-26

Gunther, Richard / Puhle, Hans-Jürgen / Diamandouros, Nikiforos, 1995: Introduction. In: Richard Gunther / P. Nikiforos Diamandouros / Hans-Jürgen Puhle (Hrsg.): The Politics of Democratic Consolidation. Southern Europe in Comparative Perspective. Baltimore/London: Johns Hopkins University Press, S. 1-32

Haarland, Hans Peter / Niessen, Hans-Joachim, 1995: Der Transformationsprozeß in der Tschechischen und Slowakischen Republik. Köln: Europa Union Verlag

Haarland, Hans Peter / Niessen, Hans-Joachim, 1996: Der Transformationsprozeß in Ungarn. Köln: Europa Union Verlag

Habermas, Jürgen, 1992: Faktizität und Geltung. Frankfurt: Suhrkamp

Härtel, Hans-Joachim / Schönfeld, Roland, 1998: Bulgarien. München: Pustet

Haggard, Stephan / Kaufman, Robert R., 1995: The Political Economy of Democratic Transitions. Princeton: Princeton University Press

Haggard, Stephan / Kaufman, Robert R., 1997: The Political Economy of Democratic Transitions. In: Comparative Politics, vol. 29, no. 3, S. 263-284

Handelman, Don, 1990: Models and Mirrors: Towards an Anthropology of Public Events. Cambridge: Cambridge University Press

Hanne, Gottfried, 1998: Ausweg aus der Krise? Parlamentswahlen und neue Mitte-Rechts-Koalition in der Republik Moldau. In: Osteuropa, vol. 48, no. 11-12, S. 1139-1148

Harris, Jonathan, 1997: President and Parliament in the Russian Federation. In: Kurt von Mettenheim (Hrsg.): Presidential Institutions and Democratic Politics. Comparing Regional and National Contexts. Baltimore/London: Johns Hopkins University Press, S. 204-236

Hausmann, Guido / Kappler, Andreas (Hrsg.), 1993: Ukraine: Gegenwart und Geschichte eines neuen Staates. Baden-Baden: Nomos

Hausleitner, Mariana, 1996: Die Moldaurepublik und die Rußländische Föderation. In: Südosteuropa Mitteilungen, vol. 36, S. 344-352

Held, David, ²1996: Models of Democracy. Cambridge: Polity Press

Hellman, Joel, 1996: Constitutions and Economic Reform in the Postcommunist Transitions. In: East European Constitutional Review, vol. 5, no. 1, S. 46-56

Hellman, Joel S., 1997: Constitutions an Economic Reform in the Post-Communist Transitions. In: Jeffrey D. Sachs / Katharina Pistor (Hrsg.): The Rule of Law and Economic Reform in Russia. Boulder: Westview Press, S. 55-78

Hellman, Joel S., 1998: Winners Take All. The Politics of Partial Reform in Postcommunist Transitions. In: World Politics, vol. 50, S. 203-234

Henning, Detlef, 1995: Die Sprachenpolitik und die Gewährleistung des Bildungswesens nationaler Minderheiten in Lettland. In: Boris Meissner / Dietrich Loeber / Cornelius Hasselblatt (Hrsg.): Der Aufbau einer freiheitlich-demokratischen Ordnung in den baltischen Staaten. Staat, Wirtschaft, Gesellschaft. Hamburg: Bibliotheca Baltica, S. 257-289

Henning, Detlef, 1998: Lettlands Weg von der sowjetischen Vergangenheit in die europäische Zukunft. In: Aus Politik und Zeitgeschichte, B 37/98, S. 27-34

Hesli, Vicki L., 1997: Political Institutions and Democratic Governance in Divided Societies. In: Robert D. Grey (Hrsg.): Democratic theory and post-communist change. Upper Saddle River: Prentice-Hall, S. 190-216

Higley, John / Burton, Michael, 1998: Elite Settlements and the Taming of Politics. In: Government and Opposition, vol. 33, no. 1, S. 98-116

Hirschhausen, Christian von / Hui, Wan-Sze, 1995: Industrial Restructuring in the Baltic Countries: Large-scale Privatisation, New Enterprise Networks and Growing Diversity of Corporate Governance. In: Communist Economics & Economic Transformation, vol. 7, no. 4, S. 421-443

Hirschman, Albert O., 1970: Exit, Voice, and Loyalty: Responses to Decline in Firms, Organizations, and States. Cambridge: Harvard University Press

Hishow, Ognian, 1997: Transformationskrise und Krisenbewältigung in Bulgarien. In: Südosteuropa, vol. 46, no. 7-8, S. 387-400

Hobsbawm, Eric, 1998: Das Zeitalter der Extreme. Weltgeschichte im 20. Jahrhundert. München: dtv

Hoffmeister, Frank, 1997: Die Wahlsysteme der Nachfolgestaaten (1990-1996). In: Jürgen Elvert (Hrsg.): Der Balkan. Eine europäische Krisenregion. Wiesbaden/Stuttgart: Franz Steiner, S. 337-349

Hollstein, Andreas, 1995: Das Verhältnis von Parlament, Staatspräsident und Regierung in der Republik Litauen. In: Boris Meissner / Dietrich Loeber / Cornelius Hasselblatt (Hrsg.): Der Aufbau einer freiheitlich-demokratischen Ordnung in den baltischen Staaten. Staat, Wirtschaft, Gesellschaft. Hamburg: Bibliotheca Baltica, S. 105-115

Holmes, Leslie, 1997: Post-Communism. An Introduction. Oxford: Polity Press

Holmes, Stephen, 1993/1994: Superpresidentialism and its Problems. In: East European Constitutional Review, vol. 2/4 und 3/1 (fall 1993 / winter 1994), S. 123-126

Holmes, Stephen, 1997: When Less State Means Less Freedom. In: Transitions, vol. 4, no. 4 (september 1997), S. 66-75

Holtbrügge, Dirk, 1996: Weißrussland. München: Beck

Hoppe, Hans-Joachim, 1995: Die politische Szene der Republik Makedonien. Berichte des BIOst 47-1995

Hoppe, Hans-Joachim, 1996: Das Profil der neuen bulgarischen Elite. Berichte des BIOst 2-1996

Horowitz, Donald L., 1993: Comparing Democratic Systems. In: Larry Diamond / Marc F. Plattner (Hrsg.): The Global Resurgence of Democracy. Baltimore: Johns Hopkins University Press, S. 127-133

Hough, Jerry F., 1994: The Russian Election of 1993: Public Attitudes toward Economic Reform and Democratization. In: Post-Soviet Affairs, vol. 10, no. 1, S. 1-37

Huntington, Samuel P., 1984: Will More Countries Become Democratic? In: Political Science Quarterly, vol. 99, S. 193-218

Huntington, Samuel P., 1991: The Third Wave. Democratization in the Late Twentieth Century. Norman: University of Oklahoma Press

Hunya, Gábor, 1994: The Romanian Economy in 1993/1994: From Stagnation With Inflation To Stagnation With Stabilization. In: Südosteuropa, vol. 43, S. 628-641

Hyde, Lily, 1999: The Corruption Investigation into Lazarenko. In: RFE/RL-Newsline, 29.1.1999

Hyde-Price, Adrian G. V., 1994: Democratization in Eastern Europe: the external dimension. In: Geoffrey Pridham / Tatu Vanhanen (Hrsg.): Democratization in Eastern Europe. Domestic and International Perspectives. London: Routledge, S. 220-252

Hyde-Price, Adrian G. V., 1995: The International Politics of East Central Europe. Manchester/New York: Manchester University Press
Inglehart, Ronald, 1998: Modernization and the Persistence of Traditional Value Systems: Empirical Evidence from 61 Societies. Berlin: Unveröffentlichtes Manuskript
Intriligator, Michael D., 1997: The Role of Institutions in the Transition to a Market Economy. In: Tarmo Haavisto (Hrsg.): The Transition to a Market Economy - Transformation and Reform in the Baltic States. Cheltenham: Edward Elger, S. 222-240
Ionescu, Dan, 1997: Moldova Slides Back And to the Left. In: Transition, vol. 3, no. 2, 7.2.1997, S. 55-56
Ishiyama, John T., 1993: Founding Elections and the Development of Transitional Parties: The cases of Estonia and Latvia 1990-1992. In: Communist and Post-Communist Studies, vol. 26, no. 3, S. 277-299
Ishiyama, John T., 1998: Strange Bedfellows: explaining political cooperation between communist successor parties and nationalists in Eastern Europe. In: Nations and Nationalism, vol. 4, no. 1, S. 61-85
Ishiyama, John T. / Velten, M., 1998: Presidential Power and democratic development in post-communist politics. In: Communist and Post-Communist Studies, vol. 31, no. 3, S. 217-233
Islam, Shafiqul, 1993: Conclusion: Problems of Planning a Market Economy. In: Shafiqul Islam / Michael Mandelbaum (Hrsg.): Making Markets. Economic Transformation in Eastern Europe and the Post-Soviet States. New York: Council on Foreign Relations Press
Ivanov, Leonid J., 1996: Russland nach Gorbatschow. Wurzeln - Hintergründe - Trends der sich formierenden Gruppierungen. Perspektiven für die Zukunft. Passau: Rothe
Jahn, Egbert, 1989: Politische Systeme. In: Klaus Ziemer (Hrsg.): Sozialistische Systeme (Pipers Wörterbuch zur Politik, Band 4). München: Piper, S. 344-354
Jahn, Egbert, 1992: Der Umbruch in Osteuropa – Eine Herausforderung an Politik, Wirtschaft und Wissenschaft in Deutschland. Untersuchungen des FKKS 1/1992
Janning, Josef, 1997: Westeuropäische Union. In: Werner Weidenfeld / Wolfgang Wessels (Hrsg.): Europa von A–Z. Bonn: Bundeszentrale für politische Bildung, S. 340-344
Javlinskij, Grigorij, 1995: Ekonomika Rossii: nasledstvo i vozmonosti. Moskva: EPIcentr
Jelzin, Boris, 1994: Auf des Messers Schneide. Tagebuch des Präsidenten. München: Siedler
Jesse, Eckhard, 1998: Die Totalitarismusforschung und ihre Repräsentanten. In: Aus Politik und Zeitgeschichte, B20/98, S. 3-18
Jewtuch, Wolodymyr, 1993: Ethnische Minderheiten in der Ukraine. In: Guido Hausmann / Andreas Kappler (Hrsg.): Ukraine: Gegenwart und Geschichte eines neuen Staates. Baden-Baden: Nomos, S. 272-291
Johnson, Steven C., 1998: Watch Your Tongue. On the front line with a Latvian language inspector. In: Transitions, vol. 5, no. 11, S. 46-49
Jorgowitz, Hannelore, 1999: Sozialpolitik in Ungarn. Heidelberg: Magisterarbeit
Joszá, Guyla, 1989: Kommunistische Partei. In: Klaus Ziemer (Hrsg.): Sozialistische Systeme (Pipers Wörterbuch zur Politik, Band 4). München: Piper, S. 218-232
Juchler, Jakob, 1994: Osteuropa im Umbruch. Politische, wirtschaftliche und gesellschaftliche Entwicklungen 1989-1993. Gesamtüberblick und Fallstudien. Zürich: Seismo
Juchler, Jakob, 1998: Machtwechsel in Polen. Die Parlamentswahlen und ihre Folgen. In: Osteuropa 2/1998, S. 148-159

Judge, David, 1994: East European Parliaments: The First Steps. In: Attila Ágh (Hrsg.): The Emergence of East Central Euroean Parliaments: The First Steps. Budapest: Hungarian Centre of Democracy Studies, S. 22-34

Julien-Laferrière, François, 1993: La Constitution Roumaine du 8 décembre 1991. ou le difficile apprentissage de la démocratie. In: Revue du droit public et de la science politique en France et à l'étranger, vol. 109, no. 4, S. 1217-1242

Juozaitis, Arvydas, 1992: The Lithuanian Independence Movement and National Minorities. Untersuchungen aus der FKKS 3/1992

Kaiser, André, 1998: Vetopunkte der Demokratie. Eine Kritik neuerer Ansätze der Demokratietypologie und ein Alternativvorschlag. In: Zeitschrift für Parlamentsfragen, 3/1998, S. 525-541

Kaltefleiter, Werner, 1970: Die Funktionen des Staatsoberhauptes in der parlamentarischen Demokratie. Köln: Westdeutscher Verlag

Kalthoff, Herbert / Pickel, Gert, 1999: Transformationsforschung – revisited. Frankfurt/Oder: Manuskript

Kaminski, Antoni, 1992: An Institutional Theory of Communist Regimes. Design, Function, Breakdown. San Francisco: ICS Press

Karasimeonov, Georgi, 1995: Parliamentary Elections of 1994 and the Development of the Bulgarian Party System. In Party Politics, vol. 1, no. 4, S. 579-587

Karasimeonov, Georgi, 1996: The Legislature in Post-Communist Bulgaria. In: David M. Olson / Philip Norton (Hrsg.): The new parliaments of Central and Eastern Europe. London/Portland: Cass, S. 40-59

Karasimeonov, Georgi, 1998: Bulgaria. In: Sten Berglund / Tomas Hellén / Frank H. Aarebrot (Hrsg.): The Handbook of Political Change in Eastern Europe. Cheltenham: Edward Elgar, S. 335-364

Karatnycky, Adrian, 1995: Ukraine at the Crossroads. In: Journal of Democracy, vol. 6, no. 1, S. 117-130

Karatnycky, Adrian / Motyl, Alexander / Shor, Boris (Hrsg.), 1997: Nations in Transit 1997. Civil Society, Democracy and Markets in East Central Europe and the Newly Independent States. New Brunswick/London: Transaction Publishers

Karklins, Rasma, 1995: Minority Issues in Latvia. In: Boris Meissner / Dietrich Loeber / Cornelius Hasselblatt (Hrsg.): Der Aufbau einer freiheitlich-demokratischen Ordnung in den baltischen Staaten. Staat, Wirtschaft, Gesellschaft. Hamburg: Bibliotheca Baltica, S. 151-178

Karl, Terry L. / Schmitter, Phillipe, 1991: Modes of Transition in Latin America, Southern and Eastern Europe, in: International Social Science Review, vol. 86, no. 4, S. 1028-1034

Karlsreiter, Ana, 1998: Systemwechsel und Elitenkontinuität in Bulgarien. In: Südosteuropa, vol. 47, no. 10-11, S. 546-563

Kask, Peet, 1996: Institutional Development of the Parliament of Estonia. In: David M. Olson / Philip Norton (Hrsg.): The new parliaments of Central and Eastern Europe. London/Portland: Cass, S. 193-212

Kassayie, Berhanu, 1998: The Evolution of Social Democracy in Reforming Bulgaria. In: Journal of Communist Studies and Transition Politics, vol. 14, no. 3, S. 109-125

Katz, Richard S. / Mair, Peter, 1995: Changing Models of Party Organization and Party Democracy: The Emergence of the Cartel Party. In: Party Politics, vol. 1, S. 5-28

Kempe, Iris, 1997: Russland am Wendepunkt. Analyse der Sozialpolitik von 1991 bis 1996. Wiesbaden: Deutscher Universitäts Verlag

Keresztes, Lajos, 1998: Die Richtung stimmt, das Tempo noch nicht. In: Das Parlament, 30.4.1998
Kirchheimer, Otto, 1965: Der Wandel des westeuropäischen Parteiensystems. In: Politische Vierteljahresschrift, vol. 6, S. 20-41
Kis, János, 1998: Between Reform and Revolution. In: East European Politics and Society, vol. 12, no. 2, S. 300-389
Kiss, Elisabeth, 1996: Do Parties Distort Democracy? In: East European Constitutional Review, vol. 5, no. 1, S. 73-77
Kitschelt, Herbert, 1992: The Formation of Party Systems in East Central Europe. In: Politics and Society, vol. 20, S. 7-50
Kitschelt, Herbert, 1995: Formation of Party Cleavages in Post-Communist Democracies. Theoretical Propositions. In: Party Politics, vol. 1, no. 4, S. 447-472
Kitschelt, Herbert, 1995a: Die Entwicklung post-sozialistischer Parteisysteme. Vergleichende Perspektiven. In: Hellmut Wollmann / Helmut Wiesenthal / Frank Bönker (Hrsg.): Transformation sozialistischer Gesellschaften: Am Ende des Anfangs. Opladen: Westdeutscher Verlag, S. 475-505
Kitschelt, Herbert, 1995b: The Radical Right in Western Europe. A Comparative Analysis. Ann Arbor: University of Michigan Press
Kitschelt, Herbert / Mansfeldová, Zdenka / Markowski, Radoslaw / Tóka, Gábor, 1999: Post-Communist Party Systems. Competition, Representation, and Inter-Party Cooperation. Cambridge: Cambridge University Press
Klingemann, Hans-Dieter, 1994: Die Entstehung wettbewerbsorientierter Parteiensysteme in Osteuropa. In: Wolfgang Zapf / Manfred Dierkes (Hrsg.): Institutionenvergleich und Institutionendynamik. Berlin: Wissenschaftszentrum, S. 13-38
Klingemann, Hnas-Dieter / Hofferbert, Richard I., 1998: Remembering the Bad Old Days: Human Rights, Economic Conditions, and Democratic Performance in Transitional Regimes. Berlin: WZB-Arbeitspapier FS III 98-203
Knaus, Gerald, 1997: Bulgarien. München: Beck
Kokotec-Novak, Majda, 1993: Der Prozeß der Privatisierung in der Republik Slowenien. In: Südosteuropa, vol. 42, no. 6, S. 353-364
Konrád, György / Szelényi, Iván, 1978: Die Intelligenz auf dem Weg zur Klassenmacht. Frankfurt: Suhrkamp
Konstantinow, Emil, 1993: Die neue bulgarische Verfassung von 1991. In: Recht in Ost und West, vol. 37, S. 35-44
Kontorovich, Vladimir / Ellman, Michael, 1992: The Disintegration of the Soviet Economic System. London: Routledge
Kopecký, Petr, 1995: Factionalism in Parliamentary Parties in the Czech Republic: A Concept and Some Empirical Findings. In: Democratization, vol. 2, no. 1, S. 138-151
Kopecký, Petr, 1996: Parties in the Czech Parliament: From Transformative Towards Arena Type of Legislature. In: Paul G. Lewis (Hrsg.): Party structure and organization in East-Central Europe. Cheltenham: Edward Elgar, S. 66-88
Korbonski, Andrzej, 1994: Civil Society and Democracy in Poland. Problems and Prospects. In: Adolf Bibic / Gigi Graziano (Hrsg.): Civil Society, Political Society, Democracy. Ljubljana: Slovenian Political Science Association, S. 215-230
Kordasch, Stefan, 1997: Privatisierung in Russland. Frankfurt: Peter Lang
Körösényi, András, 1997: Das Parteiensystem Ungarns. In: Dieter Segert / Richard Stöss / Oskar Niedermayer (Hrsg.): Parteiensysteme in postkommunistischen Gesellschaften Osteuropas. Opladen: Westdeutscher Verlag, S. 157-178

Kosta, Jiří, 1989: Sozialistische Wirtschaftssysteme. In: Klaus Ziemer (Hrsg.): Sozialistische Systeme (Pipers Wörterbuch zur Politik, Band 4). München: Piper, S. 443-455

Kraus, Peter A., 1999: Assoziationen und Interessenrepräsentation in neuen Demokratien. In: Eberhard Sandschneider (Hrsg.): Systemwechsel 4. Die Rolle von Verbänden in Transformationsprozessen. Opladen: Leske + Budrich, S. 23-44

Krennerich, Michael, 1996: Wahlen und Antiregimekriege in Zentralamerika. Opladen: Leske + Budrich

Krickus, Richard J., 1997: Democratization in Lithuania. In: Karen Dawisha / Bruce Parrott (Hrsg.): The consolidation of democracy in East-Central Europe. Cambridge: Cambridge University Press, S. 290-333

Krivý, Vladimír, 1996: Die Gründung des slowakischen Staates und ihre Folgen. In: Südosteuropa, vol. 43, no. 3, S. 197-218

Kroupa, Aleš / Kostelcký, Tomáš, 1996: Party Organization and Structure at National and Local Level in the Czech Republic Since 1989. In: Paul G. Lewis (Hrsg.): Party structure and organization in East-Central Europe. Cheltenham: Edward Elgar, S. 89-119

Krupavicius, A., 1997: The Lithuanian Parliamentary Elections of 1996. In: Electoral Studies, vol. 16, no. 4, S. 541-549

Kubicek, Paul, 1994: Delegative Democracy in Russia and Ukraine. In: Communist and Post-Communist Studies, vol. 27, no. 4, S. 423-441

Kubiček, Paul, 1996: Variations on a Corporatist Theme: Interest Associations in Post-Soviet Ukraine and Russia. In: Europe-Asia Studies, vol. 48, no. 1, S. 27-46

Kudrjačenko, A. I., 1998: Institut prezidenta na Ukraine: realii konstitucionno-pravovogo statusa. In: Gosudarstvo i pravo, no. 3/1998, S. 99-106

Küpper, Herbert, 1997: ‚Personenkult' in der ungarischen Gesetzgebung? In: Osteuropa, vol. 47, no. 7, S. 684-696

Küpper, Herbert, 1996: Der Sparkurs der ungarischen Regierung auf dem Prüfstand des Verfassungsgerichts. In: Recht in Ost und West, vol. 40, S. 101-112

Kurtan, Sándor, 1995: Wahlen in Ungarn. Fakten und Folgen seit Mai 1994. In: Winfried Steffani / Uwe Thaysen (Hrsg.): Demokratie in Europa: Zur Rolle der Parlamente. Opladen: Westdeutscher Verlag, S. 340-351

Kurtán, Sándor, 1999: Gewerkschaften und Tripartismus im ostmitteleuropäischen Systemwechsel. In: Wolfgang Merkel / Eberhard Sandschneider (Hrsg.): Systemwechsel 4. Die Rolle von Verbänden im Transformationsprozeß. Opladen: Leske + Budrich, S. 115-135

Kusý, Miroslav, 1997: Autonomy as a Way of Political Management of Ethnic Conflicts. The Case of the hungarian Minority in Slovakia. In: Südosteuropa, vol. 46, no. 5-6, S. 284-293

Kuzio, Taras, 1994: The Multi-Party System in Ukraine on the Eve of Elections: Identity Problems, Conflicts and Solutions. In: Government and Opposition, vol. 29, S. 109-127

Kwasny, Kurt, 1994: Ungarns demokratische Stabilität auf dem Prüfstand. In: Osteuropa-Archiv, April 1994, S. A198-A201

Laakso, Markku / Taagepera, Rein, 1979: ‚Effective' Number of Parties: A Measure with Application to West Europe. In: Comparative Political Studies, vol. 12, no. 1, S. 3-27

Laar, Mart, 1996: Estonia's Success Story. In: Journal of Democracy, vol. 7, no. 1, S. 96-101

Lagerspetz, Mikko / Vogt, Henri, 1998: Estonia. In: Sten Berglund / Tomas Hellén / Frank H. Aarebrot (Hrsg.): The Handbook of Political Change in Eastern Europe. Cheltenham: Edward Elgar, S. 55-88

Lane, David, 1996: The Rise & Fall of State Socialism. Cambridge: Polity Press

Lang, Kai-Olaf, 1993: Die kleine Verfassung der polnischen Republik. In: Recht in Ost und West, vol. 37, S. 172-177

Lankenau, Klaus / Zimmermann, Gunter E., 1998: Sozialer Konflikt. In: Bernhard Schäfers (Hrsg.), ⁵1998: Grundbegriffe der Soziologie. Opladen: Leske + Budrich, S. 182-185

Lapychak, Chrystyna / Markus, Ustina, 1997: Ukraine's Continuing Evolution. In: Transition, vol. 3, no. 2, (7.2.1997), S. 29-32

Lauth, Hans-Joachim / Merkel, Wolfgang, 1997: Zivilgesellschaft und Transformation. Ein Diskussionsbeitrag in revisionistischer Absicht. In: Forschungsjournal NSB, vol. 10, no. 1, S. 12-34

Laver, Michael / Hunt, Ben, 1992: Policy and Party Competition. New York / London: Routledge

Leff, Carol Skalnik, 1997: The Czech and Slovak Republics. Nation Versus State. Boulder: Westview Press

Leftwich, Adrian (Hrsg.), 1996: Democracy and Development. Cambridge: Polity Press

Lehmbruch, Gerhard, 1967: Proporzdemokratie: Politisches System und politische Kultur in der Schweiz und in Österreich. Tübingen: J.C.B. Mohr

Leonhardt, Peter, 1995: Die neue Verfassung Rumäniens. Einleitung. In: VSO Grundwerk, August 1995, S. 1-10

Lerner, Daniel, 1958: The Passing of Traditional Society. Glencoe

Letowska, Ewa, 1997: A Constitution of Possibilities. In: East European Constitutional Review, vol. 6, no. 2/3, S. 76-81

Levada, Jurij, 1995: Medu avtoritarismom i anarchiej: rossijskaja demokratija v glazach obščestvennogo mnenija. In: Ekonomičeskie i social'nye peremeny: Monitoring obščestvennogo mnenija, 2/1995, S. 7-12

Levits, Egil, 1989: Lettland unter sowjetischer Herrschaft. Die politische Entwicklung 1940-1989. In: Beiträge zur Konfliktforschung, vol. 19, no. 3, S. 101-130

Levits, Egil, 1997: Verfassungsgerichtsbarkeit in Lettland. In: Osteuropa-Recht, vol. 43, no. 4, S. 305-328

Lewis, Paul G., 1995: Poland and Eastern Europe: Perspectives on Party Factions and Factionalism. In: Democratization, vol. 2, no. 1, S. 102-124

Lewis, Paul G. (Hrsg.), 1996: Party structure and organization in East-Central Europe. Cheltenham: Elgar

Liber, George O., 1998: Imagining Ukraine: regional differences and the emergence of an integrated state identity. In: Nations and Nationalism, vol. 4, no. 2, S. 187-206

Liebert, Ulrike, 1995: Modelle demokratischer Konsolidierung. Opladen: Leske + Budrich

Lieven, Anatol, 1993: The Baltic Revolution: Estonia, Latvia, Lithuania and the Path to Independance. New Haven: Yale University Press

Lijphart, Arend, 1968: The Politics of Accomodation: Pluralism and Democracy in the Netherlands. Berkeley/Los Angeles: University of California Press

Lijphart, Arend, 1977: Democracy in plural societies: A comparative exploration. New Haven: Yale University Press

Lijphart, Arend, 1984: Democracies. New Haven: Yale University Press

Lijphardt, Arend, 1991: Constitutional Choices for New Democracies. In: Journal of Democracy, vol. 2, no. 1, S. 72-84

Lijphart, Arend, 1992: Democratization and Constitutional Choices in Czecho-Slovakia, Hungary and Poland. In: Journal of Theoretical Politics, vol. 4, no. 2, S. 207-223

Lijphart, Arend (Hrsg.), 1992: Parliamentary versus Presidential Government. Oxford: Oxford University Press

Lijphart, Arend, 1994: Presidentialism and Majoritarian Democracy: Theoretical Observations. In: Juan Linz / Arturo Valenzuela (Hrsg.): The Failure of Presidential Democracy. Baltimore: The Johns Hopkins University Press, S. 91-105

Lijphart, Arend, 1994a: Electoral Systems and Party Systems. A Study of Twenty-Seven Democracies. Oxford: Oxford University Press

Lime, Bernard, 1994: Le système constitutionnel roumain. In: Revue du droit public et de la science politique en France et à l'étranger, vol. 110, S. 353-377

Lindner, Rainer, 1998: Die Ukraine zwischen Transformation und Selbstblockade. Wirtschaft, Politik und Parteien; regionale und ausländische Interessen vor den Parlamentswahlen 1998. Ebenhausen: Stiftung Wissenschaft und Politik (SWP – AP 3058)

Lindner, Rainer, 1998a: Kučmas Stuhl wackelt. Transformationsstau und Interessendivergenzen in der Ukraine. In: Osteuropa, vol. 48, no. 8/9, S. 920-937

Lingner, Gudrun, 1997: Die rumänischen Printmedien. Ausdruck und Motor der Demokratisierung. Berichte des BIOst 13/1997

Linz, Juan, 1978: The Breakdown of Democratic Regimes. Crisis, Breakdown & Equilibration. Baltimore: The Johns Hopkins University Press

Linz, Juan, 1989: Autoritäre Regime. In: Dieter Nohlen (Hrsg.): Politikwissenschaft 1. Pipers Wörterbuch zur Politik. München: Piper, S. 62-65

Linz, Juan, 1990a: The Perils of Presidentialism. In: Journal of Democracy, vol. 1, winter 1990, S. 51-69

Linz, Juan, 1990b: Transitions to Democracy. In: Washington Quarterly, summer 1990, S. 143-164

Linz, Juan, 1994: Democracy: Presidential or Parliamentary Democracy. Does it make a Difference? In: Juan Linz / Arturo Valenzuela (Hrsg.): The Failure of Presidential Democracy. Baltimore: The Johns Hopkins University Press, S. 3-87

Linz, Juan / Stepan, Alfred, 1996: Problems of Democratic Transition and Consolidation. Baltimore/London: Johns Hopkins University Press

Linz, Juan / Stepan, Alfred, 1996a: Toward Consolidated Democracies. In: Journal of Democracy, vol. 7, no. 2, S. 14-33

Linz, Juan / Stepan, Alfred / Gunther, Richard, 1995: Democratic Transition and Consolidation in Southern Europe, with Reflections on Latin America and Eastern Europe. In: Richard Gunther / P. Nikiforos Diamandouros / Hans-Jürgen Puhle (Hrsg.): The Politics of Democratic Consolidation. Southern Europe in Comparative Perspective. Baltimore/London: Johns Hopkins University Press, S. 77-123

Linz, Juan / Valenzuela, Arturo (Hrsg.), 1994: The Failure of Presidential Democracy. Baltimore: The Johns Hopkins University Press

Lippert, Barbara, 1996: Umbruch in Mittel- und Osteuropa – Was tut die EU? In: Bundeszentrale für politische Bildung (Hrsg.): Von der EG zur Europäischen Union. Bonn: Bundeszentrale für politische Bildung, S. 203-264

Lipset, Seymour M., 1959: Some Social Requisites of Democracy: Economic Development and Political Legitimacy. In: American Political Science Review, vol. 53, S. 69-105

Lipset, Seymour M., 1960: Political Man. New York: Doubleday

Lipset, Seymor, 1992: The Centrality of Political Culture. In: Arend Lijphart (Hrsg.): Parliamentary versus Presidential Government. Oxford: Oxford University Press, S. 207-211

Lipset, Seymor / Rokkan, Stein, 1967: Party Systems and Voter Alignments: Cross-National Perspectives. New York: The Free Press

Lipset, Seymour M. / Rokkan, Stein, 1990 (1967): Cleavage Structures, Party Systems, and Voter Alignments. In: Peter Mair (Hrsg.): The West European Party System. Oxford: Oxford University Press, S. 91-138

Lipset, Seymour M. / Seong, Kyoung-Ryong / Torres, John Charles, 1993: A comparative analysis of the social requisites of democracy. In: International Social Science Journal, vol. 45, S. 155-175

Lipton, David / Sachs, Jeffrey, 1990: Creating a Market Economy in Eastern Europe: The Case of Poland. In: Brookings Papers on Economic Activity, 1/1990, S. 75-147

Liuhto, Kari, 1996: Entrepreneurial Transition in Post-Soviet Republics: The Estonian Path. In: Europe-Asia Studies, vol. 48, no. 1, S. 121-140

Loeber, Alexis, 1995: Rechtsgrundlagen für die Betriebsprivatisierung in Lettland. In: Boris Meissner / Dietrich Loeber / Cornelius Hasselblatt (Hrsg.): Der Aufbau einer freiheitlich-demokratischen Ordnung in den baltischen Staaten. Staat, Wirtschaft, Gesellschaft. Hamburg: Bibliotheca Baltica, S. 201-224

Loewenstein, Karl, 1959: Verfassungslehre. Tübingen: J.C.B. Mohr

Lomax, Bill, 1995: Factions and Factionalism in Hungary's New Party System. In: Democratization, vol. 2, no. 1, S. 125-137

Lomax, Bill, 1996: The Structure and Organization of Hungary's Political Parties. In: Paul G. Lewis (Hrsg.): Party structure and organization in East-Central Europe. Cheltenham: Edward Elgar, S. 20-42

Lowery, David / Gray, Virginia, 1998: The Dominance of Institutions in Interest Representation: A Test of Seven Explanations. In: American Journal of Political Science, vol. 42, no. 1, S. 231-255

Luchterhandt, Galina, 1993: Die politischen Parteien im neuen Russland. Dokumente und Kommentare. Bremen: Edition Temmen

Luchterhandt, Otto (Hrsg.), 1996: Neue Regierungssysteme in Osteuropa und der GUS. Probleme der Ausbildung stabiler Machtinstitutionen. Berlin: Arno Spitz

Lücke, Matthias, 1994: The Scope for competition among Regional Governments in the Russian Federation. Institut für Weltwirtschaft Kiel: Kiel Working Paper no. 649

Lucky, Christian, 1994: Table of Twelve Electoral Laws. In: East European Constitutional Review, vol. 3 (spring 1994), S. 65-77

Lüdemann, Ernst, 1995: Ukraine. München: Beck

Lukšic, Igor, 1996: Political Culture in Slovenia. In: Fritz Plasser / Andreas Pribersky (Hrsg.): Political Culture in East Central Europe. Aldershot u.a.: Avebury, S. 91-104

Macharzina, Klaus / Wolf, Joachim, 1994: Die Slowakei im gesellschaftlichen und wirtschaftlichen Umbruch. In: Südosteuropa, vol. 43, no. 3-4, S. 151-179

Mackie, Thomas T. / Rose, Richard, [2]1982: The International Almanac of Electoral History. London: Armonk

Macków, Jerzy, 1995: Parlamentswahlen in Polen (1993): Beginn der postkommunistischen Entmythologisierung. In: Winfried Steffani / Uwe Thaysen (Hrsg.): Demokratie in Europa: Zur Rolle der Parlamente. Opladen: Westdeutscher Verlag, S. 324-339

Maier, Konrad, 1998: Estland: Tiger im Baltikum? In: Aus Politik und Zeitgeschichte, B 37/98, S. 17-26

Mainwaring, Scott, 1992: Transitions to Democracy and Democratic Consolidation: Theoretical and Comparative Issues. In: Scott Mainwaring / Guillermo O'Donnell / J. Samuel Valenzuela (Hrsg.): Issues in Democratic Consolidation: The New South American Democracies in Comparative Perspective. Notre Dame: University of Notre Dame Press, S. 294-341

Mainwaring, Scott, 1993: Presidentialism, Multipartism, and Democracy. The Difficult Combination. In: Comparative Political Studies, vol. 26, no. 2, S. 198-228

Mainwaring, Scott, 1998: Party Systems in the Third Wave. In: Journal of Democracy, vol. 9, no. 3, S. 67-81

Mainwaring, Scott / Shugart, Matthew J., 1997: Juan Linz, Presidentialism, and Democracy: A Critical Appraisal. In: Comparative Politics, vol. 29, no. 4, S. 449-472

Maksymiuk, Jan, 1998: Kuchma Faces Hard Times After Elections. In: RFE/RL-Newsline, 30.4.1998

Malova, Darina / Sivakova, Danica, 1996: The National Council of the Slovak Republic: Between Democratic Transition and National State-Building. In: David M. Olson / Philip Norton (Hrsg.): The new parliaments of Central and Eastern Europe. London/Portland: Cass, S. 108-132

Mansfeldová, Zdenka, 1998: The Czech and Slovak Republics. In: Sten Berglund / Tomas Hellén / Frank H. Aarebrot (Hrsg.): The Handbook of Political Change in Eastern Europe. Cheltenham: Edward Elgar, S. 191-292

Marada, Radim, 1998: The 1998 Czech Elections. In: East European Constitutional Review, vol. 7, no. 4, S. 51-59

Marko, Joseph, 1996: Der Minderheitenschutz in der Republik Makedonien. In: Joseph Marko (Hrsg.): Der Minderheitenschutz in den jugoslawischen Nachfolgestaaten. Bonn: Kulturstiftung der deutschen Vertriebenen, S. 289-313

Marko, Joseph, 1996b: Der Minderheitenschutz in der Republik Slowenien. In: Joseph Marko (Hrsg.): Der Minderheitenschutz in den jugoslawischen Nachfolgestaaten. Bonn: Kulturstiftung der deutschen Vertriebenen, S. 119-199

Martinsen, Kåre Dahl, 1997: Niedergang der slowakischen Demokratie? In: Osteuropa 8/1997, S. 791-809

Masing, Alf, 1995: Einführung [in die Verfassung der Republik Ungarn vom 20.8.1949 in der Fassung vom 23.10.1989]. In: VSO-Grundwerk - August 1995

Matějů, Petr / Vlachová, Klára, 1998: Values and Electoral Decisions in the Czech Republic. In: Communist and Post-Communist Studies, vol. 31, no. 3, S. 249-269

Mato, Zsolt-Istvan, 1998: Romanian Coalition Conflict Continues. In: RFE/RL-Newsline, 13.10.1998

Mattusch, Katrin, 1996: Demokratisierung im Baltikum? Über die Begrenzung von Demokratisierungschancen durch politische Kulturen. Frankfurt: Peter Lang

Meduševskij, A. N., 1996: Konstitucionnye proekty v Rossii i ich zapadnye istočniki. In: Mir rossii, 1/1996, S. 154-194

Meissner, Boris / Loeber, Dietrich A. / Hasselblatt, Cornelius (Hrsg.), 1995: Der Aufbau einer freiheitlich-demokratischen Ordnung in den baltischen Staaten. Staat, Wirtschaft, Gesellschaft. Hamburg: Bibliotheca Baltica

Melo, Martha de / Denizer, Cevder / Gelb, Alan, 1996: Patterns of Transition from Plan to Market. In: The World Bank Economic Review, vol. 10, no. 3, S. 397-424

Melo, Martha de / Gelb, Alan, 1996: A Comparative Analysis of Twenty-Eight Transition Economies in Europe and Asia. In: Post-Soviet Geography and Economics, vol. 37, no. 5, S. 265-285

Merkel, Wolfgang, 1994: Struktur oder Akteur, System oder Handlung: Gibt es einen Königsweg in der sozialwissenschaftlichen Transformationsforschung? In: Wolfgang Merkel (Hrsg.), 1994: Systemwechsel 1. Theorien, Ansätze und Konzeptionen. Opladen: Leske & Budrich, S. 303-331

Merkel, Wolfgang, 1994a: Systemwechsel: Probleme der demokratischen Konsolidierung in Ostmitteleuropa. In: Aus Politik und Zeitgeschichte, B 18-19/94, S. 3-11

Merkel, Wolfgang, 1996: Institutionalisierung und Konsolidierung der Demokratien in Ostmitteleuropa. In: Wolfgang Merkel u.a. (Hrsg.): Systemwechsel 2. Die Institutionalisierung der Demokratie. Opladen: Leske + Budrich, S. 73-112

Merkel, Wolfgang, 1996a: Theorien der Transformation: Die demokratische Konsolidierung postautoritärer Gesellschaften. In: Klaus von Beyme / Claus Offe (Hrsg.): Politische Theorien in der Ära der Transformation. Opladen: Westdeutscher Verlag, S. S. 30-58

Merkel, Wolfgang, 1996b: Die Konsolidierung postautoritärer Demokratien: Ein theoretisches Modell (nicht nur) für Osteuropa. In: Klaus Armingeon (Hrsg.): Der Nationalstaat am Ende des 20. Jahrhunderts. Bern u.a.: Paul Haupt, S. 37-68

Merkel, Wolfgang, 1997: Die Bedeutung von Parteien und Parteiensystemen für die Konsolidierung der Demokratie: ein interregionaler Vergleich. In: Wolfgang Merkel / Eberhard Sandschneider (Hrsg.): Systemwechsel 3. Parteien im Transformationsprozeß. Opladen: Leske + Budrich, S. 337-371

Merkel, Wolfgang, 1998: Systemtransformation. Hagen: FernUniversität

Merkel, Wolfgang, 1999: Defekte Demokratien. In: Wolfgang Merkel / Andreas Busch (Hrsg.): Demokratie in Ost und West. Frankfurt: Suhrkamp, S. 361-381

Merkel, Wolfgang / Puhle, Hans-Jürgen, 1999: Von der Diktatur zur Demokratie. Transformationen, Erfolgsbedingungen, Entwicklungspfade. Opladen: Westdeutscher Verlag

Merkel, Wolfgang / Sandschneider, Eberhard (Hrsg.), 1997: Systemwechsel 3. Parteien im Transformationsprozess. Opladen: Leske + Budrich

Merkel, Wolfgang / Sandschneider, Eberhard (Hrsg.), 1999: Systemwechsel 4. Die Rolle von Verbänden im Transformationsprozeß. Opladen: Leske + Budrich

Merkel, Wolfgang / Sandschneider, Eberhard / Segert, Dieter (Hrsg.) 1996: Systemwechsel 2. Die Institutionalisierung der Demokratie. Opladen: Leske + Budrich

Metcalf, Lee Kendall, 1997: Institutional Choice and Democratic Consolidation. The Experience of the Russian Successor States, 1918-1939. In: Communist and Post-Communist Studies, vol. 30, no. 3, S. 307-320

Meyer, Berthold, 1998: In der Endlosschleife? Die OSZE-Langzeitmissionen auf dem Prüfstand. HSFK-Report 3/1998

Michta, Andrew A., 1997: Democratic consolidation in Poland after 1989. In: Karen Dawisha / Bruce Parrott (Hrsg.): The consolidation of democracy in East-Central Europe. Cambridge: Cambridge University Press, S. 66-108

Mihalik, Jozef, 1997: The Slovak Way of Economic Transformation and Convergence with the European Union. Bratislava: Print-Servis

Mihut, Liliana, 1994: The Emergence of Political Pluralism in Romania. In: Communist and Post-Communist Studies, vol. 27, no. 4, S. 411-422

Mildner, Kirk, 1995: Korruption in Russland: Wurzeln, Effekte und Strategien. In: Hellmut Wollmann / Helmut Wiesenthal / Frank Bönker (Hrsg.): Transformation sozialistischer Gesellschaften: Am Ende des Anfangs. Opladen: Westdeutscher Verlag, S. 346-364

Millard, Frances, 1994: The Shaping of the Polish Party System. In: East European Politics and Societies, vol. 8, no. 3, S. 467-494

Millard, Frances, 1998: Democratization and the Media in Poland. In: Democratization, vol. 5, no. 2, S. 85-105

Miller, Arthur H. / Hesli, Vicki L. / Reisinger, William M., 1994: Reassessing Mass Support for Political and Economic Change in the Former USSR. In: American Political Science Review, vol. 88, no. 2, S. 399-411

Minkenberg, Michael, 1990: Neokonservatismus und Neue Rechte in den USA. Neuere konservative Gruppierungen und Strömungen im Kontext sozialen und kulturellen Wandels. Baden-Baden: Nomos

Minkenberg, Michael, 1998: Die neue radikale Rechte im Vergleich. USA, Frankreich, Deutschland. Opladen: Westdeutscher Verlag

Mögel, Nicola / Schwanitz, Simone, 1995: Staatslobbyismus als System. Entscheidungsstrukturen im russischen Rüstungssektor. Berichte des BIOst 32/1995

Moore, Barrington, 1969: Soziale Ursprünge von Diktatur und Demokratie. Frankfurt: Suhrkamp

Moore, Patrick, 1998: Macedonia to elect a new parliament. In: RFE/RL Newsline, 16.10.1998

Morlino, Leonardo, 1995: Democratic Consolidation: Definition and Models. In: Geoffrey Pridham (Hrsg.): Transitions to Democracy: Comparative Perspectives from Southern Europe, Latin America and Eastern Europe. Aldershot: Dartmouth, S. 571-590

Morlino, Leonardo, 1998: Democracy Between Consolidation and Crisis. Parties, Groups, and Citizens in Southern Europe. Oxford: Oxford University Press

Moser, Robert G., 1999: Electoral Systems and the Number of Parties in Postcommunist States. In: World Politics, vol. 51, S. 359-384

Motyl, Alexander J., 1997: Structural Constraints and Starting Points: The Logic of Systemic Change in Ukraine and Russia. In: Comparative Politics, vol. 29, no. 4, S. 433-448

Müller, Katharina, 1998: Vom Staat zum Markt? Rentenreformen in Mittelosteuropa". In: Staatswissenschaften und Staatspraxis, vol. 9, no. 2, S. 161-187

Müller, Klaus, 1998: Postsozialistische Krisen. In: Klaus Müller (Hrsg.): Postsozialistische Krisen. Theoretische Ansätze und empirische Befunde. Opladen: Leske + Budrich, S. 177-249

Müller, Klaus (Hrsg.), 1998: Postsozialistische Krisen. Theoretische Ansätze und empirische Befunde. Opladen: Leske + Budrich

Munck, Gerardo L. / Leff, Carol Skalnik, 1997: Modes of Transition and Democratization. South America and Eastern Euroe in Comparative Perspective. In: Comparative Politics, vol. 29, no. 3, S. 343-362

Murrell, Peter, 1993: Conservative Political Philosophy and the Strategy of the Economic Transition. In: East European Politics and Societies, vol. 6, no. 1, S.

Murrell, Peter, 1995: The Transition According to Cambridge, Mass. In: Journal of Economic Literature, vol. 33, S. 164-178

Naegele, Jolyon, 1997: Slovak-Russian Accords Raise Questions. In: OMRI Daily Digest, 19.5.1997

Neukirch, Claus, 1996: Die Republik Moldau. Nations- und Staatsbildung in Osteuropa. Münster: Lit-Verlag

Nève, Dorothée de, 1995: Die parlamentarische Opposition in Rumänien. In: Südosteuropa-Mitteilungen, vol. 35, no. 4, S. 322-332

Nève, Dorothée de, 1997: Wahlen in Rumänien: Eine späte Wende? In: Osteuropa 3/1997, S. 230-242

Nohlen, Dieter, ²1990: Wahlrecht und Parteiensystem. Opladen: Leske + Budrich

Nohlen, Dieter, 1994: Vergleichende Methode. In: Dieter Nohlen: Lexikon der Politik. Band 2. München: C.H. Beck, S. 507-517

Nohlen, Dieter, 1996: Wahlsysteme in Osteuropa: Geschichte, Kritik, Reform. In: Zeitschrift für Parlamentsfragen, vol. 29, no. 3/1996, S. 447-461

Nohlen, Dieter, 1997: Demokratie. In: Dieter Nohlen / Peter Waldmann / Klaus Ziemer (Hrsg.): Lexikon der Politik. Band 4. Die östlichen und südlichen Länder. München: C.H. Beck, S. 118-127

Nohlen, Dieter / Kasapovic, Mirjana 1996: Wahlsysteme und Systemwechsel in Osteuropa. Opladen: Leske + Budrich

Norton, Philip / Olson, David M., 1996: Parliaments in Adolescence. In: David M. Olson / Philip Norton (Hrsg.): The new parliaments of Central and Eastern Europe. London/Portland: Cass, S. 231-243

Nuscheler, Franz, 1998: Old Wine in New Skins. Some critical comments on the UNDP Reports. In: Dirk Messner (Hrsg.): New Perspectives of International and German Development Policy. Duisburg: INEF-Report 33/1998, S. 25-34

Oates, Sarah, 1998: Party Platforms: Towards a Definition of the Russian Political Spectrum. In: Journal of Communist Studies and Transition Politics, vol. 14, no. 1/2, S. 76-97

O'Donnell, Guillermo, 1992: Transitions, Continuities, and Paradoxes. In: Scott Mainwaring / Guillermo O'Donnell / J. Samuel Valenzuela (Hrsg.): Issues in Democratic Consolidation: The New South American Democracies in Comparative Perspective. Notre Dame: University of Notre Dame Press, S. 17-56

O'Donnell, Guillermo, 1994: Delegative Democracy. In: Journal of Democracy, vol. 5, no.1, S. 55-69

O'Donnell, Guillermo, 1996: Illusions and Conceptual Flaws. In: Journal of Democracy, vol. 7, no. 4, S. 160-168

O'Donnell, Guillermo A. / Schmitter, Phillipe C., 1986: Tentative Conclusions about Uncertain Democracies. Baltimore: Johns Hopkins University Press

O'Donnell, Guillermo A. / Schmitter, Phillipe C. / Whitehead, Laurence (Hrsg.), 1986: Transitions from Authoritarian Rule: Prospects for Democracy (4 Bände). Baltimore: Johns Hopkins University Press

O'Donnell, Guillermo A. / Schmitter, Phillipe C. / Whitehead, Laurence (Hrsg.), 1986a: Transitions from Authoritarian Rule: Comparative Perspectives. Baltimore: Johns Hopkins University Press

O'Donnell, Guillermo A. / Schmitter, Phillipe C. / Whitehead, Laurence (Hrsg.), 1986b: Transitions from Authoritarian Rule: Southern Europe. Baltimore: Johns Hopkins University Press

Offe, Claus, 1991: Das Dilemma der Gleichzeitigkeit. Demokratisierung und Marktwirtschaft in Osteuropa. In: Merkur, vol. 45, 4/1991, S. 279-292

Offe, Claus, 1994: Der Tunnel am Ende des Lichts. Erkundungen der politischen Transformation im Neuen Osten. Frankfurt: Campus

Offe, Claus, 1998: Die politisch-kulturelle „Innenseite" der Konsolidierung. Eine Anmerkung über Besonderheiten der postkommunistischen Transformation. In: Hans-

Jürgen Wagener / Heiko Fritz (Hrsg.): Im Osten was Neues. Aspekte der EU-Osterweiterung. Bonn: Dietz, S. 110-114

Oittinen, V., 1995: Ein populistischer Zwitter. Russlands KP zwischen Leninismus und Staatspatriotismus. In: Blätter für internationale und deutsche Politik, vol. 40, S. 946-955

Oleščuk, V. A. / Pavlenko, V. B., 1995: Izbiratel'nye ob"edinenija, Izbiratel'nye bloki na vyborach – 95 (spravočnik). Moskva: Central'naja Izbiratel'naja Kommissija

Oleščuk, V. A. / Pavlenko, V. B., 1997: Političeskaja Rossija, god 1997. Partii, Bloki, Lidery. Moskva: Ves' Mir

Olson, David M. / Norton, Philip, 1996: Legislatures in Democratic Transitions. In: David M. Olson / Philip Norton (Hrsg.): The new parliaments of Central and Eastern Europe. London/Portland: Cass, S. 1-15

Olson, David M., 1997: Democratization and political participation: the experience of the Czech Republic. In: Karen Dawisha / Bruce Parrott (Hrsg.): The consolidation of democracy in East-Central Europe. Cambridge: Cambridge University Press, S. 150-196

Olson, David M., 1997a: Paradoxes of Institutional Development: The New Democratic Parliaments of Central Europe. In: International Political Science Review, vol. 18, no. 4, S. 401-416

Olson, David M., 1998: The Parliaments of New Democracies and the Politics of Representation. In: Stephen White / Judy Batt / Paul G. Lewis (Hrsg.): Developments in Central and Eastern Europe. Houndsmills: Macmillan, S. 126-146

OMRI, v.J.: Newsservice im Internet unter „http://www.omri.cz/" Ab Mitte 1997 fortgeführt unter „http://www.rferl.org/"

O'Rourke, Breffni, 1997: The Fall of Václav Klaus. RFE/RL Newsline, 2.12.1997

Osadczuk-Korab, Bohdan Alexander, 1997: Das Parteiensystem der Ukraine. In: Dieter Segert / Richard Stöss / Oskar Niedermayer (Hrsg.): Parteiensysteme in postkommunistischen Gesellschaften Osteuropas. Opladen: Westdeutscher Verlag, S. 340-376

Oschlies, Wolf, 1993/1994: Republik Makedonien. 3 Teile. Berichte des BIOst 48-1993, 10-1994, 14-1994

Oschlies, Wolf, 1994: Wirtschaftsreform und Reformdebatten in Rumänien. Berichte des BIOst 42/1994

Osiatynski, Wiktor, 1997: A Brief History of the Constitution. In: East European Constitutional Review, vol. 6, no. 2/3, S. 66-76

Ott, Alexander, 1995: Die politischen Parteien in der Ukraine. Berichte des BIOst 13-1995

Ott, Alexander, 1997: Die politischen Parteien in der Ukraine vor den Parlamentswahlen. Bericht des BIOst 45/1997

Ott, Alexander, 1998: Die Parlamentswahlen in der Ukraine 1998. In: Osteuropa, vol. 48, no. 10, S. 994-1009

Palda, Kristian, 1997: Czech Privatization and Corporate Governance. In: Communist and Post-Communist Studies, vol. 30, no. 1, S. 83-93

Paleckis, Justas, 1992: Die Parteienlandschaft in Litauen vor den Wahlen. Aktuelle Analysen des BIOst Nr. 50/1992

Pammett, Jon H. / DeBardeleben, Joan, 1996: The Meaning of Elections in Transitional Democracies: Evidence from Russia and Ukraine. In: Electoral Studies, vol. 15. no. 3, S. 363-381

Parrott, Bruce, 1997: Perspectives on postcommunist democratization. In: Karen Dawisha / Bruce Parrott (Hrsg.): The consolidation of democracy in East-Central Europe. Cambridge: Cambridge University Press, S. 1-39

Pasquino, Gianfranco, 1997: Semi-Presidentialism: A Political Model at Work. In: European Journal of Political Research, vol. 31, S. 128-137

Pehe, Jiri, 1995: Czech Republic: A Leader in Political Stability and Economic Growth. In: Transition. Special Issue: 1994 in Review (Part I, January 1995), S. 29-33

Pehe, Jiri, 1997: Maverick Czech Reformers Get Bogged Down. In: Transition, vol. 3, no. 2 (7.2.1997), S. 8-10

Peters, B. Guy, 1998: Political Institutions, Old and New. In: Robert E. Goodin / Hans-Dieter Klingemann (Hrsg.): A New Handbook of Political Science. Oxford: Oxford University Press, S. 205-220

Petsche, Alexander, 1996: Privatisierung in Ungarn: Entwicklung, Stand und Perspektiven. In: Recht in Ost und West, vol. 40 (3/1996), S. 69-80

Pfetsch, Frank R., 1985: Verfassungspolitik der Nachkriegszeit. Theorie und Praxis des bundesdeutschen Konstitutionalismus. Darmstadt: Wissenschaftliche Buchgesellschaft

Pfetsch, Frank R., ²1993: Die Außenpolitik der Bundesrepublik Deutschland. München: Fink

Pfetsch, Frank R., 1994: Internationale Politik. Stuttgart: Kohlhammer

Pfetsch, Frank R., 1995: Handlung und Reflexion. Theoretische Dimensionen des Politischen. Darmstadt: Wissenschaftliche Buchgesellschaft

Pfetsch, Frank R., 1997: Die Europäische Union. Eine Einführung. München: Fink

Pfetsch, Frank R., 1999: Von der liberalen Elitentheorie zur Theorie einer europäischen Zivilgesellschaft. In: Wolfgang Merkel / Andreas Busch (Hrsg.): Demokratie in Ost und West. Frankfurt: Suhrkamp, S. 496-519

Pickel, Andreas, 1997: Jump-Starting a Market Economy: A Critique of the Radical Strategy of Economic Reform. In: Andreas Pickel / Helmut Wiesenthal (Hrsg.): The Grand Experiment. Debating Shock Therapy, Transition Theory, and the East German Experience. Boulder: Westview Press, S. 72-90

Pickel, Andreas / Wiesenthal, Helmut (Hrsg.), 1997: The Grand Experiment. Debating Shock Therapy, Transition Theory, and the East German Experience. Boulder: Westview Press

Pickel, Gert, 1997: Tendenzen der Demokratisierung und politischen Unterstützung in Osteuropa – makrosoziologische Überlegungen zu Demokratisierung und politischer Kultur in Osteuropa. In: Gert Pickel / Susanne Pickel / Jörg Jacobs (Hrsg.): Demokratie. Entwicklungsformen und Erscheinungsbilder im interkulturellen Vergleich. Frankfurt (Oder) / Bamberg: Scrîpvaz-Verlag, S. 109-132

Pickel, Susanne, 1997: Ungarn in Europa. Wiesbaden: Deutscher UniversitätsVerlag

Pickel, Susanne / Pickel, Gert, 1998: Elitenwandel in Osteuropa. Einstellungsunterschiede zwischen Eliten und Bevölkerung am Beispiel Ungarns. In: Aus Politik und Zeitgeschichte, B 8/98, S. 3-9

Plakans, Andrejs, 1997: Democratization and political participation in postcommunist societies: the case of Latvia. In: Karen Dawisha / Bruce Parrott (Hrsg.): The consolidation of democracy in East-Central Europe. Cambridge: Cambridge University Press, S. 245-289

Plasser, Fritz / Ulram, Peter A. / Waldrauch, Harald, 1996: Politischer Kulturwandel in Ost-Mitteleuropa. Theorie und Empirie demokratischer Konsolidierung. Opladen: Leske + Budrich

Pleines, Heiko, 1997: Die Nationalbewegung als politische Kraft in der Ukraine. In: Osteuropa 10/11-1997, S. 1053-1065

Pourgerami, Abbas, 1991: The Political Economy of Development: An Empirical Examination of the Wealth Theory of Democracy. In: Journal of Theoretical Politics, vol. 3, S. 189-211

Pridham, Geoffrey, 1994: Democratic transitions in theory and practice: Southern European lessons for Eastern Europe. In: Geoffrey Pridham / Tatu Vanhanen (Hrsg.): Democratization in Eastern Europe. Domestic and International Perspectives. London: Routledge, S. 15-37

Pridham, Geoffrey, 1995: The International Context of Democratic Consolidation: Southern Europe in Comparative Perspective. In: Richard Gunther / P. Nikiforos Diamandouros / Hans-Jürgen Puhle (Hrsg.): The Politics of Democratic Consolidation. Southern Europe in Comparative Perspective. Baltimore: Johns Hopkins University Press, S. 166-203

Przeworski, Adam, 1986: Some Problems in the Study of the Transition to Democracy, in: Guillermo O'Donnell / Phillipe Schmitter / Laurence Whitehead (Hrsg.): Transitions from Authoritarian Rule. Baltimore: Johns Hopkins University Press, Band 2, S. 47-63

Przeworski, Adam, 1988: Democracy as a contingent outcome of conflicts. In: Jon Elster / Rune Slagstad (Hrsg.): Constitutionalism and Democracy. Cambridge: Cambridge University Press, S. 59-80

Przeworski, Adam, 1991: Democracy and the Market. Political and Economic Reforms in Eastern Europe and Latin America. Cambridge: Cambridge University Press

Przeworski, Adam, 1992: The Games of Transition. In: Scott Mainwaring, / Guillermo O'Donnell / J. Samuel Valenzuela (Hrsg.): Issues in Democratic Consolidation: The New South American Democracies in Comparative Perspective. Notre Dame: University of Notre Dame Press, S. 105-152

Przeworski, Adam u.a., 1996: What makes democracies endure? In: Journal of Democracy, vol. 7, no. 1, S. 39-55

Putnam, Robert D., 1993: Making Democracy Work. Civic Traditions in Modern Italy. Princeton: Princeton University Press

Quaisser, Wolfgang, 1997: Strategieansätze und Ergebnisse des Übergangs der mittel- und osteuropäischen Länder zur Merktwirtschaft. In: Aus Politik und Zeitgeschichte, B 44-45/97, S. 3-15

Quidde, Gunther, 1996: Indikatoren der Systemtransformation. Ein vergleichende Analyse unter besonderer Berücksichtigung der Privatisierung in 26 Staaten. Mainz: Dissertation

Rae, Douglas W. / Taylor, Michael, 1970: The Analysis of Political Cleavages. New Haven/London: Yale University Press

Raun, Toivo U., 1997: Democratization and political development in Estonia, 1987-96. In: Karen Dawisha / Bruce Parrott (Hrsg.): The consolidation of democracy in East-Central Europe. Cambridge: Cambridge University Press, S. 334-374

Reese-Schäfer, Walter, 1998: Clash of Paradigms. Kulturtheorie oder Modernisierungstheorie als Deutungsmuster politischer Konfliktlinien. In: Richard Saage / Gunnar Berg (Hrsg.): Zwischen Triumph und Krise – Zum Bestand der liberalen Demokratie nach dem Zusammenbruch der Diktaturen in Osteuropa. Opladen: Leske + Budrich, S. 151-165

Reetz, Axel, 1995: Wahlen im Baltikum seit 1990. Parlamente in den Paradoxien der Selbstbestimmung. In: Winfried Steffani / Uwe Thaysen (Hrsg.): Demokratie in Europa. Zur Rolle der Parlamente (Sonderband der Zeitschrift für Parlamentsfragen). Opladen: Westdeutscher Verlag, S. 300-323

Reitz, John, 1997: Progress in Building Institutions for the Rule of Law in Russia and Poland. In: Robert D. Grey (Hrsg.): Democratic theory and post-communist change. Upper Saddle River: Prentice-Hall, S. 144-189

Remington, Thomas F. (Hrsg.), 1994: Parliaments in Transition. The New Legislative Politics in the Former USSR and Eastern Europe. Boulder u.a.: Westview Press

Remington, Thomas F., 1997: The Development of Parliamentary Parties in Russia: On the Road toward Parliamentary Democracy? Bamberg: Paper presented at the Congress of the German Association of Political Science

Reuter, Jens, 1993: Politik und Wirtschaft in Makedonien. In: Südosteuropa, vol. 42, no. 2, S. 83-99

Riedel, Sabine, 1993: Die türkische Minderheit im parlamentarischen System Bulgariens. In: Südosteuropa, vol. 42, S. 100-124

Riedel, Sabine, 1993a: Bulgarien: Die neue Regierung Ljuben Berov. In: Südosteuropa, vol. 42, no. 2, S. 125-126

Riedel, Sabine, 1998: Die Politik des IWF in Bulgarien: Liberalisierung der Wirtschaft und Konservierung der sozialen Misere. In: Südosteuropa, vol. 47, no. 5-6, S. 263-264

Robinson, Neil, 1998: Classifying Russia's Party System: The Problem of ‚Relevance' in a Time of Uncertainty. In: Journal of Communist Studies and Transition Politics, vol. 14, no. ½, S. 157-177

Rokkan, Stein, 1970: Citizens, Elections, Parties: Approaches to the Comparative Study of the Processes of Development. Oslo: Universitetsforlaget

Roos, Hans, 1979: Geschichte der polnischen Nation 1918-1978. Von der Staatsgründung im Ersten Weltkrieg bis zur Gegenwart. Stuttgart u.a.: Kohlhammer

Roper, Steven D., 1997: From Opposition to Government Coalition: Unity and Fragmentation within the Democratic Convention of Romania. In: East European Quarterly, vol. 31, no. 4, S. 519-542

Rose, Richard, 1996: What is Europe? New York: Harper Collins

Rosenau, James N., 1973: Theorizing Across Systems: Linkage Politics Revisited. In: Johnathan Wilkenfeld (Hrsg.): Conflict Behavoir & Linkage Politics. New York: MacKay

Rosenbaum, Eckehard F., 1999: Culture, Cognitive Models and the Performance of Institutions in Transformation Countries. Frankfurt/Oder: FIT-Diskussionspapier 1/1999

Rüb, Friedbert W., 1994a: Schach dem Parlament! - Über semipräsidentielle Regierungssysteme in einigen postkommunistischen Gesellschaften. In: Leviathan, 2/1994, S. 260-292

Rüb, Friedbert W., 1994b: Die Herausbildung politischer Institutionen in Demokratisierungsprozessen. In: Wolfgang Merkel (Hrsg.): Systemwechsel 1. Opladen: Leske + Budrich, S. 111-137

Rüb, Friedbert W., 1995: Die drei Paradoxien der Konsolidierung der neuen Demokratien in Mittel- und Osteuropa. In: Hellmut Wollman / Helmut Wiesenthal / Frank Bönker (Hrsg.): Transformation sozialistischer Gesellschaften: Am Ende des Anfangs. Oplade: Westdeutscher Verlag, S. 509-537

Rudzio, Wolfgang, ⁴1996: Das politische System der Bundesrepublik Deutschland. Opladen: Leske + Budrich
Rueschemeyer, Dietrich / Huber-Stephens, Evelyne / Stephens, John, 1992: Capitalist Development & Democracy. Cambridge: Cambridge University Press
Rustow, Dankwart A., 1970: Transitions to Democracy. In: Comparative Politics, vol. 2, no. 3, S. 337-363
Rutland, Peter, 1998: Explaining the Soviet Collapse. In: Transitions, vol. 5, no. 2, S. 14-21
Sachs, Jeffrey, 1989: My Plan for Poland. In: The International Economy (Dezember 1989), S. 24-29
Sahm, Astrid, 1998: Umwelt- und energiepolitische Handlungsoptionen in der Ukraine und der Republik Belarus (1990-1995). Ihre Bedeutung für nationalstaatliche Legitimation und überregionale Kooperation. Frankfurt: Dissertation (Manuskript)
Sajo, Andras, 1996: How the Rule of Law Killed Hungarian Welfare Reform. In: East European Constitutional Review, vol. 5, no. 1 (winter 1996), S. 31-41
Sakwa, Richard, ²1996: Russian Politics and Society. London/New York: Routledge
Sakwa, Richard, 1998: Left or Right? The CPRF and the Problem of Democratic Consolidiation in Russia. In: Journal of Communist Studies and Transition, vol. 14, no. 1/2, S. 128-158
Samson, Ivo, 1997: Die Slowakei zwischen Annäherung an Moskau und Streben nach Westintegration. Berichte des BIOst 2/1997
Sandschneider, Eberhard, 1994: Systemtheoretische Perspektiven politikwissenschaftlicher Transformationsforschung. In: Wolfgang Merkel (Hrsg.): Systemwechsel 1. Opladen: Leske + Budrich, S. 23-46
Sangmeister, Hartmut, 1997: Wirtschaftspolitik. In: Dieter Nohlen (Hrsg.): Wörterbuch der Politik. Band 4: Die östlichen und südlichen Länder. München: C.H. Beck, S. 633-643
Sartori, Giovanni, 1970: Concept Misformation in Comparative Politics. In: American Political Science Review, vol. 64, S. 1033-1053
Sartori, Giovanni, 1976: Parties and Party Systems. Cambridge: Cambridge University Press
Sartori, Giovanni, 1994: Comparative Constitutional Engineering. An Inquiry into Structures, Incentives and Outcomes. Houndsmills u.a.
Sartori, Giovanni, 1994a: Neither Presidentialism nor Parliamentarism. In: Juan Linz / Arturo Valenzuela (Hrsg.): The Failure of Presidential Democracy. Baltimore: The Johns Hopkins University Press, S. 106-118
Sartori, Giovanni, 1997 (1992): Demokratietheorie. Darmstadt: Wissenschaftliche Buchgesellschaft
Scharpf, Fritz W., 1987: Sozialdemokratische Krisenpolitik in Europa. Frankfurt: Campus
Schedler, Andreas, 1998: What is Democratic Consolidation? In: Journal of Democracy, vol. 9, no. 2, S. 91-107
Schliewenz, Birgit, 1997: Das Parteiensystem Bulgariens. In: Dieter Segert / Richard Stöss / Oskar Niedermayer (Hrsg.): Parteisysteme in postkommunistischen Gesellschaften Osteuropas. Opladen: Westdeutscher Verlag, S. 237-263
Schlögel, Karl, 1999: Das Jahrhundert der Vertreibung. In: Die Zeit, 30.4.1999
Schmidt, Manfred G., 1982: Wohlfahrtsstaatliche Politik unter bürgerlichen und sozialdemokratischen Regierungen. Ein internationaler Vergleich. Frankfurt: Campus
Schmidt, Manfred G., 1995: Wörterbuch zur Politik. Stuttgar: Kröner
Schmidt, Manfred G., 1995a: Demokratietheorie. Opladen: Leske + Budrich

Schmidt, Manfred G., 1995b: Vergleichende Politikforschung mit Aggregatdaten: Inwieweit beeinflussen Parteien Regierungspolitik? In: Ulrich von Alemann (Hrsg.): Politikwissenschaftliche Methoden. Opladen: Westdeutscher Verlag, S. 327-356

Schmidt-Neke, Michael, 1991: Der albanische Verfassungsentwurf: Von der Volks- zur Präsidialrepublik. In: Südosteuropa, vol. 40, no. 2, S. 63-80

Schmidt-Neke, Michael, 1995: Albanien vor einer neuen Wende? Das Verfassungsreferendum und seine Konsequenzen. In: Südosteuropa, vol. 44, no. 1-2, S. 63-89

Schmitter, Philippe C., 1986: An Introduction to Southern European Transitions form Authoritarian Rule: Italy, Greece, Potugal, Spain, and Turkey. In: Guillermo O'Donnell / Philippe C. Schmitter / Laurence Whitehead (Hrsg.): Transitions from Authoritarian Rule: Southern Europe. Baltimore: Johns Hopkins University Press, S. 3-10

Schmitter, Philippe, 1992: Interest Systems and the Consolidation of Democracies. In: Garry Marks / Larry Diamond (Hrsg.): Reexamining Democracy. London: Sage, S. 156-181

Schmitter, Philippe, 1994: Dangers and Dilemmas of Democracy. In: Journal of Democracy, vol. 5, no. 2, S. 57-73

Schmitter, Philippe, 1995: The Consolidation of Political Democracies: Processes, Rhythms, Sequences and Types. In: Geoffrey Pridham (Hrsg.): Transitions to Democracy: Comparative Perspectives from Southern Europe, Latin America and Eastern Europe. Aldershot: Dartmouth, S. 535-569

Schmitter, Phillipe, 1995a: Organized Interests and Democratic Consolidation in Southern Europe. In: Richard Gunther / P. Nikiforos Diamandouros / Hans-Jürgen Puhle (Hrsg.): The Politics of Democratic Consolidation. Southern Europe in Comparative Perspective. Baltimore: Johns Hopkins University Press, S. 284-314

Schneider, Eberhard, 1993: Der ukrainische Präsident L. M. Krawtschuk. In: Osteuropa, vol. 43, S. 779-782

Schneider, Eberhard, 1995: Die nationalistische und kommunistischen Fraktionen in der rußländischen Staatsduma. Berichte des BIOst 28/1995

Schneider, Eleonora, 1995: Die Slowakische Republik im Jahre drei. In: BIOst (Hrsg.): Zwischen Krise und Konsolidierung. Gefährdeter Systemwechsel im Osten Europas. München: Hanser, S. 145-155

Schneider, Eleonora, 1995/1996: Politische Eliten in der Ex-Tschechoslowakei. In: Berichte des BIOst 60/1995 (Teil 1) und 19/1996 (Teil 2)

Schopflin, George, 1998: Hungary's Elections: The Dilemma of the Right. In: RFE/RL-Newsline, 29.4.1998

Schrameyer, Klaus, 1994: Die bulgarischen Parteien. In: Südosteuropa, vol. 43, S. 336-360

Schrameyer, Klaus, 1995: Die Verfassung der Republik Makedonien. Einführung. In: VSO Grundwerk, August 1995, S. 1-10

Schrameyer, Klaus, 1995a: Die Verfassung der Republik Bulgarien vom 12. Juli 1991. Einführung. In: VSO-Grundwerk, August 1995, S. 1-25

Schrameyer, Klaus, 1997a: Das makedonische Verfassungsgericht. In: WGO – Monatshefte für Osteuropäisches Recht, 4/97, S. 251-264

Schrameyer, Klaus, 1997b: Makedonien: Friedlichkeit, Maß und Vernunft - mit balkanischem Charme. In: Südosteuropa, vol. 46, no. 12, S. 661-694

Schumpeter, Joseph A., 1950: Kapitalismus, Sozialismus und Demokratie. München: Leo Lehnen Verlag

Schwanitz, Simone, 1998: Russlands Regionen als neue Machtzentren. Föderale und regionale Entscheidungsstrukturen am Beispiel der Privatisierung des Rüstungssektors. Baden-Baden: Nomos

Schweisfurth, Theodor / Alleweldt, Ralf, 1997: Die neuen Verfassungsstrukturen in Osteuropa. In: Georg Brunner (Hrsg.): Politische und ökonomische Transformation in Osteuropa. Berlin: Spitz, S. 45-102

Schwieren, Christiane, 1997: Parteien in Russland und ihr Demokratieverständnis. Heidelberg: Magisterarbeit

Segert, Dieter, 1997: Parteien und Parteiensysteme in der Konsolidierung der Demokratien Osteuropas. In: Wolfgang Merkel / Eberhard Sandschneider (Hrsg.): Systemwechsel 3. Parteien im Transformationsprozeß. Opladen: Leske + Budrich, S. 57-97

Segert, Dieter / Machos, Csilla, 1995: Parteien in Osteuropa. Kontext und Akteure. Opladen: Westdeutscher Verlag

Segert, Dieter / Stöss, Richard / Niedermayer, Oskar (Hrsg.), 1997: Parteiensysteme in postkommunistischen Gesellschaften Osteuropas. Opladen: Westdeutscher Verlag

Selge, Ilmar, 1995: Die rechtlichen Grundlagen der Privatisierung in Estland. In: Recht in Ost und West, vol. 39, 3/1995, S. 71-75

Shafir, Michael, 1998: Moldova's Upcoming Parliamentary Elections. In: RFE/RL-Newsline, 19.+20.3.1998 (2 Teile)

Shafir, Michael, 1998a: Reform and Political Instability in Rumania. In: RFE/RL-Newsline, 14.12.1998

Share, Donald, 1987: Transitions to Democracy and Transitions Through Transaction. In: Comparative Political Studies, vol. 19, S. 525-548

Shin, Doh Shull, 1994: On the Third Wave of Democratization. A Synthesis and Evaluation of Recent Theory and Research. In: World Politics, vol. 47, S. 135-170

Shugart, Matthew Soberg, 1996: Executive-Legislative Relations In Post-Communist Europe. In: Transition, vol. 2, no. 25, S. 6-11

Shugart, Matthew Soberg, 1997: Politicians, Parties, and Presidents: An Exploration of Post-Authoritarian Institutional Design. In: Beverly Crawford / Arend Lijphart (Hrsg.): Liberalisation and Leninist Legacies: Comparative Perspectives on Democratic Transitions. Berkeley: University of California, S. 40-90 (JW)

Shugart, Matthew Soberg / Carey, John M., 1992: Presidents and Assemblies: Constitutional Design and Electoral Dynamics. Cambridge: Cambridge University Press

Siehl, Elke, 1997: Privatisierung in Russland. Untersuchungen des FKKS (Mannheim), Nr. 16/1997

Simon, Maurice D., 1996 Institutional Development of Poland's Post-Communist Sejm: A Comparative Analysis. In: David M. Olson / Philip Norton (Hrsg.): The new parliaments of Central and Eastern Europe. London/Portland: Cass, S. 60-81

Skocpol, Theda, 1979: States and Social Revoultions. A Comparative Analysis of France, Russia, and China. Cambridge: Cambridge University Press

Smith-Sivertsen, Hermann, 1998: Latvia. In: Sten Berglund / Tomas Hellén / Frank H. Aarebrot (Hrsg.): The Handbook of Political Change in Eastern Europe. Cheltenham: Edward Elgar, S. 89-120

Sobjanin, A. A. / Suchovol'skij, V. G., 1995: Demokratija, ograničennaja fal'sifikacijami. Vybory i referendumy v Rossii v 1991 – 1993 gg. Moskva: ohne Verlag

Spiewak, Pawel, 1997: The Battle for a Constitution. In: East European Constitutional Review, vol. 6, no. 2/3, S. 89-96

Srubar, Ilja, 1998: Elitenwandel in der Tschechischen Republik. In: Aus Politik und Zeitgeschichte, B 8/98, S. 21-33
Stan, Lavinia, 1995: Romanian Privatization: Assessment of the First Five Years. In: Communist and Post-Communist Studies, vol 28, no. 4, S. 427-435
Steffani, Winfried, 1979: Parlamentarische und präsidentielle Demokratie. Strukturelle Aspekte westlicher Demokratien. Opladen: Westdeutscher Verlag
Steffani, Winfried, 1996: Parlamentarisch-präsidentielle „Mischsysteme"? Bemerkungen zum Stand der Forschung in der Politikwissenschaft. In: Otto Luchterhandt (Hrsg.): Neue Regierungssysteme in Osteuropa und der GUS. Probleme der Ausbildung stabiler Machtinstitutionen. Berlin: Arno Spitz, S. 11-62
Steinwede, Jacob, 1997: Entwicklungschancen sozialdemokratischer Parteien. Polen, Ungarn, die Tschechische und Slowakische Republik im Vergleich. Opladen: Westdeutscher Verlag
Stepan, Alfred, 1986: Paths toward Redemocratization: Theoretical and Comparative Considerations. In: Guillermo O'Donnell / Philippe Schmitter / Laurence Whitehead (Hrsg.): Transitions from Authoritarian Rule. Comparative Perspectives. Baltimore: Johs Hopkins University Press, S. 64-84
Stepan, Alfred, 1996: When Democracy and the Nation-State Are Competing Logics: Reflections on Estonia. In: European Journal of Sociology, vol. 35, S. 127-141
Stepan, Alfred / Skach, Cindy, 1993: Constitutional Frameworks and Democratic Consolidation: Parliamentarism versus Presidentialism, in: World Politics, vol. 46, no. 1, S. 1-22
Stiehl, Volker / Merkel, Wolfgang, 1997: Zivilgesellschaft und Demokratie in Portugal und Spanien. In: Forschungsjournal NSB, vol. 10, no. 1, S. 81-94
Stökl, Günther, 1990: Russische Geschichte. Stuttgart: Kröner
Stöss, Richard / Segert, Dieter (Hrsg.), 1997: Parteiensysteme in postkommunistischen Gesellschaften Osteuropas. Opladen: Westdeutscher Verlag
Streeck, Wolfgang (Hrsg.), 1994: Staat und Verbände (PVS-Sonderheft 25/1994). Opladen: Westdeutscher Verlag
Stykow, Petra, 1999: Äpfel, Birnen und Kanguruhs. Über Sinn und Nutzen der vergleichenden Analyse rapiden und radikalen sozialen Wandels. In: Berliner Debatte Initial, vol. 10, no. 1, S. 42-61
Szczerbiak, Aleks, 1998: Electoral Politics in Poland: The Parliamentary Elections of 1997. In: Journal of Communist Studies and Transition Politics, vol. 14, no. 3, S. 58-83
Szomolányi, Soña / Meseznikov, Grigorij, 1997: Das Parteiensystem der Slowakei. In: In: Dieter Segert / Richard Stöss / Oskar Niedermayer (Hrsg.): Parteiensysteme in postkommunistischen Gesellschaften Osteuropas. Opladen: Westdeutscher Verlag, S. 135-156
Szücs, Jenö, 1990: Die drei historischen Regionen Europas. Frankfurt: Verlag Neue Kritik
Taagepera, Rein, 1990: A Note on the March Elections in Estonia. In: Soviet Studies, vol. 42, no. 2, S. 329-333
Taagepera, Rein, 1998: How Electoral Systems Matter for Democratization. In: Democratization, vol. 5, no. 3, S. 68-91
Taras, Raymond, 1995: Consolidating Democracy in Poland. Boulder: Westview
Thibaut, Bernhard, 1992: Präsidentialismus, Parlamentarismus und das Problem der Konsolidierung der Demokratie in Lateinamerika, in: Ibero-Amerikanisches Archiv, vol. 18, no. ½, S. 107-149

Thibaut, Bernhard, 1996: Präsidentialismus und Demokratie in Lateinamerika. Opladen: Leske + Budrich

Thibaut, Bernhard, 1997: Regierungssysteme. In: Dieter Nohlen (Hrsg.): Lexikon der Politik, Band 4 (Die östlichen und südlichen Länder). München: C. H. Beck, S. 466-475

Thibaut, Bernhard, 1998: Präsidentielle, parlamentarische oder hybride Regierungssysteme? Insitutionen und Demokratieentwicklung in der Dritten Welt und in den Transformationsstaaten Osteuropas. In: Zeitschrift für Politik, vol. 8, no. 1 (zitiert nach Manuskript)

Thiele, Carmen, 1999: Selbstbestimmungsrecht und Minderheitenschutz in Estland. Heidelberg: Springer

Thompson, Michael (Hrsg.), 1999: Cultural theory as political science. London / New York: Routledge

Timmermann, Heinz, 1996: Die Wiederkehr der KP Russlands. Programm, Struktur und Perspektiven der Sjuganow-Partei. Köln: Berichte des BIOst 12/1996

Tismaneanu, Vladimir, 1989: Personal Power and Political Crisis in Romania. In: Government and Opposition, vol. 24, no. 2, S. 177-198

Tismaneanu, Vladimir, 1993: The Quasi-Revolution and ist Discontents: Emerging Political Pluralism in Pest Ceausescu Romania. In: East European Politics and Society, vol. 7, no. 2, S. 309-348

Tismaneanu, Vladimir, 1996: Tenuous Pluralism in the Post-Ceausescu Era. In: Transition, vol. 2, no. 26, (27.12.1996), S. 6-11

Tocqueville, Alexis de, 1986 (1835): De la démocratie en Amérique I. Paris: Gallimard

Tóka, Gábor, 1996: Parties and electoral choices in east-central Europe. In: Geoffrey Pridham / Paul G. Lewis (Hrsg.): Stabilising Fragile Democracies. Comparing New Party Systems in Southern and Eastern Europe. London: Routledge, S. 100-125

Tóka, Gábor, 1998: Hungary. In: Sten Berglund / Tomas Hellén / Frank H. Aarebrot (Hrsg.): The Handbook of Political Change in Eastern Europe. Cheltenham: Elgar, S. 231-274

Tökés, Rudolf L., 1996: Hungary's Negotiated Revolution. Economic reform, social change and political succession. Cambridge: Cambridge University Press

Tökés, Rudolf L., 1997: Party politics and political participation in postcommunist Hungary. In: Karen Dawisha / Bruce Parrott (Hrsg.): The consolidation of democracy in East-Central Europe. Cambridge: Cambridge University Press, S. 109-149

Tontsch, Günther H., 1996: Der verlorene Sohn: Moldova und Rumänien. In: Südosteuropa Mitteilungen, vol. 36, S. 336-343

Touraine, Alain, 1994: Qu'est-ce que la démocratie? Paris: Fayard

Traut, Johannes Ch. (Hrsg.), 1994: Verfassungsentwürfe der Russischen Föderation. Baden-Baden: Nomos Verlagsgesellschaft

Tsebelis, George, 1995: Decision Making in Political Systems: Veto Players in Presidentialism, Parlamentarism, Multicameralism and Multipartism. In: British Journal of Political Science, vol. 25, S. 289-325

Turnovec, František, 1997: Votes, seats and power: 1996 Parliamentary election in the Czech Republic. In: Communist and Post-Communist Studies, vol. 30, no. 3, S. 289-305

Tworzecki, Hubert, 1996: The Polish Presidential Elections of 1995. In: Electoral Studies, vol. 15, no. 3, S. 403-409

Uibopuu, Henn-Jüri, 1993: Die Kompetenzen des estnischen Staatspräsidenten nach der Verfassung 1992. In: Recht in Ost und West, vol. 37, no. 3/1993, S. 65-77 und no. 4/1993, S. 107-118

Uibopuu, Henn-Jüri, 1994: Die Kompetenzen der estnischen Staatsversammlung nach der Verfassung von 1992. Salzburg: Manuskript, 111 Seiten.

Valenzuela, J.Samuel, 1992: Democratic Consolidation in Post-Transitional Settings: Notion, Process, and Faciliating Conditions. In: Scott Mainwaring / Guillermo O'Donnell / J. Samuel Valenzuela (Hrsg.): Issues in Democratic Consolidation: The New South American Democracies in Comparative Perspective. Notre Dame: University of Notre Dame Press, S. 57-104

Vanhanen, Tatu, 1984: The Emergence of Democracy. A Comparative Study of 119 States, 1850-1979, Commentationes Scientiarum Socialium, vol. 24. Helsinki: The Finnish Society of Sciences and Letters

Vanhanen, Tatu, 1989: The level of democratization related to socioeconomic variables in 147 states in 1980-85. In: Scandinavian Political Studies, vol. 12, no. 2, S. 95-127

Vanhanen, Tatu, 1990: The Process of Democratization. A Comparative Study of 147 States, 1980-88. New York: Crane Russak

Vanhanen, Tatu, 1997: Prospects of Democracy. A Study of 172 countries. London/New York: Routledge

Vanhanen, Tatu / Kimber, Richard, 1994: Predicting and explaining democratization in Eastern Europe. In: Geoffrey Pridham / Tatu Vanhanen, (Hrsg.): Democratization in Eastern Europe. Domestic and international perspectives. London: Routledge

Vardys, V. Stanley / Sedaitis, Judith B., 1997: Lithuania. The Rebel Nation. Boulder: Westview Press

Venkova-Wolff, Magdalena, 1997: Bulgarien - auf dem Weg zur Demokratie? In: Osteuropa 4/1997, S. 327-336

Verheijen, Tony, 1995: Constitutional Pillars for New Democracies. The Cases of Bulgaria and Rumania. Leiden: DWSO Press

Veser, Reinhard, 1995: Politische Parteien in Litauen. In: Osteuropa 10/1995, S. 936-945

Vodicka, Karel, 1994a: Die Slowakei im Jahre 1. In: Osteuropa, vol. 44, S. 669-682

Vodicka, Karel, 1994b: Wie der Koalitionsbeschluß zur Auflösung der CFSR zustande kam. In: Osteuropa, vol. 44, S. 175-186

Vodicka, Karel, 1995: Unaufhebbare Grundprinzipien der tschechischen Verfassungsordnung. In: Osteuropa-Recht, vol. 41, no. 2, S. 225-242

Vodička, Karel, 1996: Das politische System Tschechiens. Vom kommunistischen Einparteiensystem zum demokratischen Verfassungsstaat. Münster: Lit

Vodička, Karel, 1997: Das Parteiensystem Tschechiens. In: Dieter Segert / Richard Stöss / Oskar Niedermayer (Hrsg.): Parteiensysteme in postkommunistischen Gesellschaften Osteuropas. Opladen: Westdeutscher Verlag, S. 90-134

Wagener, Hans-Jürgen, 1997: Transformation als historisches Phänomen. In: Jahrbuch für Wirtschaftsgeschichte 2. Köln: Akademie Verlag, S. 179-191

Walker, Christopher, 1998: Ukraine's Lack of Direction Jeopardizes Reform. In: RFE/RL-Newsline, 30.11.1998

Waller, Michael, 1995: Making and Breaking: Factions in the Process of Party Formation in Bulgaria. In: Democratization, vol. 2, no. 1, S. 152-167

Waller, Michael / Karasimeonov, Georgi, 1996: Party Organization in Post-Communist Bulgaria. In: Paul G. Lewis (Hrsg.): Party structure and organization in East-Central Europe. Cheltenham: Edward Elgar, S. 134-162

Walzer, Michael, 1992: Zivile Gesellschaft und amerikanische Demokratie. Berlin: Rotbuch
Waschkuhn, Arno, 1994: Institutionentheoretische Ansätze. In: Dieter Nohlen (Hrsg.): Lexikon der Politik. Band 2: Politikwissenschaftliche Methoden. München: C. H. Beck, S. 188-195
Weber, Max, ^{5}1980 (1921): Wirtschaft und Gesellschaft. Tübingen: J.C.B. Mohr
Weber, Max, ^{5}1988 (1919): Politik als Beruf. In: Weber, Max: Gesammelte Politische Schriften. Tübingen: J.C.B. Mohr, S. 505-560
Weckbecker, Arno / Hoffmeister, Frank, 1997: Die Entwicklung der politischen Parteien im ehemaligen Jugoslawien. München: Oldenbourg
Weingast, Barry R., 1998: Political Institutions: Rational Choice Perspectives. In: Robert E. Goodin / Hans-Dieter Klingemann (Hrsg.): A New Handbook of Political Science. Oxford: Oxford University Press, S. 167-190
Welzel, Christian, 1994: Systemwechsel in der globalen Systemkonkurrenz: Ein evolutionstheoretischer Erklärungsversuch. In: Wofgang Merkel (Hrsg.): Systemwechsel 1. Theorien, Ansätze und Konzeptionen. Opladen: Leske + Budrich, S. 47-79
Welzel, Christian / Inglehart, Ronald, 1999: Analyzing Democratic Change and Stability: A Human Development Theory of Democracy. Berlin: Discussion Paper FS III 99-202 des WZB
Westen, Klaus, 1994: Die Verfassung der Russischen Föderation. In: Osteuropa, no. 9/1994, S. 809-832
White, Stephen / Pravda, Alex / Gitelman, Zvi (Hrsg.) ^{3}1994: Developments in Russian and post-soviet politics. London: MacMillan
White, Stephen / Rose, Richard / McAllister, Ian, 1997: How Russia Votes. Chatham: Chatham House Publishers
Wiatr, Jerzy J., 1997: Poland's Three Parliaments in the Era of Transition, 1989-1995. In: International Political Science Review, vol. 18, no. 4, S. 443-450
Wieland, Carsten, 1997: Ein Makedonien mit drei Gesichtern. Innenpolitische Debatten und Nationskonzepte. In: Südosteuropa, vol. 46, no. 12, S. 695-711
Wielgohs, Jan, 1998: Zur Relevanz prozessualer, struktureller und konstitutioneller Differenzen für die Erklärung von Performanzunterschieden postsozialistischer politischer Systeme. Berlin: Manuskript
Wiesenthal, Helmut, 1995: East Germany as a unique Case of Societal Transformation: Main Characteristics and Emergent Misconceptions. In: German Politics, vol. 4, no. 3, S. 49-74
Wiesenthal, Helmut, 1997: The Crisis of Holistic Policy Approaches and the Project of Controlled System Transformation. In: Andreas Pickel / Helmut Wiesenthal (Hrsg.): The Grand Experiment. Debating Shock Therapy, Transition Theory, and the East German Experience. Boulder: Westview Press, S. 91-113
Wiesenthal, Helmut, 1998: Unerwartete Phänomene – unveränderte Theorien. Zu den wissenschaftlichen Konsequenzen der Systemtransformation. Berlin: Manuskript
Wiesenthal, Helmut, 1999: Interessenverbände in Ostmitteleuropa – Startbedingungen und Entwicklungsprobleme. In: Wolfgang Merkel / Eberhard Sandschneider (Hrsg.): Systemwechsel 4. Die Rolle von Verbänden im Transformationsprozeß. Opladen: Leske + Budrich, S. 83-113
Wightman, Gordon, 1990: Czechoslovakia. In: Electoral Studies, vol. 9, S. 319-326

Wightman, Gordon, 1998: Parties and Politics. In: Stephen White / Judy Batt / Paul G. Lewis (Hrsg.): Developments in Central and Eastern Europe. Houndsmills: Macmillan, S. 147-165

Winkler, Jürgen / Jaschke, Hans-Gerd / Falter, Jürgen, 1996: Einleitung: Stand und Perspektiven der Forschung. In: Jürgen Falter / Hans-Gerd Jaschke / Jürgen Winkler (Hrsg.): Rechtsextremismus. Ergebnisse und Perspektiven der Forschung (PVS-Sonderheft 27/1996). Opladen: Westdeutscher Verlag, S. 9-21

Wise, Charles R. / Brown, Trevor L., 1998: The Consolidation of Democracy in Ukraine. In: Democratization, vol. 5, no. 1, S. 116-137

Wolchik, Sharon, 1997: Democratization and politcal participation in Slovakia. In: Karen Dawisha / Bruce Parrott (Hrsg.): The consolidation of democracy in East-Central Europe. Cambridge: Cambridge University Press, S. 197-244

Wolczuk, Kataryna, 1997: Presidentialism in Ukraine: A Mid-Term Review of the Second Presidency. In: Democratization, vol. 4, no. 3, S. 152-171

Wollmann, Helmut, 1994a: Jelzins Reformpolitik im Dickicht des institutionellen Umbruchs und des Machtkampfs in Russland. Eine Nicht-Implementationsskizze. In: Hans-Ulrich Derlien / Uta Gerhardt / Fritz W. Scharpf (Hrsg.): Systemrationalität und Partialinteresse. Baden-Baden: Nomos, S. 329-353

Wollmann, Hellmut, 1997: Der Systemwechsel in Ostdeutschland, Ungarn, Polen und Russland. Phasen und Varainten der politisch-administrativen Dezentralisierung. In: Aus Politik und Zeitgeschichte, B 5/97, S. 3-15

Wyman, Matthew / Miller, Bill / White, Stephen / Heywood, Paul, 1994: The Russian Elections of 1993. In: Electoral Studies, vol. 13, no. 3, S. 254-271

Zajc, Drago, 1998: Slovenia. In: Sten Berglund / Tomas Hellén / Frank H. Aarebrot (Hrsg.): The Handbook of Political Change in Eastern Europe. Cheltenham: Edward Elgar, S. 275-294

Zakaria, Fareed, 1997: The Rise of Illiberal Democracy. In: Foreign Affairs, vol. 76, no. 6, S. 22-43

Zapf, Wolfgang, 1996: Modernisierungstheorien in der Transformationsforschung. In: Klaus von Beyme / Claus Offe (Hrsg.): Politische Theorien in der Ära der Transformation. Opladen: Westdeutscher Verlag (Sonderheft PVS 26/1995), S. 169-181

Žeruolis, Darius, 1998: Lithuania. In: Sten Berglund / Tomas Hellén / Frank H. Aarebrot (Hrsg.): The Handbook of Political Change in Eastern Europe. Cheltenham: Edward Elgar, S. 121-156

Ziblatt, Daniel F., 1998: The Adaption of Ex-Communist Parties to Post-Communist East Central Europe: a Comparative Study of the East German and Hungarian Ex-Communist Parties. In: Communist and Post-Communist Studies, vol. 31, no. 2, S. 119-137

Ziemer, Klaus, 1996: Struktur- und Funktionsprobleme der Parlamente. In: Otto Luchterhandt (Hrsg): Neue Regierungssysteme in Osteuropa und der GUS. Probleme der Ausbildung stabiler Machtinstitutionen. Berlin: Arno Spitz, S. 151-180

Ziemer, Klaus, 1997: Das Parteiensystem Polens. In: Dieter Segert / Richard Stöss / Oskar Niedermayer (Hrsg.): Parteiensysteme in postkommunistischen Gesellschaften Osteuropas. Opladen: Westdeutscher Verlag, S. 39-89

Ziemer, Klaus, 1997a: Wahlen in Polen. Bamberg: Manuskript

Ziemer, Klaus / Hanisch, Rolf / Werz, Nikolaus / Bendel, Petra, 1997: Politische Parteien. In: Dieter Nohlen / Peter Waldmann / Klaus Ziemer (Hrsg.): Lexikon der Politik, Band 4: Die östlichen und südlichen Länder. München: C.H. Beck, S. 427-449

Ziemer, Klaus, 1999: Wie konsolidiert ist die Demokratie Polens? In: Wolfgang Merkel / Andreas Busch (Hrsg.): Demokratie in Ost und West. Frankfurt: Suhrkamp, S. 332-360

Zifcak, Spencer, 1995: How Constitutional Ambiguity Shapes Political Life. The Battle over Presidential Power in Slovakia. In: East European Constitutional Review, vol. 4, no. 3, S. 61-65

Zimmerman, William, 1998: Is Ukraine a Political Community? In: Communist and Post-Communist Studies, vol. 31, no. 1, S. 43-55

Žirinovskij, Vladimir, 1994: Poslednij brosok na jug. Moskva: „Rajt"

Zlotnikau, Lavon, 1998: Economic Growth in Belarus: Fact or Fiction? In: RFE/RL-Newsline, 25.3.1998

Žužmond, Egon / Kracun, Davorin, 1995: Slovenia - from transitional depression towards sustainable growth. In: Südosteuropa, vol. 44, no. 8, S. 460-476